管理学在中国

有意义的管理

THE
―
MEANINGFUL
―
MANAGEMENT

陈 劲
魏 巍
—— 著

机械工业出版社
China Machine Press

《有意义的管理》系统梳理了西方传统管理学体系的演化脉络，借鉴日本学者关于知识管理研究的精髓，并吸收了中国哲学中的整体观、系统观和中华文化中的仁爱观。在此基础上，通过对方太、茑屋书店、国家电网、中国商飞、微软、中国航天、中国中车、本田、宝洁、海尔、中铁装备、奈飞、宜家、默克等中外企业闪耀人性光辉的管理实践的长期观察，提出"有意义的管理"这一具备中国特色的全新管理范式——主要包含信念愿景、人性尊严、创新创造、个人福祉和社会福祉五个方面。

本书写给所有重视人性尊严、勇于创新、追求卓越的企业管理者和领导者，旨在为未来的企业家和管理者提供更好的管理理念，为全球管理范式的转型提供有价值的探索。

图书在版编目（CIP）数据

有意义的管理 / 陈劲，魏巍著 . — 北京：机械工业出版社，2022.12

ISBN 978-7-111-71886-4

Ⅰ. ①有… Ⅱ. ①陈… ②魏… Ⅲ. ①管理学 – 研究 Ⅳ. ①C93

中国版本图书馆CIP数据核字（2022）第198134号

机械工业出版社（北京市百万庄大街22号 邮政编码100037）
策划编辑：李新妞　　　　　责任编辑：李新妞
责任校对：史静怡 张 薇　　责任印制：刘 媛
盛通（廊坊）出版物印刷有限公司印刷
2023年1月第1版第1次印刷
170mm×230mm・21.5印张・3插页・348千字
标准书号：ISBN 978-7-111-71886-4
定价：99.00元

电话服务	网络服务
客服电话：010-88361066	机 工 官 网：www.cmpbook.com
010-88379833	机 工 官 博：weibo.com/cmp1952
010-68326294	金 书 网：www.golden-book.com
封底无防伪标均为盗版	机工教育服务网：www.cmpedu.com

推荐语

　　管理作为一门科学是为企业应用而生的，但其发展轨迹与企业需求始终存在一定偏差。管理科学自诞生之后，沿着科学管理、行为管理、知识管理进而延伸到今天的意义管理，虽是随企业技术发展理念而行，但多了一些"形而上"的味道。而企业对管理科学的要求始终是彻头彻尾的实践。本书作者试图抹平最新管理科学成果与应用之间的深壑，从历史到现实，从理论阐释到案例分析，清晰地勾勒出意义管理的学理框架和实践支撑。建议对管理科学感兴趣的企业家和有识人士静下心来看看这本书，一定会有不同以往的收获。

　　　　——朱宏任　中国企业联合会、中国企业家协会党委书记、常务副会长

　　若员工仍是经济人，则管理无意义。有意义的管理必须让员工成为自主人即创客，使企业转型为自组织。陈劲教授是研究人单合一模式的专家，我完全赞同本书中体现的"以人为中心的新的价值观"。物联网时代，管理的宗旨只有一个，那就是人的价值最大化。

　　　　　　　　　　　　——张瑞敏　海尔集团创始人、董事局名誉主席

　　意义是人类生活和组织管理的根本旨趣。意义的创造既是一门科学，也是一门艺术。这部著作宏大丰饶，融东西视角于一炉，通理论实践于一贯，正是为这门科学和艺术的探索者而设。意义与管理的关系精深而迷人，想要领会其中的奥义，这部佳作无疑是上上之选。

　　　　　　　　　　　——野中郁次郎　日本管理学家、"知识创造理论之父"

　　陈劲教授是国内研究创新创业的著名教授，他的研究涉猎很广，但都带有创新理论的色彩，这本《有意义的管理》同样如此。几年前，陈劲与我讨论过"第四代管理"，立意很高，观点很新。我们虽有争论，但他的基本观点我是同意的。现在，他的研究进一步深入了，直接把第四代管理表述为有意义的管理，

把他的理论创新做了十分明确的表述，达到了一个新的高度。有意义的管理包括信念愿景、人性尊严、创新创造、个人福祉、社会福祉五个方面，与传统管理有许多不一样的地方，可以引起读者的许多联想和思考。书中为了支撑作者提出的新的理论，用了一些很有特色的案例，读来十分过瘾。我向大家推荐这本书，首先是因为它的观点很新，与时代的脉搏相连；其次是因为它的说服力很强，让人们有一种马上要行动的冲动；但是更重要的是，这本书致力于解读"中国模式"，升华"中国经验"，形成"中国理论"，这是我们众多中国管理学者的共同使命。陈劲教授开了个好头，以后将会有更多创新的管理理论涌现出来，我和大家一样，对此寄予很高的期望。

——王方华　上海交通大学校长特聘顾问、上海市管理科学学会理事长

管理，因其科学性闪耀着理性的光辉，因其艺术性映射出人性的光芒。《有意义的管理》一书正是在理性与伦理的交互中孕育而生的，通过管理赋能工作和生活中的意义和价值，不仅是企业管理的要义也是管理教育的灵魂。如何将人的价值视为整个经济体系实现社会福利最大化的关键要素，实现帕累托最优，也是新时代共同富裕目标下经济学者要深入探究的问题。本书无疑值得细细品味和深入思考。

——王文举　教育部高等学校经济与贸易类专业教学指导委员会副主任委员，中国数量经济学会副会长，中国物流与采购联合会副会长，北京物资学院党委书记，首都经济贸易大学数量经济学博士生导师

总　序

呼唤、孕育和催生中国管理学派

中国的管理研究正处在一个取得实质性进步和突破的门槛上。

改革开放 40 多年来，中国已经发展成为世界上最大、最活跃的新兴市场，商业竞争态势复杂，变化快速且激烈，积累了异常丰富的管理实践，为管理学的思考和研究提供了充足的素材和样本。同时，中国特有的深厚文化传统，虽一度遭受挫折，但在新的历史条件下逐步"灵根再植"，帮助孕育了丰厚的思想创新土壤。

在此期间，中国管理学的研究有了长足进步，发表的论文在国际学术界崭露头角，成长起一批素养深厚的学者。但与此同时，我们的学术研究存在着囿于西方理论和研究方法、与本土环境和实践脱节的弊端，因此受到实践者的冷落。这样的现象值得深思。

从世界范围看，管理研究一直在与时俱进地变化和发展。蒸汽机时代的到来，催生了泰勒制和管理组织理论、管理层次理论、管理激励理论等；电气化时代带来了福特制、行为科学理论、管理科学理论、系统管理理论等；信息化时代新的技术环境和商业环境、新的分工协作方式以及由此带来的效率的突变，都在呼唤管理理论的创新，遗憾的是，信息化时代管理研究的创新总体上是偏少、偏弱、偏慢的。现在，互联网经济方兴未艾，新一轮制造业革命初现端倪，数字化时代已经到来，历史给了中国一个特别好的机会，中国的管理学者已经立足于一片最肥沃的土壤，体现时代特征、基于中国情境的管理研究，一定可以大有作为。

在此背景下，2017 年 9 月，我们在苏州金鸡湖畔发起成立"中国管理 50 人论坛"，以探索管理学理论特别是具有中国特色的管理学理论创新为使命，以推动管理理论与中国企业管理实践相结合为宗旨，总结中国优秀企业创新发展的经验，应对新的科技革命所带来的挑战，为中国经济社会的振兴、中国企业的崛起、中国管理学派的形成，做出中国管理学者应有的贡献。

我们的这个举动得到了机械工业出版社的大力支持。机械工业出版社在翻译引进西方管理思想方面做了许多工作，做出了很大贡献，"经典·管理"系列图书为中国读者带来了弗雷德里克·泰勒、爱德华·戴明、赫伯特·西蒙、詹姆斯·马奇、亨利·明茨伯格、埃德加·沙因等西方管理大师的经典作品。此外，还有管理大师彼得·德鲁克的系列作品。在新的时代背景下，机械工业出版社也在积极关注本土管理实践创新和管理思想的孕育发展。于是，"中国管理50人论坛"与机械工业出版社志同道合，携手合作，共同发起"管理学在中国"丛书的出版工作，旨在为中国管理学派的崛起贡献力量。

我们设想，"管理学在中国"丛书所纳入的作品应该代表中国本土管理理论和实践创新的成果，这些作品的作者应该是正在崛起的中国管理学派的领军者。丛书入围标准严格，宁缺毋滥，具体包括：①属于中国本土原创性的研究；②同时具备研究方法的严谨性和研究问题的现实相关性；③属于专题性著作，而不是文章合集。

为了保证丛书的质量，我们将采取"主编推荐，作者接龙"的方式，即由主编推荐三本专著，请作者对他们的专著进行重新审视，认真修改，落实版权，再予以正式出版。然后，由这三名作者每人推荐一本专著，经主编与三名作者一致同意后出版。以此类推，进行接龙，以管理学家的个人声誉为基础，进行选题与编著，体现"学者群体的共同意志"，然后由接龙产生的前10位管理学者组成"管理学在中国"丛书编委会，负责丛书总体规划和指导工作。

在具体选题的审核上，我们采用国际出版界对学术类著作通常使用的同行评审（Peer Review）办法。每位已经出版专著的作者，每年最多可以推荐一本专著，然后请三位专家匿名提供独立评审意见，编委会根据评审意见，采用"一票否决制"做出是否列入丛书出版的决定。

接下来，"中国管理50人论坛"还将与包括机械工业出版社在内的多家机构携手合作，打造"管理学在中国"管理思想和实践交流平台，举办大会、论坛、工作坊、企业调研、中外学术交流等活动，为致力于管理思想和实践创新的学者和实践者创造相互学习、交流切磋的机会，让感悟和创新的灵感在这些跨界互动中自然涌现。

"这是一个需要理论而且能够产生理论的时代,这是一个需要思想而且能够产生思想的时代。我们不能辜负了这个时代。"中国本土管理研究的崛起正当其时。我们期许,未来十年,"管理学在中国"丛书将以一本又一本真正有分量的著作,见证中国管理学派的成长。

王方华

上海交通大学校长特聘顾问、上海市管理科学学会理事长

上海交通大学安泰经济与管理学院原院长

前　言

北京的初春，乍暖还寒。结束晚上的课程漫步清华园，皎月明朗、春风清冷，心中却有一种幸福的暖意油然而生。萧伯纳说："生命中真正的喜悦，源自于你为一个自己认为至高无上的目标，献上心力的时候。"此刻的幸福应该来源于为师者的成就与喜悦。亚里士多德认为，"所有的人类活动都是为了获得幸福。"而幸福不像科学那样是可以被量化的，需要人们去感受、去体验、去发现。幸福是一种有意义的快乐，可见意义感的探寻或成为解锁幸福的钥匙。

管理，究其思想、理论与方法，是人类文明的重要产物。泰勒所代表的以效率、运营为核心的现代管理，为工业经济时代的组织发展带来生机和活力，至今仍发挥着巨大的效能。但是随着知识经济时代的到来，数字经济的叠加，尤其是疫情后很多中国优秀企业的创新性实践，倒逼管理学理论的创新性发展。如：海尔的"链群合约"通过组织形态变革调动介于计划和市场之间的力量，实现人的价值最大化；中铁装备的"三个转变"+"同心圆"的质量管理模式实现了大国重器的温情管理；方太的"中西合璧，以道驭术"的成人成事、长期主义管理哲学指导下的"幸福实践"；中国中车以人民为中心的使命驱动、以硬科技为基础的自主创新和以人为本的人与工程和谐共处之道等。这些管理实践与以效率为导向的强调理性与规范的科学管理、关注人的动机和需求的行为管理、关注知识与创新的知识管理有很大的不同，这些优秀的中国企业在管理创新方面的新探索，尤其更关注人的回归、意义的感知和幸福的追寻，我们将具有这些特征的管理定义为"有意义的管理"。

何为意义，为何意义

古往今来，对"意义"的定义很复杂。亚里士多德认为，"幸福是生命本身的意图和意义，是人类存在的目标和终点。"柏拉图关于"美好"的理论和艾默生"完整内心"的理论都是一种意义。同样，儒家的"修身、齐家、治国、平天下"也是一种意义。而"修身"就是"齐家、治国、平天下"的核心，也是现代幸福科学的基本假设——要帮助别人，先得学会完善自己。

当代英国哲学家、意义理论的集大成者迈克尔·达米特（Michael Dummett）认为，我们应当摒弃实在论的"真"概念，进而从实践中抽象出新的意义理论的核心概念。"人"的认知能力与语言实践是意义理论不可或缺的组成部分，相比绝对客观的"真"概念，"确定为真"（实证主义意义论）与"接受为真"（实用主义意义论）才是意义理论的应有核心。"人"的回归，是当代人文思潮在科学哲学领域回归的标志之一，它标志着意义理论从"超人"哲学回归到"人"的哲学，引领了人文范式在科学哲学中的"复兴"。

弗兰克尔对人的本质如此描述："人性异于禽兽者的主要动机是追求生活的意义，即探求意义意志。动物寻求的是快乐和征服，而人的本质则是追求人生的意义和价值。作为一个人，最根本的一点就是对自己在生活中的责任要有明确的认识和坚定的信心。"因此，帮助员工找到人生的意义感，找到生活中的责任认知和坚定的信心，也是企业管理者的使命和意义所在。

何为"有意义的管理"

出于对中外企业闪耀人性光辉的管理实践的长期观察，我们提出"有意义的管理"理论框架，它主要由信念愿景、人性尊严、创新创造、个人福祉和社会福祉五个方面构成。

第一，信念愿景。信念是产生意义感的前提。信念管理是在公司目标和组织背景下的管理层的信念与员工对自身工作和事业的信念的相互交流碰撞，通过这种"创造性对话"，找到对公司和员工来说都有意义的业务目标。愿景是企业的航向，是组织战略与文化的结晶，是崇高的组织之魂。组织愿景的作用是促使组织所有部门拥有同一目标并受到激励。企业管理实践中，有意义的管理就是在愿景和使命的引领下，赋能个体的同时也有效赋能整个组织。

第二，人性尊严。在企业管理过程中融入同理心，移去组织内部的隔阂，给予员工足够的尊重和支持，塑造组织中的心理安全感。通过谦卑式领导和共情领导力帮助员工找到人生的意义感，找到生活中的责任认知和坚定的信心，进而产生追寻幸福的动力。通过合作、共享、开放的组织环境，让员工感受到组织为个人的赋能，工作为生命的赋能。管理者应该更多地考虑关心、激励员工，创造适合的环境和条件，开发和利用员工的潜质和创造力，使其实现自身的尊严和价值，进而帮助和引导员工实现自我管理。这种管理模式还蕴藏着另一个重要理念——无论成功或失败，皆有再挑战和激发勇气的精神。

第三，创新创造。知识经济时代，企业是知识创造和知识转化的重要场所。"场"作为知识转移的重要空间，是发生辩证对话和实践的有机结构场。在有意义的创新范式下，构建基于意义的企业决策框架，并系统论述框架中各空间场域的特征与意义，探索以价值理性为核心的意义管理认知基础，是企业管理创新意义的关键。

第四，个人福祉。个人福祉究其根本是一种幸福感，来源于对有意义的快乐的不断探寻和追求。幸福是人们一生的目标，是人们一直想要得到、却越难得到的感受，它与情感福祉和生活评价息息相关。在企业管理过程中，以员工福祉为导向的管理实践和组织原则就是意义管理的精髓所在。

第五，社会福祉。社会福祉要求人们从社会层面来考虑和解决如何才能过上一种更好的生活。社会福祉涉及社会根据什么来帮助人们生活得幸福，需要通过什么样的制度和政策安排来保证他们的生活幸福。具体到企业，企业要以利他为原则，打造正能企业、利他经济，塑造正能社会，提升整个社会的幸福感和社会福祉，建设和谐的福祉社会。

本书为谁而写

本书写给组织中所有重视人性、勇于创新、追求卓越的管理者和领导者。有意义的管理，最需要的是企业，同时也与其他社会组织密切相关，如非营利组织、社区组织等。有人的地方就有意感和幸福感提升的内在动力涌现。有意义的管理不仅是一种管理模式，更是一种管理理念，推动更新、更好的关系产生，建立更开放、信任、共享的组织氛围，让每个人实现个人福祉并带来整个社会福祉的提升。

何兆武先生归纳"会通古今、会通中西和会通文理"为"清华学派"的情趣和风貌。管理学起源于西方，无论是科学管理、行为管理都以西方理论为主。近年来，知识管理的理论体系逐步融入日本哲学的思想，具有东方色彩，但鲜为中国企业家所关注。随着中华民族的和平崛起和文化自信的逐渐增强，以中国传统文化为核心的东方哲学因其有机整合和动态发展的整体思想观显示出卓越的优势：儒家思想中的"仁爱之德"和孔子"人能弘道，非道弘人"的理念，道家哲学所提倡的天人合一、动态演变的思想，老子关于宇宙本质的阐述和人类及其领导者与"天""人"彼此和谐相处的自然之道,庄子《逍遥游》中对自由和幸福的领悟。

"有意义的管理"正是在吸收西方管理学体系和范式的基础上,有效地借鉴日本学者关于知识管理研究的精髓,吸收中国哲学的整体观、系统观和中华文化中的仁爱观,对管理理论的一次创新性的转化。恩格斯说:"一个民族要想站在科学的最高峰,就一刻也不能没有理论思维。"中国的管理学者肩负着解读"中国模式"、升华"中国经验"、形成"中国理论"的使命。我们未来的企业家,要向创新领袖和世界一流企业的目标迈进,除了破解关键核心技术"卡脖子"、形成未来技术和未来产业外,探索管理范式的变革也势在必行。有意义的管理,从东方视角融入整体观和系统观,聚焦个人福祉和社会福祉,成为新时代以人民为中心、以"幸福"和"意义"为核心的中国特色的全新管理范式,为全球管理范式的转型提供了更有意义的探索和实践。

习近平总书记强调"必须坚持以人民为中心的发展思想""把人民对美好生活的向往作为奋斗目标,依靠人民创造历史伟业"。以人民为中心是有意义的管理所遵循的重要理论基础。这种意义不仅仅关注员工的幸福感、成就感、获得感,使其感受有意义的工作和生活;同时也要重塑企业的意义感,关注企业的社会责任和商业伦理;更要形成社会福祉——也就是为每位公民提供各种保障,使得每位公民皆能享受公平和无忧的生活,使生活充满幸福感。让每位公民充分享有作为人的尊严和幸福感,也是文明社会发展历程的坐标和里程碑,更是小康社会实现后的实现现代化的新要求。

全球著名管理学家、日本一桥大学的野中郁次郎教授,中国企业联合会常务副会长朱宏任先生,海尔集团董事局名誉主席张瑞敏先生一直非常关心我的研究工作,积极鼓励我从事原创性的管理思想探索,此次又分别为本书撰写了推荐语,对此我深怀谢意。感谢清华大学技术创新研究中心的师生,他们在本书的创作过程中给予了我真诚的帮助,其中清华大学经济管理学院的博士研究生阳镇、张月遥、国容毓、李佳雪,北京物资学院的硕士研究生凌亚如、韩思忆、刘子琦参加了本书若干案例的研究与写作。

陈　劲
2022年3月7日夜
于清华园

引　言

非理性时代下的碰撞世界

新冠疫情是人类发展史上的一次重大突发事件，在给经济带来剧烈冲击的同时，我们也看到了一些疫情倒逼转型的积极变化——众多行业和领域开始成为新技术的"试验场"、新模式的"练兵场"、新业态的"培育场"。疫情在推动企业迈出数字化转型步伐的同时，也改变了人们的工作生活方式，让移动办公普及化，增加了VUCA时代的不确定性。外部环境的变化将直接挑战企业的战略和愿景，组织多变而复杂，治理难题不断涌现，导致组织关系的深刻变革。

萧伯纳认为"所有的进步都来自于不理性的人"。因为理性的人会改变自己以适应世界，不理性的人却会设法让世界变得适合他。"从这种意义上说，我们正在进入一个非理性的时代。在这个时代中，未来是由我们自己塑造的。在这个时代中，唯一可以预见的就是一切都无法预见。这是一个在私人生活和公共社会中都可以任意挥洒的年代，是一个天马行空、不讲理性的年代。"（汉迪，2012）当人类面对充满不确定性的世界时，学者就必须对知识做出贡献，帮助人类生存繁荣下去——带着反映人类抱负的尊严、平等、自由、同理心和美好，生存繁荣下去（马奇，2019）。

物联网下的组织变革

物联网从一个用于控制300台可乐贩卖机的ARPANET，发展至今实现了指数级的爆发增长。利用边缘计算技术，物联网让几十亿件原本毫不起眼地镶嵌在环境之中的单一物体拥有了计算机例行程序，并实现与互联网的连接，成

引言

为机械世界的神经纤维（特维德，2022）。随着数据变成生产要素，数字经济推动了劳动力市场的巨大变革，个人生活与工作之间、家庭与工作场所之间，以及工作时间与休闲时间之间的界限变得越来越模糊，而工作与消遣也越来越趋于统一。零工经济的崛起，催生了一大批新兴职业，满足了年轻人展示个性和才华、追求爱好和梦想的需要，也让人类告别了单一职业的时代。

人类进入万物互联时代，倒逼重构组织和组织的关系，由层级关系转变为价值创造；重构客户和组织的关系，由市场关系转变为共创共生；重构环境和组织的关系，由影响到交互，组织内部形态和主体从单一变多元。组织的变化迫切要求企业管理范式的转型。世界是一个不断进化和变化的系统，这个系统中复杂的结构都是从简单的形式不断进化发展出来的，实现一种越来越有序而复杂的进化趋势。互补观、整体观、因果观和动态观助力推动管理思想的变革，推动我们重新审视社会科学乃至自然科学研究所带来的影响管理学观念变革、管理学范式变革的一系列的重大变化。

管理思想的流变

作为人类历史上最伟大的发明之一，自出现人类群体的组织和活动以来，管理就产生了，并随着历史的发展而不断演化。传统的管理学体系专注于效率的提升、成本的降低和质量的提高。这些确实曾为组织的发展提供强有力的支撑，造就了福特、沃尔玛这样的传奇。但是，随着员工知识水平的提升，知识工作者在获得报酬的同时，更关注得到尊重、谏言、民主参与、职业发展等需求。而传统的管理学体系热衷于"控制"，专注于组织内部的协调控制，忽视了利益相关者和价值网络对组织发展的重要作用，因此传统管理体系的运营效率已接近阈值，难以维系过去骄人的竞争优势。究其根本，管理学发展体系还没实现从旧的以牛顿物理学原子体系向生物学进化理论和生态系统理论的有效进化。

随着社会的进步和科学技术创新的不断涌现，知识与创新将成为组织的核心和重点，创造新的知识和实现新的创新与突破是管理者的主要任务。应对这种变化，一方面我们要应对万物互联下的管理范式变革，另一方面我们要探寻管理与人类文明的关系——即管理要塑造新文明，文明要孕生新管理。管理范式应该实现强调运营到强调创新、从封闭到开放、从聚焦控制到聚焦赋能、从关注资源到关注知识、从经济导向到关爱导向的转变和新管理范式的更迭。

人性假设是"基于某种价值判断,而对大多数人在某一领域中所具有状态和资质的一种设定"。那么在管理范式演化的过程中,随着人性假设经由"经济人""社会人"到"知识人""伦理人"的演进过程,管理范式聚焦也实现从理性规范、动机需求、知识创新到幸福意义的转变。企业管理实践应该更强调"人"的核心价值,从工具理性向价值理性转化,关注人的尊严和幸福,不断激发员工的意义感,倡导企业从关注经济价值转向更关注社会价值和人类福祉,从关注农业文明、工业文明、信息文明向关注人的全面发展以及整个人类文明的增益来转化。

在这种情景下,管理者应减少"控制"思想,更多地在组织内外表达"关爱"与"尊重",以追求"愿景"为组织管理的出发点,追求组织的伦理化生存与发展,以"信任与协同"为原则进一步开放组织边界,以更和谐、更经济、更环保的方式获取资源,以"仁爱之心"和同理心共情员工与组织的协同发展,通过创造优渥的工作环境和工作机会,让员工产生意义感和幸福感,产生攻坚克难的勇气,开发员工的潜质和创造力。

对劳动和工作意义的再思考

苏兹曼在《工作的意义:从史前到未来的人类变革》一书中介绍了纳米比亚和博茨瓦纳地区的原始部落。部落中的人直到20世纪还过着绝对平均主义的狩猎和采集的生活,他们敬畏自然,不关心财富和地位,只为满足短期的物质需求而劳动,大部分闲暇时光都用在我们认为没有意义的事情上——散步、聊天、唱歌、跳舞、讲故事。原始的生活和工作状态不仅没有让他们生活在恐惧和饥饿的边缘,反而营养良好,甚至大多数比工业社会的人寿命还长,被称为"富足的部落"。这让人不禁重新审视工作和劳动对于人的意义,当世界从"物质时代"向"心灵时代"转变,人与工作的关系究竟是从工作中剥夺能量的关系,还是从工作中获取能量?在我们伟大的技术飞跃中,我们把传统文化以及深藏于其中的价值观念撇在了身后。我们的智力已经导致了劳作的减少,增进了健康和延长了寿命,但是生命的意义和工作的意义成了很多人终其一生的追寻。

稻盛和夫在《干法》中明确"理解工作的意义,全身心投入工作,你就能

引言

拥有幸福的人生"。"工作中隐藏着伟大的力量，能够帮助你战胜命运中的苦难，给人生带来光明和希望。"动机至善、无私于心；每日反省、直面内心；埋头苦干，获得身心的成长，这才是工作的意义。"人工作的目的是为了提升自己的心志，工作的意义正在于此。"日复一日勤奋的工作，可以锻炼心志，提升人性、塑造灵魂。"劳动的意义不仅在于追求业绩，更在于完善人的内心。"为社会为员工为他人的幸福而辛劳奔波，本身就是最大的成就与价值体现。更重要的是人生的意义也最大程度得到了实现。

哲学家希拉里·普特南认为事实与价值二者深深纠缠在一起，而人们往往将事实与价值分离，认为管理实践是某种规律的反映。从工业经济时代，以效率为导向、以理性与规范为范式的第一代管理——科学管理，到关注人的动机与需求的第二代管理——行为管理，到知识经济时代关注知识与创新的第三代管理范式——知识管理，人性、理论与实践互相循环印证、增强，由此制造了现在缺少温度、意义与理想的管理世界。这个循环如何打破并重建？是时候想一想：管理者需要什么样的管理理论、构建什么样的管理佳境？有温度、有意义、有理想、有对幸福的追寻，第四代管理体系——"有意义的管理"应运而生。

研究历程

管理作为人类最普遍、最重要的活动之一，经过百多年演化和发展，形成了日渐清晰的发展脉络和研究范式。对于企业管理的早期理论和思考来源于我的博士指导导师许庆瑞院士的多年的指导和学术引领。90年代以来长期扎根优秀企业的"蹲点"研究、与企业中基层工作人员同吃同住的调研经历，让我对中国企业三十年的发展既有宏观的理论认知，又有微观细颗粒的实践思考。

伴随着海尔、中车、中国航天、中铁装备等中国优秀企业的成长，我深谙企业管理实践的问题与瓶颈，基于对微软、宝洁、奈飞等世界一流企业闪耀人性光辉的管理实践的长期观察，结合我国优秀企业的管理实践，如方太"中西合璧，以道驭术"把中国传统文化融入企业文化，通过"五个一幸福法则"打造幸福生态；海尔通过以人为本、数字赋能、动态寻优的内部创业机制"链群合约"赋能员工，"活而不乱，高度协同"，实现人的价值最大化；中铁装备的"三个转变"+"同心圆"的质量管理模式实现了大国重器的温情管理；中国中车以人民为中心的使命驱动以硬科技为基础的自主创新和以人为本的人与工程和谐共处之道；商飞的航空梦使命驱动发展打造航空产业集群等。这些管理实践与以效率为导向的强调理性与规范的科学管理、关注人的动机与需求的行为管理、抑或关注知识与创新的知识管理有很大的不同，由于中国的这些优秀企业在管理创新方面的新探索，尤其是他们更关注人的回归、意义的感知和幸福的追寻，具有这些特征的管理，我和魏巍老师将其定义为"有意义的管理"。

经过一年多的讨论、碰撞、修改、打磨，理论逐渐成型，我们广泛征求了专家的意见，进行了数次迭代。全球著名管理学家、日本一桥大学的野中郁次郎教授，中国企业联合会常务副会长朱宏任先生，海尔集团董事局名誉主席张瑞敏先生，都对此理论给予极大的关注和中肯的建议，此次又分别为本书撰写了推荐语，对此我深怀谢意。"有意义的管理"正是在吸收西方管理学体系和范式的基础上，有效地借鉴日本学者在知识管理领域的精髓，吸收中国哲学的整体观、统筹观和中华文化的仁爱观之上，对管理理论的一次创新性的转化。

本书的框架

本书由七章构成。第一章，管理学体系的发展与迭代，提出从工业经济时代"经济人"假设下追求理性与规范的第一代管理——科学管理；到聚焦"社会人"，关注人的动机与需求的第二代管理——行为管理；到以"知识人"为中心，关注知识的创新与发展的第三代管理——知识管理；到以幸福和意义阐释"伦理人"奥义的第四代管理——意义管理。传统管理学体系将人们的欲望描绘成完全物质式的，只关心他们的消费（包括集体物品）和休闲，这就忽略了在现代经济中处于中心位置的"体验"和"意义"要素。未来，数字化时代的管理者要在享受数字化带来的高精度、强联结、高效率、低成本的便利同时，更加关注人机互动、人机共生情境中以"意义"为核心、以"情感"为动力、对员工的幸福体验和社会福祉提升进行不断追求和探索的中国特色的全新管理范式，进而为全球管理范式的转型和发展提出更有价值的指引。

第二章，从西方意义理论基础中工作的意义、生命的意义、人性化商业理论（BOH）等维度，融合中国传统文化中"天命论""性与天道"等意义理论，从中国共产党的人民中心论、儒家思想中的"仁爱之德"等理论汲取精华，形成"有意义的管理"理论内核。

第三章，福祉与繁荣——从"Well-being"到"Flourish"，不断对有意义快乐的探寻和追求。通常，Happiness 侧重于感觉上的幸福；Well-being 则侧重于福祉、殷盛、蓬勃发展的幸福；而 Flourish 倾向自我人生的蓬勃绽放、丰盈繁荣。日本的 IKIGAI 也与"Flourish"趋同，蕴含了一种向着未来前进的理念，包含着期望、内驱和梦想。让全体员工在工作过程中体会到身心平衡和工作生活平衡，体会到工作的意义和心流的力量，体会到创新、梦想、幸福和人生的繁荣，是"有意义的管理"的旨趣。

第四章，信念与愿景——在愿景和使命的引领下，赋能个体的同时也有效赋能整个组织。信念是产生意义感的前提。信念管理是在公司目标和组织背景下管理层的信念与员工对自身工作和事业的信念相互交流碰撞，通过这种"创造性对话"，找到对公司和员工来说都有意义的业务目标。愿景是企业的航向，愿景是组织战略与文化的结晶，是崇高的组织之魂。在企业管理实践中，"有意义的管理"就是在愿景和使命的引领下，赋能个体的同时也达到有效赋能整个组织。

第五章，创新创造——营造创新氛围，激发员工活力，追求有意义的创新。知识经济时代，企业是知识创造和知识转化的重要场所。"场"作为知识转移的重要空间，是发生辩证对话和实践的有机结构场。在有意义的创新范式下，构建基于意义的企业决策框架，并系统论述框架中各空间场域的特征与意义，探索以价值理性为核心的意义管理认知基础，是企业管理创新的意义所在。

第六章，人性尊严——给予员工足够的尊重和支持，塑造组织中的心理安全感。通过共情领导力帮助员工找到人生的意义感，找到生活中的责任认知和坚定的信心，进而产生追寻幸福的动力。通过合作、共享、开放的组织环境让员工感受到组织为个人的赋能，工作为生命的赋能。在企业管理过程中融入同理心，移去组织内部的隔阂，给予员工足够的尊重和支持，塑造组织中的心理安全感，培养无论成功或失败皆有再挑战和激发勇气的精神。

第七章，社会福祉——以利他为原则，打造正能企业、利他经济，塑造正能社会，提升整个社会的幸福感和社会福祉，建设和谐的福祉社会。"有意义的管理"不仅仅关注员工的幸福感、成就感、获得感，使其感受有意义的工作和生活；也通过愿景和战略重塑企业的意义感，引导企业更关注社会责任和商业伦理；更要通过创新创造提升社会福祉——人人皆能享受安全、公平和无忧的生活，使生活充满幸福之感。让每一位企业员工都能充分享有尊严和幸福，也是文明社会发展历程的坐标和里程碑。

面向未来的管理范式

在企业管理实践中,通过实施有意义的管理,提倡以关爱为驱动,给予员工足够的尊重和自由,赋予员工鼓励、承诺和支持。在管理过程中融入温情管理和同理心,塑造组织中的心理安全感,鼓舞热忱的领导行为,增强组织成员的幸福感和意义感,倡导人性回归、平衡有度、繁荣发展的组织佳境——让员工在组织中不止获得经济价值,还会获得生存能力提升的韧性,以及追求公平和正义、让世界变得更加美好的激情与动力。这是新时代企业管理的重心。

组织内每个人都应当拥抱变化,实现个人的发展,同时通过利他行为促进组织的发展。企业应该构建基于意义的企业决策框架,并系统论述框架中各空间场域的特征与意义,探索以价值理性为核心的意义管理认知基础,实现个人和组织隐性知识、显性知识的螺旋式上升流动。以利他为原则,打造正能企业、利他经济,塑造正能社会,提升整个社会的幸福感和社会福祉,建设和谐的福祉社会。为此,构建以"意义"为核心、以"情感"为动力、对员工的幸福体验和社会福祉提升进行不断追求和探索的中国特色的全新管理范式,进而为全球管理范式的转型和发展提出更有价值的指引,是中国管理学者在迈向伟大的中国式现代化进程中的使命担当。

Introduction

Colliding Worlds in an Age of Unreason

Covid-19 pandemic is a vital emergent event in human history. Despite its dramatic blows upon the economy, we've also seen some positive changes that were reversely forced by the pandemic — many industries and sectors began to become "testing fields" of new technologies, "training grounds" for new models, and "breed farms" of new types of business. On the one hand, the pandemic prompted firms to carry out digital transformation; on the other hand, it's changed our ways of living and working. It popularizes mobile office, and exacerbates the uncertainty in the VUCA age. Corporate strategies and visions have to directly face the challenges that are brought by external environment changes. Being intrinsically changeable and complex, organizations are continuously confronted with governance problems. This leads to profound changes in organizational relationships.

George Bernard Shaw once indicated that "…all progress depends on the unreasonable man." His argument was that reasonable man will change himself to fit in with the world, while unreasonable man will try to let the world fit it with himself. "In that sense, we are entering an Age of Unreason, when the future, in so many areas, is there to be shaped, by us and for us; a time when the only prediction that will hold true is that no predictions will hold true; a time, therefore, for bold imaginings in private life as well as public, for thinking the unlikely and doing the unreasonable." (Handy, 2012). When mankind faces a world that is full of uncertainty, the academics must make contributions to the knowledge, in order to help mankind survive and prosper — to live and prosper with dignity, equality, freedom, empathy, and beauty that reflect human aspirations (March, 2019).

IoT-Enabled Organizational Transformation

Internet of Things (IoT) started with ARPANET, which allowed one user to control over 300 Coke vending machines. It has experienced explosive, exponential growth. Based on edge computing technology, IoT lets billions of individual objects, which were unspectacularly embedded into their surroundings, own routine computer programs. Connecting with the Internet, these objects become nerve fiber of mechanical world (Tvede, 2022). As data become factors of production, digital economy brought about massive changes in labor-force market. Boundaries between personal life and work, home and workplace, and between work time and fun time become increasingly indistinct. Work and pastime are actually converging. The rise of Gig Economy spawned a large number of new occupations. It consequently satisfied younger generations' need for demonstrating their personality and talent, and for their pursuits of own hobbies and dreams. As a result, it's time for people to say farewell to the age of single occupations.

Mankind is going into the age of Internet of Everything (IoE). It forces a series of reconstructions as following: ① organizations and organizational relationships: from hierarchical relationship to value creation; ② relationship between customers and organizations: from market relationship to co-creation and symbiosis; ③ relationship between organizations and environments: from impact to interaction; ④ organizational internal form and subjects: from unitary to multiple. Organizational changes call for the transformation of corporate management paradigm. This world is an ever-evolving, ever-changing system. Within it, all complex constructs are results of continuous evolution and growth that started with simple forms. An increasingly orderly and complex evolution trend is therefore realized. The view of complementarity, the idea of causality, and the view of dynamics, help drive the revolution of management thoughts. They push us to re-examine a series of significant changes that emerged from researches of social science, and even natural science. These changes brought major changes into managerial concepts and paradigm.

Evolution of Management Thoughts

As one of the greatest human inventions, management was born back in the days when the organizing and activities of human groups ever existed. And it has never stopped evolving ever since. Conventional management system puts emphasis on efficiency improvement, cost reduction, and quality upgrade. As a matter of fact, they provided strong support to the development of organizations, and created legends like Ford and Walmart, etc. Nevertheless, as employees' level of knowledge elevates, knowledge workers, while getting paid, started to put more emphasis to their needs for respect, expostulation, democratic participation, and career development. Conventional management system, however, keenly stresses the importance of "control," giving too much efforts in internal coordination and controlling, but too little attention to the important roles of stake-holders and value network in the development of organizations. Consequently, conventional management system, with an operational efficiency that is approaching to its threshold, can hardly maintain its remarkable competition edges. In essence, the system of development for management science has not realized the effective evolution from old, Newtonian physics system of atoms, to the biological evolutionary theory and ecological system theory.

Thanks to the development of society and the progress of science and technology, knowledge and innovation will become the core and focus of organizations. Creating new knowledge, realizing new innovation and breakthroughs — these will be managers' primary missions. In order to cope with this type of change, we need, on the one hand, to deal with the transformation of management paradigm under the circumstances of IoE (Internet of Everything); and, on the other hand, to explore the relationship between management and human civilization — it means that management is to shape new civilization, while civilization is to generate new management. Management paradigm shall realize the transformation, moving from operation-focused to innovation-focused, from closeness to openness, from control-centric to empowerment-centric, from resource-intensive to knowledge-intensive, and from economics-oriented to care/love-oriented. Iteration of management paradigm will be ultimately accomplished.

Humanity hypothesis is "based on some kind of value judgement. It's an assumption for the state and qualification of most people in given areas." As the humanity hypothesis evolves from "Homo economicus", "Homo sociologicus" to "Homo scientia" and "Homo ethica," the focus of management paradigm has also realized its change from normative rationality, motivation needs, and knowledge innovation to meaningful happiness. The practice of corporate management should put more emphasis on the core value of "human," changing from instrumental reason to value rationality. Human dignity and happiness should be stressed more. Employees' sense of meaningfulness should be continuously stimulated. Firms should be encouraged to transfer their attention from economic value to social value and human well-being, thus from agricultural civilization, industrial civilization, and information civilization to the overall development of humans and the gains of the entire human civilization.

Under these circumstances, managers should lessen the idea of "control," and express more "care" and "respect" within and without the organizations. The starting point of organizational management should be the pursuit of "vision." What organizations try to realize is ethical existence and development. It means further opening of organization boundaries based on the principle of "trust and collaboration;" obtaining resources in ways that are more harmonious, more economic, and more environmental-friendly; synergetic development on the basis of "heart of benevolence" and empathy that link employees with organizations. Generous work environment and opportunities will be created to generate sense of meaningfulness and happiness among employees, to inspire people's courage to tackle challenges, and to develop employees' potentials and creative power.

Rethinking the meaning of labor and work

In *Work: A History of How We Spend Our Time*, James Suzman introduced primitive tribes in Namibia and Botswana. As of the 20th century, people in the tribes still lived hunting-and-gathering life under the doctrine of absolute equalitarianism. What they revere is nature, rather than fortune or status. They work only to meet short-term material needs. In most days, they just spend leisure time in what we deem meaningless — walking, chatting, singing and dancing, and telling stories. Primitive ways of life and work didn't put them on the brink of starvation and fear though. Rather, they are well-nourished and living a longer life than most of the people who live in the industrial societies. That's why they were called the "Tribes of Abundance." We can't help but rethink the meaning of work and labor for humans. When the world goes from "Material Age" into "Mind Age," how should we define the relationship between human and work? Are we simply exploiting energy from work, or gaining energy from work? During the course of great technological leap-forward, we just left traditional culture, and value concepts that hide in it, far behind us. Although our intelligence has lessened labor, improved human health, and extended our life span, for many of us, meaning of life and meaning of work still remain life-long pursuit.

In *The Working Methods* (働き方), Kazuo Inamori clearly pointed out that "You just can't live a happy life before finally understanding the meaning of work and devoting yourself into work whole-heartedly." "Great strength hides in your work. It can help you conquer hardship in your destiny, and bring brightness and hope into your life." So, supreme good motivation, selfless heart, daily introspection, facing your heart; putting your back into your work, and developing your body and mind — this is the meaning of work. "People work to upgrade their will. This is where the meaning of work lies in." Hard work, day after day, can hone our mind, improve our humanity, and shape our soul. "The meaning of work is not only pursuit of performance, but also the fulfillment of heart." The highest achievement and value manifest is to toil and bustle for the society, for employees, and for the well-being of others. More importantly, the meaning of life can be realized to the full extent in this way.

Philosopher Hilary W. Putnam believed that fact and value are deeply tangled with each other. But people tend to separate facts and values, regarding management practice as the reflection of certain type of regularity. From the age of industrial economy, when the first-generation management — Scientific Management that was featured with efficiency-oriented reason and norms — was born, to the second-generation management — Behavioral Management that stresses human motives and needs, till the third-generation management — Knowledge Management, which emphases knowledge and innovation in the era of knowledge economy, humanity, theory, and practice have been circularly confirmed and enhanced by one another. Consequence? A management world without warmth, meaning, or ideals. It's time for us to think: what management theory do managers need? What does a perfect management realm look like? To answer this question, along with warmth, meaning, purposes, and pursuit of happiness, here comes the fourth-generation management — Meaningful Management.

Journey of the study

As one of the most common and most important human activities, management has gone through over 100 years of evolution and development, and formed a increasingly clear development sequence and research paradigm. About business management, my early theory and thinking came from years of mentorship and academic guidance of my doctoral advisor, Prof. Xu Qingrui. In late 1990s, we carried out a series of "Deep Dive" studies in outstanding Chinese companies. The experiences of investigation and survey, I lived where the middle-level and frontline employees lived, and ate what they ate, gives me not only macroscopic theoretical understanding in Chinese companies' development in over 30 years, but also microscopic, fine-particle, practical thinking.

Along with the growth of excellent Chinese companies, such as Haier, CRRC, CASC, and CREG, etc., I had an opportunity to further understand the problems and bottlenecks of corporate management practice. Based on my long-time observation of the management practice from which the light of humanity shines in world's first-class companies, such as Microsoft, P&G and Netflix I tried to integrate remarkable management practices of excellent Chinese companies. For example, on the principle of *"Integrating Chinese and western elements; methods shall be harnessed by principles,"* Fotile instills Chinese traditional culture into its company culture. It established an ecosystem of happiness by building the *"five of one: the law of happiness"* ; Haier's "EMC Contract" , an intrapreneurship mechanism that is human-centric, digitally-empowered, and dynamically-optimized, can empower its employees. It's *"lively but not chaotic, and highly synergetic,"* and it's good for the maximization of human values; CREG's quality management model, which is known as *"Three Transformations"* and *"Concentric Circles,"* realized a model of management with warmth by a pillar company in a big country; CRRC is mission driven. This people-centric company strives for independent innovation based on hard technologies, and pursues harmonious coexistence between human and engineering projects. And COMAC. It created an aviation industrial cluster driven by the mission of aviation dream. These management practices are significantly different from Scientific Management that emphases reason and norms, from Behavioral Management that focuses on human motive and needs, and from Knowledge Management that concentrates on innovation and knowledge. Inspired by the new exploration in terms of innovation by these outstanding Chinese companies, especially by the fact that they pay more attention to the comeback of humans, perception of meanings, and pursuit of happiness, Prof. Wei Wei and I determined to name the management with these characteristics "Meaningful Management."

For over a year, after multiple discussion, collision (of ideas), modification, and refinement, and extensive supports by experts, we have completed multiple iterations. I deeply appreciated that Prof. Ikujiro Nonaka, the prominent management thinker from Hitotsubashi University (in Japan), Mr. Zhu Hongren, the Standing Vice Chairman of China Enterprise Confederation, and Mr. Zhang

Ruimin, Honorary Chairman of the board of Haier Group, all have given precious attention and pertinent suggestions to this theory. We also have the great privilege to have recommendations written by them for this book. In essence, "Meaningful Management" is an innovative transformation of management theory that, standing on the basis of absorbing western management system and paradigm, effectively refers to the essence of knowledge management from Japanese scholars, and takes in the holistic view and coordination view within Chinese philosophy and view of benevolence in Chinese culture.

Framework of this book

This book consists of 7 chapters. **Chapter One: the Development and Iteration of Management Science System.** It includes: the first-generation management—Scientific Management, which pursues reason and standard under the hypothesis of "Homo economicus"; the second-generation management—Behavioral Management, which concentrates on "Homo sociologicus," and human motives and needs; the third-generation management—Knowledge Management, which stresses "Homo scientia", and the innovation and development of knowledge; and the fourth-generation management—Meaning Management, which uses meaning and happiness to interpret the connotation of "Homo ethica." From the perspective of traditional management system, human desire is depicted as purely material. It cares about people's consumption (including public goods) and leisure. It ignores elements of "experience" and "meaning," which play central roles in modern economy. In the future, managers of digital age will be facilitated by high precision, strong connection, high efficiency, and low cost that are brought by digitalization. At the same time, in scenarios like human-machine interaction and human-machine symbiosis, they should treat "meaning" as the core and "emotion" as motives. And they should never stop exploring and pursuing employees' happiness experience and the improvement of social welfare. All these are parts of a brand-new management paradigm with Chinese characteristics. Thus, it can provide a higher-value guidance for the transformation and development of global management paradigm.

Chapter Two: Theoretical Core of "Meaningful Management." It combines multiple dimensions, such as the meaning of work on the basis of western meaning theory, the meaning of life, and humanized business theory (BOH), etc., integrating meaning theories from Chinese traditional culture, such as "manifest destiny" and "human nature and heaven's doctrine," etc., and extracting essence from CPC People-centric Theory and Confucian "virtue of benevolence" etc.

Chapter Three: Welfare and Flourish. From "Well-being" to "Flourish," it's an ever-lasting seeking and pursuit of meaningful happiness. Typically, "happiness" stresses sensory aspect; "well-being" stresses a contented state of having welfare, abundance, and prosperous development; while "flourish" tends to refer to life that is in full bloom, complete, and prosperous. "IKIGAI" in Japanese is quite similar to "Flourish." It implies an idea of marching into the future, with expectations, self-drive, and dreams. Organizations are going to let employees fell the body-and-mind balance and work-and-life balance during their work, to let them experience te meaning of work and the power of the "flow," and to let them know that the purport of "meaningful management" is innovation, dreams, happiness and prosperous life.

Chapter Four: Belief and Vision. Under the guidance of vision and mission, empowering individuals means effectively empowering the entire organization. Belief is the premise of sense of meaningfulness generation. Belief management means to manage the beliefs of the management team in the context of company objectives and organizational background. At the same time, it collides and exchanges with employees' beliefs in their own work and career. Through this type of "creative dialogues," business objectives that are meaningful for both the company and the employees are found. Vision is company's direction. It is the crystallization of organizational strategy and culture. And it is the sublime soul of the organization. In the practice of business management, "meaningful management" is to empower individuals while effectively empowering the whole organization, under the guidance of vision and missions.

Chapter Five: Innovation and Creation. To create atmosphere for innovation, to stimulate employees, and to pursue meaningful innovation. In the era of knowledge economy, enterprises are important places for knowledge creation and knowledge conversion. "*Ba,*" an essential place for knowledge transmission, is an organic structuring field where dialectical dialogues and practice happen. Within the paradigm of meaningful innovation, key meaning of business management innovation lies in the construction of meaning-based corporate decision-making framework, in the systematic discussion about the features and meanings of all spatial "*Ba*" and fields within the framework, and in the exploration of the cognitive foundation for value-rationality-centric meaning management.

Chapter Six: Human Dignity. To provide employees with sufficient respect and support, and to build sense of psychological security within the organizations. Empathetic leadership can help employees find sense of meaningfulness in life. Once perceiving responsibilities and building strong confidence, they will be empowered to pursue happiness. By building a cooperative, shared, and open organizational environment, company can make employees feel empowered by the organization, and life empowered by work. Empathy shall be integrated in the course of business management. Silos are going to be removed from within the organization. The organization shall provide sufficient respect and support to its employees, and build the sense of psychological security, and inspire the spirit of continuous self-challenge and being bold against all odds.

Chapter Seven: Social Welfare. In the principle of altruism, people will establish positive enterprises and altruistic economy. Thus, a positive society will be shaped; sense of happiness and social welfare of the whole society will be improved; a harmonious welfare society will be created. "Meaningful Management" cares about employees' sense of happiness, sense of achievement, and sense of gain, and gives them meaningful work and life. On top of that, it reshapes companies' sense of meaningfulness by means of vision and strategy, guides companies to pay more attentions to social responsibilities and business ethics. Moreover, through innovation and creation, it increases social welfare—to let everyone enjoy a safe, fair, and carefree life.

Future-Oriented Management Paradigm

In the practice of business management, implementation of meaningful management can drive with care/love, provide employees with sufficient respect and freedom, and give encouragement, capabilities, commitment and support. Managers instill warmth and empathy into everyday management, build sense of psychological security in the organization, inspire cordial leadership behavior, enhance organizational members' sense of happiness and sense of meaningfulness, advocate the return of humanity, and construct a better organizational environment that is balanced, growing and prosperous—what organizations give employees is not only economic value, but also resilience that can improve their viability, and passion and drive that aims to pursue fairness and justice, and to make this world a better place. This should also be the focus of business management during new stage of development.

Everyone in the organization should embrace change. Everyone should accelerate the development of organization through altruistic behavior, while realizing their own personal growth. Enterprises should construct meaning-based corporate decision-making framework, and systematically specify the characteristics and meanings of every spatial "*Ba*" and field within the framework. They should also explore the value-rationality-centric, cognitive foundation of meaningful management, and realize the spiral upward flow of personal and organizational explicit and tacit knowledge within the organization. In the principle of altruism, people will establish positive enterprises and altruistic economy. Thus, a positive society will be shaped; sense of happiness and social welfare of the whole society will be improved; a harmonious welfare society will be created. In this sense, during the course of the country's great march towards China-style modernization, it's a mission and opportunity for Chinese management scientists to construct a brand-new management paradigm with Chinese characteristics. This paradigm treats "meaning" as a core, and is driven by "care." And it never stops pursuing and exploring employees' experience of happiness and social welfare. In addition, this paradigm can therefore provide more valuable guidance for the transformation and development of global management paradigm.

目 录

总序
前言
引言
Introduction

第一章 管理学体系的发展与迭代

第一节 第一代管理学体系：科学管理 / 003
一、弗雷德里克·温斯洛·泰勒 / 003
二、亨利·法约尔 / 004
三、马克斯·韦伯 / 005
四、哈罗德·孔茨 / 006

第二节 第二代管理学体系：行为管理 / 008
一、埃尔顿·梅奥 / 008
二、亚伯拉罕·哈洛德·马斯洛 / 009
三、弗雷德里克·赫茨伯格 / 009
四、道格拉斯·麦格雷戈 / 010
五、赫伯特·西蒙 / 011
六、斯蒂芬·P.罗宾斯 / 012

第三节 第三代管理学体系：知识管理 / 014
一、彼得·德鲁克 / 014
二、野中郁次郎 / 016
三、彼得·圣吉 / 018

第四节 面向未来的第四代管理学体系：意义管理 / 020
一、万物互联下的意义管理 / 020
二、社会责任下的意义管理 / 022
三、社会福祉下的意义管理 / 023
四、伦理道德下的意义管理 / 024

第五节 四代管理学体系的代际演变趋势 / 026
一、从经济人到社会人、从知识人到伦理人 / 027
二、从科学管理到意义管理、从工具理性到价值理性 / 028
三、从领导驱动到员工和用户驱动 / 029

第二章 有意义的管理理论框架

第一节 意义的理论基础 / 033
一、工作的意义 / 033
二、生命的意义 / 037
三、创造有意义的工作 / 039

第二节 中国传统文化中的意义论 / 042
一、儒家思想中的"仁爱之德" / 043
二、老子的"道"与"无为而治" / 044
三、庄子的"幸福"与"自由"论 / 045

第三节 以人为本的人本主义发展思想 / 047
一、以人民为中心的发展思想 / 047
二、高质量发展推动企业价值转向 / 048
三、人性化商业理论（BOH） / 050

第四节 有意义的管理理论框架 / 054
一、理论内核 / 054
二、理论维度 / 056

第三章 福祉与繁荣 重塑工作意义

第一节 福祉 / 061
一、积极的幸福 / 061
二、中国传统文化中的"福祉" / 061
三、福祉 / 063

第二节 心流 / 064
一、心流的内涵 / 064
二、心流产生的基础条件 / 065
三、心流与幸福 / 066
四、通过心流体会有意义的人生 / 067

第三节 仁爱 / 068
一、为善之大者 / 068
二、塑造心理安全感 / 070

第四节 繁荣 / 075
一、幸福2.0——蓬勃的人生 / 076
二、平衡有度 / 078

案例一 方太：幸福文化驱动企业成长 / 082
一、仁爱之道：因爱伟大——企品 / 083
二、向善之法：伟大的企业引人向善——人品 / 084

三、创新之术：一切创新都源于良知——产品 / 086

案例二　玫琳凯：职场幸福力倡导者 / 088

一、"丰富女性人生"的企业使命 / 088
二、重塑企业社会责任 / 089
三、可持续发展赋能福祉社会 / 089
四、增加员工福祉，提升幸福力 / 090

案例三　茑屋书店：生活提案的设计师 / 091

一、茑屋书店的历史沿革 / 092
二、经营理念——做生活提案的设计师 / 094
三、展望未来：互联网时代下的实体书店 / 097

第四章
信念与愿景塑造企业意义

第一节　信念 / 101

一、信念管理给员工带来的价值 / 101
二、拥有高质量"信念"的企业 / 102
三、美德——重塑企业信念 / 105

第二节　愿景 / 108

一、愿景的内涵 / 108
二、愿景的作用 / 109

案例一　愿景使命为导向的国家电网公司 / 115

一、国家电网公司简介 / 115
二、"以人为本"奉献社会为使命的意义管理 / 116
三、愿景使命驱动下的技术领先 / 119

案例二　中国商飞：使命驱动发展的航空梦 / 122

一、中国商飞简介 / 122
二、使命愿景引领下的企业管理 / 123
三、使命愿景驱动创新，打造航空产业集群发展 / 125

案例三　微软：战略转型与企业愿景演化 / 128

一、战略愿景转型历程 / 128
二、重塑使命 / 129
三、微软转型的三大引擎 / 131

案例四　中国航天科技：强国使命铸就创新奇迹 / 135

一、公司简介与概况 / 135

二、"航天强国"使命驱动下的航天科技创新体系 / 137

第五章 创新创造 让世界更美好

第一节 创新是蓬勃发展的动力 / 147
一、创新对企业发展的意义 / 147
二、创新对社会发展的意义 / 152

第二节 激活员工创造活力 / 154
一、员工创新能力的影响因素 / 155
二、创新能力的度量 / 157
三、营造创新氛围，培养创新型员工 / 159
四、员工创新力影响分析——以百度为例 / 166

第三节 创新的社会价值 / 170
一、创新的社会责任 / 171
二、经济价值与社会价值的共益 / 172
三、有意义的创新 / 173

案例一 红色中车：中国有意义创新的践行者 / 176
一、中国特色高铁自主创新模式 / 177
二、初心使命：勇挑重担创新的社会责任 / 179
三、文化为魂：筑造新时代自强不息企业文化 / 180
四、人才为先：打造人才高地培养大国工匠 / 182
五、以人为本：人与工程和谐共处之道 / 184
六、双碳战略：可持续发展践行央企社会责任 / 184

案例二 真诚本田：喜悦文化驱动创新 / 185
一、崛起：打破常规突出重围 / 185
二、发展：尊重顾客打造喜悦 / 187
三、未来：创新智造 / 189

案例三 宝洁"联系与发展"战略下的意义管理 / 190
一、"联系与发展"战略 / 190
二、激发员工个体活力 / 192
三、通过意义重构赋能外部人力资源市场 / 191

案例四 海尔生物：聚焦意义的智慧生态平台 / 194
一、管理模式变革赋能创新 / 195
二、福祉意义驱动的产品创新 / 197
三、核心技术驱动的全场景创新生态 / 201

第六章 在人性尊严管理中探寻意义

第一节 尊重 / 209

一、维护尊严 / 209
二、活力重塑：量子管理与海尔"链群合约" / 213

第二节 温情 / 222

一、同理心 / 222
二、鼓舞热忱 / 223

第三节 人性化管理 / 224

一、关爱驱动 / 225
二、人的回归 / 226

案例一 中铁装备：盾构机伴咖啡香 / 228

一、公司背景 / 228
二、企业文化 / 228
三、盾构技术的发展 / 229
四、"蒙华号"盾构机首次亮相 / 230
五、盾构咖啡：隧道里的咖啡香 / 232
六、大国重器的温情管理："三个转变"+"同心圆"质量管理模式 / 233

案例二 奈飞——颠覆者的胜利，和谐组织的力量 / 234

一、三场革命：颠覆者的胜利 / 234
二、和谐的威力：自由与责任统一 / 237

案例三 荷兰银行：为员工、客户提供尊严，为合作伙伴提供可以交流知识的空间 / 240

一、公司背景 / 240
二、荷兰银行的使命与主要业务 / 240
三、客户管理人性化和知识交互空间的最佳实践 / 241
四、员工人性化管理 / 242

案例四 宜家家居：为大众创造更加美好的日常生活 / 244

一、宜家的北欧设计风格 / 244
二、宜家设计中的自然情结：让可持续触手可及 / 246
三、宜家设计中的人文情怀 / 248

案例五 同心桥中的幸福管理：港珠澳大桥 / 251

一、超级工程 / 251
二、技术攻坚的责任和使命 / 252
三、充分尊重，温情管理 / 252
四、环境改造人性化 / 253

第七章 社会福祉 让世界充满爱

第一节 正能社会 / 257
一、经济价值向社会责任的转变 / 257
二、打造正能企业 / 261
三、创建正能社会 / 264

第二节 利他经济 / 265
一、符合友善价值要求 / 267
二、勇于采取利他行为 / 267
三、企业利他、友善与对人的终极关怀 / 268

第三节 社会福祉与福祉社会 / 269
一、社会福祉 / 269
二、福祉社会 / 270

案例一 默克集团好奇心项目 / 271
一、默克集团概况 / 271
二、创新社会责任的践行者 / 272
三、聚焦创新：好奇心项目 / 273
四、默克的中国"好奇心" / 274

案例二 远程照护：有温度的数字养老商业模式创新 / 277
一、人口老龄化挑战下养老的困局 / 277
二、远程照护：数字养老新模式 / 277
三、远程照护系统的运作模式 / 279

案例三 医患共益创新：以 Inno4Rare 和 PI 平台为例 / 280
一、Inno4Rare（为罕而创）平台 / 281
二、Patient Innovation（PI）平台 / 285

结 语 / 291

参考文献 / 294

第一章 管理学体系的发展与迭代

管理学是人类历史上最伟大的发明之一。西方管理学思想最早可追溯到文艺复兴时期，但在 19 世纪末 20 世纪初才初步建立起来。经过 100 多年的发展，管理学已经发展为包括战略管理、组织行为与人力资源管理、财务管理、创新管理、运营管理等众多子学科的庞大系统，成为可以与经济学比肩的最重要的社会科学之一。从最简单的、直线的、科层式的组织结构发展出极具效率的事业部制、扁平化等现代化的组织结构；从机器化大生产阶段视工人为"会说话的机器"发展到视人为"资源"和强调"尊重和激励"；从只关注组织内部效率提升发展到重视组织生态体系的整体效率，管理已成为人类社会的重要内容。

随着中国经济的腾飞和东方文化的崛起，中国企业的发展迫切需要全球视野和中国特色的理论指导。纵观管理学的发展历程，展望未来管理学的发展，尤其是中国情境下管理学的演化和迭代，我们将其产生发展的过程归纳为四代管理体系。

01 第一节　　　　　　　　　　第一代管理学体系：科学管理

19世纪末期，随着生产技术复杂化、规模和资本不断扩张，组织的管理职能逐渐与资本所有权相分离，于是出现了专门的管理阶层。学者们开始研究管理活动，"科学管理"就此诞生。1911年，弗雷德里克·温斯洛·泰勒（Frederick Winslow Taylor）所著的《科学管理原理》一书被看成现代管理学的开端。第一代管理学是在泰勒提出科学管理的思想基础上，以法国的亨利·法约尔（Henry Fayol）、德国的马克斯·韦伯（Max Weber）和美国的哈罗德·孔茨（Harold Koontz）为代表所建立起来的管理学体系。

一、弗雷德里克·温斯洛·泰勒

泰勒首次将管理视为一门科学。他指出，建立各种明确的规定、条例、标准，使一切科学化、制度化是提高管理效能的关键，并且主张把计划职能从工人的工作内容中分离出来，由专业的计划部门去做，从事计划工作的人员被称为管理者，负责执行计划的人员被称为劳动者。泰勒认为，单凭经验进行管理的做法是不科学的，必须加以改变。根据对钢铁厂管理活动的观察、总结和实验，泰勒创立了科学管理理论。其主要观点如下：第一，科学管理的根本目的是提高工作效率——这是泰勒科学管理原理、方法的基础；第二，达到最高工作效率的重要手段是，用科学的管理方法代替经验管理。1903年，泰勒开始把自己的实践经验和研究成果上升到理论高度。泰勒的改革在当时取得了很好的效果，实现了高效率、低成本、高工资和高利润。尽管如此，泰勒及其科学管理理论一直遭到许多非议，而最主要的批评则集中在泰勒对"人"这一因素的认识之上，他把人当成了机器或者说是机器的附属物。但是，人本管理思想在泰勒的理论中也有一定的地位：

首先，泰勒的人本管理思想体现在对"人性"的认识上。在泰勒之前的管理学家的理论大都主张经济人或工具人假设，即将工人与机器等工具不加区别地看待。而泰勒也认识到了人追求经济利益这一共性，在这一点上，工人与管理者并没有什么两样，因此，他说："有很多人把工人看成是贪心、自私、贪婪甚至更坏的人，我完全不同意这些在社会上散布的侮辱工人的谰言。我完全不同意这种说法。"

其次，泰勒的人本管理思想体现在对生产要素的认识上。尽管亚当·斯密（Adam Smith）早已提出劳动价值论，将劳动作为与土地、资本并列的一种生产要素，管理学家亨利·普尔（Henri Poole）和罗伯特·欧文（Robert Owen）也注意到了企业中人的因素。但是，第一次将人作为考察出发点的著述者却是这位被人称为"物本管理者"的泰勒。

再次，泰勒的人本管理思想还体现在管理方式上。以前管理者对工人的管理主要是严密的监视和管制，实行外在压迫式的管理。而泰勒认识到人追求经济利益这一共同动机之后，则主张一种疏导式的管理，通过增减工资从而控制工人的内在心理动机。科学管理重视内在激励，认为推动工人努力工作的不是外部力，而是工人自身的内驱力。

泰勒制是适应历史发展需要而产生的，但同时受到历史条件和倡导者个人经历的限制。首先，泰勒的理论主要是解决工人的操作、现场的监督和控制问题，管理的范围比较小，内容也比较窄，基本没有涉及组织的供应、财务、销售、人事等方面。此外，虽然泰勒的理论使生产过程的管理控制合理化，但把雇员和业务都排除在决策过程之外。

二、亨利·法约尔

泰勒管理思想的局限性主要由法国的亨利·法约尔和德国的马克斯·韦伯等进行补充和完善。他们聚焦于组织结构和管理原则的合理化，以及管理者职责分工的合理化，其管理思想奠定了古典管理理论的基础。

古典管理理论的代表人物、管理过程学派的创始人、法国管理学家亨利·法约尔更关注于高层管理理论，从而与泰勒关注生产效率的思想互为补充。1925年出版的《工业管理与一般管理》系统阐述了法约尔的管理思想。法约尔认为，好的经营管理不仅要改善生产现场，更要关注经营的六个职能：① 技术职能，即设计制造；② 经营职能，即采购、销售和交换；③ 财务职能，即确定资金来源及使用计划；④ 安全职能，即保证员工劳动和设备使用安全；⑤ 会计职能，即编制财产目录，进行成本统计；⑥ 管理职能。更重要的是，法约尔首次从职能的角度提出了五项基本管理职能——计划、组织、指挥、协调和控制，这成为之后管理体系发展的基础。此外，法约尔还提出了管理者解决问题时应遵循的 14 条原则，即分工、权力与责任、纪律、统一命令、统一领导、员工服从整体、公平的报酬、集权、等级链、秩序、平等、人员保持稳定、主动性和集体意识。

法约尔在管理范畴、组织理论和管理原则等方面提出了很多新的观点，为管理理论的发展奠定了基础。他还聚焦于组织结构和管理原则的合理化，以及管理者职责分工的科学化，在科学管理的基础上，形成了质量管理和项目管理的成熟管理模式，并强调基于文档与数据的管理体系。毫无疑问的是，控制可以带来效率。然而，控制就意味着自上而下的、强制性的管理，缺乏自下而上的反馈回路。

三、马克斯·韦伯

同期，德国的社会学家马克斯·韦伯、美国企业家詹姆斯·穆尼（James D.Mooney）以及英国的管理学家林德尔·厄威克（Lyndall Urwick）在组织体系和组织原则的发展方面也做出了突出的贡献。马克斯·韦伯是德国古典管理的杰出代表，他在管理思想上的最大贡献是提出了"理想的行政组织理论体系"。虽然韦伯的管理理论切入问题的角度、思考问题的方式迥异于泰勒和法约尔，但其同样把提高组织效率作为使命。韦伯从组织的基础权力入手思考组织问题。他指出，任何组织都必须有某种形式的权力作为基础才能实现其目标。只有权力才能变混乱为有秩序。韦伯认为存在三种纯粹形态的合法权利：理性法律的权力、传统的权力、超凡的权力。传统的权力支撑的组织效率最差，因为其领导人不是按能力来挑选的，其管理单纯是为了保存过去的传统而行事。超凡的权力则过于非理性和反理性，依据的不是规章制度，而是神启。

他认为在这三种类型的权力中，只有理性法律的权力才能作为行政组织体系的基础。韦伯说:"如果我们单纯从技术角度来看,所有经验无一例外地显示出,只有行政组织中纯粹的官僚主义样式——即官僚机制的独裁变种——才有可能达到最高效率,而且也是据我们所知能够严格控制人们的、最为合理的形式。在精确性、稳定性、严格的纪律性和可靠性等方面,它比任何其他形式都要优越。因此,使得组织的负责人以及与组织相关的人能够对其结果做出十分准确的估计。归根到底,这种组织在效率活动范围上比较优越,而且能够正式地应用于各种行政管理任务。"

四、哈罗德·孔茨

哈罗德·孔茨是美国著名的管理学家,西方管理思想发展史上管理过程学派的主要代表人物之一。其理论是在法约尔的一般管理理论的基础上发展而来。法约尔将管理活动分为计划、组织、指挥、协调和控制五项基本管理职能。孔茨和西里尔·奥唐奈(Cyril O'Donnell)在仔细研究这些管理职能的基础上,将管理职能分为计划、组织、人事、指挥和控制五项,而把协调作为管理的本质,作为五项职能有效综合运用的结果。孔茨利用这些管理职能对管理理论进行分析、研究和阐述,最终得以建立起管理过程学派。孔茨认为,无论组织具有什么样的性质、生存于什么样的环境,管理者从事的职能都是相同的,管理活动的过程就是管理职能逐步展开和实现的过程。

在孔茨的管理学体系中,管理被认为是设计和保持良好环境,并使人们在群体状态下高效率地达到目标的过程。孔茨认为,计划就是决策,就是在各种备选方案中决定行动方案的过程。在组织没有做出资源承诺的决策前,不可能有真的计划。组织职能是管理的重要组成部分,优秀的组织设计能够把所有工作任务落实到具体员工,并且将任务分配给那些最能胜任的员工。构建组织结构就是为了创造一个支持员工更好地完成任务的环境。人事工作涉及在组织结构框架中配备人员以及保持人员的稳定。指挥职能是指对员工施加影响,使之对组织和团队目标的实现做出贡献。孔茨认为,虽然管理者与领导者不同,但有效的管理者应是有效的领导者。管理者面对的最重要问题来自于员工。员工的要求和态度及其个人行为和群体行为，都会使管理活动变得复杂且不易。孔茨认为，领导意味着服从，所以人们往往跟随那些能满足自己的需求、愿望和想法的领导者。

控制是评定和纠正员工和组织绩效的手段，以确保事情的发展符合计划要求。控制职能就是按照目标和计划评定绩效、找出偏差，并采取措施加以改正。简而言之，控制有利于计划的完成。计划在前，控制在后。计划指导管理者使用各种资源来完成具体目标，而控制是通过检查以确定结果是否与计划吻合。控制活动一般与工作绩效衡量有关。人们熟悉的控制手段有费用预算、检查记录和误工记录等，这些手段能够衡量和显示计划是否在顺利实施。如果偏差持续存在，那么管理者应该对此加以纠正。

在孔茨的管理学体系中，协调处于核心位置，因为只有协调员工的力量才能实现组织整体的目标。每项管理职能都是为了促进协调，而协调员工在方法、时机、努力程度或利益等方面存在的差异，促使员工的个人目标与组织整体目标保持一致，就是管理者的中心任务。随着管理思想的演化，后来孔茨及其同事对此体系进行不断的补充和更正（增加了对全球化、组织与外部联系的关注），但其主体仍是计划、组织、人事、指挥和控制五大部分，如图1-1所示。

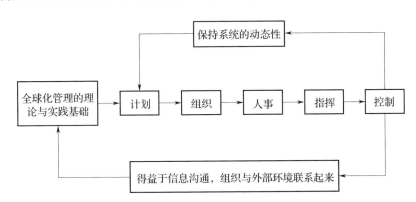

图1-1 哈罗德·孔茨的管理学体系

资料来源：哈罗德·孔茨，海因茨·韦里克.管理学——国际化与领导力的视角（精要版 第9版），马春光，译.北京：中国人民大学出版社，2014。

第二节 第二代管理学体系：行为管理

进入 20 世纪中叶，很多管理学家和企业家开始从事现代管理理论的研究。他们的思想活跃，研究的侧重点也互不相同，呈现出管理学派林立的局面。其中，最重要的是行为科学学派的产生。科学管理理论把人看作活的机器、经济人，而行为科学学派认为人不仅仅是经济人，还是社会人。影响员工生产效率的因素除了物质条件以外，还有员工的工作情绪。员工的工作情绪主要受所处环境及其心理因素的影响。管理学家通过对行为科学（主要源自心理学和工程心理学）的研究，掌握员工行为的规律，找出对待员工的新方法和提高效率的新途径。

一、埃尔顿·梅奥

行为科学学派的主要代表人物是埃尔顿·梅奥（Elton Mayo）。梅奥设计并实施了 1927—1932 年在芝加哥西方电气公司霍桑工厂进行的著名的"霍桑试验"。试验结果显示，生产效率不仅受物理、生理因素的影响，而且受社会环境、心理因素的影响。这一发现是对泰勒科学管理理论的一个重大提升。行为科学学派的思想主要包括：

（1）组织成员是社会人。物质条件的改变不是生产效率提高或降低的决定性因素。员工的集体意识可能比物质激励制度更重要。员工不是单纯地追求金钱收入，还需要友情、安全感、归属感和认同感等。

（2）组织中存在非正式组织，它对员工行为有着重要影响。正式组织是指为实现组织目标而成立的具有明确职能的机构，对员工具有强制性。在共同的生产和工作过程中，组织成员相互之间必然建立人际关系，产生共同的情感，形成共同的行为准则或惯例，从而形成非正式组织。这种非正式组织对员工行为有很大影响，会间接影响生产效率。

（3）组织应采用新型领导理念。新型领导理念是要组织好集体工作，采取措施提高士气、促进协作，使组织成员能与领导真诚、持久地合作。例如：请员工参与企业的各种决策；实行上下意见交流；建立面谈制度；美化工作环境；

组织娱乐、体育活动等。

二、亚伯拉罕·哈洛德·马斯洛

亚伯拉罕·哈洛德·马斯洛（Abraham H. Maslow）是美国著名社会心理学家，他提出了融合精神分析心理学和行为主义心理学的人本主义心理学，并在心理学中融合了其美学思想。他的主要成就包括提出了人本主义心理学、马斯洛需求层次理论，代表作品有《动机和人格》《存在心理学探索》《人性能达到的境界》等。

马斯洛将人的需求分为五级——生理需要（physiological needs）、安全需要（security needs）、归属与爱的需要（love and belonging needs）、自尊需要（respect & esteem needs）和自我实现需要（self-actualization needs）。马斯洛认为，只有尚未满足的需求能够影响行为，且只有排在前面的低层次需求得到满足后，才能产生更高一级的需求，更高一级的需求才会显现出激励作用。马斯洛的人本主义心理学理论核心是，人通过"自我实现"达到"高峰体验"，重新找回被技术排斥的人的价值，实现完美人格。自我实现需要是超越性的，追求真、善、美，将最终导向完美人格的塑造，高峰体验代表了人的这种最佳状态。

马斯洛认为人的本性是中性的、向善的，主张完美人性的可实现性，但他离开社会实践谈审美体验、审美活动，有抽象、片面之嫌。马斯洛的理论对现代企业管理中的员工激励问题提供了很好的解决方案，但也有很大的局限性：只说明了需求与激励之间的一般关系，未考虑不同的人对相同需求的反应方式的差异，未注意工作特征与工作环境的关系，人们不一定在低层次需求得到满足后才会追求高层次需求。

三、弗雷德里克·赫茨伯格

弗雷德里克·赫茨伯格（Frederick Herzberg，1923—2000年），美国心理学家、管理理论家、行为科学家，双因素理论的创始人。他通过调查发现，使工程师们感到满意的因素都是关于工作性质和内容的，使他们感到不满意的因素都是关于工作环境或工作关系的。赫茨伯格将前者称为激励因素，将后者称为保健因素。

1959年，赫茨伯格在《工作与激励》一书中正式提出了激励的双因素理论。

（1）保健因素。保健因素能够起到消除员工不满的作用。当保健因素低于一定水平，就会引起员工的不满；当保健因素得到改善时，员工的不满就会消除，但不论保健因素提升到什么程度，都起不到激励的积极作用。

（2）激励因素。激励因素具有明显的激励作用。不具备这类因素，并不会造成员工的极大不满；而当这类因素超过一定水平后，它们对员工具有非常大的激励作用。

赫茨伯格的双因素理论与马斯洛的需求层次理论有很大的相似性。马斯洛的高层次需求即赫茨伯格的主要激励因素，低层次需求相当于保健因素。可以说，赫茨伯格的双因素理论是对马斯洛需求层次理论的补充，为激励工作指明了方向[1]。双因素理论促使企业管理人员注意工作内容方面的重要性，特别是它们同工作丰富化和工作满足的关系，因此是有积极意义的。

四、道格拉斯·麦格雷戈

美国麻省理工学院教授道格拉斯·麦格雷戈（Douglas McGregor）于1957年首次提出X理论和Y理论。他把传统管理学称为"X理论"，把自己的管理学说称为"Y理论"。这是一对基于两种完全相反假设的理论：X理论认为人们有消极的工作原动力；而Y理论认为人们有积极的工作原动力[2]。X理论的前提假设是：人的天性是好逸恶劳，而且只要他们能够做到，就会设法逃避工作；绝大多数的人必须用强迫、控制、指挥以及处罚、威胁等手段，来使他们付出适当的努力以实现组织的目标；一般的人情愿受人指导，希望避免担负责任，相对缺乏进取心，将个人的安全看得最重要。该理论假定人性本恶、生性懒惰、厌恶工作，必须使用权威手段推动他们付出足够的努力才能完成给定的工作目标。

以X理论为基础构造的组织、制度等管理机制，被称为"恶性管理"。Y理论是站在X理论对立面的另一个极端。其假设基础是：人想干活，并不懒惰；人需要工作，热衷于发挥自己的才能和创造性。Y理论的前提假设是：工作中消耗的体力和脑力，正如玩游戏或休息一样是自然的；外力的控制和处罚的威胁都不是促使人们为组织目标付出努力的唯一手段，人们在服务于承诺的目标时会进行自我指导和控制；人们承担目标的程度同与其成绩相联系的报酬成比例；

---

[1] 赫茨伯格，莫斯纳，斯奈德曼. 赫茨伯格的双因素理论 [M]. 张湛，译. 北京：中国人民大学出版社，2016.

[2] CARSON C M. A historical view of Douglas McGregor's Theory Y[J]. *Management Decision*, 2005, 43（3）: 450-460.

在适当的条件下，一般人不仅可以学会接受任务，而且会主动承担组织任务；在解决种种组织问题时，大多数人而不是少数人具有运用相对而言的高度想象力、机智和创造的能力。作为"恶性管理"的反面，Y 理论被称为"柔性管理"。

X 理论和 Y 理论的贡献和优点可以概括为以下三点：第一，X 理论和 Y 理论阐述了人性假设与管理理论的内在关系，即人性假设是管理理论的哲学基础，提出了"管理理论都是以人性假设为前提的"重要观点，这表明麦格雷戈已揭示"人本管理原理"的实质。第二，X 理论和 Y 理论关于"不同的人性假设在实践中体现为不同的管理观念和行为"的观点，动态地分析了人性假设的变化对管理理论的影响，进而提出了管理理论的发展也以人性假设的变化为前提的研究课题。第三，X 理论和 Y 理论提出的管理活动中要充分调动人的积极性、主动性和创造性，实现个人目标与组织目标一体化等思想，以及参与管理、丰富工作内容等方法，对于现代管理理论的发展和管理水平的提高具有重要的借鉴意义。

五、赫伯特·西蒙

第二次世界大战以后，许多运筹学家、统计学家、计算机专家和行为科学家都力图在管理领域寻找一套科学的决策方法，决策理论得到了迅速发展。在决策理论学派中，做出突出贡献的是卡内基梅隆大学教授、管理决策理论之父——赫伯特·西蒙（Herbert Simon，1916—2001 年）。

赫伯特·西蒙涉猎广泛，在认知心理学、计算机科学、公共行政、经济学、管理学和科学学等多个领域做出了重要贡献。因其在"经济组织内部决策过程方面的先驱性研究"，西蒙于 1978 年获得诺贝尔经济学奖。西蒙的博学足以让世人折服，他获得过 9 个不同学科的博士学位。瑞典皇家科学院总结性地指出："就经济学最广泛的意义上来说，西蒙首先是一名经济学家，他的名字主要是与经济组织中的结构和决策这一相当新的经济研究领域联系在一起的。"西蒙虽然在经济领域的多个方面做出了巨大贡献，但他最重要的贡献还是在对经济组织的管理行为和决策的研究方面。具体来说，主要体现在有限理性理论与决策理论两个方面。

在有限理性方面，西蒙认为现实生活中作为管理者或决策者的人是介于完全理性与非理性之间的"有限理性"的"管理人"。"管理人"的价值取向和目标往往是多元的，不仅受到多方面因素的制约，而且处于变动之中甚至彼此矛盾的状态，"管理人"的知识、信息、经验和能力都是有限的，不可能也不企望达到绝对的最优解，只以找到满意解为满足。在实际决策中，"有限理性"表现为决策者无法寻找到全部备选方案，也无法完全预测全部备选方案的后果，还不具有一套明确的、完全一致的偏好体系，以在多种多样的决策环境中选择最优的决策方案。西蒙的管理理论关注的焦点正是人的社会行为的理性与非理性的界限。

赫伯特·西蒙是决策理论学派的主要代表人物。他指出，组织中经理人员的重要职责就是做决策。以西蒙为代表的决策理论学派的理论与传统的决策理论略有不同：首先，决策是管理的中心，决策贯穿管理的全过程。西蒙认为，任何事物开始都要先做决策，制订计划就是决策，组织、领导和控制也都离不开决策。西蒙认为决策的过程包括四个主要阶段：① 找出决策的根据，即收集情报；② 找到可能的行动方案；③ 在几个方案中根据当时的情况和对未来发展的预测选定一个方案；④ 对已选择的方案及其实施进行评价。

其次，西蒙还区分了程序化决策与非程序化决策。所谓程序化决策，就是那些带有常规性、反复性的例行决策，可以制订出一套例行程序来处理的决策。所谓非程序化决策，则是指对那些过去未发生过，或对其确切的性质和结构尚捉摸不定的决策。在决策准则上，用满意性准则代替最优化准则。强调集体决策与组织对决策的影响。西蒙指出，经理的职责不仅包括其本人能有效地制订决策，也包括他所领导的组织或组织的某个部门能有效地制订决策。

六、斯蒂芬·P.罗宾斯

斯蒂芬·P. 罗宾斯（Stephen P. Robbins）是美国著名的管理学教授，组织行为学的权威。他曾就职于壳牌石油公司和雷诺金属公司，有着丰富的实践经验，并先后在内布拉斯加大学、协和大学、巴尔的摩大学、南伊利诺伊大学、圣迭戈大学任教。作为一位高产的作家，罗宾斯兴趣广泛，尤其在组织冲突、权力和政治，以及开发有效的人际关系技能等方面成就突出。罗宾斯进一步发展了哈罗德·孔茨的管理学体系，但更侧重于组织行为，并以管理过程为主线，将管理职能分为计划、组织、领导和控制四个方面（见图1-2），即第二代管理学体系。

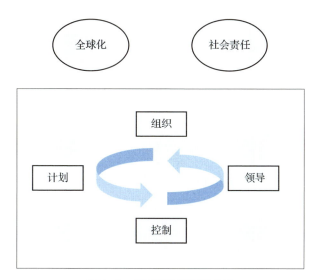

图 1-2 罗宾斯的管理学体系

资料来源：改编自斯蒂芬·P. 罗宾斯，玛丽·库尔特. 管理学（第 11 版），北京：中国人民大学出版社，2015。

第一代、第二代经典管理学体系均受到西方以牛顿 – 笛卡尔体系为特征的世界观和方法论的影响。牛顿和笛卡尔的理念为人类创造了丰富的物质财富，同时也对管理活动带来了一些深刻的影响，其理念以机械论、还原论和决定论为特征，把世界看作一架已经形成的、完全由造物主构造的机器。受此影响，所形成的管理学思想也带有机器和控制的色彩。在这一管理范式下，管理理论更强调个人主义，更强调市场化的运作机制，更重视控制的思想，其主要目的是提升企业（尤其是工业企业）的运营效率和质量，并降低其成本。这两代经典的管理体系都以效率为导向，崇尚资源，强调控制，存在着根本性的不足，即对知识和创新的忽视，以及对员工关爱的不足。

当今世界变化如此快速，到处充满着矛盾、难题和不确定因素。与工业经济时代相比，组织更加复杂而难以管理。仅追求成本和效率并不能保证企业获得竞争优势，原有的以效率、成本为导向的管理学体系在指导知识型社会的管理过程中并不适用。新的变化不仅要求管理者改进组织结构、产品、体系和过程，而且要求我们系统地改进整个管理学体系和组织工作的相关框架。在知识经济时代，知识被视为最重要的资源加以开发、管理和利用。德鲁克认为，知识生产力已成为竞争和经济发展的关键，知识产业已成为首要产业，这是不可逆转的发展趋势。管理思想进入知识管理时代。

第三节 第三代管理学体系：知识管理

第一代和第二代管理学体系都是工业经济时代的产物，其根本不足是对创新的忽视，以及对核心能力、知识管理、智力资本等概念的漠视。面对大数据、互联网、人工智能、生命科技和新能源等的科技挑战，面对知识经济、共享经济的新诉求，今天的组织面临新的挑战。

在知识经济时代，知识型员工具有更高的素质，他们有自我管理与激励的意识和能力，过分严格的控制不仅显得多余，而且会约束员工的主观能动性。同时，知识型员工具有很强的创造力，严格控制将会阻塞他们对组织的创造性意见。与体力型劳动相比，知识型劳动是看不见、摸不着的，其劳动强度和质量在很大程度上取决于人的自觉性和责任感。尤其是创造性的脑力劳动，其目标确定、进度控制都比体力型劳动困难，是管理者遇到的新难题。严格管理、加强监督的外部控制方法对工业经济时代的体力型员工是卓有成效的，但是对知识型员工不再适用，反而可能阻碍知识型员工的创造力。加之，组织的外部环境发生了翻天覆地的变化。因此，第三代管理学体系随之产生。

一、彼得·德鲁克

1954年，彼得·德鲁克（Peter Drucker）提出了一个具有划时代意义的概念——目标管理（Management By Objectives，简称MBO），它是德鲁克所发明的最重要、最有影响力的概念，并已成为当代管理学的重要组成部分。目标管理的主要贡献之一就是它使得我们能用自我控制的管理来代替由别人统治的管理。

20世纪60年代初，彼得·德鲁克提出了知识工作者和知识管理的概念。在知识型社会，最基本的经济资源不再是资本、自然资源和劳动力，而是知识。知识工作者将发挥越来越重要的作用，每位知识工作者都是一位管理者。控制是第一代（哈罗德·孔茨）和第二代（斯蒂芬·P. 罗宾斯）管理学体系中最关键的职能之一。在科学管理思想中，员工被视为"经济人"——活的机器，强调要对员工进行严格控制，使员工尽最大可能为企业运营服务。到了行为科学时代，虽然管理学者和实践者开始认识到员工的社会性，但是仍然强调要对员工进行"控制"。这似乎难以适应知识社会的要求：一方面，知识型员工不愿被严格控制，充满了对自由的向往；另一方面，知识社会要求组织必须充分利用全体员工的智慧，而严格控制可能扼杀基层员工的创造力。

德鲁克认为，经理人是企业中最昂贵的资源，而且也是折旧最快、最需要经常补充的一种资源。建立一支管理队伍需要多年的时间和极大的投入，但彻底搞垮它可能不用费多大劲儿。经理人的人数必将不断增加；培养一位经理人所需的投资也将不断增加。与此同时，企业对其经理人的要求也将不断提高。企业的目标能否达到，不仅取决于经理人管理的好坏，也取决于如何管理经理人。企业员工的态度所反映的，首先是其管理层的态度。企业员工的态度，正是管理层的能力与结构的一面镜子。员工的工作是否有成效，在很大程度上取决于他被管理的方式。

3M公司之所以有很强的持续创新能力，就是因为它给员工以足够的时间（工作时间的15%）和空间进行自由创造，而不施加任何控制。在知识经济时代，创新将成为组织实现可持续发展的新方向。然而，在经典管理学体系的指引下，管理者在追求效率的同时，已经在无形中扼杀了员工的创造力和企业的创新能力。创新需要的是自由、宽容和民主，需要不受干扰的时间、自由和思想驰骋。

在知识经济时代，企业应给予知识型员工足够的机会以进行自我管理。管理者的角色应更多地转向领导者，更多的组织成员需要的是"胆大包天的目标""教派般的文化"和"母亲般的关爱"。唯有如此，组织才能不断迸发创新的活力。面对知识经济时代的特征，管理范式应该实现从强调运营到强调创新、从封闭到开放、从聚焦控制到聚焦赋能、从关注资源到关注知识、从经济导向到关爱导向的转变和新管理范式的更迭。外部管控虽有利于组织效率的提升，但其是以牺牲创造力为代价；自我管理虽有利于保持组织成员的创造力，但可能使组织整体效率低下。因此，组织要实现自我管理与外部管控的平衡（见图1-3），形成"价值网"和"生态系统"，进而实现竞争优势的迭代。

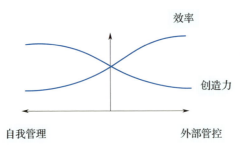

图1-3 自我管理与外部管控

资料来源：陈劲.管理学.北京：中国人民大学出版社，2010。

随着社会的进步和科学技术创新的不断涌现，知识与创新将成为组织发展的核心和重点，创造新的知识和实现新的创新与突破是管理者的主要任务。在这种情景下，管理者应更多地在组织内外表达"爱"，以追求"愿景"为组织管理的出发点，追求组织的伦理化生存与发展，以"信任与协同"为原则进一步开放组织边界，以更和谐、更经济、更环保的方式获取资源，以"善良、仁爱和慈悲"逐渐递进的方式对待员工，进一步激发员工的创造力、创新能力和创业精神。

管理学大师彼得·德鲁克是第三代管理学体系的鼻祖。他指出，我们正在进入知识型社会，管理学也应随之进行变革。德鲁克认为，在知识型社会中，最基本的经济资源不再是资本、自然资源和劳动力，而应是知识。彼得·德鲁克为我们打开了通向第三代管理学体系的大门，但是他的思想并没有被系统地整理。

二、野中郁次郎

日本的野中郁次郎（Ikujiro Nonaka）教授进一步发展了面向知识人的管理体系，野中郁次郎有"知识创造理论之父"和"知识管理的拓荒者"之称，在《创造知识的企业》一书中，他提出了知识创造理论，以知识创造能力来诠释日本企业的成功。此书是该领域的经典之作，于1996年被美国出版商协会选入"年度最佳管理类书籍"。野中郁次郎通过对索尼、松下、本田、佳能、日本电气和富士复印机等日本公司的创新案例研究，将其归结为组织的知识创造能力——能"有组织地"充分调动蕴藏在员工内心深处的个人知识。

野中郁次郎认为，建立在西方传统哲学基础上的组织理论可以被归结为笛卡儿式科学思维的产物，如泰勒的科学管理理论就是立足于用"科学"代替"经验常识"，西蒙的信息处理范式受到计算机和认知科学发展的影响，过分强调人类推理和组织决策过程的逻辑方面。他觉得在这种科学理性视野下的组织，本质上是没有知识创造能力的"刺激—反应"式机器。他认为，企业并不是机械地处理来自周围环境中的信息，而是有意识地创造信息。在研究中，野中郁次郎发觉，现有的信息处理理论不足以解释企业的创新行为。因为除了信息处理，创新过程还包括知识的取得、创造、运用与保存等多项内容。更重要的是，野中郁次郎通过对许多创新者进行访谈发现，创新通常来自创新者个人的信念，这些信念通俗地讲就是他们对世界的看法，学界称之为心智模式。

他系统地论述了隐性知识与显性知识的区别，提供了一种利用知识创新的有效途径。在《创造知识的企业》一书中，野中郁次郎从竞争的角度对企业创造知识提出了许多建设性构想。他认为，知识管理很重要的一个目标就是将隐性知识显性化，即知识管理不仅仅是对客观信息进行简单的"加工处理"，更要发掘员工头脑中潜在的想法、直觉和灵感。野中郁次郎构建了知识创新的SECI模型（见图1-4）——社会化（socialization）、外部化（externalization）、整合化（combination）和内部化（internalization）。

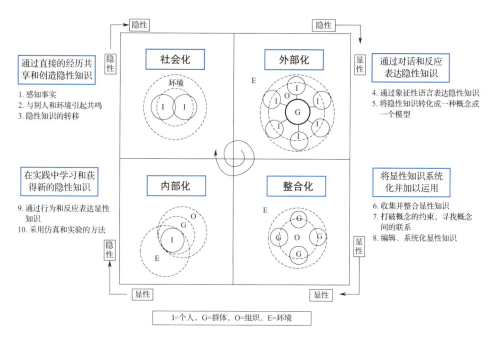

图1-4 野中郁次郎知识创新的SECI模型

资料来源：野中郁次郎，竹内弘高. 拥有智慧的企业：企业持续创新之道[M]. 陈劲，降智勇，译. 北京：人民邮电出版社，2021.

野中郁次郎以 SECI 模型为中心，将主观与客观、隐性知识与显性知识、直接经验与逻辑分析有机结合起来，形成了一系列知识管理领域的经典之作。他的知识创造理论强调"人是最重要的资产，知识是企业的战略性资产"。野中郁次郎认为，组织的知识创造能力能"有组织地"充分调动蕴藏在员工内心深处的个人知识。随着大数据和物联网技术的发展，企业根本的资源特征从传统的物质资源走向无形的或者是有形的知识资源，需要更多地关注知识创造的过程。他进一步将主观与客观、隐性知识与显性知识、直接经验与逻辑分析结合在一起，构建新型知识管理思想，从而助力企业超越知识形成智慧，成为"拥有智慧的企业"。

野中郁次郎认为，"西方学者之所以不愿研究知识创新，一个重要原因是他们理所当然地把组织看成是一个'信息处理'的机器，从泰勒到西蒙，这个观点深深地植根于西方管理的传统体系中[1]"。

而野中郁次郎认为企业是知识创造的平台。"在一个只有不确定性能确定的经济环境中，持续竞争优势的一个确定性来源是知识。"野中郁次郎构建的"承上启下"的组织模式，从理论上阐释了企业中层管理人员的实践智慧在知识创造中的作用，而"超文本"组织结构则体现了东西方管理智慧的有机结合。他的知识创造理论强调"人是最重要的资产，知识是企业的战略性资产"，并以"以人为本"统领现代组织管理理论。

在物联网时代推进管理变革的过程中，我们应当关注知识人的视野，对企业管理的哲学、风格、制度等做出更大的转变。首先，减少"控制"的思想，倡导"支持与关爱"的模式。管理者应该更多地关心、激励员工，创造适合的环境和条件，开发和利用员工的潜质和创造力，使其实现自身的尊严和价值，进而帮助和引导员工实现自我管理。这种管理模式还蕴藏着另一个重要理念——无论成功或失败，皆有再挑战和激发勇气的精神，这是新时代企业管理的重心。

三、彼得·圣吉

彼得·圣吉（Peter Senge）是美国麻省理工学院斯隆管理学院资深教授，国际组织学习协会（SoL）创始人、主席。彼得·圣吉一直致力于发展一种人

---

[1] 野中郁次郎，竹内弘高. 拥有智慧的企业：企业持续创新之道[M]. 陈劲，等译. 北京：人民邮电出版社，2021.

类梦寐以求的组织蓝图——人们得以由工作得出生命的意义、实现共同愿望。他将系统动力学与组织学习、创造原理、认知科学、群体深度对话与模拟演练游戏相融合，吸收东西方文化的精髓，发展出了影响世界的"学习型组织"理论。

学习型组织理论认为，要想在新的经济背景下实现持续发展，组织必须增强其整体能力、提高整体素质，设法使所有组织成员全心投入并不断学习，即建立学习型组织。⊖学习型组织需要完成"五项修炼"——自我超越、改善心智模式、建立共同愿景、团体学习以及系统思考。一个组织要有长期竞争力，关键在于他们要有比竞争对手更快更好的学习力。而学习型组织，便是让组织内每个人都充满学习的热情与能力，在合作的过程中不断互相启发；同时，这个组织在创新与试错的过程中又能够不断自我成长与进化。

20世纪90年代中后期，托马斯·达文波特（Thomas Davenport）教授在知识管理实践和知识管理系统方面也做出了开创性工作，提出了知识管理的两阶段论和知识管理模型。⊜

自1911年科学管理理论诞生至今，管理学实现了飞跃式发展，从"经济人""社会人"到"知识人"，管理学的思想和体系日臻完善。作为一个独立而重要的学科，管理学受到了学术界、商业界及社会的更多关注。数字经济的发展倒逼中国企业的转型和管理范式的变革，第四次工业革命和万物互联时代的到来对企业管理提出了全新的要求。在从互联网时代到物联网时代的演化过程中，我们需要关注指数性组织、网络定律、区块链等一系列新的理念对管理对象、管理主体、管理边界、管理领域、管理模式、管理机制和管理过程的全方位颠覆和重塑。中国各类组织存在的管理问题，一是组织效率不高，二是变革与创新不足。新一代管理学体系必须接受这种二元挑战。充分吸收前两代管理学体系在效率与控制方面的成功经验，积极探讨知识与创新在组织管理中的重要作用。复杂科学管理提出以整合论为核心的五个基本理论，即整合论、整体观、新资源观论、互动论、无序—有序论，为企业管理体系的优化提供了崭新的视野，以及新的发展路径。

⊖ 圣吉.第五项修炼：学习型组织的艺术与实践[M].张成林，译.北京：中信出版社，2009.

⊜ 达文波特.营运知识：工商企业的知识管理[M].王者，译.南昌：江西教育出版社，1999.

第四节 面向未来的第四代管理学体系：意义管理

心理治疗学家维克多·弗兰克尔（Viktor Frankl）对人的本质如此描述："人性异于禽兽者的主要动机是追求生活的意义，即探求意义意志。动物寻求的是快乐和征服，而人的本质则是追求人生的意义和价值。作为一个人，最根本的一点就是对自己在生活中的责任要有明确的认识和坚定的信心。"所以，管理者的任务就是要找到更新的解决方案，特别是为员工找到人生的意义、工作的意义。因此，企业要给予员工足够的尊重和自由，在管理过程中融入温情管理和同理心，塑造组织中的心理安全感，鼓舞热忱的领导行为，帮助员工找到人生的意义感，倡导人性回归、身心和谐、内外平衡的持续的幸福和繁荣。

一、万物互联下的意义管理

全球化的深入使得组织发展面临更大的不确定性、更多的机会和更大的挑战，以云计算、物联网、人工智能、区块链、生物科技为主的新一代技术革命，也正将人类推进至人机交互、增强智能和有机更新的"新智人"时代。由此带来的全球创新多元化竞争格局与伦理挑战，呼唤企业在通过技术创新创造知识和经济价值的同时，进一步关注社会责任与绿色发展。

2019年，海尔提出了链群合约模式，就是希望能够在人单合一的基础上构建更加面向物联网时代的新型管理模式，形成自组织的新生态、自循环的新范式与自主人的新模式（见图1-5）。这一管理模式的探索非常值得借鉴。数字科技变革所实现的新范式中，第一个也是最为重要的一个范式就是链群合约。物联网下的管理范式，实现了以感知做基础、传输做保障、云计算做大脑、应用做决策和服务的四端联动，构建了节约型、透明化、高效率、精确化、个性化、过程化和智慧化的管理模式。

区块链等新兴技术支撑了物联网下的管理模式，使得成员之间实现知识、数据的分享，以及合作机制的建立。区块链思想对企业组织变革的影响是巨大

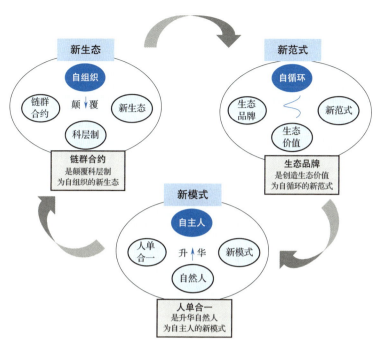

图 1-5　海尔集团新型管理模式图

资料来源：海尔集团。

的。基于区块链的管理范式，将进一步促进企业管理的有效运行。在这一范式下，创新将从封闭式转向分布式，这一管理变革的实现在过去存在知识共享、知识产权权益方面的挑战，但现在借助区块链技术乃至区块链思维，将大大促进这项管理变革的实现。链群合约旨在促使企业成为一个充满活力的组织——从崇尚秩序稳定走向追求有机发展，关注和谐、合作、共识，以成为有机生命体，从而实现指数增长。指数增长的动力源于万物互联，在万物互联的物联网时代，企业正在发生深刻的变革。

在区块链的基础上，会形成一种维基式的管理方法，从纵深角度颠覆传统封闭式创新的商业规则，为处于 web2.0 时代的企业提供了开放、对等、共享和全球运作的蓝海战略。当把区块链和维基的思想结合在一起时，它们将使企业管理模式产生巨大的变化和变革，这应当引起中外学者的高度关注。同时，由于区块链和维基管理的出现，网络定理⊖得以高度发挥作用，非线性机制得以激

⊖ 网络定理：线性网络的一种分析方法，主要包括叠加定理、替代定理、戴维南定理、诺顿定理、互益定理等。

活,这将使得供方与需方可以产生更多的非线性协同效应^㊀,也将促使企业发展从集团管理模式迈向生态管理模式。

未来,在企业发展中,人的全面发展将变得更加重要。虽然信息化日益完备完整,物联网平台日益完善,但是企业根本的资源特征会从传统的物质资源走向无形或有形的知识资源,我们需要更多地关注知识创造的过程。新一代的管理范式既要能够应对物联网、人工智能和区块链等变革挑战,也要能够推动人的全面发展,推动人类文明的进化。

在如此情境下,企业要移去组织内部的隔阂,以关爱为驱动,给予员工足够的尊重和自由,赋予鼓励、承诺和支持。在管理过程中融入温情管理和同理心,塑造组织中的心理安全感,鼓舞热忱的领导行为,倡导人性回归、平衡有度、繁荣发展的组织佳境。

二、社会责任下的意义管理

长期以来,企业管理对社会价值、意义与大趋势的回应不足,主流的企业社会责任(corporate social responsibility,CSR)视角仅将社会需求视为制度压力(institutional pressure)的来源之一,企业被动地接受社会需求为其带来的额外"成本",以消极的视角来看待管理的社会意义。而有意的管理,强调管理活动应当是科技思维、人文思维与哲学思维的统一,企业应当在管理活动中关注积极的社会文化、长期的社会福利及人的自我发展,从而以更积极的视角看待社会需求。

有意义的管理所关注的是一种"非线性"的企业管理思维,能够帮助企业"从关注短期利益和内部效率的束缚中解脱出来,逐步转向聚焦中长期收益和外部社会福利,实现具有引领社会进步和人类发展意义的创新实践"^㊁。管理者应当认识到,在复杂多变的当今社会,将视野局限在行业内部的决策模型已

㊀ 非线性协同效应:非线性是指两个变量间的关系,不是简单比例(即线性)关系。协同效应,原为一种化学现象,又称增效作用,是指两种或两种以上的组分相加或调配在一起,所产生的作用大于各种组分单独应用时作用的总和。在管理学中,协同效应即"1+1>2"的效应,当两种或两种以上的部分相加或调配在一起,所产生的作用大于各部分单独应用时作用的总和。非线性协同效应强调变量之间关系的复杂性。

㊁ 陈劲,曲冠楠.有意义的创新:引领新时代哲学与人文精神复兴的创新范式[J].技术经济,2018,37(07):1-9.

经无法适应高度不确定的外部大环境与不断发生的熊彼特冲击，基于旧有推演逻辑（deductive logics）的企业管理模式需要被以复杂逻辑（complex logics）为核心的意义管理框架所替代。在新时代，有意义的管理是科学、艺术与哲学在非线性、动态性、不确定性与复杂性条件下所形成的复杂适应性系统（complex adaptive system，CAS），是人文精神、哲学思考与人的价值在技术与市场双重驱动下对社会意义的积极回应。

有意义的管理是一种多维度、多方向的思维框架，以人文精神、哲学思考、人的价值的思考为底层认识，内生性地看待技术的发展与市场的需求，从利用技术转向探索技术，从顺应市场需求转向预判市场需求乃至塑造市场需求，从承担社会责任转向追求社会意义，从追求局部均衡转向寻求整体性、动态性均衡，实现管理决策与思维模式的颠覆性变革。管理者应该更多地关心、激励员工，创造适合的环境和条件，开发和利用员工的潜质和创造力，使其实现自身的尊严和价值，进而帮助和引导员工实现自我管理。

三、社会福祉下的意义管理

"福祉"是组织发展中一个非常重要的变量，将超越财富，超越利润，成为企业发展新的变量（孙久富，2019）。福祉一词源于中国古典。福祉有幸福美满之意，汉代许慎在《说文解字》里将其解释为"祉，福也"，《左传·哀公九年》中也有"祉，禄也"的记载。福祉这一概念最早出现在《诗经·小雅·六月》："吉甫燕喜，既多受祉。"幸福感在伦理学中起着核心作用，我们应该做什么，至少在某种程度上取决于什么会让一个人的生活变得更好或更糟。所以，管理者的任务就是找到更新的解决方案，特别是为员工找到人生的意义、工作的意义。

这种意义不仅仅关注员工的幸福感、成就感、获得感，使其感受有意义的工作和生活；同时也会重塑企业的意义感，关注企业的社会责任和商业伦理；更要形成社会福祉。习近平总书记强调"改革创新社会体制，促进公平正义，增进人民福祉"。高度发达的福祉社会，不仅能满足人民的需要，使每个公民充分享有作为人的尊严和幸福感，也是文明社会发展历程的坐标和里程碑，更是小康社会实现后的又一个新征程。

四、伦理道德下的意义管理

伦理即人伦道德之理,指人与人相处的各种道德准则,也就是人与人的关系和处理这些关系的规则。如"天地君亲师"为五天伦,君臣、父子、兄弟、夫妻、朋友为五人伦,忠、孝、悌、忍、信为处理人伦的规则。从学术角度来看,人们往往把伦理看作对道德标准的寻求。康德认为,一个现代人应该是"由自身定义的自我"。幸福是他律的,而道德要求自律,世人不能想象道德建立在他律的基础之上,因为那样的话,世人都不必为自己的行为负责了。所以,幸福和道德是不能混为一谈的。随着大数据、物联网、人工智能和区块链等技术变革带来的挑战,管理实践中对于人的关注也要上升到伦理层面,需要能够聚焦满足人对幸福和意义的追求。

大卫·洛耶(David Loyer, 2004)认为,组织管理应该领悟社会达尔文思想,进一步强调了爱与道德对组织管理的重要作用。只有经济利益的驱动是无法创造出震撼人心的创新产品或服务的。对于达尔文的理论,之前受到广泛关注的是自然达尔文主义,而其中所强调的"关爱"这样的重要变量却被忽视了。"毫无疑问,如果一个部族的许多成员具有这样的品质:献身精神、忠诚、服从、勇敢、同情、随时愿意为他人提供帮助、随时准备为了共同利益牺牲自己,那么这个部族就会在与其他大部分部族的对决中取胜。"⊖随时随地为他人提供服务是组织进化的动力和源泉。所以,管理实践中要进一步强调爱与道德对组织管理的重要作用。

美国学者艾米·埃德蒙森(Amy Edmond)强调组织中的心理安全感,员工可以自由分享自己的想法、反馈和建设性意见,并将其定义为"无畏的组织"。在这种氛围下,公司会获得更好的想法、更好的风险管理、更多的学习机会和更少的灾难性决策。这一理论对指导管理者更好地改善团队和组织文化以及优化员工的绩效将起到非常重要的作用(埃德蒙森,2020)。当代英国哲学家、意义理论的集大成者迈克尔·达米特(Michael Dummett)指出,应当摒弃实在论的"真"概念,进而从实践中抽象出新的意义理论核心概念。"人"的回归,是当代人文思潮在科学哲学领域回归的标志之一(麦吉尼斯和奥利弗,2013)。"人

⊖ 达尔文. 人类的由来[M]. 潘光旦, 胡寿文, 译. 北京: 商务印书馆, 1983.

性异于禽兽者的主要动机是追求生活的意义，即探求意义意志。动物寻求的是快乐和征服，而人的本质则是追求人生的意义和价值。作为一个人，最根本的一点就是对自己在生活中的责任要有明确的认识和坚定的信心（弗兰克尔，1985）。"美国著名心理学家米哈里·契克森米哈伊认为，心流描述了个体完全投入专注当下所进行的活动，并自动过滤无关知觉的精神状态，是一种最佳体验（optimal experience）——产生时间的扭曲感、忽略周围环境、集中注意力完全沉浸于当下活动并从中获取快乐的心理状态，能激发出个体惊人的创造力。他强调了为员工创造心流机会的重要性，因为在创造心流的机会的过程中，人的能力和企业的目标能够实现高度协同，员工在这个过程中也会产生极为幸福的感觉。在这种体验下，一个人的心理和身体被拓展到极致，是一种主动性行为，心流的产生无论对于个人发展还是对于组织建设都有着非常重要的价值。

迈克尔·皮尔逊（Michael Pirson）在《人性化管理》一书中认为，人性化管理要实现保护员工的尊严和促进员工的幸福两个阶段性目标。为了实现这两点，他提出了组织发展的四项驱动力，即需求驱动、关系驱动、意义驱动和合作驱动（见图1-6）。传统的企业采用的是经济模型，比较关注需求驱动，而忽视了意义驱动、关系驱动和合作驱动。在人性化的管理模型里，需要把四项驱动力结合在一起，即在需求驱动的基础上进一步关注意义驱动、关系驱动和合作驱动（皮尔逊，2017）。

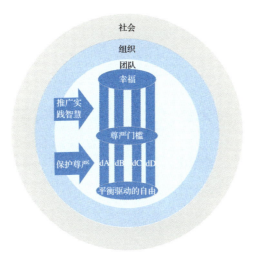

图1-6　皮尔逊人性化管理结构图

注释：dA——需求驱动；dB——关系驱动；dC——意义驱动；dD——合作驱动。

综上，第四代管理学体系更聚焦于意义管理，帮助员工找到人生和工作的意义感，以及工作中的责任认知和坚定的信心。员工在组织中不仅会获得经济价值，还会获得生存能力提升的韧性，以及改变世界的机会，在追求经济价值的同时，也能追求公平和正义。这种意义不仅仅关注员工的幸福感、成就感、获得感，使其感受有意义的工作和生活；同时也会重塑企业的意义感，关注企业的社会责任和商业伦理；更会形成社会福祉。为每位公民提供各种保障，使每位公民皆能享受公平和无忧的生活，使生活充满幸福之感。

05 第五节　四代管理学体系的代际演变趋势

至此，管理学理论的演变趋势逐渐清晰，从工业经济时代以效率为导向、以理性与规范为范式的第一代管理学体系——科学管理，到以关注人的动机与需求的第二代管理学体系——行为管理，到知识经济时代关注知识与创新的第三代管理学体系——知识管理，再到数智化时代以幸福和意义为导向的第四代管理学体系——意义管理，实现了主体从经济人、社会人、知识人到伦理人的演进过程（如图1-7所示）。

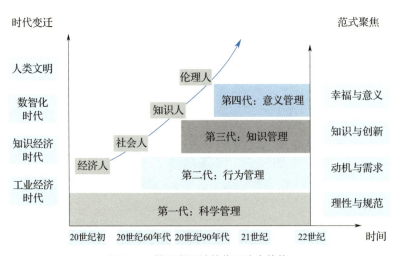

图1-7　管理学理论的代际演变趋势

一、从经济人到社会人、从知识人到伦理人

"经济人"假设起源于亚当·斯密关于劳动交换的经济理论。亚当·斯密在《国富论》中阐述了人在"看不见的手"的指引下追求利益最大化，认为人的行为动机源于经济和权力。"经济人"假设浓缩了人在市场交易中的行为和决策，经济人的行为逻辑是试图寻求资源约束条件下的利益最大化。在"经济人"假设下人是自私的，无论处于什么地位，都以追求个人利益、满足个人利益最大化为基本动机。"经济人"假设成为经济学研究的基本假设前提之一，伟大的管理实践者、科学管理之父泰勒的"科学管理"思想继承了这种人性假设。

"社会人"假设是由人际关系理论的创始人梅奥等人依据霍桑试验提出的。"社会人"假设认为，在社会上活动的员工不是各自孤立存在的，有其"社会人"的归属需要。人们除了追求物质外，还追求人与人之间的友爱、道德、归属感、荣誉感等。"社会人"的行为逻辑认为，经济价值之外，人们还希望在工作中获得他人的正向情感和认可。因此，人与人之间的关系和组织的归属感比经济报酬更能激励人的行为。20世纪中叶，行为科学学派产生，在"社会人"理论下，行为科学学派认为人不仅有追求收入的动机和需求，在生活工作中还需要得到友谊、安全、尊重和归属等，因此，影响员工生产效率的因素除了物质条件以外，还有员工的工作情绪。员工的工作情绪主要受所处环境及其心理因素的影响。

"知识人"假设主要由彼得·德鲁克提出，在"知识人"假设中，知识工作者在管理中发挥越来越重要的作用。德鲁克认为，"未来的典型企业是以知识为基础，由各种各样的专家组成，这些专家根据来自同事、客户和上级的大量信息进行自主决策和自我管理。"知识管理为共享和利用知识提供了新的途径，利用集体的智慧提高了组织的应变和创新能力。

伦理是处理人与人、人与社会相互关系时应遵循的道理和准则，是对道德现象的哲学思考。它不仅包含着对人与人、人与社会和人与自然之间关系处理中的行为规范，而且也深刻地蕴涵着依照一定原则来规范行为的深刻道理。"伦理人"假设是在以人为本的基础上，达到追求利润和承担社会责任的统一。《礼记·大学》中说："古之欲明明德于天下者，先治其国；欲治其国者，先齐其家；欲齐其家者，先修其身；欲修其身者，先正其心；欲正其心者，先诚其意；欲

诚其意者，先致其知，致知在格物。物格而后知至，知至而后意诚，意诚而后心正，心正而后身修，身修而后家齐，家齐而后国治，国治而后天下平。""修身、齐家、治国、平天下"，正体现中国传统文化对伦理道德的要求，讨论了个人修养与家国情怀之间的递进性关系。"伦理人"旨在追求卓越与和谐的统一，在该假设下，需在保证经济效益的同时积极承担社会责任，通过承担社会责任获得幸福和意义，追寻有意义的人生。因此，企业的管理实践中，要聚焦于伦理层面，满足人对幸福和意义的追求。

二、从科学管理到意义管理、从工具理性到价值理性

科学管理产生的最根本动机是改善过去组织运营的低效率。科学地计划、组织和控制都是为了降低生产成本、提升组织运营效率。因此，管理是效率的工具。传统的管理学体系着重强调组织内部的运营效率，很少关注组织间的互动。即使是后来出现的供应链管理、客户关系管理理论也仅仅把它们视为简单的卖方和买方，希望通过相应的管理行为来提高物料或产品的供应速度和灵敏度，进而提升组织效率，并没有真正意识到跨越组织外部边界的重要性。

但在知识经济时代，知识型员工具有更高的素质，有自我管理的意识和能力，以及很强的创造力，严格的控制会抑制其主动参与的积极性和创造力。管理者应该更多地考虑如何关心和激励员工、创造良好的环境和条件、开发和利用员工的潜质和创造力以实现自身的尊严和价值，进而帮助和引导员工进行自我管理，而不应要求员工完全按照设计好的方法和程序进行思考和行动。尤其在知识经济时代，知识被视为最重要的资源加以开发、管理和利用，知识生产力已成为竞争和经济发展的关键，知识产业已成为首要产业，这是不可逆转的发展趋势。面对知识经济时代的特征，管理范式应该实现从强调运营到强调创新、从封闭到开放、从聚焦控制到聚焦赋能、从关注资源到关注知识，从经济导向到关爱导向的转变和新管理范式的更迭（见图 1-8）。

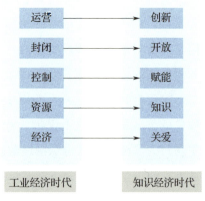

图 1-8 管理学新范式的构建原则

管理学新范式的更迭，在管理过程中融入了温情和同理心，塑造组织中的心理安全感，鼓舞热忱，倡导人性回归、平衡有度、和谐的繁荣发展，帮助员工找到人生的意义感，找到生活中的责任认知和坚定的信心。员工在组织中不止获得经济价值，还会获得生存能力提升的韧性，以及改变世界的机会，在追求经济价值的同时，也能追求公平和正义。

因此，第一代以泰勒提出的效率优先的科学管理聚焦的范式是"理性规范"，第二代以马斯洛、麦格雷戈、赫兹伯格为代表的探索人的行为动机的管理学聚焦的范式是"需求动机"，第三代以德鲁克和野中郁次郎为代表的知识管理聚焦的范式是"知识创新"，而第四代管理学体系应该聚焦伦理中的幸福和意义，这种意义不仅仅关注员工的幸福感、成就感、获得感，使其感受有意义的工作和生活；同时也会重塑企业的意义感，关注企业的社会责任和商业伦理。

三、从领导驱动到员工和用户驱动

传统管理学体系将人们的欲望描绘成完全物质式的：一个人的生活被简化为如何达到最好的条件——寻找回报最高或成本最低，并只关心自身的消费（包括集体物品）和休闲，这就忽略了在现代经济中处于中心位置的"体验"和"意义"要素。传统管理学体系着重强调组织内部的运营效率，科层制的组织结构当中特别强调领导的风格和价值。因此，不同风格领导的领导力和对组织效率的影响成为传统管理学或者工业经济时代的研究热点：包括魅力型领导、家长型领导、辱虐型领导等对于员工行为和组织绩效的作用机制和中介、调节变量的选取。同时也演化出公仆式领导、变革型领导和包容型领导等多种领导力风格。

但在知识经济时代，企业最重要的管理任务已经从组织内转向组织外。配置组织外部资源成为构建竞争优势的重要一环。与风行于工业化时代的纵向一体化相反，知识经济时代的很多组织努力识别出自己的核心能力，并把其他非核心部分外包出去，以便更好地打造和提升自己的核心竞争力。不少企业广泛开展开放式创新，与供应商、客户和研究机构结成紧密的创新网络。因此，员工的民主参与和谏言等主动性行为，以及用户创新的蓬勃发展，使得员工和用户成为驱动组织创新和发展的重要力量。

领导力是在动态的人际和团队互动中，通过学习、分享以及指导，共同创造新的、更好的事物的过程。真正成功的领导力需要在高度开放、信任的团队环境中发展出来。这也是今天以知识型员工为主题的创新组织充满活力和创造力的源泉。如果在一种平等、开放和信任的共创合作关系中，人人都自觉参与，自愿发挥领导力，展现出最好的自我状态。这就是一种以知识型员工为主体的、面向未来的创新经济时代的主导的领导模式。

"迄今为止，对当代历史进程造成最大影响的技术进步是15世纪印刷机的发明。它使人们对经验知识的追求取代了礼仪教义，启蒙时代逐渐取代宗教时代。个人思想和科学知识取代信仰，成为人类意识的主要标准。启蒙时代是塑造当代世界的诸多思想和行动的来源。但是现在，这个秩序在一个新的、更加广泛的技术革命下显得动荡不安。我们无法完全预测新技术的变革带来的影响，它发展到顶点时，可能会带来一个依赖于数据和算法驱动的机器、不受伦理或道德规范约束的世界。"① "启蒙运动本质上始于由新技术传播的哲学见解。我们时代的情况恰恰相反。当下已存在可以统领一切的技术，但需要哲学的指引。"

当下，物质资源足够丰富，各种数字科技和电子产品充斥着我们的生活，多样化的信息扑面而来。从许多方面来说，这种心灵的荒芜是作为我们人的高智商的产品而产生的。我们已经说服自己远离大自然和同类的动物，我们已经说服自己超越宗教。在伟大的技术飞跃中，我们把传统文化以及深藏于其中的那些价值观念撇在了身后。我们的智力已经导致了劳作的减少，增进了健康和延长了寿命，但是生命的意义和工作的意义成了很多人终其一生的追寻。

哲学家希拉里·普特南（Hilary Putnam）指出，事实与价值二者深深纠缠在一起，认为它们不能共存是不恰当的。人们将事实与价值分离，认为管理实践是某种规律的反映，创造缺乏规范意义、不讲伦理道德的理论与实践，人性、理论与实践互相循环印证、增强，由此制造了现在缺少温度、意义与理想的管理世界。而当太多人未能认识到这一点时，这个循环如何打破并重建？是时候想一想：管理者需要什么样的管理理论？想要构建什么样的管理佳境？有温度、有意义、有理想，第四代管理学体系——有意义的管理应运而生。

---

① Kissinger H. How the enlightenment ends [J]. The Atlantic, 2018（1）.

第二章 有意义的管理理论框架

有意义的管理

亚里士多德认为，"所有的人类活动都是为了获得幸福"。亚里士多德把人生的幸福分为三类——身外之物、人的灵魂和人的身体。叔本华认为，决定人命运的有三个因素——第一，人是什么？可以用"个性"一词来概括，包括健康、力量、外貌、气质、道德品质、智力和教养。第二，人有什么？指外在的财产和一切占有物。第三，人在他人眼中是怎样的？即人向外界呈现出的样子，也就是人们如何看待他。"文艺复兴之父"弗兰齐斯科·彼特拉克（Francesco Petrarca）说"我自己是凡人，我只要求凡人的幸福"。可见，对意义和幸福的讨论和追寻是一个亘古不变的话题。

第一节　意义的理论基础

一、工作的意义

当代英国哲学家，意义理论的集大成者迈克尔·达米特认为，应当摒弃实在论的"真"概念，进而从实践中抽象出新的意义理论核心概念。"人"的认知能力与语言实践是意义理论不可或缺的组成部分，相比绝对客观的"真"概念，"确定为真"（实证主义意义论）与"接受为真"（实用主义意义论）才是意义理论的应有核心。"人"的回归，是当代人文思潮在科学哲学领域回归的标志之一，它标志着意义理论从"超人"哲学回归到"人"的哲学，引领了人文范式在科学哲学中的"复兴"。

1. 工作的意义的认知误区

长期以来，经济学家基于"理性人"假设，认为解决资源的稀缺性是人类工作的内驱力，只有通过不断的制造、生产、交换稀缺资源，才能弥合无限欲望和有限资源之间的鸿沟。这一视角导致我们把人类漫长的进化过程推向悲观的悬崖，认为人类逐渐把自己塑造成了一种自私的生物，背负着无法满足的欲望。

詹姆斯·苏兹曼（James Suzman）在《工作的意义：从史前到未来的人类变革》⊖一书中介绍了纳米比亚和博茨瓦纳地区的原始部落，他们直到20世纪还过着绝对平均主义的狩猎和采集的生活，但他们非但不像人们所设想的每天生活在恐惧和饥饿的边缘，相反他们营养状况良好，甚至大多数人比生活在工业社会的人寿命还长，被称为"富足的部落"。苏兹曼花了近30年对其生活特征进行观察，发现他们对大自然充满了敬畏和信心，相信大自然肯定会赋予自己充裕的资源，而非过于关注资源的有限和稀缺、关注人与人的竞争。因此，他们的物质欲望很低，不经常储存食物，不关心财富和地位，几乎只为满足短期的物质需求而劳动，很少有人每周工作超过15个小时。在这个部落，狩猎和采集

⊖ 苏兹曼.工作的意义：从史前到未来的人类变革[M].蒋宗强，译.北京：中信出版社.2021.

的劳动成果都会在成员之间平均分配,成员的大部分时间用来休息和休闲,并把闲暇时光完全用在我们认为没有意义的事情上,比如散步、聊天、唱歌、跳舞、讲故事。苏兹曼由此发现,精神的愉悦和富足、无压力的环境和健康的关系或许是维持生命力量的源泉,"富足"更多的是精神层面的获得感和满足感。

可见,关于资源的稀缺性假设是人类进入工业化社会甚至城镇化之后的产物。随着物质资源的日益丰富,工作不仅仅意味着田间劳动、工厂劳动,还意味着想方设法去消耗掉富余的能量,从而催生了服务业,催生了全新的技能、职业工作和贸易,进而也产生了地位、财富、权力等。人与工作之间的关系发生了变化,工作决定了我们是谁、我们的地位、我们的未来、我们同谁一起度过大部分时间、我们如何调节自己的欲望和梦想与现实的距离。这或许是人类对于工作的意义的认知误区。

2. 在工作中找到"Ikigai"

哲学领域对人生意义的讨论是复杂的,这里不做过多涉及。日本人的"Ikigai"生活哲学可以作为人类对意义追寻的典型代表。Ikigai由两个词组成:"iki",意为生活;"gai",意为价值或意义。Ikigai一词是由生活和价值两个词根组成,可以被诠释为生命中让你感到值得活下去的价值观念。临床心理学家长谷川昭弘(Akihiro Hasegawa)指出,"日本既拥有'Jinsei'这样的宏大概念,㊀ 意为人的一生;也有'Seikatsu'这样微观的概念,意为日常生活"。他认为,Ikigai的含义与"Seikatsu"更为相似,日本人相信,日常生活中的小乐趣不断累加,会使整个生活更加充实。它是四个相互重叠的圆的交集部分,分别代表你所热爱的、所擅长的、这个社会需要的,以及可以让你获得薪酬的(见图2-1)。Ikigai指的是"存在的理由",它驱使着人们踏上追寻生命意义之旅,找寻那些能够带来幸福和满足感的使命。

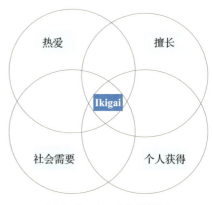

图2-1 Ikigai生活哲学

㊀ 三桥由香里.日本人的生活哲学:Ikigai让你每天充满意义和喜悦[M].汪幼枫,陈舒,译.北京:机械工业出版社.2019.

Ikigai 并不仅仅是在自己内心里找到的东西，它往往是链接个体和外部世界的桥梁，例如人们从摄影和烘焙等兴趣爱好中获得享受，不仅仅是爱好本身，还因为分享过程中的正向体验带来的成就感。丹·比特纳（Dan buettner）通过采访日本南部冲绳岛上的百岁老人发现，为他人的生命做出贡献是与外部世界联结的最有收获感的途径。⊖这些长寿老人因自己能与别人分享长寿的秘诀而愉悦，认为自己有责任向年轻一代传授智慧，促进年轻一代的兴旺和繁盛。外部世界的回应会让人感觉到活力和充实感，找到自己所做事情的意义，并产生更强的目标感。

Ikigai 意味着深刻的个人追求，即找到自己的生活目标，Ikigai 指导人们去考量多种因素，包括所热爱的事物、所选择的人生使命、所从事的职业和所专注的专业方向，换言之，即在喜欢、擅长、个人所得和外界所需之间寻找契合点。这意味着人们能够自由地决定人生的重心，可以不局限于某件具体的事情，也绝对不会被过多的东西过分地分散精力，而是能够专注于真正的兴趣所在，即能够带来快乐、创造力和满足感的事情。事实上，并非所有人都能朝着终极理想努力。尽管如此，以乐观的心态看待事物并付出相应的努力总归是不会错的，在这个过程中，人们将会收获幸福和满足。

3. 找到工作中的巅峰体验

心流（Flow）的概念，在 20 世纪 70 年代由心理学家米哈里·契克森米哈伊（Mihaly Csikszentmihalyi）在其著作《心流：最优体验心理学》中首次提出，米哈里认为，心流体验描述了个体完全投入、专注当下所进行的活动、并自动过滤无关知觉的精神状态，是一种最佳体验（optimal experience）。——产生时间的扭曲感、忽略周围环境、集中注意力完全沉浸于当下活动并从中获取快乐的心理状态，能激发出个体惊人的创造力。在心流状态下，人们专注于一项具体的任务，不会为任何干扰而分心，因此，此时的思维是有序的，能够达到一种全情投入、心无旁骛的状态。

心流的发现源于米哈里追踪观察了一些特别成功的人，包括科学家、企业家、政治家、艺术家、运动员、钢琴师、国际象棋大师等。他发现这些人经常谈到一种共同的体验，让他们忘记了当前时间的流逝和周遭环境的变化。心流

⊖ 比特纳.蓝色地带：向最长寿的老人学长寿[M].辛亮，译.北京：中国旅游出版社. 2009.

的产生需要参与者完全投入体验过程，进入"忘记时间"和"沉浸其中"的状态，表现出强烈的互动性和临场感。这些成功人士做事情完全出于兴趣、乐趣，而不是其他外在的诸如报酬奖励、表扬欣赏等。积极心理学家彭凯平在《活出心花怒放的人生》一书中，把 Flow 翻译成"福流"，在这种体验下，一个人的心理和身体被拓展到极致，是一种主动性行为。在这种行为发生时，个体并不会在意未来的收益，因为做这件事本身就是最好的回报。

其实这种巅峰体验的产生并不是由米哈里首先发现。在人类文明发展的历史长河当中，很多思想家、哲学家和宗教人士都谈到过这种奇妙的极致的幸福体验，尤其是东方传统文化中，经常提及这种由心理活动产生的神奇的快乐体验。《庄子》的首篇文章《逍遥游》在很大程度上就是在描述这种自娱、洒脱、旷达、愉悦的感觉，那是一种真正的物我两忘、身心欢畅的绝妙体验。《庖丁解牛》一文中就描述了一个普通屠夫在从事自己所熟悉和喜爱的工作时达到的一种状态——"合于《桑林》之舞，乃中《经首》之会"。㊀

另外一个在工作当中的巅峰体验就是"正念"（Mindfulness）。正念这一词语最早起源于东方佛教领域，后被引入管理学领域，描述的是个体"有目的且不加任何判断地关注当下"㊁艾伦·J. 兰格（Ellen J.Langer）教授认为，正念是一个关注新鲜事物的简单过程，即便是对那些熟悉的事物也能有新的发现。正念最早应用于临床医学研究，已被证实可以有效促进健康。

随着正念被引入职业健康心理学领域，其开始作为一种相对稳定的情感状态和特质进行评估。正念作为一种积极的人格特征，能够有效地降低员工在工作中的情绪耗竭程度（Reb 等，2015）㊂，提高员工的工作体验和效能感，使其降低在组织中的流动意图。高正念水平的个体在工作中可以保持高度专注，并将注意力完全聚焦于当下的工作和任务，这样的工作状态有助于个体高效地完成工作，从而获得更高的胜任力和成就感。另外，高正念水平的个体在工作中会运用更广泛和更具适应性的技能，能够获得更多的工作经验和知识，随着对工

㊀ 彭凯平，闫伟. 活出心花怒放的人生 写给中国青年的幸福枕边书[M]. 北京：中信出版社，2020.

㊁ KABAT-ZINN J. Wherever you go, there you are: mindfulness meditation in everyday life[M]. New York: Hyperion, 2005.

㊂ REB J, J NARAYANAN, W H ZHI. Mindfulness at work: antecedents and consequences of employee awareness and absent-mindedness[J]. Mindfulness, 2015, 6, (1): 111-122.

作的高度专注，个体的工作会更加高效。

二、生命的意义

1. 活出生命的意义

维克多·弗兰克尔在《活出生命的意义》一书中如此阐述生命的意义："生命的意义在每个人、每一天、每一刻都是不同的，所以重要的不是生命之意义的普遍性，而是在特定的时刻每个人特殊的生命意义。""你不应该追问生命的意义，每个人都有自己独特的使命，这个使命是他人无法替代的，并且你的生命也不可能重来一次。这样，每个人生命的任务就是特定的，完成这些任务的机会也是特定的。由于生命的每一种情况对于人来说都是一种挑战，都会提出需要你去解决的问题，所以生命之意义的问题实际上被颠倒了，人不应该追问自己的生命意义是什么，而必须承认是生命提出了问题，自己必须通过对自己生命的理解来回答生命的提问。对待生命，人只能肩负起自己的责任。"可见，负责任就是人类存在的本质。我们说的负责任是要强调生命的潜在意义，也就是在实际世界中而不是人的内心中去发现，它不是一个封闭的系统，即"人类存在之自我超越"。因此，不论是有待实现的意义还是需要面对的他人，人越是忘记自己——投身于某种事业或所爱的人——就越有人性，越能实现自己的价值。

维克多·弗兰克尔认为可以通过三种方式来发现生命的意义：第一，通过开展某个工作或者某项事业；第二，通过体验某种事情或者面对某个人——爱的意义；第三，在经受苦难过程中的态度。经受苦难将赋予生命更加深刻的意义。即使在看似毫无希望的境地，面对无可改变的厄运，人们也能找到生命的意义，能够见证人类潜能的极致，即能够将个人的灾难转化为胜利，将个人的厄运转化为人类的成就。因此，人要关注的不仅仅是获得快乐或者避免痛苦，而是要看到生命的意义。这也是人们为什么准备着去受苦，在这个意义上，人的痛苦就有了意义。

爱的意义在于爱是直达另一个人内心的唯一路径，人只有在深爱另一个人时，才能完全了解另一个人的本质。"只有通过爱才能使你所爱的人实现他的全部潜能，使他认识到自己的能力和应有的行为，他就会激发自己的潜能"[一]。

[一] 弗兰克尔. 活出生命的意义 [M]. 吕娜，译. 北京：华夏出版社，2010.

2. 人文主义

弗兰齐斯科·彼特拉克（Francesco Petrarca，1304—1374 年），意大利学者、诗人，文艺复兴时期第一个人文主义者，被誉为"文艺复兴之父"。作为文艺复兴初期批判过去、开创未来的奠基人，彼特拉克像人文主义的开山鼻祖但丁一样关注人、关注人的幸福和爱情。他把自己的文艺思想和学术思想称之为"人学"或"人文学"，以此和"神学"相对立。

中世纪时人们的注意力更多地集中在天堂，而彼特拉克把眼光从来世转向现世，认为追求现实的幸福是人类的天性。他认为，任何人现在不愿成为一个不幸者，将来也不愿成为一个不幸者，因为这违背人的天性。"世界舞蹈着，欢快地进入天堂，而今一切都冷却了，化为尘灰。我活着，自怨自艾，悲哀抑郁，曾经热爱的生活暗淡无光，像航船失控，经历着狂风暴雨。"彼特拉克开辟了一代新风，启发了后继的人文主义者以更勇猛的姿态展开对旧世界的批判。事实的发展也证明了这一点。彼特拉克去世后的一百多年里，人文主义获得了极大的发展。在大学和许多没有大学的城市里，科学和人文教育得到了提倡。人文主义学者和受过人文教育的罗马教廷、佛罗伦萨共和国以及其他国家和城市中的大法官占据了主导地位。除了专业的人文主义者外，人文主义教育还培养了一批有文化修养的企业家。

3. 如何让工作为生命赋能

日本教练与领导力培训领域的领军者榎本英刚（Enomoto Hidetake）在《创造有意义的工作》一书中提出，世界正在从"物质时代"向"心灵时代"转变。很多人无法感到快乐的根本原因在于还没有掌握在心灵时代应该具备的工作观。工作观变化了，你和工作的关系就会发生改变。人与工作的关系究竟是从工作中剥夺能量的关系，还是从工作中获取能量的关系？对于很多人而言，工作占据了其人生中的大部分时间，也耗费了人生中很多的能量。这让我们不禁思考我们是被工作耗能，还是被工作赋能呢？这是对我们的人生产生巨大影响的命题。

榎本英刚在《创造有意义的工作》一书中介绍了日本比较有代表性的工作观——工作就是"谋生的手段"、工作就是"忍耐自己不喜欢的事"、工作就是"适应既有的职位"、工作就是"同时只能有一份工作"，这四种工作观让我们远离了"真正的工作"，让工作变得无聊，让我们发生改变的可能性越来越小。

第二章 有意义的管理理论框架

但当我们认定"工作＝生命的意义＝帮助人们最大限度地发挥与生俱来的潜能"。无论世界发生什么样的变化，工作都不会受到影响，失业也会随之消失，因为失业意味着"没有工作的状态"，如果判断失业的标准不是收入，而是生命的意义，而每个人都在找寻生命的意义的话，那就不存在失业的概念了。因此在心灵时代，创造有意义的工作在于——诉求和表达自己的生命意义、做想做的事、创造适合自己的工作、可以同时做多份工作（见表2-1）。

表2-1 物质时代与心灵时代创造有意义的工作内涵对比

	物质时代	心灵时代
1	谋生的手段	诉求和表达自己的生命意义
2	忍耐自己不喜欢的事	做想做之事
3	适应既有的职位	创造适合自己的工作
4	同时只能有一份工作	可以同时做多份工作

资料来源：（日）榎本英刚.创造有意义的工作，如何让工作为生命赋能.北京：中华工商联合出版社2021.P182。

三、创造有意义的工作

在心灵时代创造有意义的工作尤为重要，如何探求工作的意义感，对工作进行意义重塑？如何兼顾工作与生活？如何避免工作意义感的扭曲，远离过劳？

1. 工作重塑（job crafting）

工作重塑的概念最早可以追溯到20世纪80年代，库里克（Kulik，1987）等人指出，不管上级是否参与，员工个体可以主动、自发地重新设计自己的工作。[一]2001年由两位美国学者艾米·沃兹涅夫斯基（Amy Wrzesniewski）和珍·达顿（Jane Dutton）首次对工作重塑做出定义，以对经典的自上而下的工作设计理论进行补充，即"个体在工作任务和工作关系上所做的操作性或认知上的改变"，[二]该理论在2010年被首次引入国内。

[一] KULIK C T, OLDHAM G R, HACKMAN J R. Work design as an approach to person-environment fit [J]. Journal of Vocational Behavior, 1987, 31（3）：278-296.

[二] DUTTON W J E. Crafting a job：revisioning employees as active crafters of their work [J]. Academy of Management Review, 2001, 26（2）：179-201.

工作重塑是员工为了让自己的兴趣爱好、动机激情与工作相匹配，而主动对工作任务、关系等进行改变的行为，是一种应对组织变化的有效方法。[一] 工作重塑可分为优势工作重塑和兴趣工作重塑。优势工作重塑是指个人在工作中为更好地利用自己的长处而做出的自我发起的努力，改变任务以更好地与自己的优势相对应，由此来发挥自己的能力并提高工作效率；兴趣工作重塑指的是个人在工作中进行的自我发起的改变，以更好地与自己的兴趣保持一致，让自己表现良好并处于个人最佳状态，做自己喜欢做并且愿意投入时间和精力的工作。[二] 莎朗·帕克尔（Parker，2006）指出，工作重塑是积极适应环境的一种表现，员工通过采取积极的行为来改变现状或改变自己（例如，通过发展更多的技能），以实现个人属性和组织环境之间更大的兼容性。

不同个体对于相同事件或情境的感知可能是不同的。工作重塑可促进员工对工作产生积极的认知、降低员工内心的焦虑感，从而有效提高其对工作的满意度。在工作重塑中，通过积极主动的行为，不仅能促进员工根据自身的偏好、能力、技能和优势积极地将工作做得更好，同时还能促进其调整工作资源和工作需求，减少工作倦怠，从而带来积极的情感体验。在零工经济迅速发展的背景下，工作重塑能够提升劳动者的工作幸福感，使他们产生归属感和信任感。

2. 工作与生活的平衡（work-life balance）

工作与生活的平衡，从字面意思上来看，似乎意味着工作生活各占一半，但实际情况并非如此，工作与家庭的优先级会随现实情况的变化而变化。工作与生活的平衡也意味着职业生活与个人生活的平衡，比如所做的工作与从中获得的乐趣之间的平衡，日常琐事与有意义的关系之间的平衡。工作与家庭的关系复杂多样，为何工作会对家庭造成冲突，又有助于家庭？家庭因何对工作造成冲突，又为何能有益工作？找到工作和生活的价值平衡或许是路径之一。

中国人深受儒家传统文化的影响，强调忠、孝、仁、义，秉承"家和万事兴"的理念，强调"修身、齐家、治国、平天下""国有国法，家有家规"，众

[一] 尹奎，张凯丽，李秀凤. 工作重塑对工作意义的影响：团队任务绩效、领导-成员交换关系差异化的作用 [J]. 管理评论，2019，31（3）：11.

[二] ZHANG F, WANG B, QIAN J, et al. Job crafting towards strengths and job crafting towards interests in overqualified employees: different outcomes and boundary effects [J]. Journal of Organizational Behavior. 2021, 42（5）: 587-603.

多名言古训强调家庭对中国人的重要性。"家"文化建设是中国特色社会主义文化建设的重要组成部分。家的重要性使得中国社会经济结构以家庭为单位，家庭整体利益大于个人利益。在这样的文化特征作用下，中国人的价值体系中拥有更强的家庭观，对家庭的重视程度较高，在处理工作与生活的关系时，倾向于以家庭为主，强调家庭利益最大化。再加上中国延续了传统家庭生活的习惯，直系亲属间的强连接、三代人共同生活甚至四世同堂的情况极为普遍，生活的意义和价值感很大程度上来源于家庭生活，以及中国传统文化中"长幼有序""男主外女主内"的思想，都会对人的生活价值感知产生影响。

3. 意义感的扭曲：过劳和职场心理健康

以"996工作制"为代表的雇员加班现象已经成为当前互联网企业最为突出的雇佣关系问题。一方面，职场"内卷"导致畸形加班文化愈演愈烈，"过劳死"越来越年轻化。另一方面，大学毕业生就业难、年轻人"慢就业"等现象日益严重，成为社会讨论的焦点，也让对工作的意义思考重返大众视野。这里不得不讨论一下"过劳死（karoshi）"和"过劳自杀（karojisatsu）"。"过劳"概念起源于日本，20世纪60年代末日本"过劳死·自杀协商中心"代表、圣德大学教授上畑铁之丞在《关于过劳死的研究：关于发病前的劳动方式》中首次提到了"过劳死"这个词。日本中央大学教授齐藤良夫认为，"过劳"是指由于劳动产生的疲劳不能因为包含睡眠在内的休息得到恢复的状态。长时间的劳动是"过劳"产生的根源，长时间劳动使得身体得不到充分休息会对健康产生很大影响。因此，长期处于过劳状态的员工容易出现一系列身心疾病，严重情况下甚至会导致"过劳死"。

在东方文化中，人们普遍坚信"天道酬勤""一分耕耘，一分收获"，明确努力和报酬之间存在着明确的对应关系，"工作创造价值"的原则成为歌颂勤奋的重要准则。现代社会对财富的追求与责任、忠诚、荣誉等方面的伦理融合在一起，这或许是东亚地区过劳死频发的原因之一。在西欧和北美，人们通常将过度工作导致的死亡归咎于个人的失败而不是雇主或政府的责任，或许这也是由于东西方对工作的价值观不同所致。

职场心理健康问题在美国和英国也备受关注。英国卫生与安全执行局（health and safety executive）的报告显示：在2018年，职场压力、焦虑和抑郁

导致英国损失了近 1500 万个有效工作日，2650 万人中有近 60 万人自述有与工作有关的心理健康问题。㊀

过劳和职场心理健康问题频发，让人重新思考工作的意义。作为社会契约重要基础的工作在一定程度上涉及生命、能量、文化、秩序之间的复杂关系。工作给我们提供了一种社群意识和归属感，大多数人与同事相处的时间要远远超过与家人相处的时间，日常生活也要围绕工作去安排，甚至工作还有可能影响我们的抱负、梦想和价值观。可见，工作场所的氛围营造，管理者的领导风格，同事之间的关系网络和互动，都是意义感产生的重要因变量。

02 第二节　中国传统文化中的意义论

从古至今，中国孕育出的管理思想蔚为大观。早在春秋战国时期，百家争鸣，产生了极其丰富而深刻的管理思想，涵盖了政治管理、社会管理、军事管理、经济管理和文化管理等方面。以《孙子兵法》为代表的军事管理思想、以孔子《论语》为代表的儒家管理思想、以老子《道德经》为代表的道家管理思想，至今仍是人类管理思想的精髓，影响着世界管理学领域。西方许多管理学者都很重视对中国古代管理思想的研究。例如：著名的管理理论家哈罗德·孔茨与西里尔·奥唐奈（Cyril O'Donnell）合著的《管理学》、霍奇特（R.M. Hodgetts）的《企业管理》等，均对中国古代的《孙子兵法》和孔子等人的管理思想有所介绍；《基业长青》一书中关于"变与不变"的协同思想源于中国的八卦；美国管理思想史学家克劳德·小乔治（Claude S. George）在其著作《管理思想史》中，对中国的《周礼》在组织、协调以及控制方式等方面的成就进行了挖掘和研究。

美国虽然开创了科学管理、行为科学、战略管理等众多管理理论学派，但学者们早已发现其经营管理已无法在与日本的管理竞赛中稳操胜券，于是开始

㊀ Health and Safety Executive. Work-related stress: anxiety or depression statistics in Great Britain，2021[EB/OL]. http://www.hse.gov.uk/statics/causedis/stress.pdf: 2021-12-16.

向日本学习。而日本学者则进一步深入研究中国古代的管理哲学、思想和方法。东南亚的新加坡、马来西亚也都在积极汲取中国古代管理思想且收效明显。可见，现代化管理理论研究十分需要中国古代管理思想的滋养。

一、儒家思想中的"仁爱之德"

在中国古代管理文化中，人的地位和作用被高度重视。《尚书》中记载："惟天地，万物父母；惟人，万物之灵。"此后，很多典籍都反映了"人贵论"的思想。例如，《孝经》中记载："天地之性，人为贵；"著名军事家孙膑说："间于天地，莫贵于人。"儒家文化的核心是"仁"。《论语·颜渊》载"樊迟问仁。子曰'爱人'"。这反映了孔子对人的重视和对人具有共同道德人格的充分肯定。"我欲仁，斯仁至矣""人能弘道，非道弘人"。孔子弘扬人在管理中的主动性和积极性，充分肯定人的内在超越能力。"以人为本"的精神促使儒家思想在同时面对人与物的管理时注重人为的力量，强调人在精神上的内省和自我超越，认为人可以通过内省本心、扩充善心达到知天命的境界。这种鲜明的人为意识渗透至中国人的心灵深处，使得国人具有一种强烈的创业意识，能及时抓住机遇、处变不惊、锐意进取，对推动整个民族的发展起到了一定作用。不过，由于儒家思想过分夸大心性、轻视实践，且人为的管理意识主要以道德规范上的自我约束为表现形式，忽视了人的感性需求，因此对张扬个性和创新能力的发展具有一定的负面影响。

要指出的是，儒家倡导的"修己以安人"中的"人"是指群体中的个人，强调通过个体的自我管理实现社会的群体管理，个人要服从社会群体、为群体做贡献。儒家重视群体的观念奠定了中国传统管理思想"重群体、轻个体"的价值取向，形成东方人本主义的主要特色。这种集体主义的儒家文化背景与西方管理方法的有效结合，正是日本管理实践的成功所在。在现代管理中，如何对待组织中个人利益与集体利益的关系是一个棘手的问题，也是现代企业管理中迫切需要解决的问题。

儒家思想的"德"首先是一种"为己之道"。"为己"意味着在"仁"的内在要求下塑造自己、管理自己，主要是指道德品性上的自我完善与自我实现。这种对"仁"的自觉追求正是管理活动存在的前提。从群体角度审视，儒家思想的"德"是一种"安人之道"。"安人"是指整体社会的稳定和发展。孔子认为，君子不仅要具有自我管理的自觉性，而且要拥有管理社会、安抚群体的责任和愿望。这种"安人之道"表现在国家管理上便是"为政以德"，即领导者要加强自身修养，"举贤才"甚至"破格用贤"，对百姓实施道德教化。综上，"以德为先"就是在组织管理中贯穿"德行管理"的思想，通过组织中管理者的道德修养和道德教化，影响组织成员的行为，从而达到员工对组织认同的最佳状态。

在现代竞争社会，企业的发展必须以良好的商业道德为前提。因此，经营管理中的道德问题越来越受到国内外学者和企业家的重视。儒家管理思想中至诚守信、见利思义的思想，应成为企业行为的重要准则。不过，道德至上的传统也有其负面影响。首先，对人的管理以个体道德人格和整个社会道德秩序的形成为终极目标，忽视了个体在个性、创新力等方面的需要和发展；其次，过于重视道德的力量，忽视法制的理论，形成了中国管理中"人治"的现象——这至今仍对中国现代管理产生消极作用；再次，片面夸大道德的作用，忽视了人对管理技术的探求，从而抑制了管理中科学精神和民主精神的发展，影响了中国管理的现代化进程。

二、老子的"道"与"无为而治"

在过去数千年里，中国文明在儒家、道家和佛教三大哲学思想的对话中发展，道家哲学思想作为三者中最古老的哲学思想，其影响深远。道家学派中最伟大的思想家是老子。老子的《道德经》是中国最具影响力的典籍之一，很多西方人也耳熟能详。老子描述了宇宙的本质和人类在宇宙中的位置，以及"天""人"和谐相处的自然之道。

"无为而治"由道家倡导并在中国封建社会的发展中产生了广泛影响。在道家的理论体系中，"无为"是作为世界万物本原的"道"的一项重要属性。道家创始人老子把"道"看成万物的主宰，认为是"道"的主宰作用让万物顺其自然而无为。"无为"，其内在含义是"无为而无不为"。"无为"仅是一种现象和手段，其目的是达到"无不为"的理想"治世"。从领导的角度看，道家哲学思想认为，高明的领导是顺应自然、无为而无不治。老子将领导按其水平高低顺次分为四种类型：最高明的领导可实现无为而治，下属仅知其存在，但没有感觉到他做了什么，能各顺其性；第二层次领导的下属会亲近、赞誉他；第三层次领导的下属会害怕他；最低层次的领导会受到下属的蔑视和嘲笑[一]。"无为而治"是一种管理智慧，即通过在组织中塑造和强化自由的文化来实施理想的领导，使组织成员能够获取适度的决策权和工作空间，个体的自由和尊严得到充分尊重，最终实现个人的工作和成长与组织的目标和发展和谐一致的状态。其实，无为而治也是对员工意义感的重塑，是对以"修己立人"为核心的儒家管理思想的一个补充。

因此，在"无为"原则的指引下，一个人只有顺势而为，践行"知行合一"，与自然之道保持协调一致，而不是将自己的意志强加于此时，才能获得最佳的效果。正如老子在《道德经》中所写"上德无为而无以为，下德为之而有以为。上仁为之而无以为，上义为之而有以为，上礼为之而莫之应，则攘臂而扔之。"

三、庄子的"幸福"与"自由"论

虽然同属道家，庄子的思想与老子的思想不尽相同，庄子更关注个体的人生，关注人的感受和幸福感，探索个人应该以什么样的精神状态去度过自己的人生。庄子认为幸福就是顺其自然，是内心的一种状态。

《庄子·逍遥游》中通过鲲鹏和蜩鸠的对比来阐释"鹏之徙于南冥也，水击三千里，抟扶摇而上者九万里，去以六月息者也。"（《庄子》卷一页二）蜩与学鸠笑之曰："我决起而飞，抢榆枋而止，时则不至，而控于地而已矣，奚以之九万里而南为？"（《庄子》卷一页四）此所谓"故极小大之致，以明性分之适。……苟足于其性则虽大鹏无以自贵于小鸟，小鸟无羡于天地，而荣愿有馀矣。故小大虽殊，逍遥一也。"（郭象注《庄子》卷一页一至四）庄子通过展现大的时间跨度和空间跨度的世界，借鲲鹏与蜩鸠的对比来描绘逍遥的物象以及逍遥受形体束缚所表现出的相对幸福，阐述真正的精神领域的自由才是逍遥的最高境界。

庄子强调"无地固有常"等，即所谓"天"。"放德而行，循道而趋"，即随顺人的本性。《庄子·天道》中"夫明白于天地之德者，此之谓大本大宗，与天和者也。……与天和者，谓之天乐"，（《庄子》卷五页二十三）意思是随顺人

[一] 饶尚宽，注译.老子[M].北京：中华书局，2018.

及物之性，即与天和，天乐也。可见，庄子崇尚的幸福是对人心的调节。

"夫天下之所尊者，富贵寿善也……若不得者，则大忧以惧。其为形也亦愚哉。"（《庄子·至乐》）拼命地追求物质享受，不断地花高代价去满足自己的欲望。声望和地位本来可以成为人幸福生活的所在，但由于人们不能以一种正常的心态来看待，使这些身外之物化身而为各种形态来诱惑人类，使人的幸福感降得越来越低。

"轩冕在身，非性命也，物之傥来，寄者也。寄之，其来不可圉，其去不可止。"大意是说荣华高位在身，并不是真性本真，身外之物偶然来到如同寄托。暂时寄托的东西，来时不能抵御，去时不能阻止。因此，庄子的幸福观是他在那个战乱频发的年代，安放内心、寻求幸福的途径。"在世"而非"入世""远世"而非"避世"的"游世"之道，成就了庄子在乱世之中独特的幸福智慧。我们要做到在追寻幸福的道路上，改变可以改变的事物，接受不可改变的事物，用智慧去分辨两者的不同，这会使我们既有了进取心，又能学会善待自己。

综上，在中国古代的哲学观中，生命的意义在于"仁爱之心"、在于"修己立人"、在于"无为而治"、在于"自由"。中华古代哲学中对于人性的论述相比西方的人性论要更丰富和全面，这些人性论现今依然对治理和管理领域的理论和实践提供了重要的基础性洞见。儒家基于性善论的洞察而提倡柔性管理、"为政以德"，法家基于人性自私论而提倡法、术、势相结合的刚性管理，道家基于超善恶的自然人性论而提倡"无为而治"等。儒释道各家都重视美好人格的养成，儒家提倡智、仁、勇"三达德"（《礼记·中庸》）或仁、义、礼、智、信（《孟子》）"五常"的人格论；道家提倡"居善地，心善渊，与善人，言善信，政善治，事善能，动善时"（《道德经》）的"上善若水""道法自然"的人格论；佛家提倡"勤修戒定慧，息灭贪嗔痴"的常乐我净的人格论；兵家提倡智、信、仁、勇、严的"为将五德"的人格论等。儒释道等对仁爱与慈悲之心的重视，对智慧的追求，包括对宇宙、社会、生命的知识和真相的追求，以及对因时因地因事而变通的智慧的追求，对现代企业管理和实践中的谦卑式领导、公仆式领导等领导风格的塑造和道德自律、引领企业积极承担社会责任大有帮助。此外，不同的中华传统学派以不同视角提出的人性论在治理方式上对人性也有着更灵活、更全面的把握，在待人处事上也因此更为灵活和容易变通。我国的方太集团就是用"中学明道、西学优术、中西合璧、以道御术"的理念,将中华优秀文化与西方现代企业管理理念相结合,建设了独特的方太文化管理体系,通过教育和共同研修等方式让更多的企业经营者从中华优秀文化中汲取养分。

第三节 以人为本的人本主义发展思想

一、以人民为中心的发展思想

治国有常,利民为本。坚持以人民为中心的发展思想,是习近平新时代中国特色社会主义思想的主线。我们党始终坚持以人民为中心的发展思想,守民心、护民利。纵观党的二十大报告,"人民"是贯穿始终的鲜明主线。民生系着民心,是党执政之本、人民幸福之基、社会和谐之源,是最大的政治。面对未来五年全面建设社会主义现代化国家开局起步的关键时期,党的二十大报告把"增进民生福祉,提高人民生活品质"单列成章,涵盖完善分配制度、实施就业优先战略、健全社会保障体系、推进健康中国建设等重大任务,为新时代民生保障和改善工作指明了方向,提供了基本遵循。

习近平经济思想是新时代做好经济工作的根本遵循和行动指南,是习近平新时代中国特色社会主义思想的重要组成部分。习近平经济思想创造性地提出坚持以人民为中心的发展思想,具有鲜明的人民性。这一重要思想坚持把人民利益作为党领导经济工作的根本出发点和落脚点,强调发展为了人民、发展依靠人民、发展成果由人民共享,注重在发展中保障和改善民生,坚定不移走共同富裕的道路,不断增强人民群众获得感、幸福感、安全感,彰显了以人为本、人民至上的根本价值取向。

总书记创造性地提出"坚持以人民为中心"的发展思想,丰富发展了马克思主义政治经济学关于社会主义经济本质的理论,创造性地提出推动构建人类命运共同体、促进经济全球化健康发展的重要思想,丰富发展了马克思主义政治经济学关于世界经济的理论。

中国共产党自诞生之日起，就把马克思主义鲜明地写在自己的旗帜上。建党一百年以来，无论身处顺境还是逆境，党始终坚持全心全意为人民服务的根本宗旨和实现好、维护好、发展好最广大人民根本利益的初心和使命。建党百年来，中国共产党开辟了中国特色社会主义道路，形成了中国特色社会主义理论体系，确立了中国特色社会主义制度，发展了中国特色社会主义文化。习近平总书记深刻指出："以人民为中心的发展思想，不是一个抽象的、玄奥的概念，不能只停留在口头上、止步于思想环节，而要体现在经济社会发展各个环节。"强调"中国共产党人的初心和使命，就是为中国人民谋幸福，为中华民族谋复兴"，"必须坚持以人民为中心的发展思想"，"把人民对美好生活的向往作为奋斗目标，依靠人民创造历史伟业"。

党的二十大报告强调"中国式现代化，是中国共产党领导的社会主义现代化，既有各国现代化的共同特征，更有基于自己国情的中国特色。""中国式现代化是人口规模巨大的现代化，是全体人民共同富裕的现代化，是物质文明和精神文明相协调的现代化，是人与自然和谐共生的现代化，是走和平发展道路的现代化。""中国式现代化的本质要求是：坚持中国共产党领导，坚持中国特色社会主义，实现高质量发展，发展全过程人民民主，丰富人民精神世界，实现全体人民共同富裕，促进人与自然和谐共生，推动构建人类命运共同体，创造人类文明新形态。"

总书记强调"坚持以人民为中心的发展思想。维护人民根本利益，增进民生福祉，不断实现发展为了人民、发展依靠人民、发展成果由人民共享，让现代化建设成果更多更公平惠及全体人民。"发展为了人民、发展依靠人民、发展成果由人民共享，更好增进人民福祉，更好发展中国特色社会主义事业。这些重要论述彰显了我们党始终坚持以人民为中心的价值追求和执政为民的责任担当。

二、高质量发展推动企业价值转向

党的十八大以来，以习近平同志为核心的党中央高瞻远瞩、统揽全局，创造性提出一系列新理念新思想新战略，引领我国经济发展取得历史性成就、发生历史性变革，在实践中形成和发展了习近平新时代中国特色社会主义经济思想。坚持系统观念，统筹推进"五位一体"总体布局、协调推进"四个全面"

战略布局，加强党对经济工作的全面领导，强调要立足新发展阶段、贯彻新发展理念、构建新发展格局、推动高质量发展，统筹发展和安全，全面深化改革开放，促进共同富裕，深刻回答中国之问、世界之问、人民之问、时代之问，推动我国经济发展取得历史性成就、发生历史性变革，书写了新时代中国特色社会主义经济发展的崭新篇章。

二十大报告强调"共同富裕是中国特色社会主义的本质要求，也是一个长期的历史过程。我们坚持把实现人民对美好生活的向往作为现代化建设的出发点和落脚点，着力维护和促进社会公平正义，着力促进全体人民共同富裕，坚决防止两极分化。"共同富裕是社会主义的基石，也是我国新发展理念所倡导的。新发展理念包含创新、协调、绿色、开放和共享五个方面，而共享是共同富裕的核心理念，共享会让社会变得更加公平。

古人提出"穷则独善其身，达则兼济天下"，企业家是社会经济生活中最有能力的一群人，所以也要有这种兼济天下的思想，在共同富裕的道路上做表率。当然这不是说我们要"劫富济贫"，而是说有创造财富能力的企业家，应该更多地服务社会、回报社会，更多地关心企业的利益相关者，这才是对共同富裕的正确理解。

企业以经济价值为导向创造了社会繁荣，但企业以股东利益最大化的原则和唯增长、唯 GDP 的经济价值导向造成了贫富差距大、环境恶化、企业社会责任缺失等问题。基于此，国家提出了新发展理念，这是为了实现一种平衡，追求社会的和谐、人和自然的和谐。从过去以 GDP 和股东利益最大化驱动的发展，转变为更加重视平衡协调的发展，这是一个巨大的转变。

作为企业，不能只考虑股东利益，还要考虑利益相关者的利益。企业的所有者、员工、客户、供应商、金融机构、社区等都属于企业的利益相关者。现在，西方一些企业认为应该把客户和员工的利益放在股东之前。建设"共享企业"或"觉醒企业"的第一重底线是关注环境；第二重底线是承担社会责任；第三重底线是关注利益相关者。对企业来说，这三重底线必须要把握好。今天从全球范围来看，人们的认识都在深化；对于中国，要从新发展理念中的共享理念来看我们的企业。管理者做企业的目的实际上也是希望社会更美好，坚持这一理念，企业就会发展得更稳健、更和谐、更有质量。

美国纽约前市长布隆伯格在《城市的品格》一书中，提出要做有品格的企业。有品格的企业，第一要保护环境；第二要与员工共同成长，造福员工；第三要多做公益事业，关心和帮助弱势群体；第四要做世界公民。可见，企业不仅要在初次分配中构建一种共享机制，通过"科技分红""全员持股"等实现财富共享，带领员工走共同富裕之路，壮大中产群体，以助力社会形成"橄榄型"收入结构，在第三次分配中也要充分发挥企业的作用，三次分配有赖于全体公民公益心的普遍觉悟，需要以开放、平等、自愿为原则的，适合社会主义市场经济的慈善公益机制顶层设计。更重要的是培养企业成长为世界一流企业的信心和决心，培养其国际化思维和成为"世界公民"的格局。无论我们到世界哪个地方，比如一带一路沿线国家，都要把好的文化带去，给当地做贡献，为当地人民做好事，与当地人民和睦相处。做有品格的企业，做有情怀的企业家，传播中华五千年的灿烂文化，践行"达则兼济天下"，不仅精于创造财富，也会用创造的财富回报社会、造福人类。

三、人性化商业理论（BOH）

"人性化商业理论（Business of Humanity）是关于企业如何在当今全球化和快速变化的世界中增加价值的综合观点，它违反直觉，但简单而有力。"多数公司都致力于将社会责任、应对社会关切的问题作为其商业模式的一个组成部分，呼吁公司在关注利润获得增长的基础上也要关注可持续发展和企业社会责任，而BOH理论正是将"人性"构建到商业模式中，作为经济、环境和社会可持续发展的驱动力。

1. 人性化商业理论内涵及模型

人性化商业理论（BOH）[一]的基本命题是："人性（Humanity）"准则的战略决策将带来卓越的经济绩效和可持续性发展。BOH理论将"人性"（Humanity）看作一个包含"人类"（Humankind）和"人道"（Humaneness）的综合构念。"人类"有助于企业确定创新和变革性的战略选择；"人道"为企业评估这些战略选择提供了标准。如图2-2所示，人类和人道两者结合在一起，成为人性概念的两个重要支柱。人道标准包括工业设计、品质、环境可持续性、人体工程学；人类标准包括服务于多种经济形态、经济全球化。其中，多样性和可持续

[一] Camillus J C, Bidanda B, Mohane N C. The business of humanity: strategic management in the era of globalization, innovation: and shared value[M]. Productivity Press, 2017.

发展同时存在于人道标准和人类标准两方面。在"人道"和"人类"这两个维度中，采用 BOH 理论引导企业进行人性化的决策和行动，通过认识和利用位于金字塔底部的新兴市场的增值潜力，指导企业在商业决策中做出有效回应。

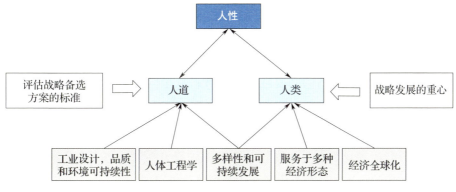

图 2-2　人性化商业理论模型

资料来源：Camillus J C，Bidanda B，Mohane N C.The business of humanity strategic management in the era of globalization，innovation，and shared value [M].Productivity Press,2017.

2.BOH 战略与传统战略思维的差异

传统战略思维会从全球本土化着手，最低程度地调整发达经济体为拥有大量可支配收入的消费者所开发的产品，以适应欠发达经济体中高端市场的特点。这一举措可能会增加公司的利润，但由于这些产品最初是为富裕国家的富裕客户开发和提供的，所以额外的利润将受到少数有购买能力的客户的限制。

与传统战略思维聚焦发达国家和地区的富裕人群相比，BOH 战略不以经济价值为导向，而是以确定社区和人类需求为目标，捕捉到处于发展状态但仍然欠发达经济体中大量贫困人口和新兴中产阶级群体的需求所带来的机会，把企业战略定位到满足这类群体有支付能力的需求，进行颠覆性的创新和低成本的工程设计。尽管欠发达经济体中人均可支配收入有限，但 40 亿相对贫困人口的总购买力大约在 5 万亿美元至 13 万亿美元之间。因此，如果创造性地满足这部分人群的需求，利润前景十分可观。此外，可挖掘的利润潜力不仅限于新兴经济体，颠覆性创新和低成本的 BOH 战略结合起来，产生了所谓的"反向创新"(Govindarajan 和 Trimble，2012)，这为发达市场提供了进一步增强竞争优势和获取更大利润的可能性。

3. BOH 管理框架

在商业环境中,管理者面临的根本挑战是商业环境的不确定性和复杂性。在商业环境的变革和动态发展过程中,技术发展、监管变化、人口变化和社会习俗等方面都会让组织的身份和发展产生巨大的不确定性。在众多导致商业环境复杂和不确定的因素中,有三个因素是普遍存在的,它们独立存在或结合在一起,造成了管理者必须面对的极端复杂性和不确定性。即全球化的必然性和日益增长的重要性;创新的必要性、颠覆性;社会压力对共享价值日益增长的期望。虽然全球化、创新和共享价值的个体影响至关重要,但个体因素的相互作用创造了挑战和机遇,这需要 BOH 战略进行调整,凸显了 BOH 理论的动态性。BOH 战略需要动态的、不断增长的一系列能力,而这些能力之间是错综复杂、相互交织的。个体因素的相互作用结果如图 2-3 所示。

为应对以上三个挑战,BOH 战略开发出的应对措施包括创新商业模式、共同创造价值、前馈系统三个要素,而这三个要素往往需要协同工作,才能发挥最大效用。我们将通过研究上述三个要素以发现普遍模式,识别交互,并将相关的行动和技术联系起来,创建一个能够有效且高效地支持 BOH 战略开发和部署的集成框架。出现的相应集群构成了三个不同的结构,它们是战略管理 BOH 框架的基础(见表 2-2)。

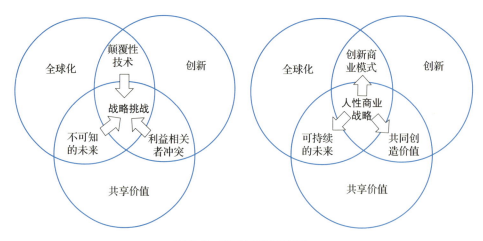

图 2-3 BOH 战略的意图

资料来源:Camillus J C, Bidanda B, Mohane N C.The business of humanity strategic management in the era of globalization, innovation, and shared value [M]. Productivity Press, 2017.

表 2-2　构建 BOH 管理框架的基础

	创新商业模式 （颠覆性技术）	共同创造价值 （利益相关者冲突）	前馈过程 （不可知的未来）
结构 1 身份	将社会责任融入商业模式 采用"人道"的评估标准 解决"人类"问题，包括新兴经济体和低收入群体	识别和激励不同的利益相关者 实现利益相关者的共同激励	核心价值观、持久的抱负和独特的能力
结构 2 前馈	探索整个价值链中的颠覆性技术和创新 运用设计思维和数据分析构建动态能力	参与整个价值链的共同创造 通过战略、运营、企业文化形成管理联盟	参与愿景 实物期权 实时问题管理 连续发现和响应
结构 3 朴素工程	与客户建立同理心	培育和连接创新生态系统 跨行业联系 跨市场/国家连接	快速成型和实验

4.BOH 框架可有效提高组织的意义

伴随商业环境的不断变化，组织边界越来越模糊，组织的效能和组织的意义需要一种新的定义——明确什么是组织的核心，并在环境发生根本性变化时仍能保持组织核心的不可侵犯性；战略的持久性和意义性，明确竞争优势的来源。组织核心包括三个组成部分——组织所接受的价值观、组织愿景和动态能力，使组织具有长远的存在价值。价值观是组织的核心，它决定了哪些利益相关者更重要，哪些策略更有吸引力，哪些行动是可接受的。组织愿景具有持续的意义和相关性，能够支持组织在竞争环境中生存下去。组织的动态能力是其竞争优势的来源。BOH 战略较好地融合了社会责任，在选择战略方案时，合理地重视环境可持续性、性别平等、多样性、完整性、质量和安全，促进社会效益和经济效益的协同作用。

BOH 战略的基础架构是将社会利益整合到组织的商业模式中，创新商业模式，其本质就是通过经济增值与社会效益之间的共生关系推动组织价值观和信仰体系的构建。通过企业愿景，利用具有潜力的颠覆性技术来满足金字塔底层的人类基本需求，连接创新生态系统，让整个价值链的利益相关者，尤其是客户，实现价值共创，共同创造价值，从根本上提升组织效能，重塑组织意义。

04 第四节　　　　　　　　　　　　　　　　　　有意义的管理理论框架

在企业管理过程中，通过使工作的意义成为现实，组织将展现真正的力量，以及以意义为导向的愿景。

一、理论内核

古往今来，意义的定义很复杂：亚里士多德认为，幸福是生命本身的意图和意义，是人类存在的目标和终点。柏拉图关于"美好"的理论和艾默生"完整内心"的理论都是一种意义。意义理论的集大成者当代英国哲学家迈克尔·达米特认为应当摒弃实在论的"真"概念，进而从实践中抽象出新的意义理论核心概念。"人"的认知能力与语言实践是意义理论不可或缺的组成部分，相比绝对客观的"真"概念，"确定为真"（实证主义意义论）与"接受为真"（实用主义意义论）才是意义理论的应有核心。

在中国的传统文化中，"天命论""性与天道"等思想都充分体现了意义理论。儒家文化的代表者孔子继承了"天命"观念，如《论语》中论"获罪于天，无所祷也"，强调人之为人，不能没有超越的向往，即终极关怀，或支撑生命的信仰和信念。孔子强调要通过生命的途程与体验来体悟天命与自由的关系，故有《为政》云"吾十有五而志于学，三十而立，四十而不惑，五十而知天命，六十而耳顺，七十而从心所欲不逾矩。"若"命"是外在力量，则"天命"是内在力量，一个能够驾驭生活，驾驭世间外在力量并全面发展的人，一个积累了一定的生命体验的人，才能逐渐体悟到天所赋予人的性分，直接面对个人的命运或局限，并对天道、天命和道德人格典范有所敬畏。这样的人既可以积极地追求生命的意义和死亡的意义，又能够勇于承担自己应该承担的一切，包括博施济众，修己安人，杀身成仁。天命论不是宿命论，而是以天将降大任于我、大命为自我的担当，一身正气系天下兴亡之责、文化神州的安危和人文传统的延续，这是孔子及孔子以后的思想大家和仁人志士的品格和终极担当，也是意义的完美体现。

孔子认为每件事物都有自己的特性和规律。人所秉持的常道是趋向美好的道德。即天赋予了人以善良的天性，天下贯于人的心性之中。天不仅是人的信仰对象，不仅是一切价值的源头，而且是人可以上达的境界。人本着自己的天性，通过道德实践可以内在地达到这一境界。即《宪问》中所述"不怨天，不尤人，下学而上达；知我者其天乎！"强调了积极有为的担当意识和超越生死的洒脱态度。

孔子重"仁"，"仁"是孔子思想的中心观念，也是中国哲学的中心范畴之一，也是有意义管理的底层逻辑。孔子主张的"仁"，一方面以爱人为"仁"，"仁智双彰，以爱人为仁，知人为智"，这种爱人、同情人、关切人，包括爱、同情、关怀下层百姓；另一方面以"克己复礼"为仁。礼是一定社会的规矩、规范、标准、制度、秩序，用来节制人们的行为，调和各种冲突，协同人际关系。"人而不仁，如礼何？人而不仁，如乐何？"明确礼乐形式背后是生命的通感、人的内在真情实感和道德自觉。"爱人"与"克己复礼"是"仁"的主旨，在企业管理实践中，让员工产生面对失败也愿意重新再来的韧性，让生活从内到外绽放光彩和生命力的真实和笃定。

"仁"的范畴有不同的层次，高一层次的、作为人的最高标准、最高道德原则、最高精神境界和价值理想的"仁"，可以统摄作为社会普遍道德规范的"仁"，与"义""礼""智""信"并列的"仁"。第二层次的仁人是"全人"，即集智慧、清廉、勇敢、多才多艺，再节之以礼，合之以乐，使德成于内而文见乎外。也就是德才技艺兼备、全面发展的贤人。如《宪问》曰"见利思义，见危授命，久要不忘平生之言。"第三个层次的仁人是君子，是超越于自然人的道德人，与小人儒相区别的君子儒⊖。

此外，孟子的"性善论"和荀子的"性恶论"，董仲舒的"天人感应论""人性论与伦理"，程颢和程颐的"格物致知"，朱熹的"居敬穷理"论都讨论了管理中的人性论，不仅使人"近道""收其心"，还能达到"治天下"的目的。人之所以异于禽兽者，在于人有理性，人心具有知觉灵明，因此人能觉解生活⊜。人对宇宙、人生觉解的程度不同，宇宙人生对于人的意义也就不同。因此，帮助员工找到人生的意义感，找到生活中的责任认知和坚定的信心，也是企业管理者的使命和意义所在。

⊖ 郭齐勇.中国哲学史[M].北京：高等教育出版社，2006：P41.

⊜ 郭齐勇.中国哲学史[M].北京：高等教育出版社，2006：P586.

生活的意义是每个人自己赋予的。世界由此为不同的人呈现出不同的样子，可能对这个人来说，世界是空洞乏味的，但对另一个人而言，却是丰富有趣、充满意义的。每个人生活在自己的世界里，用自己的方式来塑造并观察世界。一个人内心满足与否，取决于他的情感、欲望和思想的共同作用，外在环境只是起到间接调节的作用，这也就是为什么相同的外在环境或外部事件对于两个不同的人会产生不同的影响。幸福感的产生很大程度上就取决于意义感的产生。工作中的幸福感来源于有意义的工作。创造有意义的工作，就是期待解放人们那些一直以来被物质时代的工作观剥夺的能量和可能性，让他们成为创造崭新未来的原动力。如果劳动者了解自身工作如何造福他人，不管是通过多简单的方式，那么即使最平凡的工作，对他们来说也拥有了意义和价值。

有意义的管理不仅仅关注员工的幸福感、成就感、获得感，使其感受有意义的工作和生活；也通过愿景和战略重塑企业的意义感，引导企业更关注社会责任和商业伦理；更要通过创新创造提升社会福祉——人人皆能享受安全、公平和无忧的生活，使生活充满了幸福之感。让每一位公民都能充分享有尊严和幸福，是文明社会发展历程的坐标和里程碑，更是小康社会实现后的实现现代化的新要求。

二、理论维度

出于对中外企业闪耀人性光辉的管理实践的长期观察，我们提出"有意义的管理"理论框架，系统整理了西方的管理学逻辑体系，借鉴了日本学者关于知识管理、认识论的精髓，吸收了亚里士多德的实践论、胡塞尔的"现象学"和西田几多郎的"意识之野"理论，更重视吸收了中国哲学中的整体观、统筹观和中华文化中的仁爱精神，是具备中国特色的全新管理范式。它主要由信念愿景、人性尊严、创新创造、个人福祉和社会福祉五个方面构成（见图2-4）。

第一，信念愿景。"一个伟大的组织能够长期生存下来，最主要的条件并非结构或管理技能，而是我们称之为信念的精神力量。"信念是组织之魂，也是产生意义感的前提，而愿景是企业的航向，是组织战略与文化的结晶。有意义的管理强调管理过程中与员工进行"创造性"的对话，实现个人使命和企业愿景之间的有效互动，赋能个人的同时也赋能整个组织。

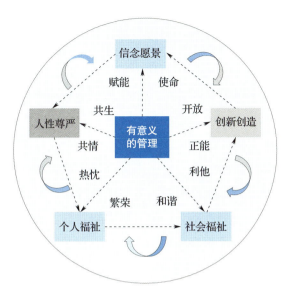

图 2-4　有意义的管理理论框架

第二，人性尊严。西田几多郎认为真实的实在并不是通常所谓冷静的知识对象，而是从我们的情意所产生的东西。只有"通过爱才能得到最深刻的知识，爱是知识的顶点"。有意义的管理强调爱与道德对组织管理的重要作用，一方面要充分重视组织个体，使其在组织中充分感觉到体面尊严、温情管理、同理心和共情力，另一方面也要充分重视组织内部的合作共赢，在组织中塑造心理安全感，员工可以自由分享自己的想法、反馈和建设性意见，提升组织中人性的光辉。

第三，创新创造。创新是第一动力，企业是知识创造和知识转化的重要场所，也会成为集体想法的实现者。未来企业将会更大程度地挖掘员工的创新意愿和创新能力，使其成为创新主体，让每个普通劳动者的智慧和力量成为未来推动企业永续发展的源泉。在创新创造的过程中，将会更大程度地强调社会文化、人文关怀和哲学思考在创新过程中的回归，使得企业创新实践从科技和市场层次上升到意义和文明层次，体现意义导向的创新范式变革。

第四，个人福祉。幸福来源于对有意义快乐的不断探寻和追求。幸福是一种持续的战斗力，取决于积极心理力量和心理韧性的培养和历练。经济学家 E.F. 修马克在《好的工作》一书中指出"对于我们而言，最重要的工作是维持自己内在世界的秩序"，有意义的管理强调在管理过程中重视员工内在力量的塑造、心流的产生，塑造内外平衡、身心平衡的工作生活共益感，进而产生积极的幸福感，实现从福祉到繁荣的升华。

第五，社会福祉。"以人为本，以民为体"这一思想在我国有着悠久的历史与传统。有意义的管理认为企业应该探索让员工创新创业、寻找幸福的经营模式，以利他为原则，打造正能企业、利他经济，塑造正能社会，提升整个社会的幸福感和社会福祉，建设和谐的福祉社会。

因此，本书的第三章将着重介绍个人福祉在意义重塑中的核心意义；第四章介绍信念愿景在意义管理中的使命以及如何赋能企业发展；第五章介绍创新创造对企业实现有意义管理的助力；第六章介绍共情、同理心、鼓舞热忱在人性尊严管理和探寻意义中的重要作用；第七章介绍有意义的管理在社会福祉提升和构建福祉社会中的有效实践和面向未来的思考。在相关的理论阐述过程中，我们整理总结了中外优秀企业在有意义的管理方面的探索与实践，作为有意义管理思想体系的有力印证。

第三章

福祉与繁荣
重塑工作意义

有意义的管理

原始社会中，由于文明程度不高，行为活动受限，大多数人的幸福都特别简单——平安生活，再加上一点舒适与尊严。于那时的人们而言，人类与各种各样的灾难以及危及人类生命的物体进行搏斗，保证自身安全；春耕夏耘秋收冬藏，解决生活所需。生活的踏实感和确定感带给人们真实的幸福。随着人们生活水平的提升，物质生活越来越丰富，而不满足感却越强烈，人们开始重新思考工作和生活的意义所在。本章将从中西方文化的对比着手，探讨积极的幸福、福祉、福流、繁荣等个人对幸福感知有意义的变量。

第三章 福祉与繁荣重塑工作意义

01 第一节 福祉

一、积极的幸福

积极的幸福这个概念在亚里士多德伦理学中起着核心作用,用亚里士多德的话来说,积极的幸福是在完备的生活中、合乎德行的、理性的活动,这里面包含了三层意思:理性或明慧,合乎德行,以及完备的生活,同时必须是有活动的。亚里士多德在《尼各马可伦理学》一书中关于积极的幸福及相关概念的论证可总结如下:首先存在一个最终的目的,这个目的即"最高的善",其他所有的"善"如健康、财富、快乐、美貌、友善等本身并不是目的,只是通向"最高的善"的手段和方法。他进一步论证,"最高的善"就是这里所讨论的积极的幸福,是实现德行的活动,也是人一切行为的最终标的,其本身就具有自足性和完备性。明慧指导着人行动的发生。正因如此,与幸福、快乐等概念相区别,积极的幸福是与人的行为紧密相关的,"有所作为"赋予人荣耀与神性,使人区别于自然界的动物而成为城邦的(政治的)动物,甚至"有所作为"即积极的幸福的近义词。至于德行,在经典的古希腊德行伦理学中,德行是积极的幸福的必要条件,而斯多葛学派认为,德行是积极的幸福的充分条件。无论怎么看,都应当注意两者之间具有非常紧密的联系。亚里士多德的说法是,幸福仅仅是积极的幸福的一个狭义表述。积极的幸福与幸福的不同在于,前者更强调个人,涉及的是伦理学中的明慧和德行等,而幸福对个体的要求是保持善良即可,更强调的是家庭和社会伦理概念。亚里士多德是不认同快乐主义的,即快乐并不是人类追求的目标,而是伴随着追求任何东西的过程产生的。但是,积极的幸福却是最高的善和最终的目的,就是我们所追求的目标,这一点可能是积极的幸福与快乐最大的不同之处。

二、中国传统文化中的"福祉"

"福祉"一词源于中国古典,"福"字在甲骨文里的意思为:两手捧酒坛,把酒浇在祭台上。"祉"字是形声字,"示"指祖先神"止"即"之",意为"到来"。汉代许慎在《说文解字》里将其解释为:"祉,福也。"《左传·哀公九年》里亦有"祉,禄也"的记载。"福"字与"祉"字相结合,释义为幸福、利益、福利。这一概念最早出现在我国古代诗集《诗经·小雅·六月》中,即:"吉甫燕喜,既多受祉。"宋代朱熹在《诗集传》里将其解释为:"此言吉甫(周宣王的贤臣尹吉甫)燕饮喜乐,多受福祉。"㊀ 也代表美满祥和的生活环境、稳定安全的社会环境、宽松开放的政治环境。

东方价值观、伦理道德观的形成,因深受儒、道、佛三家之影响,各成体系。儒学的核心是崇尚"仁",即"仁者爱人"之精神,强调"以人为本、以德为体、敬天保民、天人合一",讲究"修身、齐家、和谐、诚信、中庸与忠恕之道",要求对国家民族须尽忠,对父老须尽孝,进而"仁义忠孝"构成了伦理道德的体系与内涵。道家崇尚遵循自然法则与规律,即"人法地,地法天,天法道,道法自然",人人都能享有作为人的尊严,获得生活保障。佛家主张"慈悲"为本,提倡佛陀与众生"平等性智",无出身、贵贱、种族、国家之差别,主张因果报应、戒杀放生、慈航普度、自觉、觉他、以救度一切众生为本怀,通过修炼积善而生于极乐净土。㊁ 这些理念都与当代帮扶弱势群体的社会福祉理念不谋而合。因此,在"以人为本""珍惜生命""关爱民众"这一点上,儒、道、佛的主张是一致的。西方早期福祉理念基于宗教的慈善博爱与济贫扶弱,近代福祉理念则以人道、互惠、平等、正义、援助自立等为其基本宗旨。

我国学者秦永超先生在《福祉、福利与社会福利的概念内涵及关系辨析》一文中,详细解读了两者之间的区别。他认为:"福利的侧重点是幸福、身心健康和繁荣,而福祉侧重于一种存在状态。一种感到好的、健康的、幸福的、满足的生活状态。""从两者的关系来看。福利是实现好的生活即实现福祉的条件和保障性措施,福祉则是人们实际上达到的良好的生活状况。也就是说,福祉是人类福利制度设计要实现的终极目标。"㊂

㊀ 朱熹. 诗集传[M]. 上海:上海古籍出版社,2013.
㊁ 孙久富. 福祉与福祉学:如何构建有中国特色的福祉社会[M]. 北京:中国社会科学出版社,2019.
㊂ 秦永超. 福祉、福利与社会福利的概念内涵及关系辨析[J]. 河南社会科学,2015(9):112-116.

三、福祉

有人将福祉翻译成幸福、健康、高价值和质量的生活等。其实是一种幸福感,来源于对有意义的快乐的不断探寻和追求。"主观幸福感"一词表示人们如何体验和评估他们的生活,通常是以问卷调查获得的自我报告幸福感来衡量。有时人们会区分不同类型的幸福感,例如心理幸福感、身体幸福感、经济幸福感或情感幸福感。不同形式的幸福往往是紧密相连的。例如,改善身体健康(例如,通过减少或停止成瘾)与改善情绪健康有关。即使在新冠肺炎大流行等不利情况下,更好的经济福祉(例如,拥有更多财富)也往往与更好的情绪健康相关。福祉在道德中起着核心作用,因为我们应该做的事情至少在某种程度上取决于什么会使某人的生活变得更好或更糟。

"福祉"的原意是幸福,是对"幸福的追求","为了更好的生存",这就更需要人们"积极地扶助",通过同理心和换位思考来主动实施援助。以此实践框架融入不同的文化中,不仅是人类区别于其他动物的特征,也是人性光辉的重要体现。人与人之间如果不能相互扶助,那么无论置身于何等环境,其生存都是困难的。正是由于构建互助社会,才使得人类适应了陆地上的所有生存环境。人的社会性需要人类与他人共同结成社会,依靠相互扶助来经营生活。这种福祉实践的历史变迁,以及作为结果而确立的社会制度——社会福祉,是人类重要的智慧结晶之一。

著名微观经济学家安格斯·迪顿(Angus Deaton)教授在与诺贝尔奖得主卡尼曼合著的《高收入提高了生活评价但没有改善情感福祉》[一]中指出,主观幸福感包含两个方面:情感福祉和生活评价。前者指的是能够使人生活愉快或者不愉快所表现出来的高兴、紧张、悲伤、愤怒等情感的频率和强度,后者指的是人们对自己生活的构想。通过分析盖洛普健康方式幸福指数的调查问卷报告,他们还发现,影响情感福祉与生活评价的因素是不同的:生活评价与收入和教育密切相关,对社会经济形态比较敏感,对能够引起情感变化的环境比较敏感。一般而言,情感福祉随着人们生活质量的上升只有幅度不明显的上升,但会受

[一] D KAHNEMAN, DE ATON A. High income improves evaluation of life but not emotional well-being[J]. Proceedings of the National Academy of Sciences of the United States of America, 2010, 107(38): 16489-16493.

到低收入的影响。低收入会加剧因离异、疾病和孤独等不幸引发的痛苦，从而影响情感福祉。因此迪顿得出结论，钱多不一定能带来更多的幸福感，但钱少一定与情感痛苦有关；高收入能提高生活满意度，但这不是幸福本身，而低收入则与较低的物质生活和情感福祉有关。

02 第二节 心流

心流是过去三十年来最引人入胜的心理学概念之一，它的提出者是当代幸福研究的先驱米哈里·契克森米哈伊。所谓"心流"，就是当你特别专注地做一件目标明确而又有挑战的事情，你的能力恰好能接住这个挑战时，你可能会进入的一种状态。它会使你做这件事的时候忘记自己，忘记时间的流逝，你能体察到所有相关的信息，不管工作多复杂你都会毫不费力，而且有强烈的愉悦感。"心流"理论被誉为影响全球千万人的开创性心理理论。

一、心流的内涵

在进行一项任务或社会活动时，执行者们有时会因为完全沉浸在其中而感受不到时光的流逝，并非常享受这一过程所带来的愉悦，美国心理学家米哈里最先注意到了这个独特现象，并于20世纪70年代中期把这种特殊的感受称为心流。心流有很多种翻译，包括沉浸、流畅、神迷、精神流淌、意识流等，美国加州大学伯克利分校教授、清华大学心理教研室主任彭凯平先生曾将其翻译成"福流"。[一] 心流体验表现为暂时性地"失去自我意识"，但执行者愿意为此"买单"，以获得体验性的快乐和愉悦感。

心流体验是人们在有意识地自发形成的先决条件下，对某些社会活动表现出强烈的兴趣爱好，从而促进自己"忘我"地投身其中，充分发挥自身优势，形成一个完全沉浸其中的精神状态。它包括喜悦、激动、忘我等情绪，伴随着高度的喜悦感与充实感，是一种比巧克力或酒精更让人迷醉的体验。在此状况

[一] 彭凯平. 吾心可鉴：澎湃的福流[M]. 北京：清华大学出版社，2016.

下，人根本意识不到时光的推移和环境的改变。在这个体验中，执行者期待的并不只是结果的出现，更重要的是过程中的每一步对参与者的奖赏和鼓励。心流体验是对抽象的"全神贯注""沉浸""专注"等心理过程的概念化，它最主要的特点就是人们全神贯注地投入，并体验其中的快乐。

二、心流产生的基础条件

米哈里指出，心流体验的形成需要一些基础条件：

第一，从事的活动需要具有明确的目标。当某种行为有了明确的目标，该行为则具备了严格的行动准则与评价标准，执行者能够更清晰地知道在完成活动的过程中应当如何去做。例如，一个网球运动员要清楚下一个动作该如何做：将球打回对方的球场上，并且每次将球击回，他都清楚自己做得好不好。

第二，个体必须能够全神贯注于这件事。人们最常述及的心流体验的特点是，在心流体验过程中会将一切不愉快的事情都忘得一干二净。也就是要想在活动中获取快乐，就需要全心全意地投入手头的工作。

第三，这项任务能够得到即时的反馈。及时有效的反馈结果会让执行者在完成某一步骤之后立即得到该步骤带来的后果，以进一步判断当前进程是否需要改进，保证活动的顺利完成。

第四，富有快感的体验让人感到可以随意掌控自己的行为。游戏、体育及其他休闲活动常是人们获得快乐的来源。输一盘棋，或者在其他运动爱好上失利并不会产生忧虑感，因为在心流体验感受中，人们并不需要时时担忧事件范围会失控。有舞者曾经把心流体验的这种层次描述得特别好："一种强烈的轻松感包围着我，我一点儿也不惧怕挫折，多么强劲与亲切的感受呀！我好想伸出手，拥抱这世界，我感到有股无与伦比的能力，能带来美丽和优雅。"

第五，进入"忘我"的状态。初尝心流体验的人通常认为，自我意识消失和消极的泯灭自我相关，变得"随波逐流"。其实，自我也在心流体验中扮演着十分活跃的角色。小提琴家必须对指尖的动作、耳朵中听见的声响、乐谱中的每一个音符以及音乐整体的结构都有明确的感受；优秀的田径运动员必须了解自己身体的每一块肌肉、自身的呼吸节律，了解对手在比赛过程中的表现。所以，进入了忘我状态，并不代表着自我就此消失，自我意识仍然存在，只不过是自身并未感受到罢了。

第六，时间感会改变。在产生心流体验时，最常提到的便是时间感和平时不太相同，因为所有用来判断外在的客观时刻的标准，都被心理活动中所需要的时间节奏给推翻，所以将钟表里的时间置诸脑后，不见得是产生快乐的必要条件。不过，若能摆脱时钟的钳制，会让人们在专心的过程中更感到兴趣盎然。

最后，个人技能与活动挑战性相匹配。挑战性过高或者过低，都不足以让活动执行者产生心流体验[一]。唯有将挑战性与自身实力相匹配，将个人的全部心力投入才能够触发集体心流，从而塑造出异乎寻常的集体感受和感觉。

所有元素融合成一种愉悦的情绪，并扩散为巨大的力量。在上述几个条件都符合的情形下，个人的注意力开始聚集，并慢慢陷入心无旁骛的状态，即有机会形成心流。当心流体验形成时，人需要投入所有的精神，而自我意识也因此能够充分协调合一，容不下任何无意义的念头或情感，此刻自我意识已经逐渐消失不见，个体获得了对任务高度的控制感，但时间感却有所歪曲，只感到时间飞逝。因此，如果整个人的身心投入都发挥到极致，则不管做任何事均会事半功倍，而活动自身则成为了目的。在身心合一、注意力高度集中的状况下，个体的能力和技能将会获得最大限度的展示。

三、心流与幸福

古希腊哲学家亚里士多德曾说过，世上所有人都以追求幸福为一生的最高目标。即使到了现代，很多事情都出现了本质的改变，由于科技发展日新月异，人们对于星球和原子的理解与认知也早已超乎前人的想象。但是，人类对幸福的追求却从未改变。

什么是幸福？幸福一直是社会和学术界的热点话题，而米哈里和马丁·塞利格曼（Martin E.P.Seligman）无疑是当代相关领域研究的领导者，他们力图尽可能地细致剖析人们快乐的感受和导致这种感受产生的因素。从早期数百位画家、运动员，艺术家等以自己最喜欢的活动为职业的从业者，到后来在芝加哥大学科研小组和遍及全球的同仁，调查结果均显示，人类的幸福首先是一种感觉，而且这种感觉直接取决于自我心灵如何过滤和阐释，得出的结果就是一种体验——即"幸福"就是一个人感受到的一种心理上的"最优体验"。用一种比

[一] 任俊，施静，马甜语.Flow 研究概述[J].心理科学进展，2009,17（01）：210-217.

较形象的概念来描述，这便是"心流"：是个人完全投入某一种活动之中，不顾其他事情出现，哪怕付出了极大的代价，但能为自己带来莫大快乐的一种心灵感受。在调查过程中米哈里发现，不论男女老幼，不分文化差异，人们对心流的描述基本相同，心流体验并不是上流人士的特权或独享，也没有阶级之分。

"心流"是幸福的代名词。那么产生心流的动力是什么？人的欲望是无止境的，追求更高的、有挑战性的目标就是产生心流的动力。人们在追求更高目标的过程当中，会遇到各种挑战。为迎接挑战则需要全身心地投入，而且这种投入会将注意力全部吸引。当最终通过努力战胜困难达到目标时，人的内心会升起一股暖流而倍感舒适，这就是心流的产生。由此可见，具有挑战性的目标会催生心流。虽然产生心流能获得幸福感，但并不是所有的心流都最终导致幸福。如赌博、电竞游戏等带来的仅仅是短暂的心流，却无法让人感到幸福。因为心流主要分为两类——成长性和厌倦性。成长性的心流能让人在达到一个目标后感受到自己在某些方面得到成长和进步，如运动员在球类运动中取得一个名次后能感受到自己球技的增长。这种成就感和进步能促使人向更高的、更具挑战性的目标努力，从而体验更高层次的心流。而赌博、电竞游戏等则不具备这样的性质，最后获得的只有空虚和失落。㊀

四、通过心流体会有意义的人生

米哈里在调查中一个惊喜的发现是，无论是什么活动，当任务完成得非常成功时，当事人的感受都非常相似。例如，一个游泳健将横渡英吉利海峡，或下棋爱好者与高手过招，或攀爬者在山间向上行进，他们的心情几乎全部相同。忙于创作四重奏的艺术家，或一个出身贫寒、正在角逐全国篮球大赛冠军的年轻人，也会有类似的感觉。

如果不区分文化、现代化水平程度、社区层次、年龄段和性别，受访者所描述的快乐大致相同。人们在感受到快乐时，所做的事情可能有天壤之别——有一位韩国老人热爱沉思，一位日本年轻人则喜爱和飞车党同伴呼啸出游——但他们对快乐的感受却如出一辙。甚至身体活动中能产生快感的因素也是大同小异。总之，对于最优感受和产生这种感受的心理状况，似乎放诸四海而皆准。

从心流转化为幸福的关键是"成长性"这一特点，由此我们认识到：人的

㊀ 契克森米哈伊. 生命的心流[M]. 陈秀娟, 译. 北京：中信出版社, 2009.

一生中在不断追求一个又一个的目标，一次又一次体验最优的心流。而要获想得幸福，还必须将生命化为一个整体的心流体验，即要树立一个终极的目标。这个目标不同于其他分散的、细小的、阶段性的目标，而是将所有目标协调为一个整体，无论对过去、现在、未来都具有挑战性，具备深刻的意义。

拥有心流，就会感受到人生是有意义的。成长性的心流能够让人不断进步，体验更高层次的心流。在经济繁荣的年代，真正影响一个人工作选择的是他能在工作中获得什么感受，而不只是他能获得多高的薪水。工作中的乐趣感和优势感也会影响心流的产生，全身心地投入工作，无所谓功利，就会产生巨大的能量，调动身体处于最佳状态，或许这种状态就可以产生改变人生的力量和机会。这种成长性的心流会推动人树立远大的人生目标，体验人生的意义并获得真正的幸福！

03 第三节　　　　　　　　　　　　　　　　　　仁爱

点石成金的寓言告诉我们，财富未必会带来幸福。迈达斯国王认为占有举世无双的财产便是幸福的保证，他向神灵祈祷凡是他所接触的物品都会化为金银，神灵最终应允了他，于是迈达斯坚信自己必然会变成世上最有钱、最快乐的人。但迈达斯很快就后悔了，因为连他口中的食品和美酒，在吞咽之前都化为了金银，最后他就在一堆金杯金碗中活活饿死了。精神科医生的候诊厅里不乏功成名就的患者，当他们活到四五十岁时才幡然醒悟，郊区的奢宅、名贵汽车，又或是常青藤名校的学位证书，都无法带给他们心灵的安宁。

一、为善之大者

在组织管理中，爱与道德能够帮助组织中的人员处理好人际关系，协调好管理者与员工、员工与员工、管理者与管理者之间的关系，不仅可以提升员工的幸福指数，构建和谐有爱的组织氛围，减少纠纷和矛盾；从长远而言，爱与道德能够形成正能量在组织中进行良性循环，优化企业文化，并将爱与道德传递给客户和其他利益相关者，进而影响整个商业生态。

所以，有意义的管理要进一步强调爱与道德对组织管理的重要作用，一方面要充分重视员工，通过温情管理、同理心和共情领导力，使其在组织中充分感觉到体面和尊严，另一方面也要充分重视组织内部的合作共赢，在组织中塑造心理安全感，员工可以自由分享自己的想法、反馈和建设性意见，能感受到自己的价值、与他人的链接、自己的独特使命感等，提升组织中人性的光辉。

美国学者艾米·埃德蒙森强调组织中的心理安全感，员工可以自由分享自己的想法、反馈和建设性意见，并将其定义为"无畏的组织"。在这种氛围下，公司会获得更好的想法、更好的风险管理、更多的学习机会和更少的灾难性决策。这一理论对指导管理者更好地改善团队和组织文化，以及优化员工的绩效，都将起到非常重要的作用（埃德蒙森，2020）。当代英国哲学家、意义理论的集大成者迈克尔·达米特指出，应当摒弃实在论的"真"概念，进而从实践中抽象出新的意义理论核心概念。"人"的回归，是当代人文思潮在科学哲学领域回归的标志之一。

例如，方太文化的核心是"仁爱"，其根本原则是"修己安人"，这也是儒家思想的精髓。方太集团董事长茅忠群认为，过分关注利益而缺乏仁爱之心，忽视对"人"的关注，是很多企业存在的问题，与"修身、齐家、治国、平天下"的儒家理想相违背。推及企业管理，这一理想有两层含义，一是企业存在的理由不只是获取利润，还应胸怀天下，主动承担社会责任。二是若想促进人类福祉，首先要修养自己的品性，最基本的便是要有一颗仁爱之心，这种仁爱之心不是压力之下的"被动"反应，而是发乎内心，对社会责任的主动承担，企业为员工着想，员工为用户着想，员工用心，用户安心，这种超越利益的归属感自然会为企业带来良好的效益，而本末倒置是做不好任何事情的。

全球设备和工程公司百威勒（Barry-Wehmiller）是一家酿酒行业机械制造商，19世纪80年代中期在圣路易斯成立，至今已发展成为一家市值30亿美元、拥有员工1.2万人的公司，公司分布在28个国家的100多个地区。2015年公司首席执行官鲍勃·查普曼（Bob chapman）和拉杰·西索迪亚（Raj Sisodia）共同撰写并发表了《人人都很重要——要像家人对待家人一样，对待你的员工的卓越力量》（*Everybody Matters*：*The Extraordinary Power of Caring for Your People Like Family*）一书，简明扼要地说明了该公司"通过触达员工生命来衡量成功的使命"。事实证明，关爱员工，切实可行地提升了员工的幸福指数，是创建一个提升学习与成长空间的最佳办法。2007—2009年的经济大萧条为百威勒提供了一个实现关爱员工诺言的大好机会，在新设备订单锐减、裁员不可避免的时候，公司发起了"共同患难计划"，提出在一个充满爱心的家庭中，所有家庭成员都要承担一份责任，不会让任何人遭受重大损失。正是因为遵循这样的原则，最终没有一个员工被裁员。公司内部无论什么岗位的员工，都选择了长达四个星期的强制性无薪休假，削减成本。公司首席执行官也将自己的薪水降至10500美元，暂停高管红利发放和退休账户缴款并减少差旅费用。团队成员主动发起了一个互帮互助的"集市"——那些财务状况较好、可以休假一个月以上的人，自愿与那些财务状况不好的人进行交换。这使百威勒比较轻松地从经济低迷中恢复了过来，到2010年，其财务业绩创历史新高。换言之，通过在危机中持续让员工感受到安全和来自公司的关爱，最终创造了一个双赢的局面。

二、塑造心理安全感

在科学管理时代，标准化是发展的引擎，即员工作为劳动主体，只须执行"最佳实践"来完成几乎所有的任务。而如今，创意和创作才是发展的原动力。"知识工作者"在工作中通过脑力创作和相互协作来解决问题，完成不断变化的工作。组织要想实现长远的发展，必须寻找并坚持寻找能够创造价值的新方法，而创造价值的首要条件是人们需要完全充分地释放其潜能。知识和创新已成为几乎每个行业中竞争优势的重要来源，这早已不是什么新鲜事了。但鲜有管理者停下来，好好思考一下这种新形势有什么影响，尤其是对于创造一种有助于实现员工和组织双赢的工作环境有什么意义。什么样的工作场所和组织环境有益于员工更加积极主动地投入工作，更能提高组织效率？

1. 心理安全是高绩效团队的基石

艾米·埃德蒙森在《无畏的组织》一书中提出，数十年的调查研究表明，心理安全是创造高效、人性化和弹性工作场所的关键因素。心理安全对于不同团体都很重要，无论是金融机构的最高管理层，还是重症监护病房的一线岗位员工。组织要想在一个由创新决定成败的世界中真正地做到发展壮大，仅雇用聪明又有上进心的人是不够的，知识渊博、技术精湛、善解人意的人并非总是能够在关键时刻将自己掌握的知识运用到工作中。有时，是因为他们没有意识到组织需要他们所掌握的知识，但更多时候是因为他们不愿意挺身而出、犯错或得罪上司。为实现知识型工作的蓬勃发展，工作场所必须是人们能够自由分享知识的地方，能够分享各种担忧、问题、错误和不成熟的想法的地方。

在现代经济中，我们所重视的一切几乎都是决策和行动共同作用的结果，而共同的决策和行动，得益于有效的团队合作。在大多数工作中，员工需要通过交流找出一些不断变化的相互依赖关系。团队合作越来越多地呈现动态变化——人员配置在不断变化，而非划定界限的正式团队。这种动态协作被称为团队协同。团队协同是跨越各种界限——比如专业知识、地位和距离——与人们沟通和协调的艺术。但是，无论你是不断与新同事组队，还是在稳定的团队中工作，只有在心理安全的工作场所，有效的团队合作才能达到最佳效果。在心理安全的工作场所中，人们知道自己可能会失败，可能达不到预期绩效，甚至可能会因为行业环境的变化或是能力不达标而丢掉工作，但人们不会受到人际恐惧的困扰，他们愿意并能够承担开诚布公所带来的人际风险。与害怕分享可能很敏感、有攻击性甚至错误的想法相比，他们反而更害怕自己无法充分参与其中。在知识密集型的世界中，无畏的组织可以让人际恐惧降低到最小，从而确保团队和组织绩效的最大化。

心理安全是一种让人们可以畅所欲言、放心做自己的氛围。当人们在工作中具备心理安全感，人们会自由地分享自己的担忧和错误，而不会害怕出现尴尬或遭到报复，不会受到侮辱、忽视或指责。他们知道，即使对有些事情不确定，也可以提问。他们往往比较信任、尊重同事。当工作环境中的心理安全感处于相当高的水平时，就会有好的结果出现：错误被及时报告，便于迅速采取纠正措施，实现跨小组或跨部门无缝协调，分享可能改变游戏规则的创新思路。总而言之，对于在复杂多变环境中运营的组织而言，心理安全是创造价值的重要资源。

2. 谷歌"亚里士多德计划"

谷歌有一个非常著名的"亚里士多德计划"，希望找到高绩效团队的建设规律。在这项研究之前，大多数组织都认为建立最好的团队就意味着招聘最优秀的人才。于是他们把市场上能找到的最好的工程师、最厉害的产品经理都纳入麾下,但他们发现这样的认知是错误的。在为期两年的大规模研究中,谷歌发现,表现最好、最具创新精神的团队有一个共同点就是心理安全。即团队成员认为表达观点的做法是被接受的,而且在犯错时不会受到惩罚。

这是一种只能意会不能言传的氛围"场"。即便失败也不会受到惩罚、不公平的待遇或被解雇,是一种非常好的体验。谷歌的研究显示,心理安全水平高的群体往往会表现为:在轮流说话形式的会议中,每个人都能平等地发言和认真地倾听。谷歌的首席创新官说:"没有人愿意把自己的个性和内心生活留在家里,但是为了全心投入工作,感受心理上的安全,我们必须知道有的时候可以有足够的自由来分享那些让我们感到害怕的事情,而不用害怕相互指责。我们必须能够谈论混乱或悲伤的事情。与那些让我们抓狂的同事进行艰难的对话,我们不能只是关注效率。"

传统组织鼓励人们彰显每个人自身"专业强大"的一面。于是,我们会尽量隐藏自身的脆弱不安。而在心理安全水平高的组织中,身心完全能够促使组织里的个体不再带着面具来面对彼此,甚至拥有足够的安全空间来展示自己的脆弱和恐惧。由于组织内的个体建立了非常强的信任关系和连接感,所以人们愿意敞开心扉来分享。每个组织当中有两种角色,一种是理性人,一种是情绪人。很多时候我们都认为自己是非常有逻辑和理性的,决策也是基于理性分析做出来的,但实际上无意识的情绪也在主导我们的决策。如果组织里的无意识的情绪弥漫,而大家又不自知,就会产生强烈的组织不安全感,进而影响组织的效率。因此,帮助组织内的团队处理负面情绪、构建心理安全空间是十分重要的。这样不仅可以在忙碌的工作之余,通过探讨和风险分享进行更深层次的思考,更关注人本身的氛围,也会帮助团队里的每个人逐渐卸去面具,真诚地面对彼此。通过构建这样一个安全的空间,大家会更加勇于直面失败、直面挑战,暴露自己的脆弱,也会有更大的包容性和容忍度。而领导者需要积极创造正向的心理安全感。

2017年盖洛普的一项民意调查发现,只有30%的员工非常赞同"他们的观点在工作中受到重视"。同时,盖洛普指出,"如果将这一比例提高到60%,员工流动率可降低27%,安全事故可减少40%,生产力可提高12%。"因而,组织仅仅雇用有才之士是不够的,如果领导者希望释放个人和集体的潜能,就必须营造一种心理安全的氛围，让员工自由表达想法、分享信息和报告错误。如果让员工觉得自己的观点在工作中受到重视已成为一种惯例，产生意义感，即塑造了"无畏的组织"。可见，在企业管理过程中塑造员工心理安全感的重要性。

3. 塑造心理安全感的成功领导特征

传统组织中，领导者通常是那个最强大、最有智慧也最有力量的人。但越是权威的领导，越容易产生强势的领导风格。而对于那些希望塑造高绩效团队的领导者而言，通过一种谦卑的领导态度即可构建团队的心理安全感。作为领导者，如何让团队成为有强烈心理安全感的组织？如何让所有成员敞开心扉，表达自己对于工作的建议和意见？这就需要领导者让所有员工的态度和行为发生深刻的变化——做到创造条件、感知响应、鼓励贡献、邀请参与和有效回应、鼓励挑战。

（1）创造条件、感知响应。沉默文化是一项危险的文化。领导者要在组织中创造合适的环境，让倾听和畅所欲言成为常态。在无畏的组织中，员工会敢于分享有价值的信息、见解或问题，而领导者需要以自己为榜样创造一个善于倾听的环境。当领导者想让整个团队达成共同的目标，理解团队成员目前所面对的情况，其实是构建心理安全空间的前提。这里领导者就需要掌握最重要的技能——构建工作框架。在构建工作框架的过程中，领导者要设定对于失败的不确定性和相互依赖关系的期望，以阐明建言的必要性。在构建上司角色的过程中，要告别传统的上司下达命令、评估他人表现的角色定位，而变为确定组织方向、邀请员工发表有益于团队成长和个人成长的意见，为持续学习、追求卓越创造条件，并且团队领导应成为掌握重要知识、有见解的贡献者。

（2）鼓励贡献、邀请参与。强调使命感是构建心理安全空间的另一个关键要素。领导者要通过令人信服的愿景和目标来激励人们，提醒团队成员，他们所做的事情对客户、对世界是多么重要。这样做有助于形成一股干劲儿，帮助团队成员度过艰难的时刻。领导者必须花时间强调组织的服务宗旨，因为任何人都会感到疲倦、分心和沮丧。如果团队成员看不到关键问题，这个时候就需要领导者通过强调共同目标而通力合作，帮助彼此建立信任。让团队成员重拾其与工作的紧密链接，也有助于团队成员在工作中克服所面临的人际风险。

在邀请参与的过程中，情境式谦逊是一种非常有效的领导风格。一种融合了谦逊与好奇的学习环境，有助于降低人们因害怕承担风险而拒绝提出想法的概率。坦率地说，面对如今这个充满复杂性和不确定性的动态世界，谦虚的心态是具有现实意义的。谦逊的领导更容易认识到谦逊心态的有效性和力量。麻省理工学院的沙因教授的"谦卑领导"强调"此时此地的谦逊"。自信和谦逊不是对立的，谦逊是一种简单的认识，即你不能解决所有问题，当然也不能未卜先知。研究表明，当领导者表现出谦逊时，团队会有更多的学习行为。[一]

（3）有效回应、鼓励挑战。让员工畅所欲言只是第一步，当员工直言不讳时，领导者如何回应才是真正的考验。创造条件、感知响应和鼓励贡献、邀请参与，确实会给员工建立心理安全空间，但是如果有人站起来想出了一个问题，而上司却以生气或轻蔑的态度做出回应，员工的安全感会很快消失，有效的回应是必须表现出欣赏和尊重，并提供推进的方法。为了强化心理安全氛围，各级领导者有必要对人们承担的风险做出有效的回应。有效的回应包括三个要素：第一，表达赞赏；第二，消除对失败的偏见；第三，处罚明显的违规行为。

斯坦福大学教授卡罗尔·德韦克（Carol Dweck）的研究表明，个人成就的学习取向和面对挑战时的坚韧和思维方式有关。他指出，只要人们付出努力，不论结果如何都要予以表扬，这很重要。当人们认为自己的表现反映的是个人能力水平时，会害怕最终结果显示自己能力不足，因而拒绝尝试。但是当人们认为自己的表现与个人努力强相关时，他们会尝试新的事物，即使面对困难和失败，也乐于坚持。[二]在充满不确定性的环境中，好的结果并不总是好过程的产物，反之亦然。因此，对努力表示赞赏就显得尤为重要。

失败是不确定性和创新不可或缺的组成部分，对这一点领导者必须加以明确及强化。传统的观念认为失败是不可接受的，优秀的人不会失败，因此人们会隐瞒失败以保护自己。但是，要构建心理安全空间，就必须要承认失败是尝试的自然副产物。表现优秀的人会从聪明的失败中吸取教训、产生经验并学习分享。失败是能够促进快速学习、促进公开讨论和创新的必要因素。

⊖ OWENS B P, JOHNSON M D, MITCHELL T R. Expressed humility in organizations: implications for performance, teams, and leadership[J]. Organization Science, 2013, 24 (5): 1517-1538.

⊜ DWECK C S. Mindset: The new psychology of success[M]. New York: Random House Digital, Inc., 2008.

此外，领导者也必须意识到，当人们违反规则、不顾危险地尝试走捷径，他们也正在将自己的同事和组织置于危险的境地。对有潜在危险的、有害的或者草率的行为做出合理且经过深思熟虑的回应，能够增强而不是破坏心理安全。因此，一个成功的领导者要时刻反思自己是否澄清了组织的界限？大家是否知道组织中哪些行为是应该受到责备的？是否对明显的违规行为做出了适当的强硬回应？能否对将来的行为产生正向的影响？

在当今时代，没有谁能够完全掌握信息、完美地完成任何一项工作。因此，让团队成员可以畅所欲言、分享信息、贡献专业知识、承担风险以及协同工作，比以往任何时候都更为重要。只有这样，团队才能创造永久性的价值。恐惧限制了人们进行有效思考和采取行动的能力，所以今天的领导者必须承担驱除组织中的恐惧，创造有利于员工学习、创新、成长的环境这一任务。

04 第四节　　繁荣

幸福是积极心理学的重要研究课题。美国心理学家马丁·塞利格曼（Martin E.P. Seligman）重新思考幸福的定义和衡量幸福的标准，在2002年完成的《真实的幸福》一书中，他将幸福分为三个不同的元素——积极情绪、投入和意义，这三个元素都比幸福更容易明确定义和测量。通过实践，塞利格曼发现，人们为了维持人际关系和追求成就付出的努力，并不能简单地归结到积极情绪、投入、意义中去。其原因在于，虽然维持人际关系和追求成就往往伴随着以上三个元素，但它们并非追求快乐和意义时偶然得到的副产品。幸福在舞台的灯光下熠熠生辉，而积极情绪和投入、意义、人际关系以及成就一起支撑了整个舞台。因此，在《持续的幸福》中，他把幸福元素增加为5个——积极情绪、投入、意义、积极的人际关系、成就，这五项元素让生命更加丰盈而充满意义感。在此理论下，学校不仅是传授知识的场所，还是一个能够激发学生精神成长的场所；企业的工作场所也不仅仅为产生经济价值，而应该是一个以提升员工的幸福感为目的，进而收获更高工作效率的场所。幸福不仅是目的，还是一种持续的战斗力。以幸福为武器，我们可以获得更多、更久、更真实的幸福和更蓬勃绽放的人生。

一、幸福2.0——蓬勃的人生

在英语中，happiness 侧重于感觉上的幸福；well being 侧重于福祉、殷盛、蓬勃发展的幸福；而 flourish life 则指自我人生的蓬勃绽放、丰盈繁荣。美国积极心理学之父、认知疗法的主要倡导者之一马丁·塞利格曼在《持续的幸福》一书中，认为 Flourish 是幸福的 2.0 版本。幸福 2.0 的理论包括五个元素：积极情绪、投入、意义、成就和积极的人际关系（见表 3-1）。

表 3-1 福祉和繁荣的对比

	福祉	繁荣
主题	幸福 1.0	幸福 2.0
量度	积极情绪、投入、意义	积极情绪、投入、意义，积极的人际关系、成就
附加特征	生活满意的感觉	自尊、乐观、复原力、活力、自主、积极关系
目标	提升生活满意度	人生丰盈蓬勃

1. 积极情绪

积极情绪是幸福的基石，也是幸福 1.0 理论中的第一个元素。在幸福 2.0 理论下，幸福感和生活满意度从整个理论的目标，降低为包含在积极情绪里的一个因子。积极情绪是快乐的元素，是主观幸福感产生的前置条件。

2. 投入

投入是沉浸在任务中的积极情绪体验，如心流指的是完全沉浸在一项吸引人的活动中，忘记时间、忘记空间甚至意识消失的状态。积极情绪和投入满足幸福 2.0 的理论元素的三个标准：一是积极情绪和投入有助于幸福；二是很多人把它当成终极追求；三是其测量与其他元素无关。

3. 意义

意义指归属于和致力于某样被认为超越自我的东西。意义有主观成分，因此其有可能被纳入积极情绪。如前所述，主观成分是积极情绪的决定性因素，人们对快乐、狂喜或舒适等感觉不会产生错觉，但是意义则不同。意义不是单纯的主观感受。从历史逻辑的一致性角度出发，冷静客观的批判可能会和主观的判断不同。意义也满足幸福2.0的理论元素的三个标准：一是有助于幸福；二是很多人把它当成终极追求；三是其测量和定义与其他元素无关。

4. 成就

成就往往是一项终极追求，哪怕不带来任何积极情绪、意义和关系。把成就作为终极追求、追求成就人生的人们，经常会完全投入他们的工作中，并在成功时感受到积极情绪。可见，成就可以是短期目标，也可以是长期目标，被作为终极追求。塞利格曼认为，把成就作为一个元素是因为积极心理学的任务是描述人们追求幸福的实际方法，而非规定这些方法。这样做是为了更好地描述人类在无强迫的自由状态下会选择追求什么。

5. 积极的人际关系

有人曾经要求积极心理学的创始人之一克里斯托福·彼得森（Christopher peterson）用两个字来描述积极心理学讲的是什么？他回答说是"他人"。回想一下，你上次开怀大笑是什么时候？感觉到深刻的意义和目的是什么时候？上一次为成就而自豪是什么时候？即使我不知道你的生活中何时经历过这些闪光点，我也能知道它们的所有特征就是——与他人有关。他人是在人生低潮时最好和最可靠的解药，所以帮助他人或许是提升幸福感最可靠的方法。积极的人际关系对幸福带来的深刻正面影响，以及在这种关系欠缺时带来的负面影响，都是无可否认的。

此外，幸福还是一种持续的战斗力。要积极地铸就力量，让自己的心理（情绪能力）同身体一样健康。幸福感比孤独和抑郁更具有感染力，而且它还能够穿越时空，因此幸福感的培养至关重要。许多人在经历重大打击之后，表现出沮丧、抑郁、焦虑的行为，有时会达到创伤后应急反应障碍（PTSD）的程度。但内心强大的人不但没有被打倒，反而成长了。长期来看，他们甚至拥有了比以前更强大的心理状态。

尼采说"那些杀不死我的，必然使我更强大"。毫无疑问，成就感会带给人快乐和幸福，但人生并不仅仅存在正向的积极情绪，许多人在经历重大打击之后，都会出现焦虑、沮丧、抑郁等负面情绪。但是，从长远来看，他们经历挫折后达到了比以前更高层次的心理功能。例如，61.1%的在战争期间被监禁、受到折磨的飞行员表示他们在心理上因此而受益，他们受到的折磨越严重，创伤后的成长就越显著。可见，创伤往往能带来成长。促进创伤成长的五要素是：第一，认识到创伤后信念的崩塌是正常反应；第二，减少焦虑和强迫性的想法；第三，建设性的自我表露，讲出创伤故事；第四，描述创伤后积极的改变；第五，总结因创伤而更加坚强、更加无惧挑战的人生原则和立场。

可见，获得繁荣（或称蓬勃的人生）需要很强的心理复原能力，需要实时抗击悲观的想法，并运用品格优势积极建立人际关系。日本的IKIGAI理念也与蓬勃的人生（flourish）这一意义要素密切相关。日本有三项相关的研究都表明，即使在传统风险因素及生活压力不变的情况下，高水平的生活价值感也能降低心血管疾病死亡的风险。在这项研究中缺乏生活价值感的人，因心血管疾病所导致的死亡比有生活价值感的人要高出160%。在第二项研究中，有生活价值感的男性与没有生活价值感的男性相比，前者因心血管疾病死亡的风险只是后者的86%，女性也是如此，但没有这么显著。在第三项研究中，生活价值感高的男性因脑卒中而导致死亡的风险，只有生活价值感低的男性的28%。

可见，高意义感和幸福感，不仅能够维持积极的情绪、乐观的个性，更能促进健康。增加幸福的五项元素不仅能帮助人们获得持续的幸福，还能带来更高的生产力和更和平的世界。

二、平衡有度

叔本华认为，人与人之所以命运不同，在于三方面的原因。第一，人是什么——广义的人格，比如健康、力量、道德、教养；第二，人有什么——财产和其他所有物；第三，人在他人眼中是怎样的——人在外界呈现出的样子，也就是他人如何看待自己。而他人的看法则是基于这个人已经获得的荣誉、地位和名声而来。他认为人类有两大最常见的愚蠢。第一，从别人的眼光中去定义自己，也就是说太在意别人的看法。第二，放弃健康去谋求其他，一个健康的乞丐要比一位多病的国王要幸福。性格乐观，体格健康，充满活力，温文尔雅，有良知，能够洞察事物的本质等，都是地位、财富无法弥补或取代的优势。别人无法给予，也无法夺走。即使孤身一人时，伴随你的仍然是你的本性。比任何外在财富或是别人怎么看你更重要。

1. 健康与幸福的平衡

财富会带来幸福，也会打扰幸福。为了守护财产不可避免地会耗费我们的许多精力，使我们不得安宁。因此，我们知道财富并不能带来多少快乐，而健康可以。我们每个人都应该尝试在健康的土壤上培育快乐的花儿。那么，一个人要怎么做才能维持健康的体魄呢？避免各种放纵或不节制，避免一切剧烈、不愉快的情绪，避免精神过度紧张。另外，如亚里士多德所言，"生命在于运动，运动是生命的本质"。幸福究竟有多依赖我们的精神、又有多依赖我们的健康状况呢？让我们感到幸福或者不幸的事物，对于我们而言所具有的意义不是由它本来的面貌决定的，而是取决于我们如何对待它们。正如爱比克泰德所言，"人并不是被事物本身所影响，而是被他们自己对事物的看法所作用"。康德认为，一个现代人应该是"由自身定义的自我"，幸福是他律的，而道德要求自律，世人不能想象道德建立在他律的基础之上，因为那样的话，世人都不必为自己的行为负责了。

总的来说，幸福十之八九都有赖于健康，有了健康，一切事物都是欢乐的源泉；失去健康，不仅会失去快乐，甚至也会失去生而为人的好处。由此可见，牺牲自己的健康，去追求任何其他的功利化快乐都是愚蠢的行为，所有的一切都应该为健康让路。随着大数据、物联网、人工智能和区块链等技术变革带来的挑战，管理实践中对于人的关注也要上升到伦理层面，需要能够聚焦满足人对幸福和意义的追求。

2. 工作与生活的平衡

工作生活平衡，又称工作家庭平衡计划，是指组织帮助员工认识和正确看待家庭与工作的关系，调和职业与家庭的矛盾，缓解由于工作家庭关系失衡而给员工造成压力。作为员工所处社会结构的两个重要组成部分，工作与家庭的平衡是职场人士的重要诉求（Brosch & Binnewies, 2018）。然而，根据前程无忧2018年对中国职场白领的调查，超过6成的受访者经历了不同程度的工作与家庭冲突。2020年以来的新冠肺炎疫情，更在一定程度上加剧了这种冲突。尽管如此，调查显示仍有员工感到工作与家庭增益（Tresi & Mihelič, 2018），即从工作中获取帮助解决了家庭问题，或从家庭中得到资源助力了工作（姜海等，2016; Chan et al., 2020; Rofcanin et al., 2018）。在经济学中，对市场主体行为的分析引入了效用理论，如果我们将个人在工作和生活上的时间消耗看作一种对时间的消费，那么效用就是人们从个人可支配时间的消费中所获得的满足程度，并且这种效用是主观和客观的结合体。Ten Brummelhuis 和 Bakker（2012）基于资源保存理论（Hobfoll, 1989），提出了一个解释工作与家庭积极和消极过程的理论框架，即工作—家庭资源模型（Work-Home Resources Model, W-HR 模型）。该模型以个人资源为纽带，将一个领域的要求和资源与另一个领域的结果联系起来，系统解释了工作与家庭关系背后的因果逻辑及边界条件。W-HR 模型将工作与家庭间的关系描述为一个双向过程。当工作领域的要求消耗个人资源，阻碍个体为家庭领域付出，就会造成工作对家庭的冲突（Work to Family Conflict, WFC）；当工作领域的资源增加个人资源，并用于改善家庭领域的结果，就会出现工作对家庭的增益（Work to Family Enrichment, WFE）。家庭领域的资源和要求也会影响工作领域，包括家庭对工作的冲突（Family to Work Conflict, FWC）和增益（Family to Work Enrichment, FWE）。由此可见，情境要求和资源分别是冲突和增益的原因，个人资源是工作和家庭领域之间的纽带。这样，我们可以援引经济学中均衡的分析方法来从理论上推论个人工作与生活的平衡。但是，实际生活中找到二者的平衡点是十分困难的，真正的平衡其实是不断寻找平衡。

虽然做不到绝对的平衡，但我们可以寻求动态的平衡。首先，尝试追求阶段性的平衡。对于平衡，虽然我们无法追求每天都是完美的，但可以追求一周的平衡，甚至是一个月的平衡。比如公司项目时间紧张，你在连续工作了一个月后，给自己申请一个星期的假期，陪家人一起出国旅游，这就是一种平衡。"生活的赢家总是知道自己现在在玩什么游戏，然后自己制定什么规则算赢。在这个阶段，生存算赢；在下个阶段，恋爱算赢；在这个阶段，舒服算赢；在下个阶段，学到东西就算赢；他们会盯着自己的阶段性目标，一个阶段内不用每天保持平衡，阶段内靠近平衡就可以了。"其次，平衡某种程度上是时间管理的问题，提高工作效率、提高生活质量，做到"快工作、慢生活"。"快工作"是指每天下班前做好第二天的工作计划，这样第二天就可以快速进入工作状态；在每天精力最旺盛的时间（通常是早上）做最重要的事；提升自己的工作专注度，同时做到劳逸结合等。所谓"慢生活"，就是下班后，把节奏变慢，陪伴家人，尽情去享受生活的美好，追求时间的量。平衡不是取舍，而是阶段性的动态调整。在人生的不同阶段，需要做出不同的妥协，不断地追求平衡。

3. 内在与外在的平衡

经济学家 E.F. 修马克（E.F.Schumacher）在《好的工作》（*Good Work*）一书中指出"对于我们而言，最重要的工作是维持自己内在世界的秩序"。我们每个人所探索的生命意义与修马克所说的"维持自己内在世界的秩序"是相互联动的，可以称之为"内在工作"。另外，我们把看得见的具体形式称为"外在工作"。在我们的意识中，往往更多地关注能看得见的"外在工作"，而忽视看不见的"内在工作"。在多数情况下，大家所从事的"外在工作"更多是为了谋生，而并不是可以表达自己生命意义的工作。许多人为了外界的报酬或威胁而工作，"一旦以外部的奖赏为动机而工作，那么这个工作就已经没有了生命力"。为了让我们的工作更有生命力，"内在工作"是不可或缺的。"内在"和"外在"，就像自行车的两个轮子在转动中保持平衡。如果两侧的平衡状态保持得好，那么就会激发出个人的无限潜能。

人要拥有生命的意义，才能感受到精神上的富足，每个人都拥有自己独特的生命意义。因此，我们的时代正在从以物质富足为第一追求的物质时代，向以精神富足为第一追求的心灵时代转变，我们的工作观也应该随之改变。在物质时代，主流思想认为工作是谋生的手段，但是在心灵时代，我们更应当将其视为探索和表达自己的生命意义。我们是在与他人、与社会建立的关系中找到生命意义、工作意义，实现个人的幸福和繁荣的。

案例一

方太：幸福文化驱动企业成长

"如果方太只有一样东西可以保留，唯一可以传承的就是文化！"方太董事长茅忠群说："我平时不太关心销售数据、利润数据。我关心的是文化、是战略、是研发。战略对了，研发出色，产品好了，销售和利润是水到渠成的结果。"不管市场环境如何变化，方太企业的经营始终没有出现大的起伏，有效抵御了各种风险，2021年方太产品销售依然保持40%以上的增长速度！

在大多数企业全力以赴追求利润最大化时，方太回归"仁爱"初心，赋予企业"为了亿万家庭的幸福"的伟大使命，立志"不做500强，要做500年"。方太每年的销售收入增长率保持在20%~30%，并于2017年成为国内首家销售收入跨越百亿的厨电企业，成功跻身十多个主要国家和地区的厨电市场，连续6年入选"亚洲品牌500强"榜单。追溯其发展轨迹，不难看出，方太的成功源于仁爱之道、向善之法和创新之术，以术载道，以法固道，以道驭术，实现了企品、人品和产品的三品合一，以及论语与算盘的义利平衡（见图3-1）。

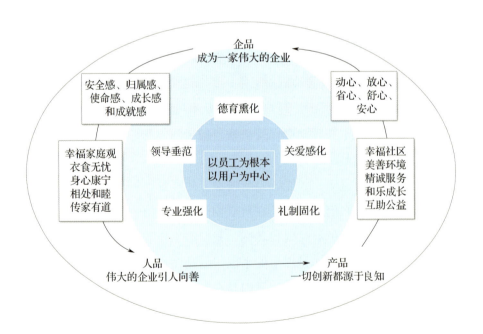

图3-1 方太的幸福生态

一、仁爱之道：因爱伟大——企品

当今市场风云变幻，越来越多的优秀企业只是"昙花一现"，对于企业领导者而言，终极挑战便是如何让企业基业常青。伟大的企业与规模无关，而与追求的境界有关。

与诸多伟大的企业一样，方太始终秉承"让家的感觉更好"，在探索中不断坚定初心。1996年，茅忠群在创立方太集团时，为了避免家族企业常见的人情管理、效率低下等弊端，在财务系统、生产制造、营销、人才管理等方面全面引入了现代西方企业管理制度，搭建了一套完整的管理体系，企业效率提高显著，业绩表现优秀。

然而，伴随着企业经营的发展与壮大，西方管理理念的弊端也日益显现，遵循契约精神的西方管理模式难以对长期浸润东方文化的本土员工实行有效管理。茅忠群意识到，一方水土养一方人，对于企业也是如此，"任何一种管理方式都是在一定的文化基础上创造出来的"。企业嵌入在国家中，员工受到特定社会文化的影响，那么，企业文化自然也要根植于国家文化土壤中。中国企业不可能在全盘西化的制度土壤中发展壮大，必须要为其注入中国文化的内核，而儒家文化是中国优秀传统文化的代表，即使在现代社会，儒家传统思想仍在潜移默化影响着我们的思维与行为。2008年，方太正式开始探索以儒道为核心经营理念的企业管理模式。

方太儒道经营理念的核心是"仁爱"，其根本原则是"修己安人"，这也是儒家思想的精髓。茅忠群认为，过分关注利益而缺乏仁爱之心，忽视对"人"的关注，是很多企业的同质性问题，与"修身，齐家，治国，平天下"的儒道理想相违背。推及企业管理，这一理想有两层含义，一是企业存在的理由不只是获取利润，还应胸怀天下，主动承担社会责任。二是若想促进人类福祉，首先要修养自己的品性，最根本的便是要有一颗仁爱之心，这种仁爱之心不是压力之下的"被动"反应，而是发乎内心，对社会责任的主动承担，企业为员工着想，员工为用户着想，员工用心，用户安心，这种超越利益的归属感自然会为企业带来良好的效益，反之，本末倒置是做不好任何事情的。

2015年，方太提出"成为一家伟大的企业"的新愿景。何谓伟大？方太将其分解为四个特征：用户得安心，员工得成长，社会得正气，经营可持续。伟大的企业在追求利润的同时也追求超越利润的、更有意义的理想。对于方太，这个理想便是"为了亿万家庭的幸福"。技术更替，市场迭代，不变的是人类对幸福的美好愿望与追求，这就是为什么方太将"幸福"写进企业战略，融入企业基因，这也是方太树立家庭幸福观、打造幸福社区的根本动力。方太不仅要对产品的品质负责，还要对用户的幸福负责，这种超越利润的仁爱之心，铸就了方太"因爱伟大"的企业基因。

二、向善之法：伟大的企业引人向善——人品

伟大的企业使命不能止步于愿景与热忱，而应该是务实的理想主义。茅忠群将儒道植入方太绝非心血来潮，12年来，方太以"要以用户为中心、要以员工为根本"为出发点，坚持进行了一场企业儒道的幸福长征，坚信伟大的企业引人向善，伟大的企业不仅具有经济价值，还具有社会价值，能够源源不断地向社会传播正能量，唤醒良知、传递幸福。

方太追求的幸福是广义上的幸福，包括人的全面发展，也包括人与社会、与自然的和谐发展。一家幸福的企业才能给用户带来幸福，幸福的企业首先要让员工感到幸福。为此，方太以"五法"使文化落地，营造仁爱向善的氛围，关注员工的成长与体验。

方太儒道的推广不急于一时，而是徐徐图之，以利天下。方太将儒道融入员工培养的每一天、每一个环节、每一个层次。方太儒道的引入从展厅为孔子堂让路开始，在方太园区内儒家元素处处可见，就是要让员工在耳濡目染中形成仁者爱人的信仰。从一线员工到管理高层，方太人的一天从诵读儒家经典开始，从唤醒良知、敬畏道德开始。十年树木，百年树人，"德育熏化"不会立竿见影，但却能真正地入耳、入脑、入心、入行，带着仁爱之心工作，自然会将工作做到极致，用心之人，无往不利。

"以员工为中心"便是要将员工当作家人，方太通过"关爱感化"，为员工营造具有安全感、归属感、使命感、成长感和成就感的软环境。实行"全员身股制"，让每一位员工凭"人力资本"入股，分享经营利润，让每一位方太员工都真正成为方太的家人。股份大小虽有不同，但善意的力量却不会削弱。在园区建设、福利薪酬、公司活动方面更是广泛听取员工建议，以员工为中心，向员工传递爱与善意。

没有规矩，不成方圆，文化的落地离不开制度的引导，完整的管理要德法平衡。方太将价值观形成标准，融入考核，奖惩分明，实现"礼制固化"。方太将员工所犯错误按严重程度分为 A、B、C 三类，推行儒道后，C 类错误取消罚款，取而代之的是主管谈话，激发员工心中的道德感与责任感，培养有耻且格的员工。新规实行后，员工的 C 类错误大幅下降。在方太，惩罚从来不是最终目的，而是在员工心中形成道德红线，从而达到致良知的最高境界——从心所欲不逾矩。

"修己"不仅要坚定信仰，还要"专业强化"。在方太，工匠精神、止于至善的理念深植员工内心。方太从创立之初便定位高端，要带给用户极致的厨房体验，这种极致的要求与标准离不开极致的人才培养。为此，方太成立方太大学，定期开设针对性培训课程，提升员工专业能力与综合素质；设立师徒制，老员工发挥"传帮带"作用，实现匠心与技术的传承；开展工匠文化节，设立方太工匠吉尼斯，在技能比武中激发员工对极致的追求；推行零缺陷品质文化项目，塑造品质基因，用心追求极致品质。

文化落地是长效工程，让全体员工接受并非易事。《论语》有云："为政以德，譬如北辰，居其所而众星拱之。"方太儒道的推行从高层开始，通过"领导垂范"，形成上行下效的氛围。茅忠群以身作则，每天晨读经典一小时，坚持授课、撰文与员工分享感悟所得；建立"致良知"高管微信群，群内不探讨工作，只分享学习经典的心得体会；领导力不是讲出来的，更要格物致知，推行"三省"会议，规范管理者言行举止，形成"其身正，不令则行"的风气。

引入儒道，并不是对西方现代管理思想的全盘否定，而是将东方智慧与西方文明相融合，实现真正的中西合璧。方太以儒家思想为核心，结合西方管理精髓，打造出一套中西合璧、适合中国企业的管理模式。制度落地，信仰先行，信仰的问题解决了，其他问题自然迎刃而解。在这样的企业里，每一位员工都是快乐的学习者和奋斗者。

一家伟大的企业自然不能只关注内部幸福，一直以来，方太秉持"让家的感觉更好"的初心，2018 年更是明确提出新时代的"家庭幸福观"——衣食无忧、身心康宁、相处和睦、传家有道。2019 年，方太又制定了更远大的目标，提出"幸福社区"，美善环境、精诚服务、和乐成长、互助公益，同时，也用行动向亿万家庭发出"幸福倡议"。"方太幸福家"从来不是营销的噱头，而是要实实在在地走近员工，走进亿万家庭，走向社会。

三、创新之术：一切创新都源于良知——产品

如果说儒家思想提供了幸福的方向，那么方太的产品则是幸福的底气与实力。方太的创新有三论：创新的源泉是仁爱，创新的原则是有度，创新的目标是幸福。一直以来，方太的产品定位高端市场，而"高端"对于方太而言，更是致良知，一切创新源于良知，每一次产品创新都是"为了亿万家庭的幸福"。

国外引进的吸油烟机技术与中国人的烹饪习惯不符，为了解决由此导致的滴油、漏油、吸力不足、跑烟等问题，方太开发出深型吸油烟机，为中国家庭的健康护航。

西式洗碗机规格与中式厨房不符，安装不便、工作时间较长，导致洗碗机迟迟未能走入中国家庭的厨房，方太历时五年研发，打造水槽式洗碗机，为中国厨房增添一份整洁与便利（见图3-2）。

……

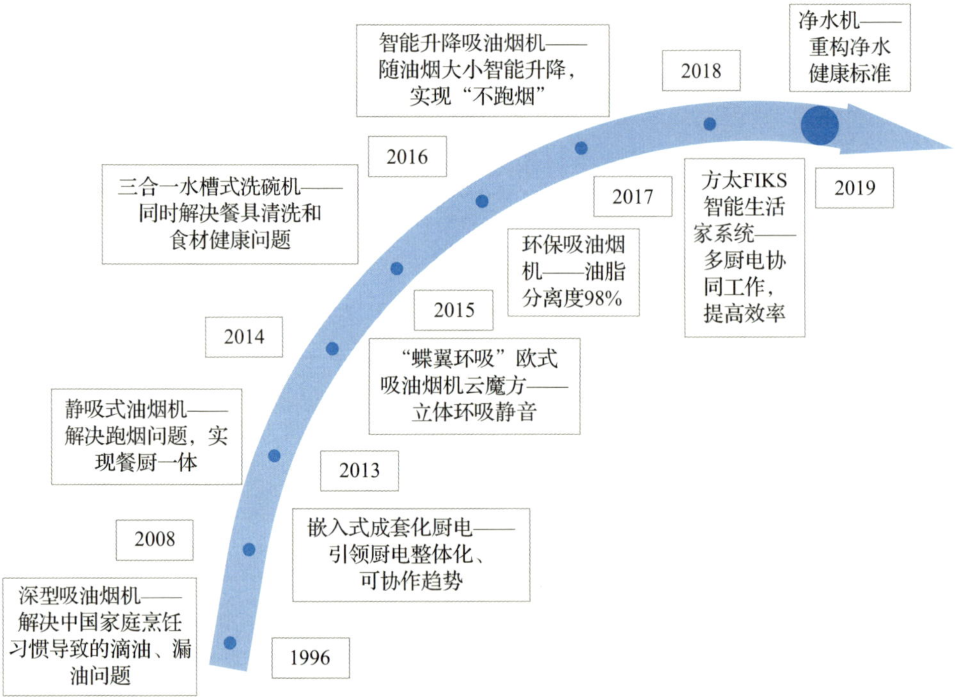

图3-2　方太主要产品创新与用户需求

几乎每一代的方太创新产品都能成为爆款，究其根本，是方太始终将用户的需求放在心上。引入基于NPS（净推荐值）的顾客体验管理体系，专注顾客体验，

解决产品痛点，推动企业成长。方太力争走在用户前面，创造用户需求，由此，才能打造出让用户动心、放心、省心、舒心、安心的产品。

智能厨电是业内公认的风口，为了能在迅速扩张的市场中抢占先机，企业纷纷加快布局，加速创新。然而，新产品虽然层出不穷，但"为了智能而智能"的产品并不能真正满足用户需求，导致智能厨电行业充盈着智能泡沫，却没有真正实用的产品。方太秉持"创新的原则是有度"的信念，以"创新的目标是幸福"为方向，摒除行业智能泡沫，打造真正让用户更加方便、健康、安全、幸福的智能厨电。2018年，方太发布FIKS智能生活系统，这个基于高端嵌入式厨电产品的智能厨房生态体系，使厨电不再独立存在，真正实现了生态协同，多产品协同烹饪，用智能提升厨房效率，满足快节奏的生活需求，提升了用户的幸福感。

发现用户需求容易，进行颠覆式创新、解决产品痛点却并不容易。创新的周期长、成本高、不确定性高，然而，方太始终保持每年不低于销售额5%的研发投入（远高于业内平均2%~3%的水平），组建750余人的研发团队，建设业内全球规模最大达8000平方米、设施最先进的厨电实验室，拥有近3000项专利。方太用良知驱动创新，为创新赋予了使命，用创新帮助用户追求幸福、创造幸福。

带领企业成长是企业家的本领。如果我们用共享理念来做企业，就会创造一个非常和谐的社会环境，员工就有了积极性。员工有激情有创造力，企业就有了竞争力，能够稳健地发展，企业自然就有了实力，包括回馈社会的实力，这是一个正循环。方太文化给人们留下的印象太过强烈，以至于人们有意无意地忽略了它其实是一家科技驱动型企业。茅忠群说："方太要成为一家伟大的企业，有两个核心。这两个核心不是野心、功利心，而是创新和良心。"方太利用独有的"创新三论"，即创新的源泉是仁爱，创新的原则是有度，创新的目标是幸福。死磕幸福目标，倒逼技术不断创新，打造美善产品。在方太看来，理解中国优秀的传统文化，就要把企业理解为一个兼具经济与社会功能的企业，真正实现价值共生、协同发展，所以他们提出方太要做到：顾客得安心，员工得成长，社会得正气，经营可持续。

大道至简，止于至善。方太用一颗仁爱之心，润物无声地打造幸福生态，本身便是对儒家仁爱思想的最佳践行。格物致知，在管理模式上不盲目模仿西方现代管理方式，亦不跟风传统文化，而是遵从实践，顺应本土文化的共享价值观，中西融合，打造方太儒道；仁者爱人，伟大的企业是使命驱动的企业，创新是方太的动力，仁爱是方太的基石，只要能真心为用户着想，便能激发出无穷的创造力，用仁爱之心创美善产品，自然成为变量市场中的强者。止于至善，方太将"为了亿万家庭的幸福"融入企业基因，用极致的好产品征服用户，产品处处为用户着想，用户自然会选择方太。伟大的企业能够通过有效率、有意义的整合式管理，形成"效率、创新、幸福"三位一体的幸福生态，这样的企业必将基业长青。

案例二

玫琳凯：职场幸福力倡导者

每一位在职场中工作的员工，都希望有一个成功的职业未来，希望能够享受工作中的意义感和幸福感。因此，企业在管理实践中关注员工的幸福感、成就感、获得感，使其感受有意义的工作和生活，进而提高员工的职业满意度和职业幸福感至关重要，这也是有意义的管理的理论核心。2021年，玫琳凯（中国）有限公司凭借着具有包容性的职场文化及心系员工福祉的一系列举措，荣获了由一点资讯颁发的"职场幸福力倡导者"奖项（见图3-3）。作为国内资讯客户端的龙头之一，一点资讯每年都会在各个领域中基于公众影响力及趋势颁出年度大奖。

图3-3 玫琳凯公司宣传语

一、"丰富女性人生"的企业使命

如今，越来越多的女性在职场中扮演着"掌门人"的角色，并逐渐成为企业经营管理中不可或缺的中坚力量。玫琳凯作为全球护肤品和彩妆品直销企业之一，创办于1963年9月13日，总部设在美国得克萨斯州达拉斯市，是一家业务遍布五大洲超过35个国家和地区、在全球拥有5000名员工和300余万名美容顾问的跨国企业集团。公司以"丰富女性人生"为企业使命，创始人玫琳凯女士认为，男性和女性在管理风格中有显著的不同。公司在管理过程中融入"家"的理念，关注"人"的重要性，营造"一家人"的氛围，将"你希望别人怎样待你，你也要怎样待别人"的黄金法则、"让我感觉自己很重要"的理念和"信念第一、家庭第二、事业第三"等核心价值观贯穿于管理实践中，在妇女创业、助学和消费教育等三大领域发挥企业的社会责任，创建了"玫琳凯妇女创业基金"、春蕾小学和春蕾女童班、全国妇联玫琳凯"平安家庭·玫好家园"公益服务热线、"玫琳凯奖学金"和普及消费教育等公益项目。

二、重塑企业社会责任

随着时代的发展，履行社会责任已成为企业回馈社会的重要举措之一。引导和推动企业履行社会责任，既是经济社会发展的需要，也是企业自身发展的需要。玫琳凯在践行企业社会责任过程中，以关注女性的幸福感和职业成功为核心，重塑了企业价值观。

1. 女性创业基金

从 2001 年到 2019 年年底，"玫琳凯女性创业基金"项目已累计为 20 多个省份的 8.2 万余名女性提供了帮扶，2014 年该项目获得联合国妇女署授予的"年度女性发展贡献奖"。2019 年 9 月，玫琳凯携手联合国六大机构共同启动"全球女性创业加速器（WEA）"。

2. 春蕾活动

2002 年起，玫琳凯中国开展了春蕾项目，旨在帮助贫困女童重返校园。截至 2013 年，玫琳凯中国已累计捐资 842 万元，通过全国妇联在国内共兴建 10 所玫琳凯春蕾小学。玫琳凯中国还鼓励员工和销售队伍通过捐款、志愿服务等方式，切实关爱和帮助春蕾儿童，为那些生活在贫困中的人们提供帮助，唤醒他们对未来生活的希望。

3. JA 志愿者项目

从 1999 年起，玫琳凯中国就一直为非营利教育组织 JA 中国免费提供办公及培训场所，并鼓励员工积极参与 JA 中国组织的各项志愿教学活动，包括针对农民工子弟小学的"我们的世界"项目、针对中学的"职业见习日"项目和针对大学的"事业启航工作坊"项目。此外，玫琳凯中国每年还资助 JA 中国举办各种颁奖活动及志愿者联谊活动，希望通过支持 JA 中国的发展，不断提升中国青少年的竞争力。

三、可持续发展赋能福祉社会

随着外部性越来越受到重视和关注，诸多企业都重视社会价值的创造，把承担社会责任视为企业发展的重要使命。相应地，这也促进了企业的可持续发展，对社会的赋能做出了重要贡献。

饮水思源，回报社会，是企业不可推卸的社会责任，也是构建和谐社会的重要内容。早在 2013 年，玫琳凯就开始了对可持续发展事业的探索，2013 年 11 月，玫琳凯凭借其《玫琳凯中国 2012 年度可持续发展报告》，被授予"2013 最具公众影响力十大公共关系事件"。此后每年，玫琳凯都在其中国市场的发展报告中对其各项指标进行追踪，并与政府等各方进行沟通。2014 年 11 月，由中国国际公共关系协会企业公关工作委员会指导、中国公共关系网主办的 2014 年度最具公众影响力公共关系事件评选颁奖典礼在北京举行，玫琳凯"爱·出色"项目荣膺"2014 金旗奖·最具公众影响力企业社会责任大奖"。一直以来，玫琳凯致力于倡导支持关爱女性。2013 年 2 月，在由民政部指导、中民慈善捐助信息中心联合多家知名公益慈善组织共同主办的 2012 中国慈善年会上，玫琳凯女性创业基金的示范项目彝秀文化产业项目获得"2012 中国年度慈善推动者"奖，玫琳凯被授予第八届中华慈善奖——最具爱心企业。

玫琳凯在公司发展目标中引入可持续发展的主题，并以"美力永续"的理念将企业愿景扩展到 2030 年乃至更长远的将来，通过与主要利益相关方协作，致力于实现联合国可持续发展目标，从而使玫琳凯在全球联盟中占有举足轻重的地位。玫琳凯已经参与了《联合国全球契约》十项原则、七项妇女赋权原则、联合国首席执行官水任务及可持续海洋原则，并做出了企业的承诺。实践证明，玫琳凯履行了自己的责任，并赢得了社会的尊重和认同。

四、增加员工福祉，提升幸福力

玫琳凯女士在公司的管理实践中融入"家"的理念，关注"人"的重要性，营造"一家人"的氛围，"我们关心别人的信念并不会和我们追求利润的目标相冲突"，"盈亏不是最高目标，PL 不仅代表利润（profit）和亏损（Loss），同时也代表人（people）和爱（love）"。2021 年，玫琳凯中国提出了全新的员工价值主张，致力为员工打造充满幸福感的职场体验，并以"4F 理念"——Focus 想你所想、Family-oriented 大家庭般、Flexible 弹性灵活、Fun 充满乐趣——定义了玫琳凯的雇主个性。这样的价值主张已经贯彻融入工作环境、办公模式及员工福祉等各项与员工体验相关的改进计划之中。工作幸福是员工对具体工作领域各个方面产生的感知、评价、动机和情感。为了建立和倡导尊重多元性、公平和包容的组织，玫琳凯致力于让每位员工都能被听见、被看见、被感受。

每位员工的背景让他们对幸福有不一样的定义，这种差异性正是造就创新力的关键，也是为不同背景的独立销售队伍提供支持的基础。而职业幸福感除了考虑员工对当前工作场景的情感体验外，还包括过去的职业经历和未来职业发展前景以及对员工的情感体验。2021年10月，玫琳凯中国宣布成立Project Us项目组，由不同部门、年龄、性别、岗位和爱好特征的数十位员工组成的项目组，通过全员调研和寻找资源，将员工的心声落实为员工真正需要的且个性化的福祉方案。同时，玫琳凯中国每一位带领下属的管理者以及全体领导层也开启了为期6个月的"探索玫琳凯的多样性、公平性与包容性培训"，使员工能被更好地倾听和理解。玫琳凯中国信息技术部的女性员工们积极参与玫琳凯亚太区员工资源小组（Asia Pacific Women's Leadership Group）的首场活动。在兼顾了速度和温度的职场氛围下，玫琳凯中国在2021年Kincentric发起的员工敬业度调研中获得了83%的好成绩，位列上四分位数（Top Quartile），超出全球平均17%；其中高敬业度员工占比近50%，远高出全球30%的占比。据调研，公司形象（Company Image）、管理能力（Supervision）以及多元化、公平与包容（DEI）是玫琳凯中国调研得分最高的几个板块。

通过打造多元、公平、包容的组织，促使员工被更好地倾听和理解，进而让员工在组织中感受幸福。玫琳凯亚太及中国总裁王维芸女士对此表示："幸福力是一种选择的能力，玫琳凯将赋能员工的选择，支持员工描绘各自独特的人生蓝图，找到同时能兼顾个人需求和组织需求的工作模式，也希望能带给员工每一天都有怦然心动的职场体验。"

案例三

茑屋书店：生活提案的设计师

在文化气息浓厚的代官山，在绿意葱茏的树木掩映下，静立着被美国Flavorwire网站评为全球最美20家书店之一的唯一一家日本书店——代官山T-SITE茑屋书店（TSUTAYA，见图3-4）。作为城市中的森林图书馆，茑屋书店在外部建筑区内保留了大量树木，让来到书店的人们能够更好地与自然接触，内部选择已有年头的木材作为地板。在这个充满美感的空间内，爱好读书、听音乐和看电影的人们能够徜徉其中，而咖啡店、便利店和Anjin Lounge（由一个吧、一个小秀场、一个艺术品和珍稀书售卖架组成）的存在也为这个充满设计感的美学空间带来了更多的场景，在这个没有突出"书店"感觉的空间里，放松地找到生活中的唯美。

图 3-4　代官山茑屋书店的清新外景

一、茑屋书店的历史沿革

茑屋书店是 Culture Convenience Club（文化便利俱乐部）株式会社（以下简称为"CCC"）的一项主营业务，在日本全国拥有 1400 多家店铺，是日本最大的书籍、影像、音乐租赁与贩卖的连锁店。其中，最具有代表性的便是 2011 年在东京都涩谷区开设的复合型文化空间"代官山·茑屋书店"，它坐落在高级社区聚集、潮流诞生地的代官山，被浓浓的绿意包裹着。在茑屋书店中，店员为来到这里的每一位顾客提供了他们向往的生活方式，也使茑屋书店成了引领生活方式的潮流聚集地。

代官山 T-SITE 茑屋书店所形成的复合型文化空间和其"创造让顾客怦然心动的生活方式"这一经营哲学，并不是一蹴而就形成的，是其创始人增田宗昭三十多年对于文化和企划探索的创新成果。

增田宗昭出生于日本一个富裕的家族，他的爷爷白手起家，是建筑承包商增田组的创始人。1983 年，增田宗昭便在大阪府枚方市打造了集租赁唱片、录像带等音像制品和贩卖书籍的复合式生活方式店——茑屋书店一号店，并开始提供咖啡等服务。1986 年，茑屋书店开始连锁化，如 7-11 便利店一样慢慢成为日本人生活中习以为常的存在。在接下来的几年里，增田宗昭开始在日本各地开设不同风格的茑屋书店，不同地区的店面有着不同的经营模式。这种传统一直延续至今，如今茑屋书店在全球已经有了 1400 余家分店，但每一个门店的定位、设计和功能都不尽相同。比如，在老人居多的社区，书店就会按照老年人的生活方式和习惯需求进行设计，处处体现温暖贴心；在小孩多的社区，就会采用明亮的装修，搭配儿童活动中心；在年轻人多的地方，则会把店面设计得年轻、新潮、充满活力。

1985年，增田宗昭成立了CCC公司，而茑屋书店是CCC旗下的一个商业子项目。CCC的定位是一家策划公司，正如其名字本身的意义，旨在为消费者提供"文化便利店"的服务，倡导不一样的生活方式。在CCC提供的所有产品中，"文化"是其中的核心要素，增田宗昭希望CCC能够像便利店一样，通过构建文化产品的平台，在大众的意识与需求到来之前，把所有文化产品的形态放在创造的终端，将"文化"快捷、方便地传递到人们手中。

进入21世纪，CCC完成上市。进入网络时代后，不仅能让消费者通过网络进行DVD预定并由附近的茑屋书店送货上门，而且开启了面向数字电视的配信事业"TSUTAYA TV"，通过购买独家版权影视作品、募集原创作品等，使拥有1400多家店铺的茑屋书店成为原创内容的绝佳平台与文化消费的热点空间。

为了进一步刻画茑屋书店的文化消费用户群体并进一步拓展茑屋书店的外延，CCC于2003年开始发行以共通点数服务"T-POINT"的基本的"T-CARD"。T-CARD不仅能够在茑屋书店使用，还可以在便利店、加油站使用，CCC通过将购物、美食、时尚、交通、居住、健康、人才、网络、生活服务、影像、书籍、趣味、旅行和运动等领域的商家加入T-POINT实体联盟，极大地提高了T-CARD的使用率，也帮助CCC积累获取了大量的消费者数据，为其在茑屋书店的"生活提案"提供数据决策支撑（见图3-5）。

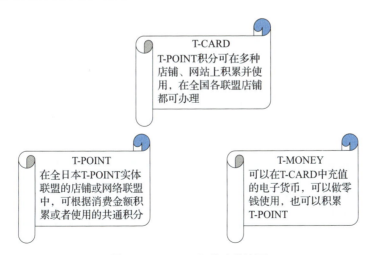

图3-5　T-CARD生态链接图

2003年4月，茑屋书店在东京都港区的"六本木hills"率先推出"书&咖啡"，与星巴克合作，为来到茑屋书店的消费者们提供一个可以一边看书一边喝咖啡的综合空间。该空间的复合升级版于2011年开启的代官山T-SITE茑屋书店中展现，在代官山T-SITE茑屋书店，融合了书店、咖啡厅、餐厅等服务的综合生活方式设施，不仅为年轻人提供了新的生活方式，更结合日本老龄化社会特征，面向具有一定经济基础的团块世代（指在第二次世界大战后婴儿潮中诞生的日本人，这部分年龄在60岁以上的人群已是日本人口中占比最大的人群），满足他们对与众不同的设计、时尚与消费的需求，通过打造T-SITE茑屋书店，CCC也在代官山形成了以茑屋书店为核心的街道。

在代官山T-SITE茑屋书店开业后，CCC作为一个"文化企划类"公司，将其在茑屋书店中的经营经验拓展到作为公共设施的政府图书馆、低迷的家电实体店、百货店等领域，不断沿革茑屋书店的外延与内涵，进行着新时代的企划（见图3-6）。

图3-6 茑屋书店历史沿革

二、经营理念——做生活提案的设计师

"设计师"思维是茑屋书店经营管理的重要落脚点，在CCC创始人增田宗昭看来，他要做的就是通过生活方式附着的不同载体，来重构实体书店的传统业态。

以代官山T-SITE茑屋书店为例，该书店共有两层，分为1、2、3号馆。其中，1号馆由一层的文学、宗教哲学、历史书籍和二层的童书、电影DVD专区组成；2号馆由一层的汽车、设计、艺术类书籍和二层的咖啡厅Anjin组成；3号馆由一层的星巴克和料理、旅行类书籍、文具专区和二层的音乐专区组成。除此之外，1号馆到3号馆一层中央是由世界各地的杂志组成的Magazine Street。除了书籍类别的综合性、全面性与趣味性，代官山 T-SITE 茑屋书店与一般书店还有一个突出的不同，茑屋书店拥有独特的导购模式，30 多名来自不同专业领域的导购，会对书籍进行有关联的摆放、针对性规划，使爱好者能够在一个区域内轻松探索到自己喜爱的读物，并且在专业导购的建议下满足其对知识的好奇和文艺化的需求。

正如增田宗昭所说，"卖书不是卖书籍本身，而是卖书籍里面的内容，书籍里面所表述的这种生活方式"，茑屋书店之所以能够受到消费者的喜爱和信任，在亚马逊等网络书店的冲击下依然拥有自己忠实的消费者，是因为其设计立足了顾客、时代与人性的意义。

1. 立足顾客与其共情

茑屋书店的创始人增田宗昭认为，企划不能被过去的商业模式所束缚，要以顾客为中心进行思考，成为被社会需要的公司。因此，"立足顾客"是茑屋书店能够成为生活提案设计师、获得顾客的喜爱，并成为顾客信任的公司的关键。

增田宗昭认为，"书店的问题就在于它在卖书"。以往书店被当做"卖场"，所以其书籍摆放分类没有站在顾客的角度，现在转变为"买场"思路，不再按照书的形态分类，而是按照书的内容分类，重构书店的空间。为此，增田宗昭在茑屋书店尝试以"生活提案分类"为思路，打破以往传统书店的分区布局，按照旅游、饮食、料理、人文、文学、设计、建筑、艺术、汽车等领域来规划区块，打破单行本与文库本的区隔，选好书后以跨领域的方式排放在一起，并且注重书籍与其他多元业态的有机融合。例如，在"料理书籍"区域，不仅可以买到料理类图书，还可以一站式购买到菜谱中需要的食材和料理工具；在"旅行书籍"区域，如果读者阅读书籍后产生了旅行的想法，那么书店会有专人帮助其安排旅行有关事宜。

这种围绕顾客生活提案设计的分区摆书方式，要求书店员工要懂书并且了解消费者的心态、需求及兴趣，因为这样才能把不同的书刊归在一起，设计出符合消费者心理的生活提案。为此，茑屋书店会聘请在各个领域有专长的旅行家、音乐家、编辑等来担任各区的导购员。在与专家级导购的对话中，读者往往能真正了解到自己内心之所求，这也是茑屋书店区别于网络书店的差异化竞争优势所在[一]。如果读者在网络书店的搜索栏中输入"意大利面"，屏幕上会出现一系列与意大利面有关的书籍，如食谱、意大利菜的历史介绍，还有购买过这些书籍的买家评论

[一] 时晨. 试析日本代官山茑屋书店的成功之道[J]. 编辑之友，2013（10）：117-120.

等。但网络书店的推荐功能仅限于此。如果是与茑屋书店烹饪书籍领域的专家级导购对谈，那么话题会从意大利面延伸到读者对意大利面的兴趣源自何处，究竟是出于下厨的愿望，还是简单了解的欲望。如果是前者，专家级导购不仅会推荐书籍，还会带领读者进入烹饪书籍所在的小房间进行现场烹饪示范，应有的食材都陈列于书籍周围，读者可自由购买试用。

除了书店内围绕生活提案的布置紧密立足客户，每一间茑屋书店的方方面面的陈列设计、空间布局都是在"共情"顾客后呈现的。增田宗昭为了能理解顾客的心情，从顾客的角度思考更为有效的企划方案，曾多次以顾客的身份观察店铺。即使在同一家店铺，他也会细心体会顾客在早上、中午、晚上、休息日、下雨天、炎炎酷暑等多场景的心情。

2. 让老年人主动编辑生活

在增田宗昭看来，第二次世界大战后，日本的消费社会经历了三个阶段的变迁[一]：第一阶段可以定义为"二战"后物资缺乏下的高产品关注度时代，即商家决定阶段。由于物质的匮乏，每当有新的产品或物品出现，店门口就会排起长龙。在那个时代，顾客很容易能够感受到物品的价值，"商品的新奇感"是有意义的。随着生产力的提升，物资开始普及，商家主导的易卖时代逐渐过去。在20世纪70年代后期，消费进入了第二阶段，即自主挑选阶段。顾客更愿意前往商品种类更为丰富齐全的场所亲自挑选物品。于是，质量有保障的连锁店开始在日本出现。进入20世纪后的第三阶段，随着网络普及、购物平台的泛滥，顾客追求的价值愈发个性化，挑选的技术成为消费社会的第三阶段特点，即顾客进入了"拥有编辑权"的时代。

而茑屋书店正是立足时代，在时代赋予的意义之中进行生活提案的设计。2011年开业的代官山 T-SITE 茑屋书店，瞄准的客群为50岁以上"有钱有闲"的团块世代（银发族）。20世纪70、80年代的日本经济腾飞，那一代的日本人受到良好的教育且眼界开阔，过了拼搏的年纪后，更重视精神世界的抚慰。这些人与茑屋书店30年前创立时的客群有极高的重合度，也多保持着阅读纸质书的习惯，会更多选择实体店而非电商平台。代官山 T-SITE 茑屋书店的客群定位在这个群体上，并进行精准、精细的分析。在营业时间上，茑屋书店照顾到了中老年人早起的习惯，每周营业七天，从早上7:00到凌晨2:00；在店内装饰上，店内的光线色

[一] 妙樱. 日本实体书店生存之道[J]. 法人，2019（8）：3.

调亮度、桌椅材质、书籍陈列方式等也为这个年龄段的人进行了定制化设计；在产品内容上，为照顾中老年顾客的情怀，书店搜集大量旧版杂志、图书、电影等；考虑到老年人比起活法更在意"死亡"的问题，书店专门设置了宗教、哲学及讲述不同人活法的传记类书籍的专区。让消费者进入茑屋书店后，使买书卖书不再是消费者与书店之间的唯一链接形式，所有人可以共同回归到"书"背后更原本的——对美好、艺术、文化的向往，抑或是回归到最原本的时代下的"生活"。

3. 为消费者提供更为个性化的幸福生活提案

增田宗昭认为，通过观察数据可以发现世界上的变化，了解顾客的思路。但是，创造价值的并非是数据，而是"读取数据的感知力、经验"，这需要人的"共情"与"直觉"，茑屋书店也通过培养"提供更有预见性的解决方案"的创意人才，为消费者提供更为个性化的幸福生活提案。

茑屋书店对先进 IT 和数据技术的使用主要在两方面。一方面是对书籍的管理。店内所有书架上都配置了 RFID（Radio Frequency Identification）系统，通过使用电子标签，所有书籍的精确位置能够被书架上的读取器读取并直观地呈现在店内的电子屏幕上，方便读者寻找自己需要的书籍。在结账时，读者只需将购买的书籍堆放在自助收银处的桌面上，无须逐本扫描标签，便可通过 POS 机自行结账，在这一环节，读者购买书籍的数据也会通过 POS 机与书籍上的电子标签联动，成为书店书架排列组合的优化支撑。另一方面，是基于 T-CARD 的消费者数据。茑屋书店通过发行积分卡，透过会员信息了解顾客的消费行为并延伸到销售管理上。通过这张在全球发行超过 1.8 亿张的 T 卡片，建立起了百万级别的数据联盟。CCC 集团不是卖产品，而是通过大数据和创意运营，让包括加油站、CD 店、汽车公司、药妆店、酒店等在内的更多企业加盟。

三、展望未来：互联网时代下的实体书店

2013 年 9 月 30 日，有百年历史的神户海文堂书店正式停业，给日本出版界带来巨大震荡。面对实体书店的现实困境，茑屋书店积极思考互联网时代的实体书店形态以应对挑战。针对在人工智能、大数据及互联网的冲击下受众消费倾向于分层的现状，实体书店要顺应新零售商业模式，将线上线下渠道充分融合并升级，从"卖书籍"转向"卖知识服务"和"卖用户感受"，从搭建多元文化场景入手，完成新零售业态下的全方位共享模式转型。

进入新零售 4.0 时代，首先，茑屋书店继续完善"生活提案的设计师"这一实体经营理念，并拓展其场景。针对不同地段、不同消费群体采取不同战略，致力于打造令顾客满意的"舒适居心地"。通过牢固"以用户导向为品牌价值核心"的服务定位并转变实体书店的市场角色，茑屋书店在互联网时代下，从满足读者多样化阅读需求转型为塑造读者立体的文化生活方式[一]。例如，2017 年 12 月，东京新宿推出茑屋图书公寓，这是茑屋书店第一次将公寓搬进书店。在这家书店中，用户不仅可以看书，还可以同步办公甚至过夜，在这间实体书店内，阅读告别了传统书店的单调、乏味和规矩，成了生活的一部分甚至是生活本身。

其次，CCC 集团依托互联网大数据，形成自身的会员经营和社群经济的雏形，锚定今后拓展的领域：书店、图书馆、商业设施和家电，因为这四个领域的底层逻辑都是"生活方式的提案"，只是提案的载体不同。茑屋书店在 2012 年 3 月对武雄市公共图书馆进行制度改革与建筑改造，与公共图书馆合作，一年后的 2013 年 4 月，武雄市图书馆再次开放。重新开馆的半年内，到馆人数突破 50 万人次，平均每天入馆约 2900 人次，是上一年度的 4 倍；图书出借量上升到平均每天 1644 册次，与上一年度相比增加 2 倍。图书馆的高集客力为武雄市创造了很大的效益，许多外县市民众和外国观光客慕名而来，旅馆住宿率提升了 2 倍，周边餐饮业顺势成长，估计图书馆开业一年的整体广告效益达 20 亿日元[二]。

展望未来，增田宗昭的设计思维和大数据思想在新零售与消费升级的背景下仍然闪耀着光芒，通过组合业态打造场景、应用数据科技提升效率并优化用户体验，实现跨界经营与复合业态，已成为实体书店乃至零售店转型的趋势。在这一过程中，数据只是工具，如何发挥数据在互联网时代下的价值，还要学习以人为尺度、洞察人性，来打造以人性舒适和体验感为主导的产品与服务。茑屋书店作为以人为核心的 CCC 集团成功企划作品，增田宗昭对 CCC 集团的愿景是，它必须成为全球第一的企划公司，而不是书店、唱片店之类的，因为"卖企划才是 CCC 集团的本行，书籍、音乐都只是实践它的办法"。

㊀ 魏伟.新零售背景下实体书店的转型探索——以茑屋书店为例 [J].出版广角，2020（06）：71-73.

㊁ 廖政贸.日本武雄市图书馆与茑屋书店的合作探索 [J].图书馆论坛，2019，39（02）：135-140.

第四章

信念与愿景
塑造企业意义

有意义的管理

　　一条和生、德冈晃一郎和野中郁次郎在《信念：冲破低迷状态，实现业绩跃迁》一书中指出："如果没有想去月球上看一看的想法，人类就不会成功登月。无论如何都想要实现某件事的信念，将不可能变成可能，并实现创新。这正是人类的本质。而信念管理就是扎根于人类本质的管理"。人们正是因为怀揣信念，在交流过程中才能说出有价值的内容，才能积极地表达；正是因为怀揣信念，为了使其进一步升华，令人奋进的内在动力才会涌现。可见，信念与愿景是企业有意义管理的前提和战略使命。

01 第一节　　　　　　　　　　　　　　　　　　　　　　　　　　　信念

"信念"是工作意义感产生的前提,《信念：冲破低迷状态，实现业绩跃迁》一书中把信念归于右脑管理，相对于强调理性、规则、目标、逻辑分析和责任分工的"左脑管理"，右脑更强调"信念"这一主观因素，更强调责任感、人情味、主人翁意识、创意、感觉和浪漫，因此可以实现"信念管理"（Management by Belief，MBB）。"Management by Belief"中的"Belief"是"愿望""信念"的意思。在工作中注入自己内心深处的信念，怀揣责任和信念，与同伴建立信赖关系，共享暗默知识，专注于富有创造性的工作，并获得工作原本的乐趣。

野中郁次郎和德冈晃一郎等认为，"信念管理"即在公司目标和组织背景下的管理层和上级的信念，与员工对自身工作和事业的信念相互交流碰撞，通过这种"创造性对话"，找到对公司和员工来说都有意义的业务目标。设定并实行"信念管理"确实需要投入大量的时间和精力，但这正是身处创造性职场的人们、热情高涨的人们在实际工作中所做的事情。某些组织变得机械无情、缺乏活力，正是因为信念的缺失。

一、信念管理给员工带来的价值

1. 交流和思考

"信念管理"虽然从个人信念等主观意识出发，比如"自己想做什么""该做什么""认为什么是正确的"，但并不局限于此，而是追求"主观意识的交流碰撞"。通过辩证地交流思想，获得满意的解答，提升自己的信念，吸收他人的信念，扩展我们的思维和信念。这种辩证性的对话就是实施"信念管理"的过程，我们称之为"创造性对话"。

这种"信念"基于个人的梦想和希望，历经打磨，是不断突破和锐意创新的源泉，更是将我们对社会性问题、世界性课题的思考和愿景不断对外扩散的根基。这是只依靠数据创造不出来的世界。

人本来就是拥有主体性的独立个体，而组织的目的和意义就在于，通过独立个体之间的交流与合作，完成一个人做不到的事情，实现团队"1+1 大于 2"的效果。但在如今的组织中，本应作为组织活动基本前提的个人主体性正在消失。即使是一个闻所未闻的目标，员工也会将其视作组织的决定，深信该目标没有更改的余地，并且努力实现该目标。员工个体丧失了与组织对话的平等地位和兴致，大家都以一副受害者的样子竭力工作，疲惫不堪。

2. 工作乐趣和自我实现

只有个人谈论自己的梦想和愿景，公司也提出宏大的愿景，这样才会在个人之间或者个人与公司之间展开反复讨论，员工们也会深入思考，并且发现自己工作的意义，点燃心中的激情。同时，员工也有可能激发创造和创新的动力，使自己的愿景体系化，进而形成一种不被成果主义动摇的坚强意志。

当员工逐渐认识到"他人成就自我"，即并不是自己在推动周围的人前进，反而是周围的人促使自己不断发展。才会听取周围人的信念，再将之融入个人信念当中，共同进行创造。员工恢复了个人主体性，才能鼓励已经独立的个体去思考与他人建立什么样的创造性关系，而那时才会衍生出具有创造性的、原原本本的组织活动。从这个意义上来讲，公司首先应该做的就是让每一位员工描绘自己的梦想和愿景。这样，个人在不断实现自己梦想和愿景的同时，还会思考和讨论为了实现它们，需要什么样的过程和方法，需要什么样的同伴。甚至个人能够对公司的愿景产生共鸣。

3. 创新创造带来的幸福感

人之所以为人，是因为人在不断的反思中逐渐成熟，从而进化。创造和创新是人类的本质。人们相信自身固有的创造性，并为了给组织、公司、社会做出最大的贡献而拼搏进取，这样才能实现人类的根本使命，这才是"高质量的自我实现"。

企业以"赋予动力"的名义试图逼出员工的创造性，这本身是错误的，企业真正应该做的是为员工创造产生创新的工作环境和工作氛围，设置有挑战性的工作任务。所谓管理，指的是帮助人解放其本身就具有的创造性。

二、拥有高质量"信念"的企业

虽然我们一直强调"信念"的重要性，但信念也是多种多样、良莠不齐的。

如果不是"优质的信念"，就不能实现更高的价值，也没有实现的意义。因此，我们需要探讨信念的"层次"和"质量"。个人的信念有各种"层次"，如对人生的信念、对生活的信念、对工作的信念等。个人对人生的信念可称为"人生观"，个人对公司或者职业、工作的信念，即"职业观"，具体来说，就是"公司应该这样做""想在公司完成这样的事情""想完成这样的职业生涯""想要创造一个有亲和力的职场，并在其中工作""想和公司这样相处"等；个人对生活的信念，表现为"个人想要的生活方式""生活态度"。在这些不同层面的信念相互交融的过程中，产生了各种各样的新信念，整个人生也将变得丰富多彩。

1. 信念的"质量"

信念的质量表现为信念的合理化程度。如果个人只是抱着独善其身的想法，根本不会形成知识管理。知识管理的关键是在与他人的交流中使知识相互碰撞、融会贯通，再通过组织将知识合理化，创造出更高质量的知识。因此，即使知识管理的出发点是个人信念，将个人信念与他人共享、并经过反复地切磋琢磨使其上升为组织信念的过程也十分重要。我们将之称为组织主导的"信念合理化"。作为个人出发点的信念，在更宽广的组织中被合理化，其质量也在逐渐提高。也就是说，个人的信念在广泛的人际关系中，会使更多的人共享这一信念，并产生共鸣。企业信念也是一样。

2. 高质量信念的标准

《信念：冲破低迷状态，实现业绩跃迁》一书中阐述了高质量的信念有如下标准：该信念是否具有正义性、普遍性和全球性，是否不违背全人类共有的真善美等价值观；在地球、人类、世界、国家、地区社会、公司、部门、科室、团队等框架中，该信念最多能在哪一层面做出贡献；该信念是否根植于自己的生活态度和人生观，是否深深地扎根于自身的价值观并且坚定不移；是否即使你遭遇难关，也会对它充满激情，毫不动摇；该信念是否有利于创造全新的、根本性的价值，是否能够帮助你一针见血地指出问题的本质，并解决问题；该信念是否积极向上，拥有发展的空间，是否以创造让更多的人充满活力的社会为己任。

这些就是提高个人信念质量的条件。如果是高质量的信念，就会有人对其

产生共鸣，顺理成章地实现信念的合理化。○

3.高质量信念企业的优势

拥有高质量信念的员工通常是公司中绩效的佼佼者，拥有高质量信念的人才在交流过程中，信念经过反复切磋琢磨相互碰撞出火花，这是创新的源泉，这种信念产生的意义感为员工共享，进而能真切地实践员工的共同信念。因此，拥有高质量信念的员工数量将决定公司的能力，进而决定高质量信念公司在同类组织中的竞争力。

（1）高质量信念组织产生内驱型员工。在组织中，有一部分工作属于影子工作（shadow work）——指在平常业务和决策过程之外的，根据自己的自主意识和裁酌进行的创造性活动（工作）。对待工作拥有明确信念的员工会将发现问题视为己任，并自发地挑战问题，会率先实践公司内外部的影子工作，拥有冲破障碍的强大动力。他们正是具有高度内驱力的人才。影子工作是实践高质量信念的工作，使员工充满活力，组织也可以实现创造性的持续发展。研究表明，高敏捷型组织与组织内部拥有高质量信念的员工数量密切相关。

（2）高质量信念组织重视行动、体验与实践。信念本身就是通过行动和体验后的意识引发的，所以拥有高质量信念的员工一般有较强的行动力。因为货真价实的信念虽然像思维和梦想一样抽象，但也充分具有行动性和实践性。因此，拥有高质量信念的员工所在的组织一般都很活跃，往往喜欢探索和实验。也就是说，组织本身就具有积极摸索尝试、突破现有壁垒的特性。

（3）高质量信念组织有较强的组织正念。组织正念最初是用来解释高可靠性组织（High Reliability Organizations）如何在避免重大灾难并接近于零失误的规则要求下完成任务，如航空母舰、商业航空、医院、核能发电厂等。尽管组织任务各不相同，但都是在复杂的、动态的、相互依赖的、时间紧迫的社会和政治环境中操作复杂技术。组织正念是在不确定性、复杂性、动态变化的变局之中保持组织可靠的关键。组织正念可以通过"关注失败"洞察环境动荡带来的可能影响，通过"拒绝简化解释"质疑固化思维，发现盲点；通过"保持运营的敏感性"驾驭不确定性；通过"增加对韧性的承诺"提高组织的即兴与学习

○ 一条和生,德冈晃一郎,野中郁次郎.信念:冲突低迷状态,实现业绩跃迁[M].郭明月,译.北京：人民邮电出版社,2019.

能力；通过"灵活的决策结构"来赋能专业化的个体，从而有效管理意料之外的事件。

拥有信念就相当于拥有自己的价值观，因此，拥有信念的人一般都喜欢独立思考，不会满足于被动的判断和控制。这同时也是促进回应社会期待的过程，所以高质量信念员工在组织会话中发挥了重要的作用。组织在自我对话中不断突破原有的"操作系统"（架构、流程、惯例等），从传统的"预测与控制"切换到"感知与响应"。通过这种会话机制反思重构，质疑工作假设，并严格讨论错误和遗漏的可能性，以不确定和新颖的术语描述危险。组织会话会促进关于组织实践的共同信念及交互支持系统。这些都有助于员工基于当下现实情景的察觉做出灵活恰当的回应，进而使组织正念发挥效用。

（4）高质量信念组织能激发员工活力。高质量信念组织能激发员工活力，通过意义感来牵引员工投入更多时间和精力，增加组织黏性和组织承诺。拥有高质量信念的员工基于自身信念，其行动和判断可以非常灵活地调整、拓展，根据自身的信念实现工作重塑，产生意义感。因此，一旦拥有高质量信念的员工增多，组织就会自然地向变革型转变。此外，拥有更高质量信念的员工经常会意识到自己在组织中工作的意义（使命），由此他们会在组织这一层面上思考各种问题。他们很清楚地认识到，在大多数情况下，通过各个部门的合作才能实现组织的使命，如果某个部门出了问题，那么组织的使命就不能达成，自身的使命也会很难实现。正因为如此，他们才会经常关注其他业务部门，才会不介意做额外的工作，甚至厌恶那种视而不见、自扫门前雪的工作态度。

集聚了众多高质量信念之士的组织是高举远大目标、能够不断过关斩将的组织。在全球化进程中，我们必须在愈发激烈的竞争中奋勇前进。如果信念不够强烈，就不能向世界推介自己，活用自身的影响力；就不能坚定自己的目标，披荆斩棘，乘风破浪。

三、美德——重塑企业信念

威廉·罗普克（Wilhelm Roepke）在1957年出版的《人道经济》（*A Humane Economy*）一书中写道："自律、正义、诚实、公平、豪侠、节制、公共意识、尊重人的尊严、坚定的伦理规范——所有这些都是人们在进入市场、与别人竞争前应该具有的美德。这些美德是支撑市场和竞争、避免堕落的必不可少的因素。家庭、教会、真诚的社区和传统是这些美德的源泉。"

(一) 美德的概念

美德的根本是信念。它是充满智慧和灵感的源泉，可以指引我们的行动，并为我们的言行提供真正的目的。改变世界的卓越行为一定是源自信念的行为。美德将人和人类幸福的超自然的根源联系起来，是企业中传承的、属于信念的一切范畴内的东西，不仅可以存在于工作团队的道德情操中，也可以存在于市场惯例中，为掌握或使用它们的人所用。

真正的企业美德不是一个华而不实的"窗户上的装饰"，也远不是嫁接式的、被称为"企业社会责任"（Corporate Social Responsibility，CSR）的公共关系活动，而是关于内在品德、道德的学问，关乎企业的灵魂。具有美德的企业不需要被告知应该如何对待员工、客户或所在环境，就像具有美德的人一样。

(二) 有美德的企业家精神

亚里士多德提出的四种基本且最重要的美德——节制、勇敢、正义和明智——得到了后来哲学家和道德学家的一致认同。商业中的三个基本美德是信念、希望和慈善。虽然并不要求每个人都要具备这三个基本的商业美德，但它们是有助于企业成功的品质，可以维护企业在社会中的地位。以下是商业环境下的工作中更具体的美德，它们都是基于上述三个基本美德产生的。

1. 硬性的美德

（1）领导力。这里的领导力作为一种美德，是一种潜在地存在于每个人内心的品质。领导者需要回答的第一个问题是，"我们打算做什么样的人"，而不是"我们打算怎么做"。领导力是一个品格问题，它涉及一个人对待他人的方式、对他人和自己的比较价值的认同以及拒绝妥协的价值。在所有这些事情中，信念为领导力提供最大的支持。

（2）勇气。同时代许多面临困境而遭遇失败的企业存在的主要问题是缺乏勇气。位于英国伦敦的投资公司RufferInvestments的首席执行官乔纳森·鲁弗（Jonathan Ruffer）指出，勇气没有自私的属性，"只有当你追求比我更广泛、更有价值的目标时，无私的勇气才变为可能。以自私为目的的勇气仅仅是一种侵犯好斗的行为，如果没有机会反思和自我批评，那么这种勇气就是鲁莽蛮干"。

（3）耐心。英文中的"耐心"一词源于拉丁语"受苦"，表示在追求更高目标的过程中有能力承受可能的困难。没有耐心的人会因当时面临的烦恼而放弃自己的目标，或最初面临困难时选择放弃追求而转向其他目标。有耐心的人在面临困难时相信自己有能力克服，并会在坚持目标的情况下想尽一切可能的解决办法。

（4）坚韧。耐心与坚韧密切相关，但是在追求目标的过程中，顽强不是坚韧的唯一表现形式，同样重要的是有能力在逆境中坚持做你认为是正确的事情而不放弃——即使当时你还没有看到任何希望。

（5）纪律。纪律是从事商业活动的人所需具备的美德。特别是当别人试图损害这种勇气和决心并期望你最终被打败时，你能更好地体现这一美德。

2. 软性的美德

勇气是人们勇于承担风险的基础；坚韧和纪律也是必不可少的，没有这些，人们就不可能通过自身的努力在任何领域出类拔萃。而心思的平安和灵魂的慰藉是通过更软性、更柔和的情感——怜悯、爱和饶恕来展现的。

（1）正义。正义是成功地与他人建立友谊、与他人正常交往的基础。企业作为一个成员共同合作的组织，需要公正行事，否则会迅速终结这种合作关系。

（2）饶恕。饶恕不仅可以消除冲突，而且可以开辟新路，释放被愤怒和不满扭曲的能量和自信。饶恕不仅是一种心理状态，而且是一个过程。一个愿意饶恕他人的人，不断地积极参与这个过程，既有助于别人也有助于自己。

（3）怜悯。怜悯是指企业希望为内外部的弱势群体提供资源。怜悯似乎与商业环境中的工作相距甚远，因为后者要求高效、短期利润、责任、竞争力、生产力和顽强的意志力，因此怜悯的持续更多得益于信念。

（4）谦卑。谦卑是所有美德中要求最高的，因为谦卑需要我们不断地从外到内地审视自己，从他人的角度判断自己的行动是否正确，并勇于承认自己的缺点和失败。

（5）感恩。在商业环境中，感恩的态度是企业力量的源泉；有助于向别人表达你坦率的、真诚的情感——无论他们是你的合作伙伴还是竞争对手，让这种轻松的、欢快的情感贯穿于你的日常生活中，有助于最大限度地发掘并释放自身的工作潜能。

利润不总是商业的目的，有时企业越想在市场经济中取得成功，越会得到事与愿违的结果。成功往往是因为企业找准了市场定位，并可以最大程度地做有价值的事。而做有价值的事必须考虑社会、道德和美德等方面，这样才能使企业以及为企业做事的人忠诚于这一目标。

美德的存在和传播源于它受到信念的支持。那些具有愿景的公司其实是利用了几代人创建并保留下来的美德建立了自己的"服务""魅力"或"忠诚度"的意识形态。在全球经济发展、信息革命和智能技术发展的新条件下，所有企业都比以往任何时候更需要美德。只有这样，企业才能在竞争激烈的国际贸易和相互联系的国际环境中取得成功。

02 第二节　愿景

汤姆·彼得斯（Tom Peters）在《追求卓越》中提出，"一个伟大的组织能够长期生存下来，最主要的条件并非结构或管理技能，而是我们称之为信念的精神力量"。组织愿景自 20 世纪 90 年代以来开始被学者和业界关注。一般而言，组织愿景大多具有前瞻性的战略计划或开创性的目标，作为组织发展的指引方针。在西方的管理论著中，许多杰出的组织都具有一个特点——强调组织愿景的重要性。因为唯有注重愿景，才能有效地培育与鼓舞组织内部的所有人，激发个人潜能，激励员工竭尽所能，增强组织生产力，达到提高顾客满意度的目标。

一、愿景的内涵

如果愿景是一种立即就能实现的目标，那它充其量只能说是一个战略目标，而不是我们所说的愿景。愿景的力量应该在于它是处于可实现而又不可实现的模糊状态，它既是宏伟的又是激动人心的。愿景与管理领域中的使命这一概念比较接近，但它们之间也有区别。使命说明了组织存在的原因，愿景则是一种渴望的未来状态。愿景除了包括目标外，还包括参与者内心的抱负，反映的是他们的乐观主义和期望；愿景中的激励、鼓舞成分更多；愿景比较简单并具有理想主义色彩，不包含目标数据和详细的行动步骤。总之，愿景不是梦想，而是过去没有实现的理想。愿景包括目标，但是目标往往是中性的，而愿景包括价值和采取行动并达成所期望的结果。

德鲁克认为企业要思考三个问题：第一个问题，我们的企业是什么；第二个问题，我们的企业将是什么；第三个问题，我们的企业应该是什么[一]。这也是我们思考企业文化的三个原点，这三个问题集中体现了企业的愿景，即企业愿景需要回答以下三个问题：我们要到哪里去；我们的未来是什么样的；我们的目标是什么。

一个组织的愿景必须明确以下三个主题，它们构成了有效愿景的内核：第一，存在的理由。愿景必须表明一个组织存在的理由以及为什么要从事各种活动。存在的理由就是一些个体一生都在努力争取解答的关于存在主义、组织层面的问题：我们这个组织为什么存在？我们所做的这些努力是为了谁的利益？我们对这个世界产生了什么影响？第二，核心价值观。包括为了不断向"存在的理由"靠拢和支持组织战略而体现出的，同时贯穿于日常工作过程中的主要观念、态度和信念。组织的核心价值观是指引、保持这种行为的基石。第三，战略方向。愿景必须明确界定一种战略方向。这种战略方向并不是简简单单的业务计划或传统的战略规划，它必须能帮助企业形成与他人截然不同的个性化标识和特征。

由此，组织愿景是组织根据现有阶段经营与管理发展的需要，对其未来发展方向的一种期望、预测和定位，并通过整合组织内外的资源和能力，规划和制定组织未来的发展方向、核心价值、组织精神、组织信条等抽象的观念或姿态，以及组织使命、存在意义、经营方针、事业领域、核心竞争力、行为方针等具体实务。组织愿景可以使组织的全体员工及时、有效地通晓组织愿景赋予的使命和责任，使组织在管理活动的循环过程中不断地增强自身解决问题的能力。

二、愿景的作用

伟大的组织之所以伟大，是因为它们能够看到别人看不到的东西，将洞察

[一] 德鲁克. 管理的实践[M]. 齐若兰, 译. 北京：机械工业出版社，2009.

力与策略相结合，描绘出独一无二的组织愿景。彼得·圣吉在《第五项修炼》中把"共同愿景"作为组织的五项修炼之一。他基于大量的研究和论证认为，在人类群体活动中，很少有像共同愿景这样能激发出如此强大力量的东西。人们寻求建立共同愿景的理由之一，就是他们内心渴望能够归属于一项重要的任务、事业或使命。我们认为，愿景的作用可从三个方面考察：愿景是组织的精神动力，有愿景的组织才是有血有肉的共同体；愿景是组织可持续发展的保障，可以让组织明白自己将要走向何处；愿景服务于组织经营，促进组织绩效的持续提高。

（一）组织的精神动力

愿景可以团结人。组织规模越大，员工的背景就越多样化。组织的愿景是这些人走到一起的唯一原因，即"虽然我们有些不同，但是我们来到这个组织有一个共同的原因，那就是我们有着相同的价值观和共同的目标"。㊀

愿景可以激励人。如今人们对所从事的职业有了更多选择，而金钱并不是最重要的。随着时间的推移，一个组织的价值观以及这个组织的目标变得越来越重要，对于优秀员工而言更是如此。如果人们相信自己所做的事是值得的，相信自己能够在组织中完成一些有意义的事，那么他们就会更加积极。当一个组织正践行其愿景以实现目标时，一个清晰的愿景、一个明确的目标可以成为不断促进和激励人的因素。

愿景是组织危机时期的方向舵，是短暂存活的组织与基业长青、能够经受住时间考验的组织的不同之处。身处具有清晰愿景的组织中的人们，会着眼于未来，暂时忘却眼前的困难，或至少有克服这些困难的信心和愿望。

愿景就是组织的梦想。当亨利·福特在100年前说他的愿景是"使每个人都拥有一辆汽车时"，很多人会认为他在痴人说梦。然而，放眼现在的美国社会，他的梦想已经实现。这种梦想通常使人感到不可思议，但又会不由自主地被它的力量所感染。

因此，如果是一种立即就能实现的目标，那么它充其量只是一个战略目标，而非我们所说的愿景。愿景的力量在于它处于可实现但又不可实现的模糊状态，它既是宏伟的，又是激动人心的。

㊀ 胡佛. 愿景[M]. 薛源，夏扬，译. 北京：中信出版社，2008.

组织愿景的作用是促使组织的所有部门拥有同一目标并受到鼓励。同时，它也是员工日常工作中的价值判断基准。为此，在规定组织愿景时应明确组织提供的价值和目的。组织提供的价值是组织本质的存在理由和信念。例如，沃尔玛公司的"顾客第一"，宝洁公司的"品质第一和正直的组织"等，正是体现组织提供的价值的代表性例子。

组织愿景的另一构成要素——组织目的，是为组织员工指示发展方向、提供激励的基本框架。例如，默克集团的"帮助同疾病斗争的人"，通用电气公司的"以技术和革新来使生活丰饶"等，都是体现组织存在目的的代表性例子。

并不是在组织创立之初就能明确规定组织愿景的内容及其实行方法，也没有一个最好的标准答案。也就是说，组织愿景不是由其内容而是由其理念的明确性和理念下的整合性经营活动来规定和强化的。例如，许多组织都可以将"利用尖端技术生产电子产品来贡献社会和人类"作为愿景，但关键是这种愿景有多么深远且能否坚持下去。

愿景的哲学意义建立在"你想成为什么，所以你能成为什么"而不是"你能成为什么，所以你想成为什么"之上。愿景哲学的智慧在于，给予组织激发人群无限潜能的力量，去实现其人生哲学与组织哲学的终极潜能，这是愿景领导的根本原则。

（二）组织可持续发展的保障

愿景是组织战略与文化的结晶，是崇高的组织之魂。如果把组织视为一个生命体，其与愿景的关系就好像人生与希望，人生若没有了希望，生命就失去了方向。

当愿景真正成为组织全员共享的美好理想时，组织就有了灵魂。正是这一灵魂在无形中迸发出鼓舞人心的感召力量，激发出组织成员的无限梦想。前面已经列出一些世界知名企业的组织愿景，这些组织的共同点就是它们都有一个美丽而宏远的梦想，即组织孜孜以求的愿景。组织要想基业长青，必须拥有清晰、明确且合适的愿景以指导前行，如此才能在动荡的环境中赢得持续的竞争优势。

（三）服务于组织经营

科林斯和波勒斯将组织划分为两种类型：一类是有明确的组织愿景并成功

地将它扎根于员工中的组织，这些组织大多居于世界前列并广受尊敬；另一类是认为只要销售额增加便万事大吉、没有明确的组织愿景或组织愿景没有扩散到整个组织的组织，这些组织绝不可能位居世界前列。愿景在组织经营中的作用主要体现在以下五个方面。

1. 提升组织的存在价值

组织愿景的终极目标是将组织的存在价值提升到极限。传统观念认为，组织的存在价值在于它是实现人类社会幸福的手段和工具，是在促进全社会幸福和寻找新的财富来源的过程中创造出来的。近年来，由于组织价值观伴随全球化和信息时代的变革，组织愿景的概念范围随之扩大，在以往组织活动的基础上增加了与全球自然环境共生和对国际社会的责任和贡献等内容，从而使组织的存在价值这一概念更加完整。在先进组织的经营活动中，我们很容易发现优秀组织的愿景，如通用电气公司的"重视实际和价值"，强生公司的"强调人类健康信条"，3M公司的"尊重革新和创意"，摩托罗拉公司的"强调持续革新和改善"等。

组织愿景涵盖的意义分为三个不同层次：最高层是组织对社会的价值；中层是组织的经营领域和目的；下层是员工的行动准则或实务指南。组织对人类社会的贡献和价值是组织赖以存在的根本理由，也是其奋斗的方向，它是最高层次的组织愿景，具有最高的效力；组织的经营领域和目的是低一层次的概念，指出了组织实现价值的途径和方式；行为准则和实务指南是在这个过程中应该遵循的经济和道德准则。愿景所处的层次越高，具有的效力越大，延续的时间就越长。

2. 协调利益相关者

对于一个特定的组织来说，利益相关者通常是指那些与组织有利益关系的个人或群体。弗里曼认为，利益相关者是指"能够影响组织任务的完成或受组织任务的实现影响的群体或个人"。组织若忽略了某个或某些能对组织产生影响的群体或个人，则可能遭遇经营失败。

正如利益相关者会受到组织的决策和行动的影响一样，这些利益相关者也会影响组织的决策和行动，两者之间存在双向的影响和作用力。实质上，组织与利益相关者之间是一种互动的共生关系。组织在制定组织愿景时，必须界定利益相关者的类型、其利益诉求以及相应的策略。识别各种各样的利益相关者，并通过组织愿景加以反映和协调，是组织高层管理者的重要任务。如果利益相关者的利益不能在组织愿景中得到尊重和体现，就无法使他们对组织的主张和做法产生认同，组织也无法找到能对他们施加有效影响的方式。比如，一家化工组织若只是以盈利为目标而没有将环保责任融入组织愿景，则必将遭到环保组织、当地社区甚至消费者的抵制。

3. 整合个人愿景

现代社会的员工特别是知识型员工非常注重个人的职业生涯规划，也会描述自己未来的个人愿景。要使组织员工自觉、积极地投入组织活动中，需要有组织愿景来整合员工的个人愿景。

一般而言，与西方的先进企业相比，中国企业较少地用明确的组织愿景或行动指南指导员工并贯彻到实践中。中国企业往往将组织愿景理解为组织宗旨、组织文化、组织精神和信条等抽象的概念或形态，不明确组织的使命、存在意义、经营方针、事业领域和行动指南，并过于看重"人和""诚实"等比较含蓄的、非规定性的潜意识力量。而国外组织极其重视组织愿景的具体化和明确化，强调对个人愿景的引导和融合，因为它们要融合不同民族、文化等异质要素完成共同目标。

在现代社会，组织不能仅仅从经济代价或交换的角度理解个人与组织的关系。相对于经济利益，员工往往更加重视自我价值的实现和个人能力的提升。组织在制定愿景时，应激发员工的自觉参与意识，理解和尊重员工的个人愿景，并将之恰当地融入组织的共同愿景中。通过这种方式产生的组织愿景能够获得员工的认同和响应，因为他们在充分发挥个人能力去达成组织共同愿景的同时能够实现自我价值。有志于建立共同愿景的组织，必须重视和鼓励成员发展自己的个人愿景。当组织的共同愿景成为团体成员真心追求的个人愿景时，组织就充满了激情和凝聚力。组织愿景就会牵引着组织乘风破浪，最终抵达成功的彼岸。

4. 应对组织危机

在动态竞争条件下，环境的关键要素复杂多变且具有很大的随机性。组织的生存时刻面临极大挑战，处理不慎就可能演变为致命危机。组织在应对危机、摆脱困境时迫切地需要愿景，明确的组织愿景是动态竞争条件下组织应对危机的必要条件和准则。一方面，组织不能停留于简单的"刺激—反应"模式，只顾着埋头救火而忘记抽出时间进行长远规划。如果以未来的不可预测性或情况紧急为托词而不明确组织愿景，只是在危机到来时被动应付，那么即使能勉强渡过难关，最终也会因迷失方向而无所适从。另一方面，已有愿景的组织在制定危机处理方案时必须努力遵循源于经济理论、社会道德的组织愿景，必须从组织愿景出发寻找行动方案，考虑所采取的行动是否与组织一贯的方针及自身承担的使命和社会责任相一致。只有以组织愿景作为危机处理的基准，才能保证组织的长远利益和社会认同。

组织愿景还可能将危机转化为机遇。本质上，机遇是指同组织环境建立良好的、建设性的互动关系。危机常以某种方式出现，迫使组织必须处理好环境的问题，否则组织会在财务、公众形象或社会地位方面受到损害。然而，如果企业对危机处理得当，危机就可能转变为机遇。世界上成功的企业在面对危机时，往往为了保证组织愿景的贯彻而不惜牺牲巨大的当前利益。这些负责任的举动为企业赢得了广泛的尊重，无形中提升了组织形象，提高了它们在消费者心目中的地位，为以后的市场开拓提供了便利。

5. 增强知识竞争力

当前组织愿景受到重视的另一个原因是，组织知识、应变能力等"知识竞争力"作为组织竞争力要素开始受到广泛关注。这些要素作用的发挥取决于组织愿景这种基于知识资源的管理体系的建立。

传统观念认为组织竞争力是由产品或服务的生产能力、销售能力、资本的调配和运营能力等与组织利润直接相关的要素决定的。但是，随着组织活动领域的巨大变化，组织开始重新审视竞争力的来源，组织知识、应变能力等要素受到广泛关注。组织愿景有助于组织内知识和能力的获取及其作用的发挥。

许多学者将组织看作知识主体，将其知识创造力看作组织应当追求的竞争力要素。组织知识是组织经过多年周而复始的开发、应用和总结形成的，是以往采取的众多战略步骤的结果，具有路径依赖性。路径依赖性越高，组织知识越不易被对手模仿，组织的竞争优势就能越长久。组织制定明确的、长期的愿景，保持战略的稳定性和连续性，并保证一切战略战术行动均围绕组织愿景而展开，就能使组织知识拥有长期的战略积淀和深厚的文化底蕴，增强其路径依赖性，提升对手模仿的难度。

在动态竞争条件下，如果组织不能创造性地、柔韧地应对环境变化，那么组织本身的生存发展就会出现问题。一般认为，组织的发展取决于战略，战略的张力和柔性决定了组织的灵活程度和应变能力。而组织愿景是战略规划的最终目的和根本依据，其长期性和预见性为组织提供了规避风险的线索。科学、明确的愿景决定了组织战略的选择范围，在保证战略方向的正确性的同时留有回旋的余地，提升了组织的应变能力。

每个国家和民族都有自己的信仰，企业也有自己的商业信仰——使命、愿景、信念、核心价值观延伸出来的一整套文化管理体系。信念牵引使命，使命牵引愿景，而愿景又是一个组织的阶段性灯塔或阶段性立项，更是面向未来的展望和期许。在接下来的案例介绍中，将聚焦企业的信念与愿景在塑造过程中的重要意义，讲述中国大型国有企业是如何把国家使命和人民需求与企业的信念与愿景有机融合，创造了一个又一个中国式神话。

案例一

愿景使命为导向的国家电网公司

一、国家电网公司简介

国家电网公司是中国最大的电网企业，其前身为包括全国电网和所有发电厂的原"国家电力公司"。2000年，以"厂网分离"为标志的电力体制改革开始之后，从原国家电力公司中剥离出电力传输和配电等电网业务，由国家电网公司运营。各发电厂又分属五大"发电集团"（大唐、中电投、国电、华电和华能）运营。

2011年，按照国务院国有资产监督管理委员会的"主辅分离"方案，将国家电网公司和南方电网公司省级电网和区域电网企业所属的勘测设计、火电施工、水电施工和修造企业等辅业单位剥离建制，与4家中央电力设计施工企业重组为两家新公司。国家电网公司和南方电网公司在北京市、天津市和山西省等15个省、自治区和直辖市公司所属辅业单位和中国葛洲坝集团公司以及中国电力工程顾问集团公司重新组建为中国能源建设集团有限公司。

国家电网公司成立于2002年12月29日,是经国务院同意进行国家授权投资的机构和国家控股公司的试点单位,以建设和运营电网为核心业务,作为关系国家能源安全和国民经济命脉的国有重要骨干企业,为经济社会发展提供坚强的智能电网保障,承担着保障更安全、更经济、更清洁、可持续的电力供应的基本使命,经营区域覆盖全国26个省(自治区、直辖市),覆盖国土面积的88%,供电人口超过11亿人,公司用工总量超过186万人。公司在菲律宾、巴西、葡萄牙、澳大利亚等国家和地区开展业务。2021年,国家电网公司名列《财富》世界企业500强第2位,中国500强企业第1位,是全球最大的公用事业企业。⊖国家电网公司已连续18年和6个任期获得国资委经营业绩考核A级(见图4-1)。

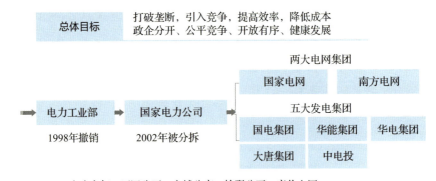

图4-1 我国电力体制改革示意图

二、"以人为本"奉献社会为使命的意义管理

拥有高质量"信念"的员工是公司中业绩绩效的佼佼者,高质量信念的人才在交流过程中,信念经过反复切磋,相互碰撞出火花,这是创新的源泉,这种信念产生的意义感为大家共享,进而能真切地实践大家的共同信念。国家电网公司注重"以人为本"的创新文化建设,遵循"以人为本"的管理理念,注重提升员工的综合素质,打造文明、健康、和谐的企业文化,关爱员工,成就员工;加大员工创新支持力度,营造积极思考、勇于创新、协作共赢的创新氛围,充分激发人才的创新创造活力。

⊖ 资料来源:国家电网公司官网。http://www.sgcc.com.cn/.

1. 企业理念

国家电网秉承"以人为本、忠诚企业、奉献社会"的企业理念,并将之作为处理与员工、电力客户、合作伙伴及社会之间关系的基本信条和行为准则。

"以人为本",是指以实现人的全面发展为目标,尊重人、关心人、依靠人和为了人。国家电网公司视人才为企业的第一资源,坚持以人为本、共同成长的社会责任准则。公司善待员工,切实维护员工的根本利益,充分尊重员工的价值和愿望,保证员工与企业共同发展;公司善待客户,以客户为中心,始于客户需求、终于客户满意;公司善待合作伙伴,互利互惠,合作共赢,努力营造健康、和谐、有序的电力运营和发展环境。

"忠诚企业",是指热爱企业和关心企业,为企业尽心尽力,忠实维护企业利益和形象。国家电网公司通过建立完善、规范、有序、公正合理、互利共赢、和谐稳定的社会主义新型劳动关系,为员工发展提供机遇和舞台,充分调动员工的积极性、主动性和创造性,赢得员工对企业的忠诚。

"奉献社会",是指关爱社会、服务社会、回报社会和履行社会责任。国家电网坚持发展公司、服务社会的社会责任目标,以公司的发展实现员工成长、客户满意、政府放心,促进经济发展、社会和谐。公司及员工热心社会公益,遵守社会公德,引领社会良好风尚,树立公司开放、进取、诚信、负责的企业形象(见图 4-2)。

图 4-2 国家电网公司共建"电力天路"图书屋活动

2. 企业使命

企业使命是企业生存发展的根本意义,也是公司的战略定位。国家电网公司坚持"奉献清洁能源，建设和谐社会"的企业使命。作为国家能源战略布局的重要组成部分和能源产业链的重要环节，国家电网公司在中国能源的优化配置中扮演着重要角色，坚强的智能电网不仅是连接电源和用户的电力输送载体，更是具有网络市场功能的能源资源优化配置载体。充分发挥电网功能，保障更安全、更经济、更清洁和可持续的电力供应，"促使发展更加健康、社会更加和谐和生活更加美好"是国家电网公司的神圣使命。

3. 企业宗旨

国家电网公司的企业宗旨是"服务党和国家工作大局、服务电力客户、服务发电企业和服务经济社会发展"，体现了国家电网公司政治责任、经济责任和社会责任的统一，是公司一切工作的出发点和落脚点。"服务党和国家工作大局"是指国家电网公司作为关系国家能源安全、国民经济命脉的国有重要骨干企业，承担着确保国有资产保值增值，增强国家经济实力和产业竞争力的重要责任。公司坚持局部利益服从全局利益，把维护党和国家的利益作为检验工作成效和企业业绩的根本标准。"服务电力客户"是指国家电网公司作为经营范围遍及全国26个省、自治区和直辖市，供电人口超过11亿的电网企业，承担着为电力客户提供安全、可靠、清洁的电力供应和优质服务的基本职责。公司坚持服务至上，以客户为中心，不断深化优质服务，持续为客户创造价值。"服务发电企业"是指国家电网公司作为电力行业中落实国家能源政策、联系发电企业和客户和发挥桥梁作用的经营性企业，承担着开放透明、依法经营的责任。公司遵循电力工业发展规律，科学规划建设电网，严格执行"公开、公平、公正"调度，与合作伙伴共同创造广阔发展空间。"服务经济社会发展"是指国家电网公司作为国家能源战略的实施主体之一，承担着优化能源资源配置，满足经济社会快速增长对电力需求的责任。公司坚持经济责任与社会责任相统一，保障电力安全可靠供应，服务清洁能源开发，推进节能降耗，保护生态环境，履行社会责任和服务社会主义和谐社会建设。

4. 企业精神

在企业愿景和使命的引领下，国家电网公司的企业精神是"努力超越，追求卓越"，促使国家电网公司和员工勇于超越过去、超越自我、超越他人，永不停步和追求企业价值实现的精神境界。"努力超越、追求卓越"精神的本质是与时俱进、开拓创新和科学发展。国家电网公司立足于发展壮大国家电网事业，奋勇拼搏，永不停顿地向新的更高的目标攀登，实现创新、跨越和突破。公司及员工以党和国家利益为重,以强烈的事业心和责任感,不断向更高标准看齐,向更高目标迈进。

5. 企业价值观

"诚信、责任、创新和奉献"是公司价值观的核心内容和价值追求,是国家电网公司和员工实现愿景和使命的信念支撑和根本方法。

"诚信",是企业立业和员工立身的道德基石。每一位员工、每一个部门和每一个单位,每时每刻都要重诚信、讲诚信,遵纪守法和言行一致,忠诚国家和企业。这是国家电网公司履行职责,实现企业与员工、公司和社会共同发展的基本前提。

"责任",是勇挑重担和尽职尽责的工作态度。国家电网公司在经济社会发展中担负着重要的政治责任、经济责任和社会责任。每一位员工都要坚持局部服从整体、小局服从大局,主动把这种责任转化为贯彻公司党组决策部署的自觉行动,转化为推进"两个转变"的统一意志,转化为推动工作的强劲动力,做到对国家负责、对企业负责、对自己负责。

"创新",是企业发展和事业进步的根本动力。国家电网公司发展的历程就是创新的过程,没有创新就不可能建成世界一流电网、国际一流企业。需要大力倡导勇于变革、敢为人先、敢于打破常规、敢于承担风险的创新精神,全面推进理论创新、技术创新、管理创新和实践创新。

"奉献",是爱国爱企和爱岗敬业的自觉行动。企业对国家和员工对企业都要讲奉献。在抗冰抢险、抗震救灾、奥运保电、世博保电等急难险重任务面前,国家电网公司员工不计代价、不讲条件、不怕牺牲,全力拼搏保供电,这就是奉献;在应对国际金融危机、缓解煤电油运紧张矛盾和落实国家宏观调控措施等重大考验面前,公司上下坚决贯彻中央的决策部署,积极承担社会责任,这也是奉献;广大员工在平凡的岗位上恪尽职守和埋头苦干,脚踏实地做好本职工作,同样是奉献。

三、愿景使命驱动下的技术领先

在"人民电业为人民"的坚强信念和成为"加快建设具有中国特色国际领先的能源互联网企业"的愿景下,国家电网公司在以特高压为核心的电网技术、电工装备、工程建设、安全运行方面实现了全方位突破。

美国能源部原部长朱棣文在华盛顿发表演讲时指出:"中国挑战美国创新领导地位并快速发展的相关领域包括:最高电压、最高输送容量、最低损耗的特高压交流、直流输电。"德国总理默克尔在德国汉堡中德工商峰会开幕式致辞中称:"中国的特高压直流输电技术已经远远领先于我们了,我们要向中国学习。"

"特高压"被称为中国电力高速路。特高压技术是指交流1000千伏、直流±800千伏及以上电压等级的输电技术,是当今世界电压等级最高、最先进的输电技术。相比目前普遍采用的远距离输电500千伏超高压交流电网,特高压电网具备更远距离、更大容量、更低损耗、更节约土地资源等优点,能够更好地适应800至3000公里远距离大容量电力输送需求,有利于大煤电基地、大水电基地、大型核电基地、大型可再生能源基地的开发和电力外送。面对我国能源资源与负荷中心逆向分布的基本国情,要满足经济社会快速发展带来的电力需求,建设更高电压等级的国家电网,发展远距离、低损耗输电技术,成为大势所趋。特高压作为骨干电网正好解决了这个问题。

例如,一回路特高压直流电网可以输送600万千瓦电量,相当于现有500千伏直流电网的5~6倍,而且送电距离也是后者的2~3倍,因此效率大大提高。此外,据国家电网公司测算,输送同样功率的电量,如果采用特高压线路输电,可以比采用500千伏高压线路节省60%的土地资源。

2004年12月,国家电网公司首次提出发展特高压输电技术,建设以特高压电网为核心的坚强国家电网的战略构想。2009年,我国首条1000千伏"晋东南—南阳—荆门"特高压交流试验示范工程投入运营(见图4-3);同年,国家电网公司在北京召开的"2009特高压输电技术国际会议"上正式宣布将建设"坚强智能电网",开启了智能电网的序幕(见图4-4)。

图4-3 1000千伏"晋东南—南阳—荆门"特高压交流试验示范工程

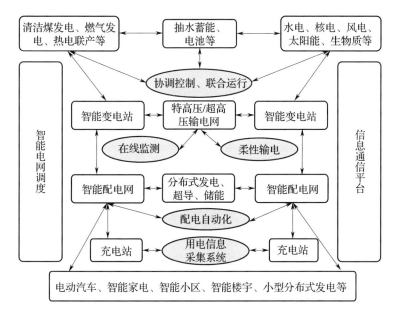

图 4-4　坚强智能电网体系架构示意图

资料来源：国家电网公司。

2013 年 1 月 18 日，"特高压交流输电关键技术、成套设备及工程应用"荣膺国家科技进步奖特等奖，这是我国电工领域项目在国家科技奖上获得的最高荣誉。同年 9 月 24 日，中国国家电网公司的特高压输电技术标准被国际电工委员会（IEC）确立为该领域的国际标准，让全世界瞩目。这标志着中国电网技术水平已经处于世界领先地位。

国家电网公司始终坚持"加快建设具有中国特色国际领先的能源互联网企业"的愿景，并将之贯穿于企业发展。为此，国家电网公司将自主创新视为其企业发展的长久核心。自主创新是我国的一项重要发展战略，也是国家电网公司一贯坚持的发展方针。国家电网公司之所以不断取得突破，正在于其不断进步的创新能力。从引进国外技术到制定国际标准，从发展特高压输电到建设坚强智能电网，再到提出构建欧亚跨洲特高压能源通道的战略构想，国家电网公司依托自主创新能力的提升，让我国在输变电领域登上世界高峰，成为世界上唯一掌握特高压输电技术的国家，也是第一个将特高压输电工程投入商业运营的国家。

作为央企的领头羊，国家电网公司以实际行动践行企业愿景使命，以技术领先优势证明企业意义价值。这一切正如国家电网公司原董事长刘振亚所评价的：

"我们付出的是劳动和艰辛,实现的是电网事业的价值和意义,创造的是对国家和人民的贡献,赢得的是世界尊重和民族尊严[⊖]。"

案例二

中国商飞:使命驱动发展的航空梦

一、中国商飞简介

中国商用飞机有限责任公司(简称中国商飞,英文名称为 Commercial Aircraft Corporation of China Ltd,缩写 COMAC)于 2008 年 5 月 11 日在中国上海正式成立。中国商飞是实施国家大型飞机重大专项中大型客机项目的主体,也是兼备干线飞机和支线飞机发展、实现我国民用飞机产业化的主要载体,主要从事民用飞机及相关产品的科研、生产、试验试飞、销售及服务、租赁和营运等相关业务。2020 年 4 月,入选国务院国资委"科改示范企业"名单。中国商飞与中国航空工业携手捧获第十四届航空航天月桂奖合作奖。

中国商飞下辖 12 家功能中心或地区公司,美国办事处和欧洲办事处分别位于美国洛杉矶、法国巴黎。图 4-5 为中国商飞的组织架构图。

上海飞机设计研究院是中国商飞的设计研发中心,负责中国民用飞机项目研制的技术问题,承担着飞机设计研发、试验验证、适航取证以及关键技术攻关等任务,是我国最大的民机研发中心,承担着我国拥有自主知识产权的 ARJ21 新支线飞机、C919 大型客机以及 CR929 中俄远程宽体客机的设计研发任务。其中,我国自主设计研制的 ARJ21-700 飞机于 2016 年 6 月 28 日正式投入航线运营。2017 年 10 月 19 日,中国商飞向客户交付第三架 ARJ21 新支线喷气客机,这意味着中国支线喷气客机正向批产化稳步迈进。C919 大型客机是我国按照国际民航规章自行研制、具有自主知识产权的大型喷气式民用客机,于 2017 年 5 月 5 日首飞成功,2022 年 5 月 14 日 6 时 52 分,编号为 B-001J 的 C919 大飞机从浦东机场第 4 跑道起飞,于 9 时 54 分安全降落,标志着中国商飞即将交付首家用户的第一架 C919 大飞机首次飞行试验圆满完成。CR929 中俄远程宽体客机是中俄两国企业携手合作的商用飞机项目,CR929 的原型机已经开始制造,预计将于 2025 年进行试飞。

⊖ 资料来源:国家电网报.

第四章 信念与愿景塑造企业意义

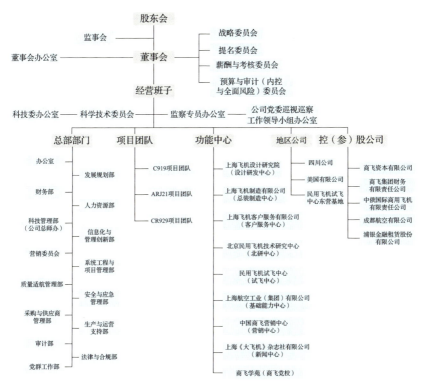

图 4-5　中国商飞组织架构图

资料来源：中国商飞公司门户官方网站。

上海飞机制造有限公司是中国商飞全资子公司和总装制造中心，从飞机维修起步，先后为空海军、中国民航修理和改装了 30 多种型号、3400 多架飞机。20 世纪 70 年代以来，研制了我国自行设计、拥有自主知识产权的"运十"飞机，完成与美国原麦道飞机公司合作生产 35 架 MD82/83 飞机的总装制造任务，并作为主制造商完成两架 MD90-30 干线飞机总装制造，承担我国自主研制的 C919 大型客机总装制造和 ARJ21 新支线飞机批生产工作。

上海飞机客户服务有限公司涵盖客户培训、航材支援、工程技术与维修支援、技术出版物全寿命服务、飞行运行支援、市场与商务支持等核心业务，建立了数字化客户服务门户平台（CIS），组织了一支客户服务专业人才队伍，基本满足飞机交付运行需求。

二、使命愿景引领下的企业管理

中国商飞根据现代企业制度组建运营，采取"主制造商 - 供应商"的经营模式,坚持中国特色,体现技术进步,致力于让中国的大飞机翱翔蓝天,为客户提供更加安全、经济、舒适和环保的民用飞机,并由此制定企业管理方案。

1. 企业使命:让中国的大飞机翱翔蓝天

大型客机是一个国家工业、科技水平的综合实力的综合反映,有"现代工业之花"和"现代制造业的一颗明珠"的美誉。中国商飞站在祖国的百年飞天梦和国家的战略之上,肩负着国家的意志,承载着民族的梦想和人民的期望。让中国的大飞机翱翔蓝天的神圣使命,呼唤和鼓舞着中国商飞全体员工将人生追求和价值目标融入为大型客机事业的不懈奋斗中,攻坚克难、奋勇前行,坚定不移走具有中国特色、体现技术进步的民机发展之路,实现大型客机项目的研发和商业成功,推动中国经济和科技进步,推动中国航空工业迈向更高层次。

2. 企业愿景:为客户提供更加安全、经济、舒适和环保的民用飞机

现代大型客机是人类飞翔文明的先驱,是最具效率的交通出行工具。作为世界民机大家庭的成员,中国商飞与广大客户及合作伙伴携手合作,致力于为客户提供更加安全、经济、舒适、环保的民用飞机,使更多的人享受航空科技的成果,推动人类进入一个安全性水平更高、飞行风险更低的新时代,实现"人与蓝天和谐相处",搭建起人类友谊、文明、进步的桥梁,推进全球可持续发展。

3. 企业目标:把大型客机项目建设成为新时期改革开放的标志性工程和建设创新型国家的标志性工程,把中国商飞建设成为国际一流航空企业("两个建成")

大型客机的研制和发展,是我国建设创新型国家、提升我国自主创新能力和增强国家核心竞争力的重大战略举措。中国商飞坚定地走具有中国特色、体现技术进步的自主创新之路,实施体制机制创新、技术创新、管理创新,坚持市场化、集成化、产业化、国际化发展方略。同时发展具有自主知识产权的干线飞机和支线飞机,实现项目的研制成功、商业成功,提高我国航空工业的制造能力和管理水平,带动我国相应基础学科取得重大进展,推动我国相关领域关键技术取得群体突破,促进我国民机产业链和产业集群的形成,推动我国经济社会持续健康发展,不断提升我国自主创新能力和品牌影响力,发挥对创新型国家建设的全面带动作用和典型示范效应,使中国商飞成为国际一流民用飞机制造企业,最终目的

是挑战波音与空中客车在全球大型客机市场的垄断地位。

4. 管理观念

为落实企业使命愿景，中国商飞始终秉承七大管理理念，即以客户为中心的客户观；精湛设计、精细制造、精诚服务、精益求精的质量观；生命至上、安全第一的安全观；广纳天下英才、共创民机伟业、成就精彩人生的人才观；管控全生命周期、全产业链成本费用的成本观；廉洁商飞的廉洁观；遵守法律法规和国际规则的合规观。

三、使命愿景驱动创新，打造航空产业集群发展

使命牵引愿景，愿景指导战略，通过构建使命愿景为企业提供远大的目标，并由此构建形成一个富有创造力的组织，使组织的创造力得以延续。企业的愿景、使命是企业的目标导向和动力源泉。中国商飞将愿景、使命与企业发展高度融合，支撑企业在崎岖探索之路砥砺前行，不断开辟探寻自主创新之路，踔厉奋发走向国际舞台竞技，努力实现自主创新、体制机制创新和管理创新，建设国际一流航空企业，打造航空产业集群发展。

1. 崎岖探索之路

在上海浦东的厂区内，停放着一架"运-10"飞机，这架曾经飞越祖国千山万水的"运-10"飞机，是一个标志，也代表了一段历史。每每看到这架飞机，人们都会回忆起中国国产大飞机在探索中的艰辛和曲折。尽管后来"运-10"飞机项目没有正式投入商用，但"独立自主，大力协同，无私奉献，不断创新"的"运-10"精神却被一代代大飞机人传承下来。

C919大型客机（COMAC C919），是中国首款按照最新国际适航标准，与美法等国企业合作研制组装的干线民用飞机。C是China的首字母，也是商飞英文缩写COMAC的首字母，第一个"9"的寓意是天长地久，"19"代表的是中国首型大型客机最大载客量为190座。

从1970年我国自主研制的"运-10"立项，到2017年C919成功首飞，中国人民的"大飞机梦"跨越了47个春秋。这既是中国航空业的重要里程碑，也是中国创新驱动发展战略的重大时代成果，更是中国民用飞机进入少数能够自主制造大型客机国家之列的重要标志。此外，C919还具有特殊的意义，它是新时期中国

着眼于最主流的航空运输市场（150 座级），并完全按照国际主流适航标准和国际主流市场运营标准研制的干线飞机。

历经 ARJ21 的探索，我国商用飞机的发展模式由逐步成熟走向趋于完善，C919 采用了与 ARJ21 同样的发展思路和模式，即坚持"以我为主"，按照"主制造商—供应商"的模式研制生产。运作机制和管理模式市场化，实行国家、地方和企事业单位"共同投资、共担风险"；坚定以市场需求为导向，以满足国内市场需求为主，积极拓展国际市场，充分利用航空工业的优势，开展全国大协作。通过 C919 的设计和研制，我国掌握了民机产业 5 大类 20 个专业、6000 多项民用飞机技术，带动了新技术、新材料、新工艺的大规模突破。从 ARJ21 到 C919，我国逐渐摸索出一套综合研制、销售和产品支持等一系列现代商用飞机发展的理念与手段。因此，C919 的出现，对民用飞机的发展和航空工业的发展都有着深远的意义。这条崎岖探索之路也终于迎来光明。

2. 自主知识产权

C919 首飞时，《人民日报》评价称：C919 身上洋溢着新的时代气质：开放、创新和自信。

中国商飞是国家实现经济转型的标志性企业，是我国战略新兴制造业的领军企业，是中国实现民用大飞机项目的核心载体。中国商飞的大飞机项目作为我国改革开放和创新发展的重大标志性工程，从诞生之日起，就强调自主创新，同时也在全球范围内配置创新资源。

C919 机体结构集成团队项目管理办公室主任、高级工程师汤家力说："作为飞机主制造商，我们的知识产权主要体现在五个方面，一是飞机的总体集成、总体设计；二是机体结构设计和平台搭建；三是后续适航验证和系统综合验证能力；四是供应商管理能力；五是市场服务和运营能力。"

总体集成正是大飞机制造的核心技术之一，集成技术的突破体现了中国航空制造业的巨大进步。2023 年，国产大飞机 C919 开启密集验证飞行。1 月 1 日，东航接收的全球首架 C919 飞机完成新年首飞，从上海虹桥机场飞抵北京大兴机场。1 月 2 日又从上海虹桥机场飞抵海口美兰机场。这是 C919 飞机 100 小时验证飞行的重要组成部分，标志着其向投入商业运营不断迈进。据上海市科委发布的

《2022 上海科技进步报告》显示，截至 2022 年底，C919 大型客机累计获得 32 家客户 1035 架订单，中国东航争取在 2023 年春将 C919 正式投入商业载客运营。届时，C919 将出现在上海、北京、西安、昆明、广州、成都、深圳等地的优质精品航线上。

3. 国际舞台竞技

大国重器，因大而生。中国已经成为世界第二大经济体，大飞机的梦想已成为中国实现制造业强国梦的一部分。大飞机对我国调整经济结构、实现转型升级、提高自主创新能力、转变经济发展方式具有重要意义，将带动中国民用飞机产业链向"微笑曲线"两端迈进，推动我国高端制造业的整体发展。

通过 C919 的研发，中国商飞不但探索出一条自主创新的航空产业发展新路，还以此为契机，全力打造出了一个日渐成熟的航空产业发展集群，为未来我国航空产业迈入国际先进水平打下了坚实基础。根据 2022 年 7 月 23 日中国商飞新闻中心的消息，C919 的 6 架试飞机完成全部试飞任务，标志着 C919 取证工作正式进入收官阶段，开始全力向取证冲锋。中国商飞预研总师杨志刚指出，国产大飞机 C919 的绝大部分性能指标与现在的空客 A320 以及波音 737 持平，甚至在气动力布局方面还优于空客 A320 和波音 737。

"C919 是中国民机的新高度，它不只是一架飞机的成功，更是一种能力，一种民族的能力！"中国商飞 C919 总设计师吴光辉的这句话，说出了中国一定要造大飞机的根本原因。对中国来说，C919 不仅是一款寄托着抢占国内外航空市场期望的产品，更是一款提升民族自信心的产品，是数十亿中国人民的骄傲，代表着中国人对航空工业的理想与情怀，更代表着中国工业强国的梦想。

综上，中国商飞将社会责任和民族希望元素融入企业的使命、愿景，实现家国情怀、社会责任与企业经营的有机融合，形成商飞中国特色有意义管理的新管理模式。以钢铁般的意志和百折不挠的精神，努力实现自主创新、体制机制创新和管理创新。有效协调安全性同经济性的关系、自主创新同利用全球科技资源的关系、体制机制创新同发挥现有技术人才企业作用的关系、研制攻关同实现产业化的关系、政府主导同市场机制的关系，力争挑战波音与空中客车在全球大型客机市场的垄断地位，建设国际一流航空企业。

案例三

微软：战略转型与企业愿景演化

微软（Microsoft）是美国一家跨国科技企业，由比尔·盖茨（Bill Gates）和保罗·艾伦（Paul Allen）于1975年4月创立。公司总部设立在华盛顿州雷德蒙德（Redmond），以研发、制造、授权和提供广泛的电脑软件服务业务为主。最为著名和畅销的产品为Windows操作系统和Office系列软件，是全球最大的电脑软件提供商、世界PC（Personal Computer，个人计算机）软件开发的先导。2021年6月23日，微软市值突破2万亿元，是继苹果之后美国第二家市值突破2万亿元的企业。

伴随物联网的发展，软件企业的竞争更加激烈，作为发展迅猛的软件行业中的龙头老大，之所以能够在技术变革中立于不败之地，微软的愿景并非一成不变。作为引领技术发展的公司之一，微软不断调整着自己的企业愿景。微软的企业愿景不仅帮助微软实现了一步步的技术业务升级和拓展，进一步明确地制定了企业战略，而且使得整个业界的发展不断加快。

一、战略愿景转型历程

战略愿景是企业发展的"灯塔"，需要适应市场发展的需要进行动态调整和转型升级，这也是企业发展的必然选择。根据企业转型条件、转型目标、转型方法、转型过程、转型结果而言，不同企业有着不同的思考、不同的选择。对于微软在以下四个重要发展阶段的重要节点，企业愿景和战略都进行了调整。

（一）个人计算机普及化

在公司发展早期，微型计算机刚刚起步，通过软件推动计算机的普及是当时微软的最终目标，也是当时比尔·盖茨的理想。因此，微软最早的愿景阐述是让每台桌上、每个家里都有一台个人计算机。在这一愿景的激励下，公司的产品开发努力都是为了达到这一理想：通过个人计算机提供廉价和易用的操作系统及大量的应用软件，帮助推动微型计算机的普及。微软公司带领整个业界经过30年的奋斗，基本已实现这一理想。

（二）提供能够为人类发挥最大潜力的优秀软件

1999年，随着微软整体业务的扩展，微软公司逐步向桌面计算机软件之外的软件市场发展，如移动设备、嵌入式设备等。据此，微软将企业愿景调整为：在任何时候、任何地方、任何设备上，提供能够为人类发挥最大潜力的优秀软件。在这个更新的企业愿景下，微软对过去十几年中那些非传统计算机的软件开发做出了巨大的投资和努力，如应用于手机的 Windows Mobile 操作系统、游戏平台产品 Xbox 等，都是微软在其企业愿景的指导下完成的。

（三）帮助全世界的个人和企业充分发挥其最大潜力

2002 年，随着信息技术的进一步应用和互联网的高速发展，微软进一步调整了自己的企业愿景，即帮助全世界的个人和企业充分发挥其最大潜力。从那时起至今，微软致力于开发各种企业内部平台、软件开发、网络协议及网络运营平台。在微软的技术领导与业界的激烈竞争下，互联网信息技术呈爆炸式发展，企业与个人的工作效率得到了大幅提高。

（四）以赋能为使命——成就不凡

2008 年，微软的个人计算机出货量和财务增长陷入停滞状态；创始人比尔·盖茨卸任首席执行官，将精力转向了盖茨基金会的运营；苹果、谷歌的智能手机和平板电脑销量极速上升；亚马逊悄悄推出了亚马逊云服务，在高利润的云服务领域力拔头筹。十年间，移动互联网取代了 PC 互联网。微软几乎完美错过了移动互联网时代，在智能终端、搜索引擎、社交媒体、电子商务等领域全面落后于竞争对手。从以 Windows 为中心的 PC 战略，到以云为中心的移动战略，微软花了 10 年时间。在 PC 的黄金时代，Windows 业务曾为微软创造过 180 亿美元的年营收，一个市场占比高达 91.59% 的桌面操作系统，一个几乎相当于 PC 同义词的软件产品，谁都无法拒绝垄断格局下的超额利润。

2014 年 2 月 4 日，微软新任首席执行官萨提亚·纳德拉（Satya Nadella）走马上任。在登上演讲台时，他说："我们是一家想帮助别人做更多的企业，我们不仅要赋能美国西海岸的初创公司和技术爱好者，还要赋能全球的每个人。助力人们以及他们的组织成就不凡是我们的理想。这是我们决策的出发点，也激发着我们的热情，它让我们变得与众不同。我们做事是为了帮助其他人做事、做成事。这就是我们的核心使命。"

二、重塑使命

一个企业不能失去灵魂，只有使命感和价值观可以使企业走得更远、升得更高。萨提亚·纳德在发表任职讲话前花了很长时间准备了一份 10 页纸的备忘录，来回应一系列问题：微软的新愿景是什么？实现这一愿景的战略是什么？微软要取得什么样的成功？微软要从哪里重新出发？

为了重塑新愿景，纳德拉和数百位微软不同层级和部门的员工进行了直接交谈并发现：微软的存在，就是为了打造可以赋能他人的产品；微软应该成为"移动为先、云为先"世界里提供生产力与平台的专家；微软要重塑生产力，赋能全球每一人、每一组织，成就不凡。微软要做五件事，才能重新发现灵魂，获得新生：第一，就使命感、世界观和商业及创新愿景，进行明确的、定期的沟通；第二，自上而下驱动文化变革，让合适的团队做合适的事；第三，建立耳目一新、出人意料的伙伴关系，共同做大蛋糕，并做到客户满意；第四，时刻准备赶上下一波创新和平台变革浪潮，在"移动为先、云为先"的世界里寻找机遇，并快速执行；第五，坚守永恒的价值观，为普通大众重建生产力和经济增长。为重塑企业使命，微软从三方面着手调动所有的资源。

第一，必须重塑生产力和业务流程。微软将不再仅仅局限于开发个人生产力工具；将基于协作、移动、智能和信任四大原则，着手设计针对计算的智能架构。员工仍以个人方式从事重要工作，但通过团队协作着力提高生产力。数据、应用程序和设置等所有内容，都必须能在不同的计算体验间移动。智能是一种神奇的力量倍增器。要想在数据爆炸时代取得成功，人们需要利用智能帮助他们管理最稀缺的资源即时间的分析工具、服务和智能助理。最后，微软在安全和合规方面加大投资，争当业界标杆。

第二，构建智能云平台。如今，每一个组织都需要新的云基础设施和应用程序，通过运用先进的分析工具、机器学习和人工智能，将海量数据转化为预测和分析能力。从基础设施的角度来看，通过在世界各地建立数十个独一无二的数据中心，打造全球性的、超大规模的云平台。微软近年来将投入数十亿美元建设更多基础设施，以便客户扩展解决方案，而无须担心他们自己的云平台的能力或在透明性、可靠性、安全性、隐私性和合规性方面的复杂需求。微软的云服务完全开放，并提供不同选择，可以支持各式各样的应用程序平台和开发工具，通过把服务器产品打造成云服务的利器，使之真正支持混合计算。届时，它将不仅仅是驱动增长的基础设施，还将是微软在所有应用程序中注入的智能。云服务还将为视觉、语音、文本推荐，以及人脸和情绪检测提供认知服务。开发者可以在他们的应用中使用应用程序接口（API）提供看、听、说，以及判断周围环境的多元解决方案，提升用户体验。智能云可以让初创公司、小企业和大公司都能运用这些功能。

第三，创造更个性化的计算，推动人们从需要 Windows 到选择 Windows，进而爱上 Windows。微软以一种新的理念推出 Windows10，那就是让 Windows 成为一种服务，支持跨产品传递价值。Windows10 可以以更新、更自然的方式实现与设备的互动和接触——用户可以提问题，书写笔记，用笑脸或触摸板手势确保最重要资料的安全。

所有这些体验都以用户至上为原则，用户可以进行跨设备的无缝衔接——从个人计算机、Xbox、手机和 SurfaceHub，到微软 HoloLens 和 Windows 混合现实设备。

三、微软转型的三大引擎

组织愿景大多具有前瞻性的战略计划或开创性的目标，作为组织发展的指引方针。唯有注重愿景，才能有效地培育与鼓舞组织内部所有人，激发个人潜能，激励员工竭尽所能，增强组织生产力，达到提高顾客满意度的目标。愿景实际上是描述企业未来的发展方向，回答企业要成为什么样的公司，要占据什么样的市场地位，具备什么样的发展能力。而在每一个具体阶段，企业要怎么做，如何落实企业愿景，则是企业战略的意义。因此，愿景决定战略，企业愿景在不同阶段的变化决定了企业战略转型具有必要性。萨提亚·纳德带领微软实现转型的过程中以三大引擎和卓越的领导力，实现了有意义的管理。

（一）引擎一：无所不在的同理心

同理心（Empathy）是心理学中的一个概念，在纳德拉讲公司文化和领导力时，特别强调同理心的重要作用。有意思的是，纳德拉经常提到的同理心，竟然曾差点让他与微软失之交臂。一位名叫理查德·泰特的经理在面试时问纳德拉："如果看到一位婴儿躺在马路上哭，你会怎么做？"纳德拉说："拨打911（报警电话）。"理查德把纳德拉送出办公室，然后拍着纳德拉的肩膀说："小伙子，你更需要有同理心。如果一个婴儿躺在马路上哭，你应该把这个婴儿抱起来。"

这是纳德拉第一次深切地体会什么叫同理心。后来，他的儿子早产，并患有先天疾病，终身困在轮椅上，纳德拉和妻子遭受重大打击。在日复一日的看诊、治疗过程中，纳德拉意识到：深切理解孩子的遭遇，对他的痛苦和处境报以同理心，才能更好地肩负起自己作为父母的责任。

在移动互联的技术变革下，微软将组织愿景从提供能够为人类发挥最大潜力的优秀软件逐步转化为帮助全世界的个人和企业充分发挥其最大潜力。这也要求微软要设身处地考虑个人与企业的要求，也就要求微软要从同理心出发。纳德拉为微软文化输入同理心：对那些努力获得成功的中小企业主们报以同理心，对那些渴望创新突破的工程师们报以同理心，对那些寻求技术解决方案的合作伙伴报以同理心，甚至对竞争对手也要报以同理心。从此，同理心文化在微软落地生根。

所以，在此后的经营中，纳德拉曾在微软发布会上，拿着 iPhone 出场介绍自家的软件和应用，还把 iPhone 称为"非常独特的 iPhone Pro"，随后大大方方地介绍了这款手机上有多少出自微软的应用程序。彼时，将微软和苹果化为可以和谐共生的合作伙伴，而不是拿来相互比较的竞争者，也不是你输我赢的攻击者。不仅如此，微软还为华为 Mate 10、腾讯微信提供语言翻译服务；为苹果 iCloud 提供云服务；为包括小米、摩拜单车、唯品会在内的合作伙伴拓展海外市场提供"专利保护伞"。

接纳无常，接纳不确定性，以同理心赋能个人与企业，这才是微软转型的战略起点。

（二）引擎二：无所畏惧的变革力

微软为何差点错过移动互联革命？答案是：长期垄断优势下的固步自封。因此，微软将企业愿景转化为"打造可以赋能他人的产品"，在此之下，微软开启了自我变革，并致力于让微软的员工点燃激情、开放包容、勇于创新。

正所谓"不破不立"，当面对变革时，一个组织抗拒变革，往往在于对未知的恐惧和惰性。万一失败了怎么办？万一不靠谱怎么办？万一出了问题要承担责任怎么办？因此，那些长期处于垄断优势的公司，往往更倾向于保守的做法。想让大家拥抱不确定，谈何容易。

在这种情况下，一个组织往往会出现企业文化的"板结效应"：每一位员工更希望证明自己是对的；自己是团队中最聪明的人，哪怕别人的方案更适合；只对绩效和目标负责，其他的事能不做就不做；必须按流程办事，哪怕业务机会稍纵即逝；等级制度是森严的，越级的事千万不能做；如果会引发跨部门冲突，再好的创意都必须停止等。在这种情况下，变革从何谈起？因此，微软从每年一度的战略务虚会入手，向内部组织的板结效应开战。

在微软，每年都有一个全球150名高管参与的战略务虚会，会上往往针对公司的战略和未来问题展开讨论。尽管大家说得很热闹，但彼此的碰撞和交流不多，大多数情况下还是礼貌地自说自话。纳德拉做了三个改变：

第一个改变：邀请此前一年微软并购公司的创始人参加会议。作为微软新晋领导者，他们的思维、想法和行为方式与众不同，可以给微软带来新变化，避免年复一年的同质化讨论。在此之前，这些新领导者因职务层级问题往往没有资格参加。通过邀请新晋领导者参会，打破了过往的思维定式，打开了微软包容创新的新局面。

第二个改变：务虚会期间，分小组进行客户拜访。小组内分布不同的业务线、不同区域部门的管理者，由一位客户经理带队前往客户端。拜访期间，他们一起学习、建立联系，聚焦客户的问题和需求，群策群力找到解决方案。这种体验也让管理层放下指向彼此的"枪"，感受到跨部门多元化团队协同与共的新方式。

第三个改变：客户拜访归来后，分组讨论公司文化变革问题。大家不仅要讨论既定的主题，还要发现新的文化问题，并坦诚分享和讨论解决方案。第二天，大家分组报告各自的问题、方案、承诺和行动措施，形成真正落地和切实可行的解决方案。之后，管理层还组建了"文化内阁"，塑造和引领微软的文化变革持续落地。

可以想见，如果没有这种无所畏惧的变革力，没有上下一心、协同一致的行动力，微软转型难上加难。面对未知的不确定性，作为领导者必须充满激情，对外洞察市场机会，对内发现文化问题，并通过有效的变革连接外部市场机会和内部文化再造，才能让企业焕发新生。

（三）引擎三：无处不在的成长型思维

为了实现"帮助其他人做事、做成事"的企业愿景，微软在企业内部逐渐培养成长型思维。大公司最典型的问题是什么？自以为是。多年的快速发展和竞争优势，非常容易让大公司陷入认知固化、思维同质、行为重复的发展陷阱。显然，阻碍这些大公司持续增长的关键，在于他们普遍丧失了成长型思维。纳德拉认为，一个人无法去准确预测未来的科技变化，但是成长型思维模式可以使他更好地对不确定性做出反应，并且在技术快速变化的情况下，去纠正自己所犯的错误，因此需要不断"刷新"。如何创造紧迫感，动员有着不同技能和背景的员工朝着共同目标迈进，就成为纳德拉进行组织变革的关键点。基于此，微软从三个方面进行了组织变革：

第一，从以产品为中心，转移到以客户为中心。以客户为中心，意味着必须时刻关注和解决客户的问题。那种给产品和技术打打补丁、修修补补的方式，显然不是以客户为中心。保持好奇心、保持想象力，用技术创新来满足客户未能表达和未被满足的需求；在理解客户应用场景的基础上，倾听客户的心声，预测客户的喜好，以初学者的心态，了解行业和对手，不断带给客户惊喜，这是公司保持成长型思维的关键。

第二，减少自以为是，增加自以为非。面对别人的不同意见，不是去证明自己的观点是正确的，而是首先想到，对方为何会有这种差异，我能从差异中学到什么，之前的观点有何漏洞和问题，对方的意见对我有什么帮助。唯有尊重差异，才能察觉自己的认知偏见，真正张开双臂拥抱差异，让成长无处不在。

第三，打破部门和团队壁垒，跳出舒适区。客户要的是 Windows，还是系统解决方案？客户要的是 Office，还是办公效率提升？客户要的是云服务，还是生产力效率提升？微软意识到，客户需求的不是产品，而是解决方案。因此，过去那种条线分离、各自为政的产品格局体系就需要被打破和改变。围绕客户需求，各个部门和团队上下一心、共同协商解决方案，才是微软真正的竞争力所在。

为此，微软开启了旨在鼓励员工突破极限、创造性解决问题的黑客马拉松大赛。在第一次黑客马拉松大赛中，来自 83 个国家和地区的超过 1.2 万名员工发起了 3000 个黑客项目。有的项目是为了终止视频游戏中的性别偏见，有的项目是为残疾人提供更便捷的计算服务，有的项目是为了改进产业供应链运营，有的项目是为了帮助患有失读症的孩子提高学习成绩。这种聚焦客户需求，各个部门和团队通力协作的方式，为微软变革带来了强劲之风。

在基于有意义管理的三大引擎的驱动下，从 2014 年至今，面对物联网的快速发展，微软没有再被变革淘汰，而是在云计算、移动应用、智能硬件等领域全面发力，同时积极布局虚拟现实、人工智能、量子计算等前沿技术，在变革中勇争潮头。微软的股价也一扫颓势，从 2014 年开始迅速拉升，仅用三年时间就市值翻番；到 2018 年 12 月，微软总市值突破 8500 亿美元，力压苹果成为全球市值最高的公司；2019 年公司市值超过万亿美元；2021 年 6 月，微软的市值更是突破 2 万亿美元。微软终于从一家暮气沉沉的公司，重新站在了技术浪潮之巅。

案例四

中国航天科技：强国使命铸就创新奇迹

改革开放 40 年来，我国航天事业从零起步，由航天大国向航天科技强国迈进，真正走上了以自主创新为基础的航天工业创新强国之路。中国航天科技集团作为我国国防科技工业中特大型高科技企业，其发展历程伴随着我国系统性迈向航天科技强国之路。40 年来，航天科技集团在鲜明的国家创新使命下不断取得技术突破，在自主创新的创新引领战略导向下取得了一系列航天领域的技术创新成就，体现为载人航天产品谱系的不断升级、北斗卫星导航系统自主研制、载人航天空间站等一系列卡脖子技术的不断突破以及持续引领的发明专利。

航天科技一系列技术创新成就的背后，是航天科技建立了独特的技术创新体系，包括鲜明的航天强国使命的战略引领、完备的科技人才培养储备体系、基于商业航天落实国家军民融合战略推动下的航天科技产品市场化，同时，在国家使命与商业使命的导向下，逐步实现企业与社会的共生融合；在人类使命与企业社会使命不断推动下，航天科技承担起发展中国家的航天梦，开启作为一家航天科技企业的独特的企业社会责任实践之路，为最终创造可持续的经济、社会与环境价值构成的综合价值与共享价值不断努力。

一、公司简介与概况

中国航天科技集团（以下简称航天科技集团）是根据国务院深化国防科技工业管理体制改革的战略部署，经国务院批准，于 1999 年 7 月 1 日在原中国航天工业总公司所属部分企事业单位基础上组建的国有特大型高科技企业，是国家授权投资的机构，由中央直接管理。航天科技集团的前身为 1956 年成立的我国国防部第五研究院，曾历经第七机械工业部、航天工业部、航空航天工业部和中国航天工业总公司的历史沿革。中国航天科技集团是国家首批创新型企业，承担着我国全部的战略导弹武器、长征系列运载火箭、载人航天器、深空探测器和应用卫星以及部分战术导弹武器系统的研制任务。同时，大力发展卫星应用设备及产品、信息技术产品、新材料与新能源、航天特种技术应用产品、特种车辆及汽车零部件、空间生物产品等重点领域，着力打造卫星及其地面运营服务、金融服务、国际化服务、信息与软件服务以及产业基地配套开发和内部土地资源开发等业务板块。

中国航天科技创造了以人造地球卫星、载人航天和月球探测三大里程碑为标志的一系列辉煌成就；航天科技集团是我国境内唯一的广播通信卫星运营服务商；是我国影像信息记录产业中规模最大、技术最强的产品提供商；也是国家首批创新型企业，获得国家和部级科学技术奖500余项，在推进国防现代化建设和国民经济发展中做出了重要贡献。

探索浩瀚宇宙，发展航天事业，已经成为人类不懈追求的航天梦。中国航天科技具有鲜明服务国家战略的使命定位，航天科技集团是我国航天科技工业的主导力量，肩负着实现富国强军、建设创新型国家、推动我国从航天大国迈向航天强国的神圣使命和历史责任（见图4-6）。中国历来高度重视航天探索和航天科技创新，中国的航天科技工业从"两弹一星"以来，在短短的数十年间创造了举世瞩目的辉煌成就，多项国家重大航天工程任务圆满完成，不断扩大着人类对外层空间的探索。在世界航天领域中，中国航天发挥着至关重要的作用，持续推动着航天科技向前进步，造福全人类。

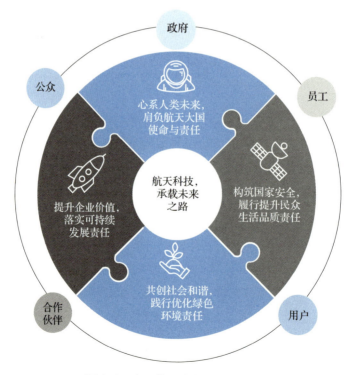

图4-6 中国航天科技的责任同心圆

资料来源：作者基于公司社会责任报告整理。

二、"航天强国"使命驱动下的航天科技创新体系

1. 强国使命：基于航天强国使命的战略驱动

在航天强国实现社会主义现代化强国建设的战略导向之下，航天科技集团大力弘扬航天"三大精神"，深化改革创新，坚持融合发展，通过市场化、国际化经营，实现航天技术和产业的绿色高质量发展。始终坚持以国为重，努力完成好每一项国家重大工程和科技重大专项任务，筑牢国家安全战略基石，型号发射和飞行试验实现"满堂红"，创造了年发射和飞行试验数量的新纪录。

在航天强国的使命驱动下，航天科技集团的产品创新体系也具备了新的战略路线图。以运载火箭技术为例，2017年11月，航天科技集团所属中国运载火箭技术研究院在北京发布《2017—2045年航天运输系统发展路线图》，系统规划了航天运输系统的能力建设前景与发展蓝图，进一步落实了党的十九大提出的建设航天强国的战略目标。规划提出，到2045年，我国航天运输系统将处于国际领先地位，航天综合实力位居世界前列，具有强大的国际竞争力、国际影响力和自主创新能力。

具体来说：第一步在2020年，长征系列主流运载火箭达到国际一流水平，面向全球提供多样化的商业发射服务。其中，低成本中型运载火箭长征八号实现首飞，在役火箭实施智能化改造，商业固体运载火箭与液体运载火箭可为用户提供"太空顺风车""太空班车""VIP专车"等商业发射服务。第二步，在2025年前后，可重复使用的亚轨道运载器研制成功，亚轨道太空旅游成为现实。空射运载火箭将快速发射能力提升到小时级，智能化低温上面级投入使用，运载火箭将有力支撑空间重大基础设施建设、空间站运营维护、无人月球科考站建设，商业航天建成集地面体验、商业发射、太空旅游、轨道服务为一体的系统体系。第三步，在2030年前后，重型运载火箭将实现首飞，航天运输系统水平和能力进入世界航天强国前列。重型运载火箭将为载人登月提供强大支持，并为火星采样返回提供充足的运载能力。以火箭发动机为动力的两级完全重复使用运载器研制成功，火箭型谱更加完善。第四步，在2035年前后，运载火箭实现完全重复使用。以智能化和先进动力为特点的未来一代运载火箭实现首飞，高性能智能化空间运输系统将实现广泛应用，航天运输系统为基本实现社会主义现代化提供有力支撑。第五

步,在 2040 年前后,未来一代运载火箭投入应用,空间运输系统实现长时间多次星际往返。其中,组合动力两级重复使用运载器研制成功,核动力空间穿梭机实现重大突破,运输工具能够有效支持大规模的空间资源勘探和开发,小行星采矿和空间太阳能电站有望成为现实。

2021 年 8 月,航天科技集团召开第八次工作会大会,明确了集团公司未来三年的主要目标和任务安排。未来三年,必须全面贯彻落实习近平总书记"8·26"重要批示和建设航天强国重要论述,锚定航天强国战略目标,面向 2030 年中远期目标,紧紧围绕"十四五"发展目标,强化战略性布局和系统性推进,加快研制好用管用的航天装备,不断创造中国航天发展新的里程碑,着力打造世界航天原创技术策源地,大力培育发展航天战略性新兴产业,加快数字航天建设,在装备发展、重大工程、创新引领、产业升级等领域取得一批标志性成就,全面实现高质量、高效率、高效益发展。同时会上提出集团长远规划,到 2025 年推动我国跻身世界航天强国行列,到 2030 年推动我国跻身世界航天强国前列,到 2045 年推动我国全面建成世界航天强国。

在保障国家安全方面,航天科技集团始终铭记"富国强军"的使命,以强军为首责,通过构建包容开放的武器装备科研生产体系和装备体系化、集成化、产业化发展能力,持续提升武器装备综合竞争力。一大批新型武器装备研制成功和交付我国军事部队,不仅巩固了国家安全战略基石,也有效增强了我军在信息化条件下的实战能力,为国防现代化建设提供了强大的装备支撑。2017 年中国人民解放军建军 90 周年阅兵,航天科技集团负责研制的武器装备以战斗姿态沙场受阅。2018 年,航天科技集团研制的战略导弹、常规地地导弹、无人装备、防空反导系统等,为我国军队现代化建设提供了重要支撑。值得一提的是,航天科技集团在保障国家能源安全方面也发挥了重要的作用,其中最具创新代表性的便是中国海油文昌 19-1N 和 8-3E 油田产能释放项目海管铺设完工,航天技术再次破解了世界难题。这是我国首次铺设不锈钢复合双层海管,其作业难度为国内之最,两项焊接新技术获得首次应用。其中,最为重要的内管——双金属机械复合海管就是由航天科技集团所属航天动力技术研究院制造的。航天科技集团所属航天推进技术研究院研制的高端阀门连续在中石化、中海油和地方炼油市场输油管线项目中标,以更优的质量、更低的价格、更短的制造周期和更快捷的售后服务,击败全球最大的美国旋塞阀生产厂商，打破了其在中国输油管线市场的垄断局面，成为中国高端阀门市场的一匹"黑马"。该产品的成功中标，降低了成品油管道设备对国外产品的依赖度，有望在今后的市场竞争中逐步替代原有进口阀门，确保国家能源供应安全。

2. 人类使命：基于航天大国担当帮助更多国家实现航天梦

中国作为航天大国，对世界航天发展肩负着重大责任。自 1990 年 4 月 7 日中国航天实现首次提供商业发射服务以来，航天外交已成为中国高科技"走出去"的一个标签，成为我国外交的有机组成部分。航天科技集团在政府间合作大纲的指导下，积极配合国家"一带一路"倡议，在沿线国家大力推动项目的开发合作。"中国——东盟空间技术应用服务论坛"被纳入 2017 年度亚洲专项资金支持项目，成为本年度唯一获批的航天领域项目。航天科技集团基于人类使命推进更多的航天科技产品与科技服务普及世界，让整个人类受益于大国航天的创新发展成果，实现真正意义上的科学成果无国界。2018 年，航天科技集团积极开展航天国际合作，承担了卫星出口、合作研制、发射等多种类型的国际合作项目，有力推动世界航天科技交流和产业发展，使航天活动在更广范围、更深层次、更高水平上服务和增进人类福祉（见表 4-1）。

表 4-1 航天科技集团推进航天科技产品的全球普及合作概况

合作国家	合作形式	发射的卫星
法国	海洋动力环境监测	中法航天合作的首颗卫星——中法海洋卫星在酒泉卫星发射中心成功发射。实现对海洋表面风和浪的大面积、高精度同步观测，该卫星还能观测陆地表面，获取土壤水分、粗糙度和极地冰盖相关数据。卫星平台由中方提供，两台有效载荷由中法两国共同承担，卫星的运载发射和测控工作由中方承担，中法双方均建有数据接收地面站

（续）

合作国家	合作形式	发射的卫星
阿根廷	首次与阿根廷 Satellogic 公司签署长征六号火箭多发采购协议	完成白俄科教卫星、阿根廷 Satellogic 公司 Newsat4&5 卫星搭载发射。成功发射亚太 6C、巴遥一号、中意电磁卫星、中法海洋卫星、SaudiSat5A/5B 等国际卫星
巴基斯坦	中巴经济走廊和"一带一路"建设，用于巴基斯坦的国土资源普查、环境保护、灾害监测和管理、农作物估产和城市规划等领域	长征二号丙/SMA 运载火箭在酒泉卫星发射中心以一箭双星的方式，成功将巴基斯坦遥感卫星一号（简称"巴遥一号"）和科学实验卫星 PAKTES-1A 送入预定轨道
阿尔及利亚	阿尔及利亚一号通信卫星（简称阿星一号）在轨交付仪式在阿尔及利亚航天局总部举行，中阿双方签署了阿星一号在轨交付证书，卫星主要用于阿尔及利亚的广播电视、应急通信、远程教育、电子政务、企业通信、宽带接入和星基导航增强服务领域，将改善阿尔及利亚国家基础设施，造福边远地区民众，提高人民生活质量	阿尔及利亚一号通信卫星
沙特阿拉伯	推进"一带一路"建设	长征二号丁运载火箭成功将沙特阿拉伯王国的 SaudiSat 5A 和 SaudiSat 5B 卫星发射升空

航天科技集团通过多渠道扩大中国航天影响力，积极参加联合国、亚太空间合作组织、国际宇航科学院、国际宇航联等国际组织活动；参加亚太空间合作组织成立十周年高层论坛，联合国外空委 UNISPACE+50 系列活动及大型航天展览。积极参与空间与重大灾害国际宪章组织（International Charter Space and Major Disasters，简称 Charter）、地球观测组织（Group on Earth Observations，简称 GEO）、国际卫星对地观测委员会（Committee on Earth Observation Satellites，简称 CEOS）等国际组织活动，充分履行了中国作为航天大国的国际职责。在人

道主义救援方面，航天科技集团通过调度卫星资源，在 2018 年共计响应 20 余次 Charter 灾害请求，根据灾害的发生情况，编制观测计划，安排调度我国陆地观测卫星对灾区成像，并通过 Charter 机制向巴布亚新几内亚火山喷发、新喀里多尼亚飓风、美国夏威夷火山、斯里兰卡洪水、日本洪水、委内瑞拉洪水等 14 个受灾地区提供了卫星数据共计 95 景，为世界范围的重大灾害监测做出了贡献。

3. 社会使命：基于社会责任实现企业与社会共生发展

企业社会责任是企业基于经济与社会属性嵌入社会并影响社会的一种微观战略行为选择，企业社会责任的本质目标在于通过相应的制度安排，做出对利益相关方与社会负责任的价值决策，在企业运营管理过程中，通过开展相应负责任的行为实践，最终为企业的利益相关方创造综合价值与社会共享价值。对于航天科技集团而言，其主要的利益相关方包括企业的员工、科技产品的用户、社会公众与商业合作伙伴，对于不同利益相关方的责任主要表现为经济责任、社会环境责任与慈善道德责任。在以社会捐赠为基础的公益慈善责任方面，2018 年，航天科技集团捐赠总额共计 476.34 万元；2017 年，集团投入 270 万元在 33 所国内知名高校设立 CASC 奖学金，资助了 730 多名品学兼优的大学生。航天科技集团根据社会和航天发展需要，建立了 3 所航天职业技术学院，分别位于四川、重庆和陕西。2018 年，学校在校生共计 28201 人，向社会输送 8950 名毕业生，3 所学院的毕业生就业率均超过 96%。

在公共安全与社会灾害预防方面，我国由于国土面积广阔，自然灾害频发，目前是世界上自然灾害最为严重的国家之一，且自然灾害种类多、分布地域广、发生频率高、造成损失重，不确定性程度大。多年来，航天科技集团在富国强军的同时，一如既往地用尖端技术保障国计民生，为防灾减灾工作再添羽翼。航天科技集团充分发挥卫星遥感、卫星通信、卫星导航技术的独特优势，在自然灾害预测预报、监测预警、风险评估、决策指挥、应急救援、恢复重建等环节发挥了巨大作用，不断推动我国防灾减灾工作更上一层楼。

最后，在环境责任方面，航天科技不断推进节能减排实现绿色创新与可持续创新。2017 年，航天科技集团在科研生产任务总量逐年递增的常态下，实现万元工业增加值能耗为 0.149，与 2016 年同期相比下降 4.4%；主要污染物 SO_2 排放量为 1391 吨，同比下降 3.12%，COD 排放 875.6 吨，同比下降 2.04% 等。各项考核指标较 2016 年实现平稳下降，圆满完成国资委季度、年度目标考核任务，工作亮点连续 4 年获国资委表彰。并积极参与环保公益活动,持续开展义务植树、环境保护宣传等公益活动,倡导步行、自行车出行等低碳生活方式,全集团绿化面积达 572.7 万平方米(见图 4-7)。

	2013	2014	2015	2016	2017
万元工业增加值能耗	0.170	0.169	0.161	0.157	0.149
SO_2 排放量(吨)	1535.7	1522.9	1484.7	1435.7	1391.0
COD 排放量(吨)	935.5	927.6	913.2	893.8	875.6

图 4-7　航天科技集团的节能减排成效

资料来源:航天科技集团社会责任报告整理。

航天科技集团的发展记录了我国从航天弱国走向航天大国,并最终迈向航天强国的高质量发展进程。回顾我国航天科技的发展历程,从我国第一颗东方红一号卫星的成功发射开启了我国探索太空宇宙之门,到如今我国卫星在遥遥天际浩瀚宇宙中纵横游弋,航天科技集团始终牢记"创人类航天文明、铸民族科技丰碑"的使命责任,汇聚一代代航天人的努力和汗水,将中华民族智慧传延至更深远的太空。

航天科技集团肩负着实现富国强军、建设创新型国家、推动我国从航天大国迈向航天强国的神圣使命和历史责任。在这一使命驱动下,正如航天科技集团董事长吴燕生所言:"坚信航天科技承载未来之路,我们的运载火箭可以把航天器送到地球、月球的任何轨道;我们的飞船可以把航天员安全地送入太空、送回地球;我们的卫星可以让目光俯瞰世界的每一个角落;我们的探测器可以让深空不再深不可测。航天科技创造美好生活,我们研制生产的通信广播卫星、导航卫星、气象卫星、对地观测卫星等航天产品、系统和服务,已经与人们的日常生活深度融合、密不可分;我们在航天技术上取得的每一次突破、开展的每一次转化应用,都致力于让我们的生活更加美好,让老百姓真真切切地感受到航天技术就在自己身边。"

综上，在未来高质量发展的战略目标驱动下，航天科技集团在建设世界一流航天科技企业的过程中面临着新的艰巨任务与发展课题，深化改革创新，坚持融合发展，通过市场化、国际化经营，实现航天技术和产业的可持续高质量发展。航天科技集团承载着航天强国的民族复兴使命，以意义和使命驱动，在产品创新体系、社会责任管理体系、军民融合体系、创新管理体系以及人类发展使命上不断探索前行。

第五章

创新创造
让世界更美好

有意义的管理

　　创新是人类特有的思维方式和实践能力，是在遵循客观规律的基础上，为了满足社会需求，创造新的事物或思想，是社会变迁的源泉。创新是引领发展的第一动力，坚持创新才能实现可持续发展。无论是追求物质发展和精神发展的双丰收，还是平衡经济增长与生态保护，创新都在其中扮演着不可或缺的角色。

第一节 创新是蓬勃发展的动力

创新是驱动人类文明和经济社会可持续发展的主要动力[①],"创新"一词最早起源于奥地利经济学家熊彼特(1912),他指出,创新是将资源以新的方式重新组合,从而产生新的价值。随后,学者们基于不同视角开始对"创新"这一概念进行重新定义。费宁(Findlay)和拉姆斯登(Lumsden)[②]认为,创新是一种处理事情的方法、产品,还包括特有的人格品质。在新一轮科技革命背景下,以人工智能、物联网、大数据为代表的新一代颠覆性技术所驱动的产业革命,使企业面临的国内外竞争环境呈现出模糊性、非线性、指数性、生态性的新发展态势,挑战着传统的以线性、静态性和局部性思维为主导的创新理论与范式[③]。随着零工经济和微工作的崛起,一些新的创新范式将有力改变创新过于倚重企业家的熊彼特范式和过于依靠科学家的新熊彼特范式的局面,而把广大普通百姓的仁爱、情感、知识不断纳入创新的源泉,形成一种以人民为中心的重要创新范式,为民族的科技自立自强提供坚实保障。

一、创新对企业发展的意义

创新是一个民族进步的灵魂,也是引领发展的第一动力。现如今,经济全球化和区域经济一体化的浪潮愈演愈烈,国家之间、企业之间的关联性日益增强,对于企业而言,这既是机遇也是挑战。如何在激烈的竞争中化危为机、赢得主动,在优胜劣汰的环境中立于不败之地,对企业而言至关重要。创新决策能够为企业寻找到更多机会,为企业创造竞争优势,提升市场竞争力。创新关系着企业的生存与发展,从不同维度来看,产品创新、技术创新、商业模式创新、管理创新在企业经营过程中发挥着至关重要的作用。

---

① 陈劲.开展迎接创新强国的技术创新研究[J].技术经济,2015,34(1):1-4.
② FINDLAY C S, LUMSDEN C J.The creative mind: toward an evolutionary theory of discovery and innovation[J]. Journal of Social & Biological Structures,1988,11(1):3-55.
③ 陈春花.共享时代的到来需要管理新范式[J].管理学报,2016,13(2):157-164.

1. 产品创新

经济合作与发展组织（OECD）将产品创新界定为：实现具有改进的性能特征的产品或商品化，为消费者提供客观上新的或改进的服务。产品创新或依靠企业内部产生的核心概念或核心技术的突破，以实现产品的商品化和市场化；或通过学习模仿行业领先创新者的创作思路和行为，并在其基础上进行改进和开发，推出产品。

企业的生命是以其产品为载体的，依据消费者需求变更，不断开发研制新产品，将为企业带来不竭的发展动力。以顾客为中心的战略思想强调为顾客持续创造优质价值[一]，强调顾客利益至上[二]，而产品创新也旨在推动满足顾客的需要。企业通过产品创新能够形成独特的产品优势，再通过产品优势转化为顾客对新产品的满意度，依靠满意的顾客来创造企业的财务绩效；通过产品创新形成的产品优势还能够帮助企业形成独特的市场地位，也将能够提升企业的财务绩效[三]。产品创新能够增加企业的获利机会，降低市场风险，形成企业新的增长点，有利于产品结构的调整；同时，产品创新能够积累企业的核心技术和管理经验，并在企业内部形成一种蓬勃向上的创新氛围，增强员工的凝聚力、向心力和归属感。

京东方科技集团股份有限公司（BOE）是一家为信息交互和人类健康提供智慧端口产品和专业服务的物联网公司。2021年12月，京东方发布了中国半导体显示领域首个技术品牌，其中包括ADS Pro。ADS Pro是京东方自主研发的高端LCD显示技术解决方案，其最主要的特点是具有全视角、无色偏、超高刷新率的优势，能带来流畅的、真实的画质体验，还可以实现超高的刷新频率，尤其是笔记本产品，刷新率最高可以达到500Hz以上。500Hz以上刷新率的电竞笔记本和显示器产品，采用领先的氧化物TFT和1ms极速液晶响应技术，为用户带来极致流畅的操作体验。

---

① NARVER J C, SLATER S F. The effect of a market orientation on business profitability [J]. Journal of Marketing, 1990, 54（4）：20-35.
② DESHPANDE R, FARLEY J U, WEBSTER F E. Corporate culture, customer orientation, and innovativeness in Japanese firms: a quadrad analysis[J]. Journal of Marketing, 1993, 57（1）：23-27.
③ 徐岚，汪涛，姚新国. 中国企业产品创新战略执行的路径：基于转轨经济条件的研究 [J]. 管理世界，2007（09）：85-98.

新兴产业正在依靠创新赋予的延展性、竞技内核赋予的凝聚力呈现出蓬勃发展的生命力。京东方凭借其产品创新能力在一众品牌中拔得头筹，以其产品创新形成了自身的技术和品牌优势，赢得了消费者的青睐，开启了电子竞技产品创新的新纪元。通过洞悉用户需求，将核心创意转化为有效产品，拓宽了市场，并树立了良好的企业形象。

2. 技术创新

技术创新是以创造新技术为目的的创新，或以科学技术知识及其创造的资源为基础的创新①。伴随信息技术推动下知识社会的形成，技术创新的影响进一步被认识。技术创新是各创新主体、创新要素交互复杂作用下的一种复杂涌现现象，是技术进步与应用创新的"双螺旋结构"共同演进的产物②。

党的十八大以来，党中央高度重视科技创新，坚持把科技创新摆在国家发展全局的突出位置，强调深入实施创新驱动发展战略，努力实现高水平科技自立自强。能否顺利实施创新驱动发展战略，关键在于能否激励市场中微观主体的技术创新意愿和能力③。伴随现代企业竞争中科学技术的重要性日益提升，技术创新提高了物质生产要素的利用率，减少了生产要素的投入；同时，引入新设备和新技术也降低了生产成本。技术创新推动科技创新成果转化为现实的生产力，更好地促进了经济的发展。

惟改革者进，惟创新者强，惟改革创新者胜。高铁是交通运输现代化的重要标志，也是一个国家工业化水平的重要体现。我国高铁列车动车组事业经历几代铁路人的接续奋斗，实现了从无到有、从追赶到并跑再到领跑的历史性变化。引进动车组技术，掌握核心技术是关键。2016年6月，我国成功自主研发具有完全知识产权的新一代标准高速动车组，并于一年后被正式命名为"复兴号"；2017年6月26日，"复兴号"动车组在京沪高铁上首发运行，这标志着中国高铁发展进入"中国标准动车组"时代，实现了中国高速动车组从"跟随者"向"引领者"的角色转变，开启了引领世界高速铁路客运装备发展的新阶

---

① 陆雄文.管理学大辞典[M].上海：上海辞书出版社，2013.
② 宋刚，唐蔷，陈锐，纪阳.复杂性科学视野下的科技创新[J].科学与社会，2008（02）：28-33.
③ 唐松，伍旭川，祝佳.数字金融与企业技术创新——结构特征、机制识别与金融监管下的效应差异[J].管理世界，2020，36（05）：52-66+9.

段；2017年9月，"复兴号"动车组在京沪高铁以时速350公里运营，我国成为当时世界上高铁商业运营速度最高的国家。

我国高铁事业之所以能够领先世界，关键就在于技术创新，通过一系列技术创新，CRH380系列高速动车组在运营速度、安全性、舒适性和节能环保等方面达到了世界领先水平。在现代管理模式下，通过建立起更加适应市场的快速反应机制，有助于提升企业产出的实效性，而这也要求企业通过技术创新开发新产品，创新生产技术，免受被市场淘汰的风险，提升企业的可持续发展能力。

3. 商业模式创新

商业模式创新是通过改变企业价值创造的基本逻辑以提升顾客价值和企业竞争力的活动，既可能包括多个商业模式构成要素的变化，也可能包括要素间关系或者动力机制的变化。伴随经济的快速发展和竞争对手的不断涌现，企业想要突破发展瓶颈，唯有依靠发展自身独特的商业模式，通过商业模式创新与竞争对手形成差异化，避免产品和服务陷入同质化的困境。商业模式创新能够为企业创造新的竞争优势，获取新的市场资源，发现新的经济增长点，从而提升绩效[一]。

魔筷科技是快手生态的核心战略服务商，成立于2015年，致力于更好地链接、赋能和服务于供应商群体，并为消费者带来创新、优质的社交购物体验。魔筷科技最初主要为大型零售商提供运营管理的电商SaaS系统；2018年年初，魔筷科技与快手达成合作，开始提供电商交易SaaS系统与服务；2019年，魔筷科技开始布局供应链，满足电商对优质货源的需求并提供相关服务。现如今，魔筷科技以SaaS工具服务为核心贯通了直播电商的整体链路，并发展出以此为基础的S2B2C商业模式（见图5-1）。

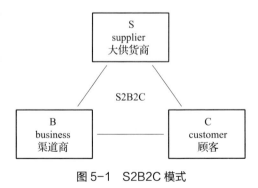

图5-1 S2B2C模式

S2B2C是一种创新的商业模式，是一种集合供货商、赋能于渠道商并共同

[一] 吴晓波，赵子溢. 商业模式创新的前因问题：研究综述与展望[J]. 外国经济与管理，2017, 39（01）：114-127.

服务于顾客的全新电子商务营销模式。一方面，将优秀的供货商筛选出来供渠道商集中采购，另一方面，提供 SaaS 工具、技术支持、培训给渠道商，使其能更好地为顾客服务。

魔筷科技通过 S2B2C 的商业模式赋能主播与商家群体，以此贯通了直播电商的销售路径，帮助主播与商家群体实现共赢，即主播可以通过魔筷星选商家版 APP 寻找到合适的供应链，同时将商品销售给 C 端消费者，魔筷科技则负责一件代发、售后管理等运营服务。

电子商务发展到今天，从最开始阿里的 B2B 到淘宝的 C2C，再到天猫的 B2C，每一种模式都有相应的缺陷——B2B 门槛高，难以形成大众创业，C2C 造成假货泛滥，B2C 则形成品牌垄断。在此情境下，S2B2C 的商业模式得以发展。S2B2C 模式能够带来比传统模式大得多的价值创新，大供应商赋能于渠道商，共同服务于消费者，其构建的协同网既契合了个性化消费趋势，也弥补了渠道商资源、技术等能力不足。2021 年魔筷科技荣获界面新闻"2021 好公司 50"创新发展大奖，魔筷科技借助 S2B2C 模式和主播流量优势，深度整合资源，迎来了企业的快速成长。

4. 管理创新

管理创新是指企业把新的管理要素（如新的管理方法、新的管理手段、新的管理模式等）或要素组合引入企业管理系统、以更有效地实现组织目标的创新活动，是组织形成创造性思想并将其转换为有用的产品、服务或作业方法的过程。企业管理创新的实质是持续改进和优化企业管理流程，不断提高其竞争力和盈利能力[①]，发展组织情境需要的管理创新对企业绩效提升有着杠杆效应[②]。伴随经济全球化的深入发展，企业管理创新适应新时代的要求，有助于企业在竞争中与国际接轨，管理水平不断提升，有助于企业核心竞争力得到增强，经济效益得到保障。

浙江中控技术股份有限公司（简称中控技术）成立于 1999 年，是高新技术

---

① 何桢，韩亚娟，张敏，张凯.企业管理创新、整合与精益六西格玛实施研究[J].科学学与科学技术管理，2008（02）：82-85+107.

② 余传鹏，林春培，张振刚，叶宝升.专业化知识搜寻、管理创新与企业绩效：认知评价的调节作用[J].管理世界，2020，36（01）：146-166+240.

企业和国家技术创新示范企业。中控技术致力于面向以流程工业为主的工业企业，提供以自动化控制系统为核心，涵盖工业软件、自动化仪表及运维服务的智能制造产品及解决方案，赋能用户提升自动化、数字化、智能化水平，实现工业生产自动化、数字化和智能化管理。2022年7月，中控技术在杭州发布新一代全流程智能运行管理与控制系统——中控技术i-OMC系统，该系统围绕流程企业智能感知、智能控制、智能操作、智能优化、智能运维等全链路数智化能力构建，基于安全可靠的新型现场网络以及统一的数字化基座。其1.0版本可提供高性能HMI、预测控制、设备健康诊断、视觉AI、操作导航等先进自动化应用，将极大助力流程企业生产过程高度自主运行，推进流程工业企业自动化、数字化、智能化水平提升，实现成本优化、减少人力、安全平稳、经验沉淀和资产增值[一]。

以共享为中心的自动化模式和管理理念，能够降低繁杂的流程运营机制对创新活动的不利影响，在员工与机器的双向互动中激发创新活动，进而促进创新行为的产生。自动化技术将加速实现企业核心技术的独立自主，更高效地保障企业的生产安全和信息安全，进一步帮助企业更好地开展创新活动[二]。

创新是提升企业市场竞争力的最有效形式，也是企业适应市场环境和增强生命力的必然选择。产品创新、技术创新、商业模式创新、管理创新对于企业而言都至关重要，有助于企业打造持续竞争力，形成独特的竞争优势，避免同质化，建立和丰富自己的品牌形象，增强企业的可持续发展能力。

二、创新对社会发展的意义

正像埃德蒙·费尔普斯（Edmund Phelps）教授在《活力》一书中所述："大多数创新并不是亨利·福特类型的孤独的企业家所带来的，而是由千百万普通人共同推动，他们有自由的权利去构思、开发和推广新产品与新工艺，或对现状进行改进。"这种大众参与的创新带来了普通人的繁荣兴盛——物质条件的改善加上广义的"美好生活"。未来，一个公司的想法和周围环境的想法之间的界限将

⊖ 杭州日报.''国内首创,国际领先!''中控技术发布新一代智能运行管理与控制（i-OMC）系统[EB/OL]. 2022[2022-08-25]. https://baijiahao.baidu.com/s?id=1739064724694588594&wfr=spider&for=pc.

⊜ 钱菱潇，谢雨轩，陈劲.自动化技术驱动的管理模式创新——以中控技术为例[J].清华管理评论，2022（06）：50-56.

更为模糊，公司越来越成为集体想法的实现者，将成果提供给个人用户，并且引导个人用户的力量，使之帮助改善产品，提高集体福祉。这种介于政府和市场之间的每个普通劳动者的智慧和力量，将成为未来推动企业永续发展的源泉。

密歇根大学的政治学教授罗纳德·英格尔哈特（Ronald Inglehart）基于《世界价值观调查》的结果分析，认为发达国家的社会已经从过去那种把经济增长和收入提升放在首要位置的"近代社会"转型为更加重视生活品质和幸福感受的"后近代社会"[一]。德鲁克在《管理：使命、责任、实践》中指出，相对于技术创新而言，对社会创新的需要甚至有可能更加迫切[二]。德鲁克所指的社会创新是指在社会各个领域、各种组织中实践创新和创业精神，实施有效的管理，在解决社会问题、满足社会需求的同时促进组织和整个社会的发展[三]。创新不仅对企业具有重要意义，对社会发展也具有重大的推动作用。

德国著名社会学家沃尔夫冈·查普夫认为，社会发展的动力就是技术创新与社会创新[四]。社会创新以一种创新的理念和手段，通过从社会问题中识别商业机遇、开拓市场空间，为个体、组织同时创造社会价值和商业价值，进而解决社会问题[五]。社会创新要求创新者充分利用资源，赋予资源新的用途或是创造资源来实现尽可能大的社会效益。在创新的过程中，企业自身得到了发展，同时获得了高于经济利益之上的追求，并为社会的发展和国家的兴旺发达提供了动力。英国社会创新之父周若刚（Geoff Mulgan）提出，社会创新是在满足社会目标方面产生效果的新想法，或者是指受满足社会需求目标所驱使并主要由以社会目的为主的组织所从事和扩散的创造性行动和服务。美国斯坦福大学社会创新研究中心詹姆斯·A.菲尔斯（James A.Phills）认为，社会创新是对某个社会问题的新颖的解决办法，这个解决办法比现有的更有效、效益更高、更加可持续或更加公正，同时它所创造的价值为整个社会带来利益，而非仅仅对某些个人有利。

正如哈佛大学经济学家劳伦斯·卡茨（Lawrence Katz）所说的："信息技术

[一] 英格尔哈特.现代化与后现代化[M].严挺，译.北京：社会科学文献出版社，2013.

[二] DRUCKER P. Management: tasks, responsibilities, practices[M].New York: Harper Business, 1993.

[三] 纪光欣，岳琳琳.德鲁克社会创新思想及其价值探析[J].外国经济与管理，2012，34（09）：1-6.

[四] 查普夫.现代化与社会转型（第2版）[M].陈黎，陆宏成，译.北京：社会科学文献出版社，2020.

[五] 陶秋燕，高腾飞.社会创新：源起、研究脉络与理论框架[J].外国经济与管理，2019，41（06）：85-104.

和机器人未来有可能会淘汰传统的工作岗位,并创造出新的手工艺型经济……这是一种以自我表达为导向的经济。在这种经济中,人们可以用自己的时间从事艺术性工作。"世界将从消费型世界转变为创造性世界。在人的动机高级化和数字技术的赋能下,人们可以利用闲暇时间开展自己感兴趣的活动,同时可以拥有更多与家人朋友相处的时间。互联网平台为跨领域、多元融合、学科交叉等有益于创新产生的氛围提供了协同空间。

未来的劳动力市场会出现各类服务的"反向建设"(Un-building),会更少地谋求员工的总体劳动时间,工作更多地对应于劳动者的部分时间和部分技能。一种灵活流动、对象驱动、敏捷的劳动力市场随着"微工作(Microwork)"的产生而形成雏形。作为新生代知识工作者能够快速地感知到新生事物和创新需求,快速将其发展成为第二、第三职业和多维职业发展空间。他们必将成为重要创新主体,推动后熊彼特创新范式的快速蓬勃发展。

总之,在已经到来的"超链接化"时代,劳动者可以将除休息以外的大部分时间花在个人兴趣、志愿服务和社区改善上。知识工作者有更多的居家时间,在工作之余充分地探索新技能,追求个人价值,以关爱为驱动提升家庭生活质量将成为重要的创新动力。后熊彼特创新范式将产生巨大的发展潜力,成为意义导向、数字赋能驱动下的新型创新范式,不仅能够有效提升创新者个人的自我奖赏、家庭的生活质量提升,更能够提升个人福祉和社会福祉,推动获得新的高质量的人类文明。

02 第二节　　　　　　　　　　　　　　　　激活员工创造活力

创新是创意或技术发明转为具有经济价值的产品与服务的过程,其本质是各类新奇的知识转化为财富,提高企业的创新能力,必须把握创新这一内涵[一]。培养创新员工,培育创新企业有助于激活员工创造活力,实现有意义的管理。

[一] 陈劲.如何进一步提升中国企业创新能力?[J].科学学研究,2012,30(12):1762-1763.

一、员工创新能力的影响因素

关于员工创新能力的早期研究主要关注个体特征和创新能力之间的关系[1],希望从个体层面找到创新能力的起源。结果显示,个人的自信程度、广泛的兴趣、智力因素等都与创新绩效息息相关,并开发出高氏创造力人格量表(Gough's Creative Personality Scale);通过相关统计分析,对创新能力贡献较大的性格特征包括自信、真诚、礼貌、聪慧等,而对创新能力贡献较小的性格特征包括传统、守旧、兴趣狭隘、多疑等。

哈佛商学院的特雷莎·阿马比尔(Teresa Amabile)教授提出创新能力构成要素模型(见图5-2),认为组织中员工的创新能力主要受到其掌握的知识、技能以及动机三大要素的影响,凸显了创新主体知识储备、理论基础等因素在其创新能力方面发挥的作用[2]。托比·马歇尔·伊根(Toby Marshall Egan)以企业员工为研究对象,发现员工的创新能力是其开展创新活动的基础,员工能力的强弱对其创新方法和有效性起到决定性作用,对创新绩效存在显著影响[3]。顾远东和彭纪生[4]通过对企业员工大样本调查,发现创新自我效能感不仅对员工创新行为有直接影响,还会通过成就动机和工作卷入的中介作用间接影响员工的创新行为。

后来,学者们又将研究聚焦在组织层面,主要研究员工所处的组织环境对员工创新能力的影响。他们认为,员工所处的环境会对员工的心理产生影响,接着会对员工的创新能力产生影响,包括组织的学习环境、创新氛围、团队意识、领导成员关系(LMX)等。伍德曼(Woodman,2013)依据交互心理学理论,认为员工创新能力是由个体与环境相互作用的复杂系统,提出员工创新能力受到个体、群体与组织因素的交互影响。阿尼尔·梅农(Anil Menon)

---

[1] BARRON F, HARRIGTON D C.Creativity intelligence and personality[J].Annual Review of Psychology, 1981, 32, 439-476.

[2] AMABILE T M . Motivating creativity in organizations: on doing what you love and loving what you do[J]. California Management Review, 1998, 40(1): p.39-58.

[3] EGAN T M. Factors influencing individual creativity in the workplace: an examination of quantitative empirical research[J]. Advances in Developing Human Resources. 2005, 7(2): 160-181.

[4] 顾远东,彭纪生.创新自我效能感对员工创新行为的影响机制研究[J].科研管理,2011, 32(09): 63-73.

等从个体和组织两个层面对组织创新进行研究,探究员工创新能力对创新绩效提升的影响作用[一]。我国学者关于创新能力的研究多集中于组织层面,关注创新能力对创新绩效的影响,认为创新能力对创新绩效有显著的正向影响。章凯等探索组织环境对员工创新能力的影响机制,认为工作因素、人际与群体因素、组织文化与政策因素、资源丰富性因素均会对员工创新能力产生影响[二]。周文泳通过实证研究探讨管理者认知对员工创新能力的影响[三],选取自我效能感作为中介变量,揭示管理者认知、自我效能感与员工创新能力间的关系。张新国等通过结构方程模型分析探讨社会责任对企业科技创新能力的影响,认为企业通过履行社会责任能够激活知识型员工的科技创新意识,推动企业科技创新活动并提升科技创新能力[四]。李钧等通过实证分析高管团队创新意愿与决策能力对企业创新绩效的影响,发现高管团队创新意愿与决策能力对创业企业创新绩效有显著正向影响。[五]

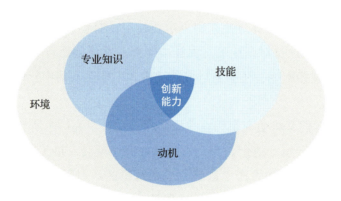

图 5-2 阿马比尔创造力模型

[一] BHARADWAJ S, MENON A. Making innovation happen in organizations: individual creativity mechanisms, organizational creativity mechanisms or both[J]. Journal of Product Innovation Management.2000, 17(6):424-434.

[二] 章凯,李滨予.组织环境因素影响员工创新能力的动力机制探索[J].安徽大学学报(哲学社会科学版),2012,36(04):149-156.

[三] 周文泳.管理者认知对企业员工创新能力的影响机理实证研究[A].中国软科学研究会.第九届中国软科学学术年会论文集(上册)[C].中国软科学研究会:2013:9.

[四] 张新国,吕晶晶.社会责任对企业科技创新能力的影响——基于企业知识型员工视角[J].科技进步与对策,2014,31(17):86-90.

[五] 李钧,柳志娣,王振源,王路.高管团队创新意愿、决策能力与创业企业创新绩效——研发组织水平的调节效应[J].南京财经大学学报,2020(01):74-84.

二、创新能力的度量

创新型员工能为企业发展注入新的活力，因此，如何培养创新型员工成为企业应当关注的重点。创新能力的度量从量表角度提供了衡量员工创新能力的方法，同时，建设企业文化、加强员工培训、完善激励政策也将有利于培养创新型员工。

关于创新能力的度量，既有研究大致遵循三种思路，分别是：创新能力阶段视角，创新能力成分视角，创新能力交互视角。其中，创新能力阶段视角主要是将创新行为划分为若干边界明确的阶段。例如，黄志凯认为，员工的创新能力可以分为两个方面创造和实施创新思想。一方面，员工主动寻求创新管理、产品或服务是员工创新能力的体现；另一方面，员工在产生创新构想后将其运用到实践中也是员工创新能力的体现。斯科特和布鲁斯（1998）则认为员工创新能力主要可以通过三个阶段得以体现：创新念头的出现、推广和实施。他们也开发了测量员工创新能力的量表，在此量表的实际运用当中，它的可靠性和有效性都很好，因此许多后来的学者使用斯科特和布鲁斯的量表（见表5-1）来衡量员工的创新。加拿大会议委员会针对当前和未来开发出员工创新能力倾向测验量表（General Innovation Skills Aptitude Test），该量表包含创新思维、关系建设、执行和风险控制四个维度。

表 5-1 创新能力阶段视角量表范例

新思想的产生、新机会的甄别、新方案的执行、风险控制等	工作中我经常能产生创新念头
	工作中我经常对其他同事提出的观点进行改进
	工作中我经常运用互联网思维寻求改进方法
	总体而言我是有创新能力的人
	寻求新的工艺、流程、技术或创业
	不害怕承担风险
	工作中积极展示创新点
	经常提出高质量的新建议
	经常采用新方法完成目标

资料来源：Tierney（2003），Scott & Bruce（1998），Zhou（2003）。

创新能力成分视角则是将"能力"进行解构，分为若干维度，并单独测量。其中运用较为广泛的是马林（Marin等，2010）的研究，从个人、人际和网络层面入手（见图5-3）。个人层面与创造力、毅力、冒险精神和个人态度有关。产生新思想的过程并不等同于在实践中运用这些思想，处理不同的关键事件，需要创新思维和反应，以克服可能出现的困难问题或任务。人际交往能力植根于沟通和团队领导能力，沟通在思想的集体建构过程以及随后的处理、评估或论证过程中起着至关重要的作用。创新的最后一个维度考虑了与来自不同国家、具有不同文化和背景的人合作的能力，以及获得或创建联系人网络的能力。

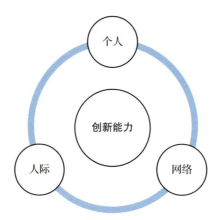

图 5-3 创新能力成分模型

创新能力的交互视角主要由伍德曼和索耶（Woodman & Sawyer，2013）等人提出，以交互心理学为基础，主张员工创新能力的发挥受到个体团队和组织因素的交互影响。该理论视角并没有直接探讨创新能力本身，而是将重点放在激发创新能力的环境要素上（见表5-2）。

表 5-2 创新能力构成视角量表范例

愿景、自由、资源、认可、激励、信任	组织支持	组织开展培训提升员工创新能力
		组织为创新表现好的员工发放奖励
	主管支持	主管信任员工给予工作自由度
		主管鼓励员工畅所欲言
	同事支持	同事直接分享经验和技术
		同事相处和谐，沟通顺畅

资料来源：Amabile（1989），Ekvall（1983），Woodman & Sawyer（2013）等.

尽管学者对创新能力的定义和度量进行了大量探索，但仍然存在不少问题。创新过程究竟应当划分为三阶段还是四阶段，学术界迄今为止并没有达成共识。阶段的划分与具体岗位或行业有关，甚至存在地域差异。现有对量表开发的研究大多是针对国家高新技术产业开发区的某一高新技术企业进行调查的，样本局限于这一区域。地域差异会对企业运营产生影响，进而影响创新行为的过程。因此，很难从一个普遍适用的角度来对创新能力进行阶段划分。

在实际操作中，还需要关注企业员工创新能力建设的目标、措施以及企业环境，甚至包括民族文化、国家政策导向等，不能仅限于企业内部因素。这样才能够根据现代科技企业的实际情况，找出企业普遍存在的问题，针对这些问题，提出相应的切实可行的提高企业员工创新能力的策略。

三、营造创新氛围，培养创新型员工

创新型员工是指企业中具有创新意识，具备创新能力，在本职工作中积极、持续地开展创新实践，不断取得创新成果的一类优秀员工[1]。创新型员工作为企业的核心资源之一，能够为企业增加效益，提升效率，同时推进企业内部形成鼓励创新的文化与氛围。

员工在企业中工作和成长，要让员工主动创新、乐于创新，就要在企业内部营造一种尊重知识、鼓励创新的企业文化。从企业管理者的角度来讲，可以强调人才，尤其是创新型员工对企业发展的重要性，并对为企业做出突出贡献的创新型人才给予公开的表彰和奖励；领导要善于引导、鼓励和支持员工在工作中的想法，与员工交流心得，同时对员工的想法予以建议和意见。管理层应以身作则，不断学习，关注企业所在领域的技术进步，鼓励员工共同学习，相互交流，打造学习型企业。此外，管理者还应该着眼于企业人际环境的优化。因为只有在轻松愉悦的工作环境中，员工才有更多的时间、精力去钻研业务，才有更大的勇气去探寻知识。

成功的企业管理，不仅要求领导队伍具有较强的现代科学管理理论知识，而且还要求领导者具有较高的个人技能、技术技能和经营管理技能，对企业的发展目标、战略、方向等的分析、判断、识别、决策和创新能力。通过若干企业实践观察，发现以下几种领导风格对于营造创新氛围、提升员工创新意愿和

---

[1] 奚洁人.科学发展观百科辞典[M].上海：上海辞书出版社，2007.

创新能力有积极意义。

（一）服务型领导

服务型领导者的风采体现在对自我和他人的认知、鼓励协作、关爱和信任、有远见、尊重和倾听、人性化地运用权利和授权。斯皮尔斯（Spears）在长期研究格林里夫（Greenleaf）原著的基础上，提出"理念、激励、移情和信任"是服务型领导的核心特征，他总结了服务型领导的十大特征，它们是：第一，倾听（listening）：能够主动、真诚地倾听他人的声音，通过倾听确定群体的需要和愿望；第二，移情（empathy）：能奋力去理解他人，接受和认可他人的独特性，接受和认可他人的特殊精神和心理需求；第三，治愈（healing）：有能力治愈自己及他人的创伤，对个人和机构施加影响力，促进自我精神和心理及与他人关系方面的愈合；第四，知觉（awareness）：有深刻的自我知觉，对自己的信念、价值观等有清晰的认识，能全面、系统地看待问题，特别是对自我的认知，理解有关道德规范、权利和价值的重要性，更全面、客观地对待个人、环境和职位方面的问题；第五，劝导（persuasion）：主要依靠劝导而不是职位权利来进行决策，能以民主体制为信仰，崇尚说服并寻求信服，达到团队一致意见，不是以职位权威做出决策或强制性让他人服从，能在群体中有效地建立共识；第六，构想（conceptualization）：超越日常现实，能够跳出日常事务，为机构提供理念并具有表达概念的能力，敢于梦想，从较长远的角度看待问题；第七，远见（foresight）：理解过去的经验和教训、目前状况及对未来的预测和决策，善于总结经验，把握现在，能够预见当前的决策对未来的影响；第八，管家（stewardship）：能够像管家一样忠实地为委托人管理各种事务，为了他人的需要竭诚服务，互相信任，承担为他人需要提供服务的义务；第九，员工成长承诺（commitment to the growth of people）：能对每一名员工的成长怀有发自内心的承诺，能够认识到自己对员工成长所肩负的重大责任，认可每一位员工具有超越自身实际贡献的内在价值，培养、促进下属和同行在个人及专业方面的发展和提高；第十，建立社群（building community）：能够致力于在既定机构中建立富有亲密人际关系的社群，示范和行使无任何制约的服务义务和职责，使更多员工能得到充分的服务型管理。

达夫特（Daft）对服务型领导的理解更为简洁，他提出的是一个四因素的服务型领导模型，包括：第一，先人后己（service before self）：服务型领导将服务他人置于自己的利益之上，能够为坚持原则而放弃名利地位；第二，把倾听作为肯定他人的手段（listening as a means of affirmation）：服务型领导能够虚心向他人请教，善于促进他人参与决策，增进他人的信心和自我效能感，通过倾听来肯定他人；第三，创造信任（creating trust）：服务型领导具有令人信任的品质，通过展现这样的品质，服务型领导能够在下属间创造和激发信任。服务型领导能与下属分享所有信息，以确保任何决策都能增进群体的福利。

通过长期对创新型企业的实践观察，我们发现服务型领导一般具备以下特征：

1. 以关爱同下属增进感情

卓越的领导都是善于对下属进行感情投资的领导。不能只靠强制和命令，还必须通过感情投资来激发他们的巨大潜能。依据"领导成员交换理论"，领导通常与部分信任的员工建立稳固的互相支持的关系。在领导和下属之间存在着一种互相影响和制约的机制。这一机制不仅要求下属必须对领导进行有效的感情投资，而且要求领导对下属也要进行感情投资。领导若把自己所在的单位或机构管理好并做出成绩，仅靠自己的能力是远远不够的，还必须充分调动下属的积极性，发挥下属的能力和智慧。一般来说，领导对下属进行感情投资确实比下属对领导进行感情投资更容易做到。因为双方所处的位置不同，一方高，一方低，而感情投资就像水一样，更容易由高处向低处流淌和渗透。当然，领导对下属进行感情投资也是一项富有创造性、艺术性的活动，需要具备一定的技巧和方法才能做好。只有通过感情投资，才能使下属感受到来自领导的重视与关爱，因而愿意尽己所能，充分发挥自己的潜在力量。

2. 以宽容博得下属的信赖

一般来说，领导者的工作能力或管理经验都要比下属更胜一筹，很容易发现下属的缺点和能力的不足之处，而且也容易向他们提出高标准要求。领导者应当清楚地了解每一个下属的能力，因材适用，在为下属制定高标准的工作要求同时，宽容下属的错误，这样做不但不会使下属因此而散漫，反而会激发他们的工作热情。如果作为一个领导者，老是挑剔下属的毛病，就会极大地削弱他们的工作热情，甚至会使他们产生反感，影响他们的工作积极性、主动性和创造性，从而对企业发展产生不利的影响。所以，每一位领导者都应该努力做到"严于律己，宽以待人"。宽容也是一则重要的用人之道。

3. 以赞扬为下属树立成就感

领导的赞扬可以满足下属的荣誉感和成就感，使其在精神上受到鼓励。常言道：重赏之下必有勇夫。这是物质的低层次激励的方法，具有很大的局限性。人们都很在乎自己在领导心目中的形象，对领导对于自己的看法和领导的一言一行都非常敏感。领导的表扬往往具有权威性，是下属确立自己在本单位的价值和位置的依据。领导赞扬下属，还能够消除下属对领导的疑虑与隔阂，密切两者关系，有利于上下团结。

4. 共同分享，增强下属的向心力

分享是对员工的最大激励。作为一名成功的主管，应成就员工晋级之美，应设法让你的员工分享你现有的成果，让他们也有更好的发展，获得更好的物质奖励和精神奖励。让下属分享成果，是对他们最大的激励，也是自己再创佳绩的宝贵基础。

星巴克的创始人舒尔茨·霍华德说："我们必须用真心来领导，必须深深懂得在这个世界上最重要的是什么。对我而言，最重要的不是利润，不是销售额，也不是连锁店的数量，而是热情、责任以及对众人的爱。"他要求每个管理者必须学会真心地帮助和服务下属，进而让顾客得到他们期望的梦幻服务和体验。在舒尔茨看来，当客人来到星巴克，排队等咖啡时，其实他们要的并非咖啡，而是独特的"星巴克体验"。星巴克有个信条，那就是只有伙伴（星巴克一直坚持把员工称为伙伴）的满意才能带来顾客的满意，进而带来顾客的忠诚。在星巴克做的一个调查中，82%的伙伴对自己的工作感到满意或者非常满意。员工的满意推动了星巴克的快速发展，使其成为美国最受尊重的10家公司之一。

全球最大最快的快递公司联邦快递（UPS）也是崇尚服务型领导的企业，它有一个著名公式：P—S—P，即员工（People）—服务（Service）—利润（Profit）。意思是：如果我们关心员工，他们就能为客人提供高品质的服务，而满意度高的客户能带给我们更多的业务，从而带来效益。效益再分享给我们的员工，从而形成一个良性循环。

服务型领导将领导岗位当作服务他人的机会，服务的最终目的就是帮助他人也成为服务者，从而使整个社会受益。是否具有服务动机是区别服务型领导

和其他领导类型的重要标志。服务型领导的动机来源于领导者的原则、信念、价值观，或者是领导者的谦逊品质及远见卓识，这些内在的激励因素使领导者自然而然地承担了服务型领导的角色。对于一个组织，当服务程度变高，其成员满意度和数量都将提升。没有服务时，企业仍有少量的收益；当服务程度较低，即处于有集权阶段时，随着服务程度的提高，企业向服务型领导模式靠近，企业收益逐渐递增；当服务程度增强至分权阶段时，企业运作初始良好，而且可以到达企业收益的最高处——E 点。但分权的后期，高程度的服务导致的高成本使得企业的收益不断下滑；当组织处于完全分权化时，组织很可能是公益组织，组织收益趋向于零。服务程度与企业收益的关系如图 5-4 所示。

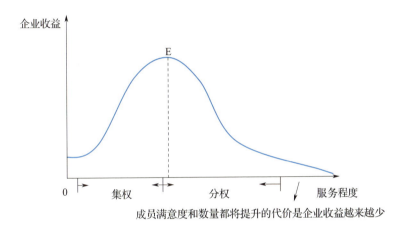

图 5-4　服务程度与企业收益关系图

（二）谦逊型领导

谦逊型领导力本质上是一种人际关系过程，它深深地嵌在高效的团队合作中，它并不替代任何建立在个人英雄式的愿景或目的基础上的领导力模式[一]。谦逊领导力不仅是一项"软技能"，也关乎技术、战略、权力和纪律。领导远不只是一种角色，而是一种推动完成某种不平凡的、新的、更好的事情的合作关系。

吉姆·柯林斯认为，同时拥有谦卑品质和强大意志力的领导者能够把好企业转变为伟大的企业[二]。欧文斯（Owens）和海克曼（Hekman）从行为视角提出了谦

[一] 埃德加·沙因，彼得·沙因.谦逊领导力：关系、开放与信任的力量[M].徐中，胡金枫，译.北京：机械工业出版社，2020.

[二] COLINS J. Good to great[M]. New York：HarperColins，2001.

逊型领导概念[1]，定义其为一种"自下而上领导"，即愿意放低身段，不把自己看作高于他人的领导角色，与员工共同发展和进步，具有正确看待自己的意愿、欣赏他人优点与贡献、可教性、低调以及开门纳言的特点。

维拉（Vera）等人[2]在对来自不同国家的多名高管进行访谈后，归纳出谦逊型领导的13个特点：①对新思想持开放的心态；②渴望向他人学习；③承认自己的局限和过错，并尝试去改正；④求实地接受失败；⑤寻求建议；⑥发展他人；⑦带着一种真正的渴望去服务；⑧尊重他人；⑨与合作伙伴分享荣誉与称赞；⑩低调地接受成功；⑪毫不自恋，厌恶奉承；⑫避免自满；⑬节俭。

谦逊型领导对于培养创新企业具有重要作用。在个体层面，谦逊型领导通过提升与下属的亲近关系，促进下属的组织公民行为（建言和帮助行为）[3]，同时谦逊型领导以其谦逊的态度，能够充分提升下属的工作绩效[4]，增强员工对于工作的满意度[5]，增强员工对组织的认同感[6]，进而推动员工以更加主动和饱满的态度投入工作[7]，并促使员工在组织中保持较高的创造力[8]。在组织层面，谦逊型领导善于纳谏求贤，在决策过程中会广泛听取成员意见，愿意与员工共同解

---

[1] OWENS B P, HEKMAN D R. Modeling how to grow: an inductive examination of humble leader behaviors, contingencies, and outcomes[J]. Academy of Management Journal, 2012, 55（4）: 787-818.

[2] VERA D, CROSSAN M. Strategic leadership and organizational learning[J].The Academy of Management Review, 2004, 29（2）: 222-240.

[3] 毛江华, 廖建桥, 韩翼, 刘文兴. 谦逊领导的影响机制和效应：一个人际关系视角 [J]. 心理学报, 2017, 49（09）: 1219-1233.

[4] OWENS B P, WALLACE A S, WALDMAN D A. Leader narcissism and follower outcomes: the counterbalancing effect of leader humility[J]. Journal of Applied Psychology, 2015, 100（4）: 1203-1213.

[5] OWENS B P, MD JOHNSON, MITCHELL T R. Expressed humility in organizations: implications for performance, teams, and leadership[J]. Organization Science, 2013, 24（5）: 1517-1538.

[6] 曲庆, 何志婵, 梅哲群. 谦卑领导行为对领导有效性和员工组织认同影响的实证研究 [J]. 中国软科学, 2013（7）: 9.

[7] 唐汉瑛, 龙立荣, 周如意. 谦卑领导行为与下属工作投入：有中介的调节模型 [J]. 管理科学, 2015, 28（3）: 13.

[8] 雷星晖, 单志汶, 苏涛永, 等. 谦卑型领导行为对员工创造力的影响研究 [J]. 管理科学, 2015, 28（2）: 11.

决问题，追求共同进步，组织也因此更可能实现成长[1]。

谦逊型领导致力于在组织内部形成一种鼓励学习的氛围，同时他们自身也很擅长学习，维拉等人提出谦逊型领导通过七种方式影响组织学习，分别包括：对新范式持开放态度；渴望向他人学习；能认识到自己的局限与过失，并设法改正；真正地接受失败；询求建议；发展他人；绩效产出[2]。

德鲁克认为"管理不是控制，而是释放"，换言之，高效领导力的核心和精髓其实就是让每个人得以蓬勃发展。当组织中的领导者具备谦逊型领导的特质时，领导者会承认自己的不足，正视团队现有问题，把不足和错误看待为发展机会；会欣赏成员的优势和贡献，鼓励成员提出新观点，分享自己的权力并引导成员参与决策过程。在这种组织环境下，员工的参与度和积极性被极大激发出来，具有更强的创新热情，组织的创新力将得到有效提升。

谦逊型领导能针对员工、利益相关者和客户采用不同的领导方式，将帮助团队更具灵活性、适应性和合作性。随着乌卡时代的来临，组织需要更高效的沟通渠道来分享信息流，工作中需要跨部门的技能合作，这依赖于开放、信任的关系，而不是森严的管理等级和管理链条。谦逊型领导一旦转变原来"领导者-追随者"的关系为"领导者-领导者"，这意味着每个员工都是领域内的专家，有特殊的背景知识和专业技能，能够在任何时候向彼此寻求信息和帮助，保证所有事情围绕共同的目标运转良好，激发每个团队成员的热情和活力。

（三）中国传统领导智慧——无为而治

儒家的"行为理论"中对于领导行为方式的探讨独具一格，这就是著名的"无为而治"原则。提起"无为而治"，人们一般都认为只是道家的主张，其实这是一种误解。"无为而治"是儒、道、法家的共同理想。孔子曾经正面赞扬："无为而治者其舜也与。夫何为哉？恭己正南面而已矣。"老子则主张："圣人处无为之事，行不言之教。"并一再强调"无为无不为"。韩非在"解老"的过程中，继承了"无为无不为"的思想，并与君主专制理论相结合，提出"明君无为于上，群臣竦惧乎下"。融合儒、道、法三家思想的《管子》一书则明确提

---

[1] GARDNER W L, AVOLIO B J, LUTHANS F, et al. "Can you see the real me?" A self-based model of authentic leader and follower development[J]. JAI，2005（3）.

[2] 冯镜铭，刘善仕，吴坤津，王红椿. 谦卑型领导研究探析[J]. 外国经济与管理，2014，36（03）：38-47.

出:"无为者帝,为而无以为者王。"此外,"无为而治"也可以说是墨家和名家的理想目标,墨子主张"兼爱非攻",名家倡导"循名责实",都是达到"无为"目标的"有为"手段。

所谓"无为而治",其实就是管理行为的"最小——最大"原则,即如何以最小的领导行为取得最大的管理效果。在这一点上,不仅是中国古代各家各派,即使是现代管理各家各派,恐怕都无异议。这里的关键在于什么是"最小",各家各派的理解就不一样了。道家所理解的"最小"是"道法自然",因而主张以清静无事来达到无为而治,法家所理解的"最小"是"君主集权",因而主张以专制手段来达到无为而治;而儒家所理解的"最小"是"为政以德",因而主张以道德导向来达到无为而治。

所以,我们不仅要认清"无为而治"是中国古代思想家们的共同理想,而且要把握各家达到"无为而治"的具体手段。儒家所谓的"无为而治",说的是"为政以德""任官得人""行其所无事",这同现代管理理论所说的"象征性管理""分级管理"和"自动化管理"等领导方式有着许多相似之处。

"无为而治"的思想昭示着领导的基础不是权力,而是权威,权威是建立在爱、服务和牺牲的基础上,成为领袖不是因为拥有某种权力,而是看其可为其他人做多少贡献。具体的做法用一句话来说,就是"让自己身边全变成聪明人,然后就知趣地让开路,让他们去表演"。

在当今这个竞争激烈的世界上,要实现真正的生产,显然需要有聪明的头脑,但是,更多的则是需要内心的勇敢、不轻易屈服的强烈道德观以及极度的热忱,好的企业和好的组织就是要营造这种能够不断激发员工创新意愿和创新能力的氛围,最终释放员工的力量、活力和创造力。

四、员工创新力影响分析——以百度为例

百度是拥有强大互联网基础的领先 AI 公司,是全球为数不多的提供 AI 芯片、软件架构和应用程序等全栈 AI 技术的公司之一,被国际机构评为全球四大 AI 公司之一。百度以"用科技让复杂的世界更简单"为使命,坚持技术创新,致力于"成为最懂用户,并能帮助人们成长的全球顶级高科技公司"。创新求变一直是百度不断追寻的目标。李彦宏多次强调"方向不变,创新不断。""创

新是把握战略方向，制订战略路径。""培养出百度的创新能力，才是我们长久能够赢得战斗、战役、战争的根本保障。"创新是要提升关键人才的创新能力，而创新能力的培养离不开人才的选拔和培养，更离不开组织文化土壤的培育和塑造。

通过对百度集团部分创新能力较强的员工的问卷调查研究发现：创新是一项智力密集型的工作，员工在职场的一些正面或负面感受将极大影响其智力的发挥和灵感的迸发，进一步影响创新效果。例如工作满意度较低可能使得员工在工作中无法保持愉悦的心情。

图 5-5 展示了工作环境满意度与创新力的关系。横轴表示创新能力或创新意愿的得分，纵轴表示影响因素得分。图中两条曲线均向上倾斜，意味着工作环境满意度的提升伴随着创新意愿和创新能力的提升，故通过改善工作环境或许能够促进员工创新力。

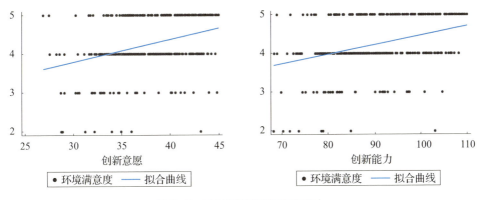

图 5-5　工作环境满意度与创新力

图 5-6 展示了职业前景满意度与创新力的关系。两条曲线均向上倾斜，意味着职业前景满意度的提升伴随着创新意愿和创新能力的提升；故通过拓宽员工职业前景或许能够促进员工创新力。

图 5-7 展示了薪酬水平满意度与创新力的关系。两条曲线均向上倾斜，意味着薪酬水平满意度的提升伴随着创新意愿和创新能力的提升；故通过提高员工薪酬水平或许能够促进员工创新力。值得注意的是，与工作环境和职业前景相比，薪酬水平满意度涉及的两条拟合曲线更为平坦，意味着薪酬水平满意度的少量提升或许能够带来创新力的较大改善。

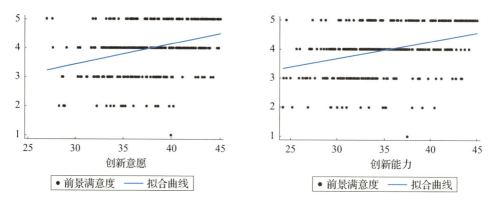

图 5-6 职业前景满意度与创新力

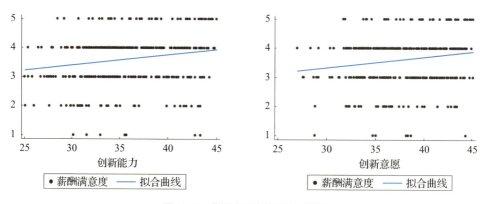

图 5-7 薪酬水平满意度与创新力

图 5-8 展示了商业道德观念与创新力的关系。该题项中得分越高表示对违反商业道德的行为更容忍。两条曲线均向下倾斜，意味着对违反商业道德行为

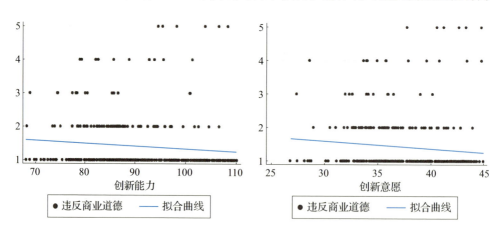

图 5-8 商业道德观念与创新力

的包容伴随着创新意愿和创新能力的下降，道德标准更高的员工更善于进行创新。因此，在任用员工时可加强对道德标准的考察。商业道德观念与创新力高度相关，这在以往的研究中似乎未受到足够重视。商业道德是衡量商业行为对错、好坏、善恶、荣辱的价值标准，界定了什么样的行为在商业活动中能被广泛接受。诚然，德才兼备的人才可能并不常见，企业可以通过必要的机制与规则，减少对德才兼备人才的依赖性。但对于一些关键性的岗位或重大创新任务，应当尽量将道德观念作为入选评价标准之一。

图 5-9 展示了工作自主权与创新力的关系。该题项中得分越高，表示感知到的工作自主权越高。两条曲线均向上倾斜，意味着工作自主权的提升伴随着创新意愿和创新能力的提升。提升员工自主权，减少不必要的监管和干预，有助于提升员工的创新力。

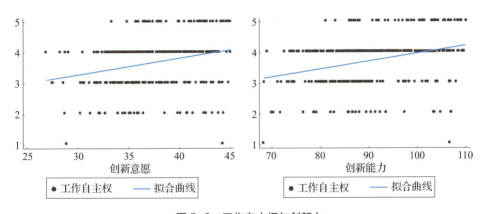

图 5-9 工作自主权与创新力

图 5-10 展示了工作耗竭感与创新力的关系。该题项中得分越高，表示感

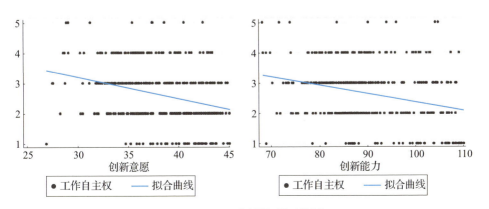

图 5-10 工作耗竭感与创新力

知到的工作耗竭感越严重。两条曲线均向下倾斜，意味着工作耗竭感的提升伴随着创新意愿和创新能力的下降。识别产生工作耗竭感的主要原因并加以控制，能够提升员工的创新力。

鉴于工作满意度与创新力的关系，如何打造一个让员工更满意的组织是未来人力资源管理工作的重点。值得注意的是，满意度是一个相对指标，强调的是实际感知和主观期望的匹配。当员工的实际感知大大超过其期望时，满意度会有较大幅度的提升。因此，可进一步开展满意度专项调查，了解员工对工作岗位提供的各项待遇的感知和期望的形成规律，从而更有策略性地提高员工满意度。工作耗竭感和工作自主权两个因素都能对创新力产生影响，但作用效果截然相反。工作耗竭感的成因可能包括较大的工作负荷、紧迫的时间压力或个人胜任力的缺失以及对组织的疏离感。相关研究也表明，当员工享有较大自主权，可以自由选择工作方法、参与工作安排及决策时，能够提升员工个人胜任感、自主感和归属感，这在一定程度上抑制了耗竭感的出现。因此，可考虑通过适当的机制设计，提升员工自主权感知，这不仅能够提升创新力，还能缓解耗竭感带来的其他负面影响。

 第三节　　　　　　　　　　　　　　　　　　　　创新的社会价值

人类科技的飞速发展使得来自技术本身的约束大大减少，而如何使用技术变得越来越重要，人类在不断应用技术解放劳动力的同时，也在不断思考自身与新技术带来的新约束之间的张力；此外，有限理性的存在使得由市场推动的创新的最优边界只能在短期效率上实现帕累托改进，而无法引领长期效率和社会福利的持续提升。人工智能、大数据、材料科学和能源技术等领域的不断发展将可能帮助人类彻底解决癌症、食物和能源等问题。但是，科技本身并不会必然具有意义，需要重新思索创新的意义和社会价值㊀。

㊀ 陈劲，曲冠楠. 有意义的创新：引领新时代哲学与人文精神复兴的创新范式[J]. 技术经济，2018, 37（07）: 1-9.

一、创新的社会责任

在知识经济时代,企业不再仅仅追求经济利益,而是越来越多地关注如何实现绿色发展来保护自然环境,如何提升自身的道德素质,以及如何开展有效的慈善事业来关爱社会。作为世界上最大的食品饮料公司,140多年来,雀巢公司秉承先人的理念与原则,以人为本,以产品为重,站在世界营养、健康领域的前沿,全力了解世界各地消费者的需求,竭诚为处于人生不同阶段、有着不同生活方式和不同文化背景的消费者服务,满足他们对美味、营养、健康以及对幸福生活的追求,为消费者的今天和未来带来"优质食品,美好生活"。简言之,从工业经济向知识经济的转变使企业社会责任变得尤为重要。

新一轮数字革命下的移动互联网、大数据、人工智能、区块链等数智信息技术的发展,塑造了全新的经济形态,并为传统产业深度赋能,数智化时代下数字技术的高度渗透性与社会化,为经济社会的新一轮变革与深度转型提供了技术基础,人类由传统工业经济时代向数字信息技术驱动的平台经济与数智社会转变㊀。数智化下的新一轮技术革命重塑整个经济形态并为传统产业深度赋能的过程中,也产生了大量的社会问题,在重塑社会运转效率的过程中对整个社会个体、社会组织(微观企业)与社会运行带来一系列挑战,传统基于"经济人"下的"经济理性"、基于社会人下的"社会理性"、基于共享人的"双元理性"逐步转变。

平台企业作为互联网情境下的新组织载体,基于互联网平台的跨边、双边与多边运营模式,极大地颠覆了传统企业的运营管理过程,并基于平台价值主张聚合与整合相应的经济与社会资源,同进入平台的双边市场用户共同创造价值㊁。创新最终将创造更加高阶的综合价值与共享价值,在新冠肺炎疫情防控治理中,大批互联网平台企业(如阿里巴巴、百度、腾讯等)基于自身的资源与能力优势,一方面,主动向社会捐赠(直接性的物资捐赠与货币捐赠)承担社会责任,为疫情公共卫生安全攻坚提供专项资源保障;另一方面,也基于独

㊀ 冯华,陈亚琦.平台商业模式创新研究——基于互联网环境下的时空契合分析[J].中国工业经济,2016,(3).

㊁ 阳镇.平台型企业社会责任:边界、治理与评价[J].经济学家,2018(5):79-88.

特的数字化技术能力，以个体原子式社会责任治理范式参与社会治理。例如，百度平台开发的算法 LinearFold 将新冠肺炎病毒的全基因测序的时间大大缩短○。腾讯平台在自身商业生态圈巨大的用户基础上，通过搭建新的社会化履责平台"腾讯乐捐"，基于腾讯平台已有的社会影响力，号召整个社会生态圈中社会主体成员人人参与社会责任实践，将商业生态圈的履责成员边界扩展至整个社会生态圈中的多元社会主体，共同解决面临的经济、社会与环境等综合性议题，形成全新的平台化履责的新型企业社会责任实践范式。基于此，数智化时代下平台生态圈式履责（平台化履责）成为新型企业社会责任实践范式○。

当今及未来，企业的创新活动应该承担起对全球可持续发展、人类总体福利改善、社会文化进步的应有责任。

二、经济价值与社会价值的共益

"现代管理学之父"德鲁克在《管理：使命，责任，实务》中提出："判断一个企业是不是好企业，除了经济维度，还需要有一个社会维度。社会维度是有关企业存亡的一个重要维度，企业是社会和经济的产物，社会或经济可以在一夜之间就使任何企业不复存在。"

在企业发展早期，大家普遍认为"经济效益最大化"是评判一个企业成功与否的关键。但是，随着时间推移，企业逐渐成为社会发展的中坚力量。企业虽然为社会创造了大量的财富，促进就业，带来了新技术、新发明创造以及新的社会文化，但也引发了很多社会问题，如贫富差距、劳资矛盾、贪欲膨胀、环境破坏、资源掠夺等。因此，人们逐渐意识到，仅凭经济效益评判企业成功与否是片面的、有缺陷的。一个成功的企业除了要创造经济价值，还需要顺应时代的潮流，能够承担社会责任、解决社会问题，成为社会所需要的企业。

按照社会经济学的说法，企业不是独立于市场的孤岛，而是存在于社会文

○ 阳镇，尹西明，陈劲. 新冠肺炎疫情背景下平台企业社会责任治理创新[J]. 管理学报，2020，17（10）：1423-1432.

○ 阳镇，陈劲. 数智化时代下企业社会责任的创新与治理[J]. 上海财经大学学报，2020，22（06）：33-51.

化背景之中的，企业与人文，社会，文化交织在一起，构成了一个有机的组织系统，因此企业也是社会文化构成的一部分，未来的企业必须要有人文关怀、社会责任担当，在享受发展红利的同时，也要为社会的整体进步做出相应的贡献，积极承担社会责任，促进经济的良性发展。

德鲁克认为，没有一个组织能够独立存在并以自身的存在作为目的。每个组织都是社会的一个器官，而且是为了社会而存在。作为一个社会组织，企业应该关注其在社会中的角色，关注更大范围内的利益相关方群体。实际上，社会大众和企业之间已经达成了一种共识，即企业存在的价值归根结底是对社会有价值，是为社会创造价值，与单纯追求利润目标相比，追求社会价值也是企业应该选择的一种行为方式。一家真正意义上的成功企业应该是经济价值和社会价值双重驱动的企业，而不只是强调经济利益。如果能够意识到这一点，能够履行好自己的社会责任，那么企业将能在社会的舞台上变得更加活跃，更具竞争力，也更持久。

吉姆·柯林斯和杰里·波勒斯在《基业长青》[一]一书中提到，在大多数高瞻远瞩的公司的整个历史中，我们发现一种超越经济因素的核心理念，要想成为一家高瞻远瞩的企业，必须要有一个超越利润的长远目标和一个坚定的核心价值观。社会效益与经济效益之间不是相互抵触的消极关系，只要能够辩证地看待，恰当地处理好两者之间的关系，就会互相促进相得益彰。

传统创新范式主要以关注企业内部效率和市场为导向。尽管长期以来这些范式被证实对企业发展有着不菲的贡献，但是基于问题解决与市场需求导向的创新较为短视，缺乏对创新意义的深刻洞察以及对人类未来的美好向往，从而大大削弱了创新的实际应用效果，最终影响企业的长期发展。

三、有意义的创新

在我国创新驱动发展战略的背景下，探索系统性赶超的企业创新路径，已经成为建设科技强国的重要议题，以"意义"为基础的企业创新战略开始获得普遍的关注。

[一] 柯林斯，波勒斯.基业长青[M].北京：中信出版社，2006.

1. 理论内涵

有意义的创新，并非旨在否定或削弱市场和技术对创新的驱动作用。恰恰相反，我们充分认识到：正是两者对创新活动的巨大影响使得人们几乎忘记了创新本身应具备的社会、人文乃至哲学意义。因此，有意义的创新范式强调社会文化、人文关怀和哲学思考在创新过程中的回归。有意义的创新这一充满人性关怀的创新范式，会显著提升技术创新的层次，使得企业创新实践的思考层面从科技层面和市场层面上升到人文层面乃至哲学层面，体现新时代的文艺复兴精神。通过企业共同承担创新的社会责任，提升企业对创新的外部性的关注度，进而辐射到全社会，实现有意义的创新。

在有意义的创新框架下，创新主体对社会需求等外部价值的洞见从一种制度压力下的"成本"转化为企业为赢得可持续竞争优势而积累的一种"资产"。创新意义依其特征可划分为四个维度：经济意义、社会意义、战略意义与未来意义。其中，经济意义（短期意义）属于内部意义，其描述为"产品与其特定的目标用户进行交互所传递意义的总和"，社会意义、战略意义与未来意义（中长期意义）属于外部意义，其代表了"产品语言在社会群体层面的表达"，是创新活动对外部性的主动关照。进一步，有意义的创新被定义为"以创新意义统筹创新元素的重新组合，以获得具有经济价值、社会价值、战略价值与未来价值的创新产出的创新范式。"

2. 创新范式与创新过程

在有意义的创新范式中，产品作为创新活动的产出，是创新主体对创新意义（内部意义与外部意义）的综合表达，创新活动不仅是创新者寻求最优化表达方式的实践，更是对被阐述对象（创新意义）的反思、调整和重构过程。有意义的创新范式强调科技思维、人文思维和哲学思维的统一在创新全流程中的体现，其核心关切是人的自我发展、积极社会文化以及长期社会福利，其主要目的是将企业从关注短期利益和内部效率的束缚中解脱出来，逐步转向聚焦中长期收益和外部社会福利，实现具有引领社会进步和人类发展意义的创新实践。

结构主义的哲学观点从历史和发展的角度为有意义的创新提供了支撑。有意义的创新应体现科学思维与感性思维的融合，从现有科学思维的效率逻辑转向兼顾知觉性思维的价值与意义判断，实现创新主体对表意系统下深层次意义的有益洞见和准确把握。在有意义的创新的范式下，创新意义应被作为创新活动的底层逻辑和终极目的，作用于整个创新系统的全流程，创新主体通过认知修正过程对创新活动进行管理，从而实现有意义的创新产出。

有意义的创新过程包含"正向推演"和"逆向反思"两个机制。创新过程推演机制的本质是一个正向反馈机制。创新过程以创新意义为底层逻辑，在技术发展和市场需求的推动和约束下，实现对创新意义的完整表达，最终形成创新产出（产品），各层次以正向顺序层层叠加，形成一个正反馈的推演机制。相对应，创新过程反思机制[一]的本质是一个负向反馈机制。创新主体是有限理性的，基于知觉判断的创新底层认知（创新意义）可能存在局限。这就需要创新主体在创新过程中的每个关键节点，以阶段性产出为基点，反思创新过程并回溯底层认知，通过这样的认知修正（元认知）[二]对底层创新意义进行必要的补充、修正乃至重构。需要说明的是，正反馈机制和负反馈机制是一个循环往复的动态过程，创新主体在不断回溯、修正创新意义的过程中不断精进。创新主体在现有的技术条件下，根据市场需求，通过人文关怀和哲学思考，主动进行社会文化的有益探索，积极谋求社会整体福利的改善，深入关注人的良性发展，通过推演机制和反思机制，对产品意义和语言不断进行修正和重构，从而完成创新的内部意义与外部意义的最优化表达。

因此，有意义的创新范式强调社会文化、人文关怀和哲学思考在创新过程中的回归。有意义的创新这一充满人性关怀的创新范式会显著提升技术创新的层次，使得企业创新实践的思考从科技层面和市场层面上升到人文层面乃至哲学层面，体现意义导向的创新范式变革。

[一] 诺沃特尼,斯科特,吉本斯.反思科学:不确定性时代的知识与公众[M].冷民,徐秋慧,何希志,张洁,译.上海:上海交通大学出版社,2011.

[二] FLAVELL J H. Metacognition and cognitive monitoring: a new area of cognitivedevelopment inquiry[J]. American Psychologist, 1979, 34（10）: 906-911.

案例一

红色中车：中国有意义创新的践行者

中国中车股份有限公司（中文简称"中国中车"，英文简称缩写"CRRC"）作为国家制造业名片，建设了世界领先的轨道交通装备产品技术平台和规模最大的制造基地，动车组保有量占全球70%以上。其自主研发的复兴号、和谐号系列产品，能适应各种复杂地理环境，满足多样化市场需求，已达到世界领先水平。

中国中车的历史可以追溯到1881年，经过100多年的分分合合，2015年，由中国南、北车股份公司合并组成了现在的中国中车（见图5-11）。中国中车作为全球规模领先、品种齐全、技术一流的轨道交通装备供应商，连续多年轨道交通装备业务销售规模位居全球首位，拥有46家全资及控股子公司，在全球27个国家和地区设立78家境外机构，为全球六大洲109个国家和地区提供产品和服务，员工17万余人。作为"大国重器，产业引擎"，中国中车以创新作为发展的第一动力，在世界高铁行业实现了由跟跑并跑到领先领跑的重大跨越，成为中国制造的创新排头兵。

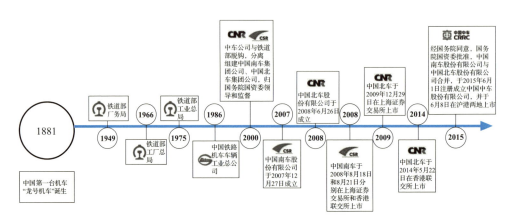

图5-11 中车集团发展历程轴线图

2020年，在新冠肺炎疫情暴发的不利局面下，中国中车逆势而上、稳中求进，疫情防控和经营发展两手抓，深化业务发展、优化产业布局、降本提质等多措并举，最终实现逆势翻盘，展示出公司经营发展的良好韧性及可持续性。中国中车2020年度上市公司报告显示，当年公司实现营业收入2276.56亿元，实现净利润 113.31 亿元，至此，公司已经连续六年营收超 2000 亿元、净利润超百亿元。公开数据还显示，2016 年至 2020 年，公司研发投入连续五年实现正增长，从 96.84 亿元增长到 135.79 亿元。2020 年中国中车共发布国际标准 9 项、国家标准 24 项、行业标准 25 项，申请专利 6437 项，获得中国专利奖金奖 2 项、银奖 1 项、优秀奖 7 项，专利质量位居中央企业 A 级，中国中车品牌价值达到 1105 亿元，持续位居机械类中央企业首位。

2021 年 10 月，《财富》杂志发布了"2021 年最受赞赏的中国公司榜单"，50 家企业上榜，其中位居前三甲的分别是中国中车集团、华为、小米。榜单结果是《财富》（中文版）通过网络向 51696 名中国企业管理者对 455 家"最受赞赏中国公司"候选公司的问卷调查分析产生。在票选过程中，人们对拥有核心科技实力且有全球化能力的大型制造企业寄予厚望。中国中车成为一匹"大黑马"，从 2020 年榜单的第 10 位直接登顶，位列本年度榜首企业，排在三届冠军华为之前。中国中车作为国企中有意义创新的践行者，其自主创新模式和红色文化引领下创新人才培养的经验值得深入总结。

一、中国特色高铁自主创新模式

坚持创新发展是中车在峥嵘岁月中的成长之道，而迈向自主创新是中车在新时代的立身之本。中车秉承"明志笃行、固本培元"，历经引进消化吸收再创新过程，逐步形成了自主创新能力，推动构建了我国高铁装备自主可控的产业创新生态（见图 5-12），树立了以企业为主体推动实现高水平科技自立自强的成功范例。

高铁装备模式是一套在红色文化和人本精神的引领下，经过探索实践不断完善形成的有中国特色的高铁装备模式。该模式指坚持党对科技创新的领导，发挥新型举国体制优势，以高铁装备国内外市场为主要牵引，面向轨道交通装备科技的自立自强，以破解关键核心技术和形成颠覆性技术、前沿引领技术为根本，以完整先进的产业体系和完善的创新生态体系为支撑，以中车主导打造的管理创新模式为保障，全力实现我国高铁装备全产业链高水平自主可控。

整体而言，高铁装备模式包括战略牵引、价值创造与固本强基三大板块，战略牵引主掌自主创新的前进方向，新型举国体制掌舵，市场需求牵引，两者相互协同，引导中国高铁自主创新落地朝向。价值创造为高铁装备模式的主体结构，

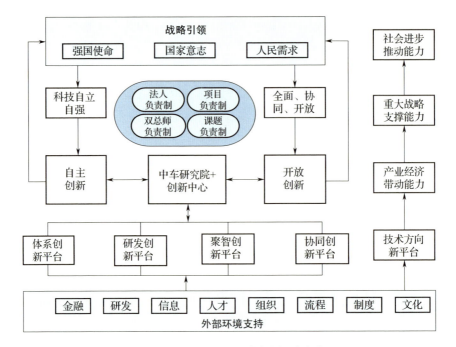

图 5-12 中国特色高铁装备创新生态体系

包括产业体系和创新体系的构建与完善。同时，由于中国高铁发展以技术为核心，中车通过技术与产业化双元驱动模式，实现全要素协同提升。固本强基旨在维持与促进自主创新模式的可持续发展，从人才重塑、文化浸润、精益生产三个方面打造自主创新强心针，为中国高铁装备的自主创新持续输入动力。

中车始终以满足国家和民族的重大需求为圭臬，发挥"部—部（原铁道部和科技部）协同"全国一盘棋的举国体制，努力形成全国统一大市场。以经济出行服务和体验为牵引，充分发挥市场在资源配置中的决定作用，坚定不移地走自主创新之路，打造一支交通强国领域的国家战略力量，探索出了一条新型举国体制下从"中国制造"向"中国创造"的装备制造业发展之路。

纵观中国中车的发展历程，利用国家的制度优势，以国家意志和人民需求为战略导向，坚持自主创新和开放创新，打造中车研究院+国家高速列车技术创新中心的科技创新生态体系，辩证处理自主创新和开放创新之关系、坚持自主创新和开放创新的辩证统一，是中国中车向世界一流创新企业迈进的重要经验。以高铁装备科技创新为核心的高铁运输系统大大缩短了旅客旅行时间，促进了沿线城市经济发展和国土开发，对沿线地区经济发展也起到了推进和均衡作用，对实现乡村振兴、有效平衡城乡差距也有重要价值，产生了巨大的社会效益，故而也是我国众多科技创新中有意义创新的典范。

二、初心使命：勇挑重担创新的社会责任

习近平总书记深刻指出："坚持党的领导、加强党的建设，是我国国有企业的光荣传统，是国有企业的'根'和'魂'，是我国国有企业的独特优势。"在党的正确领导下，中车传承红色基因，保持政治底色，打造了一支交通强国领域的国家战略力量，在市场化浪潮的冲击下，始终坚持国家利益高于一切，在复杂多变的国际环境中自力更生，将行业完整的研发能力和全产业链延续下来，并不断做大做强，支撑服务国家重大战略需求，持续推动"连接世界，造福人类"的初心使命。

1. 峥嵘岁月中不断擦亮政治底色

中车的历史可追溯至1881年诞生的唐胥铁路胥各庄修车厂。从利用废旧材料组装出第一台蒸汽机车"龙号机车"，到依靠模仿国外产品进行机车制造，到自主研发出系列化的机车、客车、货车、动车组、地铁列车，再到拥有全球领先技术，产品遍及全球100多个国家和地区，中车的史册记载着我国铁路装备制造业的成长历程。一百多年来，中车人怀抱"产业报国"理想，勇于担当、坚韧不拔、敢于创新，创造了世界铁路运营试验最高时速等令世人惊叹的成就，树立了我国企业由"追赶者"变为"领跑者"的范例。

2. 新时代进一步彰显央企担当

党的十八大以来，中车在全面践行国家战略中发挥着更加积极的表率作用，坚持"四个面向"，打造了制造业转型升级的"亮丽名片"。中车勇当探路先锋，主动践行科技强国、制造强国、交通强国、质量强国、网络强国等国家战略，在建设三张交通网、两个交通圈和交通关键装备先进安全、旅客联程运输便捷顺畅、货物多式联运等方面，积极推进"技术+产业化"双螺旋驱动模式，系统规划标志性产品和系统解决方案。积极融入"一带一路"建设，发挥中车在铁路交通、城市交通、磁浮交通等方面的技术优势，针对"一带一路"沿线国家不同需求提供一体化系统解决方案，首创时速400公里跨国互联互通高速动车组，推动更稳更实更好的国际合作。

三、文化为魂：筑造新时代自强不息企业文化

中国中车实施"融承聚行、知行合一"的文化培育之道，凝练"正心正道、善为善成"的核心价值观，发扬"产业报国、勇于创新、为中国梦提速"的中国高铁工人精神，汇聚起中车文化自信的磅礴力量。中国高铁与时俱进，不断更新自身企业文化理念。要言之，其先后萃取了中国特色的工业文化，铸就了中国高铁工人精神，衍生了基于历史传承的自强爱国文化。

1. 中国特色工业文化

根植轨道交通装备制造业的中国特色工业文化是奋力开展自主创新的根基。工业文化在工业化进程中萌发、积淀和升华，是围绕工业生产和消费所形成的文化形态，是工业进步最根本的思想源泉，中车旗下有15家子公司的历史达一百年以上，孕育了深厚的文化底蕴，具有勃勃生机的内生动力和精神力量。这些跨越三个世纪发展历程的百年企业，既为中车文化的博大深邃积累了丰厚的财富，也展现出自身特有的个性文化。中国高铁在时间层面整合了从大庆精神到探月精神等不同时期的工业文化精神，并在空间层面对中西文化、农业与工业文化、南北车企业文化、不同地域文化、不同子公司文化等做了有效整合。中国高铁以包容的胸怀，充分汲取不同文化并整合为一体，形成了"敢于担当、舍我其谁、勇于创新、志在必得"的创新精神，造就纵横天下的大好局面。百年中车正在新时代"双打造一培育"的战略目标指引下蓬勃向前，推动中车文化持续迸发出强大的延续力、同化力、融合力、凝聚力。汇聚了百年中车文化精髓的"中车之道"又绽放出源源不断的创新活力、内生动力、发展合力，为中车承担起交通强国、制造强国使命提供软实力支撑。

2. 中国高铁工人精神

红色基因一直是中国高铁工人精神的鲜红底色。从被誉为"北方的红星"的长辛店机厂，到中国共产党领导的第一次工人运动高潮的京汉铁路工人大罢工，铁路工人的斗争精神已成为中国高铁工人精神的源头。中车人政治坚定、对党忠诚，在红色基因的滋养下，通过一代又一代的演绎与传承，彰显了在困难面前毫不畏惧、在挫折中越战越勇的家国情怀，面对中国高速铁路装备自主化的重大使命，形成了"产业报国、勇于创新，为中国梦提速"的中国高铁工人精神。

具体而言，中国高铁工人精神包括劳动精神、劳模精神与工匠精神。

一是干劲十足的劳动精神。习近平总书记强调"崇尚劳动、热爱劳动、辛勤劳动、诚实劳动"。在劳动精神的指引下，中国高铁工人已培养一批帅才型科学家，造就一批战略科技人才，并孕育了一批能够领衔攻关核心科技的领军人才，为实现人的解放、摆脱劳动异化而干劲十足。

二是闯劲冲天的劳模精神。习近平总书记"爱岗敬业、争创一流、艰苦奋斗、勇于创新、淡泊名利、甘于奉献"24字为劳模精神提供了正确的指引方向。中国高铁涌现了一大批优秀劳动工作者：全国劳模苏健、全国五一劳动奖章获得者李学忠、享受国务院政府津贴的李万坤等。此外，中国高铁积极打造企业高端人才培育孵化器，成立"金蓝领"和劳模创新工作室，充分发挥高技能人才的创新示范作用，展示出了敢于突破一切技术限制的闯劲。

三是钻劲无限的工匠精神。习近平总书记指出："一切劳动者，只要肯学肯干肯钻研，练就一身真本领……就都能在劳动中发现广阔的天地。"中国高铁通过重点工程竞赛、技术比武大赛、岗位练兵、改善提案竞赛、"五小"创新竞赛、以"工人先锋号"为活动载体的集体性竞赛，以及服务各种专题的"安康杯"竞赛、节能降耗竞赛，实现从"速度型、体力型"竞赛向"效益型、智力型"竞赛的转变，不断培育钻劲无限的工匠精神。

中国优秀传统文化是中国高铁企业文化发展取之不尽的源头活水。习近平总书记多次指出，中华文明有着"5000多年的悠久历史，是中华民族自强不息、发展壮大的强大精神力量""中华民族形成了伟大民族精神和优秀传统文化，这是中华民族生生不息、长盛不衰的文化基因"。中国高铁自主创新发展离不开中华民族优秀文化自强不息、爱我中华等理念的滋养与鞭策。百年传承的自强不息的奋斗精神，使中车从常速到高速，用十年时间完成时速200公里、350公里、380公里动车组的"三级跳"，一举跨过发达国家高铁30多年的发展历程，实现了从"跟随者"到"引领者"的华丽转身。"天下兴亡，匹夫有责"是中华优秀传统文化中爱国精神的鲜明写照，中国高铁在党的领导下，在爱国主义精神的不断浇灌下，实现了从弱到强、从追赶到领跑、从本土企业到跨国企业的重大跨越。时至今日，经过140多年的发展，中国中车已经成长为产品遍及全球100多个国家和地区的世界轨道交通装备制造龙头企业，正向着打造以"好优美高强"为主要特征的、受人尊敬的世界一流企业的奋斗目标继续挺进。

四、人才为先：打造人才高地培养大国工匠

1. "中车领跑，人才为先"

人才是创新的第一资源，中国高铁装备实现从追赶、并跑到领跑的重大转变，源于中车开展"立业树人，积厚成器"的不懈实践，中车建立起以战略牵引、职位管理、能力管理、平台支撑、实施管控等为主体内容的全球一体化人力资本管理体系结构，锻造了以中国工程院院士领衔的创新团队，全国劳模、技能大师领衔的制造团队，以及"辛苦我一人幸福千万家"的广大管理及服务团队，达到"领跑以人才为先"的良好效果。

对标世界一流，重塑人力资源管理体系。中车全面实施管理创新与技术创新双轮驱动，突出人才工作的战略引领作用，从机制、制度、流程出发，全面重塑、全力构建集成创新型的人力资本管理体系，确保人才资源真正发挥出第一资源的作用。秉承"立业树人，积厚成器"的"八字术"，推进实施"选人用人、职位管理、招聘配置、薪酬绩效、人才盘点、人才发展、平台支撑、实施管控"八大精品人才工程。实施《中车关于深入推进实施两制一契管理的意见》，推动落地"任期制、聘任制、契约化"模式，营造能上能下、渠道畅通的良好环境。着力打造由"战略牵引系统、职位管理系统、能力管理系统、平台支撑系统、实施管控系统"五大系统构成的"全球一体化人力资源管理体系"，充分激发人才创新创造活力和提升人力资本质量与效能水平。

中国中车的人才标准为各类人才的发展建立了多通道的发展路径，不同类型的人才都可以在企业中找到自己的位置，充分发挥自身的才能，实现个人价值，全面激发了员工的工作积极性和创造性，有效扩充了核心人力资本存量。中国中车子公司众多，为确保集团人才战略核心理念、价值主张和业务运行能够有效落地、在子公司层面有效落实，中国中车的全球一体化人力资本管理体系还建立了由"5C"人才度量体系和"五星 HR"评价共同组成的实施管控系统。"5C"人才度量体系包含战略贡献度、人才满足度、组织支持度、管理专业度、文化满足度五个维度。通过对一系列量化指标的分解、落实、兑现和评估，以具体的业务数据把战略规划和人才发展目标细化分解为年度工作 HR 业务指标，形成对年度目标和指标达成情况的 HR 战略业绩评价机制。HR 战略业绩评价包括年初目标制定和年终对标评分两个环节，涵盖提升能力、构建体系、优化结构及核心打造等维度指标，推进人才战略规划目标的分解及达成。年度 HR 战略业绩评价实行百分

制，做到目标分解"三量化"，即评价指标量化、评价标准量化、评价结果量化，从而实现公正、公开、可衡量。

2. 重视能力传承，打造人才高地

中车坚持一手抓企业领导人员梯队建设，一手抓科技领军人才梯队建设，推动形成经营管理人才和科技人才精准培养、系统培养、复合培养的"双梯队"建设格局。以打造人才高地为目标和主线，积极推进"五项工程"（领航工程、筑巢工程、赋能工程、锦翎工程、双优工程），为驱动中车驰骋全球提供了强大的智力引擎和人才支撑。高度重视为隐形知识的传递搭建平台，依托国家级研发平台、协同创新团队、重大科研项目，加快培养科技领军人才，建立健全"团队+项目+人才"培养模式，成功将研究院、创新中心等平台打造成为人才"孵化器"。完善中车科学家、首席技术专家和优秀科技人才主持或参与项目机制，灵活运用"双聘制"，赋予协同创新平台更大的人才使用和评价权，激发科技人员的原始创新活力、动力。通过《中车党委关于加快青年员工成长成才的十项措施》破除束缚青年员工快速成长成才的观念障碍、机制障碍和执行障碍，培养一批深入践行中车核心价值观、基层经验扎实、经过实践考验的优秀青年人才。

截至2019年底，中车形成了包括2名中国工程院院士、10名百千万人才工程专家、15名中车科学家、103名首席技术专家、535名资深技术专家、2430名技术专家、36000余名工程技术人员的科技团队，为持续发展提供了人才保障。

3. 培养大国工匠，打通技能人才培养通路

深入贯彻中央《新时期产业工人队伍建设方案》《关于提高技术工人待遇的意见》精神，通过产教融合，综合运用技术研修、技能培训、岗位练兵、技能大赛等方式，大力弘扬工匠精神和中国高铁工人精神。持续推进具有中车特色的"金蓝领和劳模创新工作室"。充分发挥技能大师、高铁工匠等的示范引领作用。通过"结对子"，为技能大师配备技术领军人才，一方面鼓励技能领军人才参与重大技术，充分发挥技能领军人才在攻坚克难、优化生产、技艺传承、技术创新、技术交流等方面的示范作用；另一方面为技术专家和技能专家的交流和发展打开通路，通过建立"技能大师工作室"形成跨领域交流的创新互动空间。

截至2019年底，中车有8人成为有"工人院士"赞誉的"中华技能大赛"获得者，130人成为"全国技术能手"，19名高技能人才成为近两届全国劳模，7名高技能人才当选党的十八大、十九大代表。

五、以人为本：人与工程和谐共处之道

现代工程管理更加强调工程科技人才的创造力，更加关注工程操作人员的舒适感、幸福感。中国中车以领导力模型和人才标准体系为基础，深入推进竞争性选拔，持续开展阶梯式培养，稳步实施市场化配置，有效增强了干部队伍的整体活力、发展潜力、内生动力和外在压力。设计并畅通员工职业生涯发展通道，充分发挥核心人才制度的荣誉激励和队伍建设作用。大力弘扬工匠精神和中国高铁工人精神，着力加强知识型、技能型、创新型技能人才队伍和技能领军人才队伍建设，充分发挥技能大师、高铁工匠等的典范引领作用。以提升原始创新和自主创新能力为目标，加快推进院士后备人才等高层次人才引进培养、选拔推荐工作。

为确保人才战略核心理念、价值主张和业务运行全面落地，中国中车对"专业引领、创新驱动、基础夯实、价值创造、系统推进"五大领域，从战略业绩指标达成率、职能工作成效、年度重点工作进展和述职评价四个维度，对子公司人才管理工作实施"五星HR"评价。五星HR评价犹如整个体系的控制中枢，发挥信息化大数据分析优势，通过业务工作对标，对子公司人力资源管理的过程与结果进行指导、跟踪、反馈与监督，促进人才管理体系成熟度不断升级，有效提升了对整个集团的人力资源管控能力，为企业战略目标的实施提供了有力的支撑。

六、双碳战略：可持续发展践行央企社会责任

现代工程更加强调绿色可持续发展，将健康、绿色、安全作为底色。中国中车所属企业不断加强节能减排的组织体系完善，建立完善了节能减排的三级管理网络，设有领导机构和专门管理机构，并配备专业人员负责节能减排工作，层层分解落实了节能减排的责任和任务目标，保证了节能减排任务目标的全面完成。

中国中车制订落实了《能源管理规定》《环境保护管理规定》《环境保护责任制》《节能减排目标责任制》《突发环境事件应急预案》，所属企业也建立完善了能源管理、环保管理等一系列配套的节能减排管理制度。所属企业都顺利通过了认证机构对ISO14001环境保护管理体系的监督审核和复审，部分企业还通过了ISO50001能源管理体系认证，并坚持持续整改，大力推行清洁生产，积极实施污染源治理，保证了环境管理体系和能源管理体系的有效运行，很多所属企业被地方政府表彰为环境保护和节能先进单位。

为有效降低能源消耗和污染物排放，实现清洁文明生产，中国中车不断加大

节能减排的资金投入和技改力度,用于节能减排的基础设施建设和更新改造,推广应用节能减排新技术、新工艺、新设备、新材料、新模式,使公司的能源消耗水平大幅度降低,工业废水、废气和锅炉烟尘等污染物均经有效治理并全部实现了达标排放。

习近平总书记在考察北京冬奥会、冬残奥会筹办工作时指出:我国自主创新的一个成功范例就是高铁,从无到有,从引进、消化、吸收再创新到自主创新,现在已经领跑世界,接下来要总结经验,继续努力,争取在"十四五"期间有更大发展。面对新的竞争格局,中车已经实质上步入从自主创新向引领创新迈进的关键"转折点"时期,需要尽快转换科技创新的动力系统,打破对"需求引致"的传统自主创新的路径依赖,及时推动创新战略与路径的转型,树立"以基础研究和原创技术为策源地"的新时代引领式创新使命观。进一步探索以科技领军企业为核心、以产业链"链长"为火车头、立足"有效市场+有为政府"的新型举国体制演进道路,不断加强市场决定性作用和政府引领性作用的有效协同,在国内统一大市场的有力支撑和牵引下,持续夯实自主创新根基,加快打造原创技术策源地。

案例二

真诚本田:喜悦文化驱动创新

本田公司作为日本为数不多的采用本土化策略成功的企业,从一个生产摩托车的小作坊发展为世界级汽车公司,又在成为一个巨大的日本跨国公司后,成功转型为全球化的一系列小型化企业,成为包含摩托车、发动机以及机器人和清洁能源设备的新科技公司,开启新时代的下一个征途。这些辉煌的成就背后,离不开其创始人本田宗一郎的创业精神,更离不开自创立起便树立的企业精神,无论是"三现主义"还是"三个喜悦",都成为一代代本田人内化于心的行事准则,为本田的科技创新与市场拓展提供了坚实保障。

一、崛起:打破常规突出重围

1. 从建立汽车修理厂到经营世界上最大的摩托车生产厂

1906年,本田公司的创始人本田宗一郎出生于东京南部郊外的一个小镇,在给铁匠兼自行车修理员的父亲做帮手的过程中,他对机械产生了浓厚的兴趣。在那个自行车刚开始流行的村庄,本田宗一郎便已经对动力机械和发动机着迷。

1922 年，十五岁的宗一郎选择退学，离家来到东京的一个内燃机厂工作，成为一名摩托车与汽车的修理工学徒。在 20 世纪 20 年代末，他通过"铸铁条辐轮"这一发明的专利技术转让费收获了第一桶金。在积累了一定的财富后，出于对发动机和技术的热爱，宗一郎将目标瞄向了内燃机活塞环的优化，他相信自己能够制造出最好的活塞环。为了实现这个目标，1936 年宗一郎出资成立了 Art 活塞环研发中心，在第一次研发失败后他进入滨松技术学校学习，第二次研发终于获得了成功。这次成功使本田宗一郎获得了 28 项活塞环与活塞环生产相关的专利，成立了拥有 2000 名员工的东海精机重工公司用于生产零部件，并成了丰田和中岛汽车公司的唯一供应商。

本田宗一郎向往更大的发展空间与卓越成就，因此，在 1945 年第二次世界大战结束后的一个月，他以 5000 美元把自己在东海精机的股权全部出售给了丰田工业公司。在这之后，本田宗一郎过上了尽情享受假期、静坐在自家花园的日子。然而，帮妻子制造一辆方便买菜的代步车，成了本田宗一郎漫无目的地生活的转折点。第二次世界大战后的日本城市中有许多战时留下的小型通信发动机遗弃在各个角落，这些成了本田宗一郎为妻子制造发动机驱动的自行车的原材料。本田宗一郎仔细梳理所在区域的每个城市，通过收集并改装政府富余的发动机，并使用松油替代汽油，成功实现了能够运行半个小时的发动机驱动的自行车。他的妻子非常惊喜，认为拥有了这样一辆代步工具，自己的购物经历都变成了"快乐的购物"。

妻子的反应让本田宗一郎意识到，在日本主妇中存在着大量类似的需求，而妻子感到喜悦的反应，也成了日后本田公司最基本的经营原则之一——追求顾客满意。以此为契机，1948 年 9 月，本田宗一郎在滨松投产了一个主要生产发动机的小型工厂，并在经营早期要求公司员工遵循"绝不模仿"的工作原则。通过对原创的重视和对独立自主研发的追求，本田公司坚持自己制造模具以节约资金、加快生产速度、迭代整体设备，拥有了一套成熟的、拥有生产灵活性和成本控制优势管理体系。

新合伙人藤泽武夫的加入为本田公司持续发力走上坡路，在 20 世纪 60 年代初，本田公司成立才近 10 年的时候已经成了世界上最大的摩托车生产厂，在全球拥有多个市场，并且年产量超过 100 万辆。本田公司能够打败欧美等企业的原因，不仅仅是因为其产品在全球拥有质量耐用的口碑，更因为本田宗一郎将产品与世界上强度最大的摩托车比赛进行联动,在比赛中验证了自身产品的高性能,也起到了大规模宣传的作用。

2. 从摩托车生产商进军汽车行业

本田公司的摩托车产业成为全球瞩目的焦点后,本田宗一郎和藤泽武夫酝酿让本田成为汽车生产商。彼时,在汽车产业已经有了许多实力雄厚的企业占据市场,许多试图进入汽车行业的企业最终都失败了,在汽车行业里,日本只有20世纪30年代成立的尼桑和丰田公司。尽管面临很大的风险和很高的成本,本田宗一郎和藤泽武夫还是坚持转型,原因一部分是来自二者内心的驱动,另一部分来自外部环境的变革:在美国的压力下,日本于1961年开始实行自由贸易,美国市场的汽车在日本自由销售,为了延缓这一策略对于日本本土汽车企业的冲击,尼桑公司和丰田公司成为指定的出口商,以对抗通用、福特、克莱斯特这三大美国汽车厂商,本田需要加入这一赛道。

作为全球领先的摩托车公司,本田拥有比其他潜在的汽车厂更具有优势的技术和资源,了解如何生产出优秀的发动机,并且拥有生产线等技术储备,进军汽车行业的资金也已从摩托车业务中提取完成。基于以上基础,本田公司进一步突出研发的重要性,通过将研发部门整体分离成为本田的子公司,赋予新公司完全独立自主的研发目标和策略方向。在实际操作过程中,研发部门与生产部门也进行分离,使二者都可以完全围绕本田公司未来的目标服务,生产部门也可以借助研发部门的成果改进新车型。

本田公司进军汽车行业后,非常重视通过推动技术突破带来的企业成长,企业自1957年起,每年会拿出超过利润5%的资金奖励自主创新的研发团队,本田宗一郎后公司的每一任首席执行官也都来自于研发团队。藤泽武夫认为,工程师们在没有等级约束的工作环境下,能够潜心、专注地进行工作,书写了拥有高速度和低油耗的小型发动机的传奇。

二、发展:尊重顾客打造喜悦

1. 拥抱矛盾

在研发过程中,本田公司不会明确规定发明的进程,当面对两种相互挑战的对立观点时,本田公司会研究并仔细区分这两种观点的内在绝对价值与相对价值。绝对价值中包含了公司尊重个人、追求梦想和激发灵感等首要理念,也是每一个具体项目的具体目标；而相对价值能够根据具体情境改变，受到营商环境、竞争对手、供应商、市场状况、目标客户群等多方面因素的影响。

当绝对价值与相对价值产生矛盾时，公司内部会通过不断讨论三个问题（A00-A0-A）来行动。A00 作为第一层面的最根本问题，类似于"这个发动机是为了做什么用"，A0 作为第二层面会有更深入的思考，类似于"这个发动机的概念基础是什么，它应该有什么功能，还有可以比较的发动机吗"，而第三层面最为具体的 A 问题，类似于"这个发动机的马力应该是多少"。通过拥抱矛盾并将矛盾一一分解，反而避免了复杂性的不良后果，例如当关于合理动力输出的讨论没有结论时，团队成员会退回到上一个层级重新审查发动机的设计，也许通过改变发动机的概念原则，动力输出的问题就迎刃而解了。

2. 三现主义

"现场、现物、现实"的三现主义最先来源于藤泽武夫对本田公司销售人员的建议，他建议销售人员要与消费者面对面地接触，因为这样才能够获得第一手资料和知识，从而做出对获得最高利润最有效的决定。为了支持"三现主义"的实施，本田公司会给予每个销售人员与半年工资相当的出差费，以支持销售人员前往不同地区推销公司的产品。

"现场"，即去真实的地点，如工厂车间、展厅、停车场、驾驶座等，目的是获得第一手知识；"现物"，即真实的东西；"现实"，即符合事实的对策，用真实的数据和在真实的地点采集的信息来进行决策。"现场"作为获取知识的开始，在通过"现物"的打磨后，形成知识作为"现实"的基础，这便完成了由第一手知识而获得有现实意义的决策。相应地，通过这样的方式做出的基于现实的决策也会在未来或是新情境的现场中展现新的知识。

本田公司认为"现场"是"三现主义"中最重要的部分，本田公司所有的评估都要基于"现场"进行，所有决策都要考虑第一手资料，而员工提出的每一个观点、建议，只有在经过"现场"后提出，才能够在公司内获得交流前提。

3. 三个喜悦

本田倡导"喜悦文化"，即通过企业活动，使从事创造商品的一系列企业活动的技术人员感受到制作与创造的喜悦，使从事商品销售服务的代理商与销售人员感受到销售的喜悦，最终这些喜悦都要汇聚起来，使购买商品的消费者感受到购买的喜悦。

本田的这三个喜悦，只有从事对应工作的人，才能够真切地感受到，如只有技术人员能够体会制作的喜悦，当技术人员看到自己制作出出色的产品并受到公司和消费者的接纳和欢迎时，这种无与伦比的制作的喜悦是他人很难感同身受的。但是这三个喜悦又是相互联系的，比如本田只有确保其制作产品的质量和性能上乘且价格实惠时，销售产品的人才能够体会到销售的喜悦，而消费者购买的喜悦也是建立在对产品真心认可和喜爱的基础之上的（见图5-13）。

图5-13 本田的"三个喜悦"

因此，只有等这三个喜悦完全有机地结合之后，才能够真正地促使企业员工发自内心地提高生产积极性，保证技术和销售，进而实现本田公司的长久经营与发展，达到通过生产服务社会的目的。三个喜悦最终的目标是统一的"善"，这是同时有利于销售人员、技术人员和消费者三个不同主体、互不冲突的"善"。

三、未来：创新智造

本田宗一郎认为，生产是一个升华、美丽且高尚的过程，在这一过程中，原材料的浴火重生和复杂理念的精炼共同孕育了一个富有创造力、带给使用者快乐、具有生活意义的产品。在今天，这个已经有70多岁的车企仍在跟随时代不断变革创新，始终坚持用更好的产品打动消费者，用更先进的技术打动市场，并把"为顾客提供满意与喜悦的服务"的文化延续下去。

新一轮科技革命和产业变革的浪潮正在席卷全球，汽车行业新材料、新技术广泛应用，新模式、新业态不断涌现，汽车产品的重新定义、汽车产业的重新构建、汽车市场竞争格局的重新塑造……都让以智能化、电动化、共享化以及互联化的"汽车四化"成了新风口。用户对于汽车产品也不再仅满足于功能诉求，提出了情感诉求等更高的要求，这意味着"重新定义用户体验"的公司将引领汽车产业变革的潮流，这也对本田公司提出了更多的要求。本田公司于2017年制定了2030年愿景，承诺"为所有人提供扩展生活可能性的喜悦"，包含着引领世界上每一个人"移动"和"生活"进化的愿景。

在 HondaMeeting2017 全球媒体大会上，时任本田公司首席执行官的八乡隆弘承诺，在重新定义用户体验的时代，本田会继续发扬喜悦文化、创新智造："第一就是创造生活的新价值，为了给顾客提供自由、愉悦的移动体验和丰富多彩的生活喜悦，倾力于移动工具、机器人技术和能源三大领域。第二是满足多样化的社会和个人需求，基于时刻以人为本、技术助力生活的理念，通过最佳的产品和服务，进一步扩大人们的喜悦。"

案例三

宝洁"联系与发展"战略下的意义管理

宝洁（P&G）公司成立于 1837 年，是一家全球大型日用品公司，宝洁的成就得益于其前任首席执行官雷富礼提出的"联系与发展"战略，强调企业要打破原有的固化结构，集结群体的智慧，实现组织的动态发展，从传统管理升华为量子管理模式，推动组织的发展。

一、"联系与发展"战略

20 世纪末，面对复杂多变的环境，宝洁首席执行官雷富礼提出"联系与发展"战略，不仅提高了公司的研发效率，更重要的是使企业的组织模式发生了变化。知识的创造不总是从总部向分部，而是追求合作开放、同步进行。开放式创新使企业的结构更加量子化，分布式创新人力资源管理的模式对于宝洁的发展非常重要。

时代的更迭使得外部环境变化越来越快，面对动态的外部环境和难以预测的市场，从有序到混乱，再从混乱到有序，循环往复不断迭代的过程，就是企业能量不断聚集的过程。宝洁研发创新的历史始于"象牙肥皂"，当时公司内部形成了新产品研发与技术的革新要立足于组织内部资源的固化观念。雷富礼上任之后，发现企业内部研发费用高涨，销售收入却不断降低，他意识到内部创新并不能作为创新的唯一源头，且会增加企业内耗。因此，宝洁要发展，就应该打破研发创新的壁垒，改变原有的人力资源管理模式，因势利导，激活创新，促进企业人力资源管理更加动态化、柔性化。

要实现组织的有序动态管理，首要任务就是通过管理创新建设性地打破原有壁垒，联合外部的力量，这种打破不是对原有结构的彻底否定，而是通过动态的、有建设性的结构重组，依靠内外部个体能量的聚集来实现更高层次的有序。为降低研发成本、提高效率，雷富礼提出变"研发"为"联发"，基于经济交易逻辑，利用世界的多样性，试图通过小公司寻找解决方案，从其他领域获得"成熟案例"。

"联系与发展"战略提倡最大限度地利用外部资源重新建立企业内部的平衡，允许企业外部的创新主体参与创新过程，给每一个人提供释放能量的平台。这一战略的命名也形象地点出了企业人力资源管理模式由内而外的转变以及量子化的管理结构。2005年公司成立了联系与开发小组，负责根据宝洁内部技术需求在企业外部进行资源搜索和匹配。其创新链开放节点为创意产生、研发、试验阶段；越来越多的外部用户和外部技术人员作为创新资源被纳入这一课题。研究机构、客户、供应商等都能在这个平台散发能量，在组织内部的9300人之外，200万外脑成为其创意的最大来源，为宝洁内部的量变和质变做好了充分准备（见图5-14）。2009年3月底，宝洁在中国、日本同时开设了"联系与发展"网站，并列明其创新需求清单，无论是企业、研究机构还是普通消费者，只要拥有适合宝洁的创新产品、技术、商业模式、商标、包装及设计，或者正在寻找获得许可使用宝洁的商标、技术等其他创新资产的机会，都可以成为宝洁的合作伙伴。

在开放式动态的环境中，量子管理强调每一个人都是主角，都是价值创造的源泉，这种观点也越来越与人力资本成为知识经济时代的价值创造主体相适应，越来越符合时代的发展。

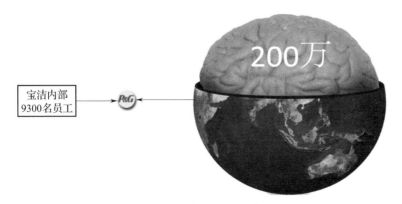

图 5-14 宝洁"联系与发展"模式

二、激发员工个体活力

传统组织中的人力资源管理是崇尚权威、高度集权的，管理者与被管理者之间界限清晰且不可逾越。在宝洁的开放式创新中，要求管理者放弃权威，将领导与被领导之间的关系转变为服务与支持，将自上而下的组织结构变为上下联动，将自我驱动和使命驱动作为管理的驱动机制，将每一个个体看作一个量子，通过信念让自由和运动的"量子"通过碰撞创造价值，激发每一个员工积极做出贡献，而不仅仅是科研人员。不惧怕表达自己的创意、诚实正直、有领导才能、有主人翁精神、积极求胜和信任的价值观，塑造了宝洁与每一个合作伙伴的关系。

宝洁内部员工的创新不仅仅通过外部消费者被动的反馈，还主动设立"消费者之家"的实验，模拟小超市和家庭布置，并通过微型摄像机来观察消费者的实际购买和使用产品的行为，以此为产品研发和改进提供意见。观察消费者的行为过程来掌握消费者对洗衣粉或洗衣液的真实需求，为其研发出最"贴心"的产品。宝洁内部提倡每一个个体都加入创新的行列，鼓励每个个体最大限度地创造和实现个人价值。宝洁拥有一整套绩效控制及激励机制，对创新过程中各个关键环节及每个项目，进行阶段性和整体性的绩效评估和分析，以求得改进，它要求员工对未来有美好的期望，鼓励员工尽情发挥潜能自由创新，并出台了新的全球性的育儿假期政策，所有父母（亲生父母、家庭伴侣、养父母和同性伴侣的父母）都有资格享有至少八周的带薪休假，分娩母亲可额外享受六周的产后恢复假期。宝洁的目标是到 2022 年，在全球范围内实施新政策。这并不仅仅是政策变化，而是移风易俗，迈向父母共同呵护孩子的一步。宝洁认为，家庭职能的平等将有助于促进职场平等，进而释放全体成员的创新活力。

三、通过意义重构赋能外部人力资源市场

宝洁内部的核心能力是开发和商品化，而不是企业的生产和后端支持。因此，将企业的大量非核心功能外包出去，只做最擅长的，才能做得最好。但是，如何能够激发外部群体重新思考人生的价值，愿意为宝洁服务，这才是问题的关键。

传统企业的人力资源管理中，人们更加注重理性与规范、动机和需求、知识与创新；在新的管理学范式中，"灵商"即对事物本质的感悟和直觉思维能力更为重要，个体工作的意义与幸福更值得被关注。当个体被承认、被认可，满足精神层面的自我需求，他们就会产生一种工作幸福感。而宝洁恰好为每一个个体提供了这样

的平台，公司的创意收集来自全球各地，2009年宝洁在中国征集到的创新方案并非来自顶级科研机构，而是来自北京一所高校的大学生们的创意。让最普通的人也有发挥自己力量的舞台，"联系与发展"平台致力于承认每一个人的思维表达，关注物质以外的自我超越和成长，并不断培养和开发个体对事物本质的灵感。

在宝洁加快步伐、为全世界的社区提供支持的旅程中，也渴望尽可能地更加包容。为此，宝洁和BET的"自我救赎"新冠肺炎专项帮扶项目开展公益活动；同音乐行业的合作伙伴一道参与全球公民的"四海聚一家"活动；共同与"你是我的眼"平台开展合作，让盲人或弱视人群都能在正常视力志愿者的帮助下享受日常生活。这种积极的行为成为公司一股向上和向善的力量，激发每一个人重新思考人生的价值。

在倡导开放式创新的量子管理理论中，个体的价值及信息交互的价值不可估量，这种有效的交流能够产生加倍的能量。而这一过程中最重要的就是放下权力，平等地看待企业外部的每一个个体，不论高低贵贱，让每一个个体在"联系与发展"的平台上尽情释放自己的能量，由外而内、自下而上发挥集体创意。此外，除了收集外部资源，"联系与发展"平台还是宝洁发布自身产品、技术、品牌等授权信息的重要渠道。该平台为宝洁的开放式创新提供了资源中转的渠道。外部个体不仅能够从创意的提供中实现并获取自身的价值，还能够通过平台获取有益的信息，简单地说，每个个体都像是一个单独的企业，都具有提供和接收业务服务的功能，能够对整个战略部门起到重要的作用，进而在这个平台上找到更多生活与工作的意义。

在"联系与发展"的模式中，宝洁与世界各地的组织合作，向全球搜寻技术创新来源，创新想法来自公司外部。宝洁的"联系与发展"部门像是公司内部的"猎头"团队，在"博采众长，为我所用"的理念下，搜寻并吸纳一切能够提供新的创新资源的机会。通过内外部创新网络的构建和完善，宝洁的人力资源模式发生了巨大的变革。与传统方式相比，开放式创新的人力资源管理模式具有三大优势：首先，创新主体更为多元，可以在动态的环境中保证组织中创新的灵活性；其次，能够激发组织内部每一个成员的创造力，鼓励员工积极行使自己的话语权和参与权；最后，能够促使每一个人重新思考工作和生活的意义。

宝洁在采用这种创新模式之后，表现出非常突出的引领效应，未来企业的人力资源管理目标就是不仅要把公司做好，还要致力于全人类的幸福和发展。未来组织变革的趋势是扁平化、网络化和平台化，员工与企业的关系越来越趋向于平等的同事而不是固化刻板的上级与下级。很多专业人士都将不只有一份工作，他们的专业技能会帮助他们拥有更多份工作，他们能够在多份工作中获得知识和自我成长，以及体会到自己对于社会、对于工作的意义。

案例四

海尔生物：聚焦意义的智慧生态平台

2005 年，海尔生物医疗正式成立，其经营范围主要是生物医疗低温存储设备的研发生产与销售，后续在这一基础上借助物联网技术进行不断改革，成为生物安全领域综合解决方案的服务商。海尔生物始终坚持以人为本、体验为上的人单合一的经营发展理念，从最初只有两人的小团队发展成为 1300 余名创客所组成的新秀企业。海尔生物始于生物医疗低温存储设备的研发、生产和销售，是基于物联网转型的物联网科技生态新物种。海尔生物以用户最佳体验为目标，以物联网网器产品为基础，针对血液安全场景、疫苗接种场景、生物样本库场景、药品及试剂场景等提供物联网生物科技解决方案，链接各攸关方共创，形成人、网器、场景互联互通的物联网体验生态，实现人、设备、样本互联互通和全流程可追溯，并沉淀生物医疗全场景大数据，打造"体验云"平台，驱动技术的迭代。海尔生物"每位创客与用户零距离"、"与增值零距离"，评价标准只来自用户评价与市场评价，每一位万链人的行为都必须围绕"创最佳用户体验迭代开展"的万链同心圆文化行为主张，完美诠释了这一新标准（见图 5-15）。

图 5-15　海尔生物万链同心圆文化行为

海尔生物率先打破国外垄断，自主研发掌握超低温制冷核心技术，成为全球唯一覆盖 −196℃至 8℃全温域的生物医疗低温存储设备服务商。经过近 20 年发展，在复叠式低温制冷系统设计、多级制冷混合制冷剂制备、高效换热技术以及恒温控制技术等核心技术的研发上处于领先水平。海尔生物研发的航天冰箱多次搭载神舟飞船被送往外层空间执行科研任务，并助力国家深渊海沟和南极科考，实现"上天入海"。2019 年，海尔生物（股票代码 688139.SH）正式在上海证券交易所科创板上市，成为具有代表性的物联网生物安全科技生态品牌。在自主创新方面，海尔生物医疗是国内首家突破低温存储技术的科技公司，牵头起草中国低温存储行业标准，截至 2021 年底，海尔生物医疗及子公司合计拥有 539 项专利，荣获二三级医疗器械证书二十项（包括 357 个产品），超过 20 项技术成果被认定为国际领先水平，其中，"低温冰箱系列化产品关键技术及产业化"项目荣获"国家科学技术进步二等奖"，成为行业内斩获"国家科技进步奖"的首家企业。2021年，海尔生物（688139）实现营收 21.26 亿元（同比增长超过 50%）。

一、管理模式变革赋能创新

海尔生物坚持以创用户最佳体验为目标，秉承"通过场景服务＋科技创新，共创生态，为每个人的全生命周期提供安全、便捷的全景服务，让生命更美好"的愿景，将自己定位为全球生命科学和医疗创新数字场景生态品牌。为践行企业愿景使命，鼓励内部创新，延拓增值渠道，增强创新能力，海尔生物先是采用"人单合一"模式增强内部价值创造能力，而后逐渐衍生进化至"链群合约"模式，从管理模式上赋能组织。

1. "人单合一"模式的管理

海尔生物在业内崭露头角，始于生物医疗低温存储设备的研发、生产和销售。生物医疗领域对存储设备的温度要求极为严苛，在面临该技术壁垒较高且被国外垄断的情况下，海尔之所以能够成为中国第一个打破超低温制冷技术国外垄断的企业，其人单合一创业创新的精神起了非常关键的作用。

为了激发员工的潜能，海尔采用"人单合一"的模式，为员工提供实现自我价值的平台。"人单合一"模式开启了"人人皆创客"的局面，刘占杰博士作为海尔生物医疗股份有限公司的总经理，他本人原来是一名大学教师，后来加入了海尔做技术研发人员，在物联网的风口上，他发现可以用物联网技术对传统医疗储存设备进行改造，于是抓住市场机会，联合团队创立小微公司，将海尔生物打造为行业内龙头企业，他本人便是这个平台上的创客代表。

在公司研发初期，海尔生物计划生产超低温冷藏设备，但却在专用压缩机的使用上遭到了美国的"卡脖子"。为在国际竞争中站稳脚跟，不再"受制于人"，海尔生物抓住机会进行自主科技创新，咬定目标自主研发。团队在刘占杰的带领下，最终通过制冷系统创新，采用普通商用压缩机达到了专用压缩机的低温制冷效果，降低成本的同时，彻底掌握了打破国外垄断的关键核心技术，并获得了行业唯一一个国家科技进步奖。"人单合一"模式的重点在于去中心化，打造一个没有中心、没有领导，完全是自组织、自驱动的链群终极状态。这不仅打破了传统管理模式科层制的架构，也颠覆了人的定位，更为海尔生物的内部创新能力提升打开了大门。

2. "链群合约"模式的实践

2019 年，继人单合一后，海尔又创造性地提出了适应物联网时代的生态链小微群（简称"链群"）的组织体系，以链群作为满足用户需求和体验迭代的基本单元，也是"人单合一"模式下的新范式。链群致力于改变以往小微间的各自为政，通过创建与社群对应的生态圈，形成支持用户体验迭代升级，实现利益攸关方间的利益增值共享，立足于用户的个性化需求，创造用户终身价值。在这一层次的生态系统中，更强调跨组织间的协作，使不同的组织能够相互连接，形成协同效应，从而实现倍增收益。

面对物联网时代的挑战与机遇，在海尔集团"人单合一"模式和链群合约机制的指导下，海尔生物开启了物联网转型之路。通过物联网，不做医疗的海尔也跨入了医疗行业。立足物联网科技生态战略，海尔生物率先推动低温存储技术与物联网技术的深度融合，开创性地推出以物联网血液安全管理、物联网智慧疫苗接种为代表的综合解决方案，支持中国临床用血技术规范升级和疫苗管理升级，引领生物医疗产业变革。

比如，2021 年初，新冠疫苗开启了全民接种，为了加速全民免疫屏障构筑进程，尤其是帮助偏远地区群众、行动不便的老人群体等完成新冠疫苗接种，海尔生物联合生态方共创了移动疫苗接种车，运用物联网、5G、大数据等技术，实现疫苗数字化预防接种管理，突破原有接种条件限制，开进校园、社区、偏远乡村等各种场所，全天候、全路段、全机动地执行接种任务。短短三个月，走遍了湖北、新疆、内蒙、山东、重庆等全国 29 个省、自治区、直辖市，总接种量达数百万剂次。这样的共创既让群众受惠，也让生态各方得到了价值共享。

在盈康一生物联网医疗生态品牌旗下的上海永慈康复医院，由人单合一演进而来的"医患合一"理念，让这里每天都在上演着别样的康复故事。在阳光明媚的庭院里，打着呼吸机、吸氧气的病人，正在晒太阳、听鸟语、闻花香；在 ICU，智联 App 可以对患者的生命信息进行实时且多角度的监控，能够在第一时间进行专家研判，及时调整治疗方案，让病人呼吸机脱机的时间大幅提前；在康复大厅，机器人和康复师一同为患者进行康复训练，指关节的一个细小动作，都会让患者信心大增。而高效的康复方案，让生态方中山医院心外科全科平均住院时间缩短了 0.5 天，让康复机器人制造商傅利叶的销售额增加了 5 倍。

无论是血液领域的血联网、疫苗行业的海乐苗，还是永慈康复医院，都是海尔大生态中将用户需求放在强者之位而生长出的新物种。否则，这些需求将会被忽视。在组织机制的推动和平台资源的赋能下，自涌现体系的土壤更肥沃，新物种更多，组织的创新能力也由此不断增强。

二、福祉意义驱动的产品创新

首部《中华人民共和国生物安全法》自 2021 年 4 月 15 日起落地施行，为中国生物安全体系建设开启了一场全新的变革，标志着继生物安全上升至国家安全层面之后，国家生物安全体系建设进入了依法治理的新阶段。变革映射在产业层面，生物安全赛道迎来黄金时代，下游应用场景的扩容将带动海量的生物安全解决方案需求爆发。在这一赛道上，海尔生物正在以数字化的物联网全场景解决方案颠覆整个行业。

1. 打造以智慧移动平台为代表的拳头品牌

新冠疫苗接种是目前生物安全领域最贴近百姓生活的场景。在诸多保障方案中，由中国疾控中心和海尔生物共同主导研发的"国家免疫规划智慧移动平台"提供了移动接种解决方案，能全流程记录追溯，其接种数据还能与疾控系统实时交互，可全方位保障信息的准确性和实时性，保障疫苗接种安全、提高接种效率，单人的接种过程一般不到 2 分钟。

移动疫苗接种只是海尔生物在生物安全综合解决方案中的应用场景之一。作为国内领先的生物安全综合解决方案服务商，海尔生物将物联网技术和低温存储技术创新融合，以数字化的解决方案，拓展样本安全、疫苗安全、血液安全、药品及试剂安全等生物安全细分场景，搭建物联网生物安全科技生态。

该方案已在全国 31 个省市 5000 多家接种点落地，服务当地常规疫苗接种及新冠疫苗接种工作。随着用户需求的不断升级，海尔生物已迭代出了疫苗自动化工作站。智慧疫苗自动化工作站通过接入自动化模块，使疫苗可直接自动传送至接种区，实现全流程无温度断点，且疫苗出入库、库存盘点、接种区转运等环节皆实现了信息化、自动化、智慧化管理升级，在提升工作效率的同时，也满足了用户接种的安全感与幸福感。

2. 构建全流程追溯的生物安全智慧城市网络

全国多个城市向海尔生物提出了加紧配备海乐苗移动预防接种车的需求，让疫苗"跑起来"，海尔生物还研发了全国首个海乐苗智慧移动接种方舟，针对人员集中的高校、园区等单位提供服务。能在全民集中接种的这个关口迅速反应，满足各方急迫的需求，海乐苗移动预防接种车的背后体现了海尔生物在智慧城市疫苗网探索中积蓄的技术能力和场景应用能力。2020 年，青岛市智慧接种门诊建设项目被纳入市办实事，投入资金 9100 余万元，对全市 11 处疾控中心、217 处儿童预防接种门诊、6 处儿童预防接种站进行了智慧化升级。

智慧接种门诊不是对一个个智慧门诊的单点升级。依托海尔生物的物联网场景解决方案，青岛将所有门诊连接成网，形成了以大数据平台为基础的城市疫苗网（见图 5-16）。依托大数据管理平台，智慧冷链系统和智慧接种系统所有数据可

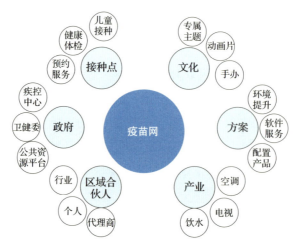

图 5-16 疫苗网产业生态

及时上传到青岛市政务云，在对儿童的计划免疫中，家长和接种者可根据权限查阅接种信息，通过数据归集，市级和各区（市）疾控中心以及各个预防接种门诊都可为疫苗库存管理、采购调配等动态调整，提前做出预警研判。

全流程可追溯是存在于生物安全应用场景中的普遍痛点。海尔生物的数字化解决方案就是要从最"痛"处下手。在青岛，海尔生物在青岛市卫健委、青岛市中心血站支持下率先落地了全球首个智慧城市血液网——青岛智慧城市血液网。在青岛市中心血站的青岛智慧城市血液网信息监控平台，可以实时对血站血液储存、血液配送、联网医院库存进行全流程冷链监控，无论是储存在血站和医院，还是配送过程中车辆行进的位置、转运箱的温度等都能实时监控。据介绍，自 2019 年 8 月项目启动以来，累计投入资金 2700 多万元，已覆盖青岛市中心血站和全市 38 家用血医院，其中已实现 15 家医院联网，全市冷链及物联设备接入 147 台。除青岛外，城市智慧血液管理方案已在宜昌建设完成，智慧血液网方案也已在北京、上海、天津、杭州、长沙等多个城市落地应用，并将逐步推广至全国 32 个省市 1300 多家三甲医院。这一方案的最大优势就在于，全流程监控没有断点，让血液始终处在安全状态之中。在应用智慧城市血液网后，用血医院之间不仅实现了血液资源信息共享、及时调配，而且最大程度减少了血液浪费，压缩用血时间。

海尔生物疫苗网解决方案已经覆盖全国 28 个省市，3000 余个智慧疫苗接种站，北京的智慧城市血液网也在筹建之中。公司"基于物联网技术的疫苗安全移动接种系统"经评定达到了国际领先水平。CSMA Intelligence 统计，2019 年底全球物联网设备连接数量已达到 110 亿，预计 2025 年将达到 250 亿，其中智慧城市和智慧医疗占据物联网覆盖项目领域的近 30%。海尔生物搭建的物联网数字化解决方案，将为未来智慧城市的运行提供生物安全多重保障。

3. 在场景深化和拓展中壮大产业生态

疫苗网和血液网的智慧城市解决方案，是海尔生物在生物安全场景和科技生态中布局较早的领域。2019 年 10 月，海尔生物成为青岛首家科创板企业。彼时，作为行业内唯一具备提供覆盖 −196℃至 8℃全温度范围内的生物医疗低温存储解决方案的服务商，海尔生物之所以获得资本市场青睐，除了过硬的超低温制冷技术，还有物联网转型的发展方向。

上市一年半以来，新冠肺炎疫情的暴发，让海尔生物所处的行业环境变得复杂。海尔生物进而将布局投向生物安全这一攸关人类未来发展的重要领域，在实验室安全、生物样本安全、药品及试剂安全等场景均实现了不同程度的突破。新冠肺炎疫情暴发初期，海尔生物仅用13天就研发出符合世界卫生组织标准以及国内IATA标准的A类高危标本转运箱，21天通过中国包装科研测试中心检验并取得有效报告，全力保障抗疫防疫工作。

在新冠疫苗全球接种期间，针对辉瑞需要-70℃存储环境的mRNA疫苗，海尔生物创新研发智控冷链转运箱，采用真空绝热技术，在不使用电力供应、依靠干冰等制冷剂的情况下，实现连续25天保持-70℃的低温，打破行业此前最长18天的纪录，并为设备配备全流程信息追溯及智慧物联管理技术，获得了来自澳大利亚、美国、捷克、越南、菲律宾、哥斯达黎加等多个海外用户的认可。

除了服务于疫情防控的场景，海尔生物正在加紧拓展更多生物安全的细分场景。在生物样本场景，据估算我国目前总生物样本量不超过5000万份，人均样本数不足0.04份，距离发达国家人均超过1份的水平仍有较大差距。为此，海尔生物提供样本安全领域的"自动化解决方案"，其自主研发-80℃大容积自动化库以及-190℃自动化液氮罐等一系列独创产品，可以迭代出全温域、全场景、全容积段物联网自动化生物样本库场景方案。

海尔生物2021年年报显示，公司2021年实现营收21.26亿元，同比增长51.63%，实现归母净利润8.45亿元，同比增长达121.82%。面向生命科学和医疗创新两大领域布局，公司四个场景板块聚焦用户多样化、方案丰富化和业务全球化的方向不断突破创新。其中，公司物联网解决方案业务增势迅猛，实现收入66 803.84万元，同比增长138.11%，占总收入的比重达到31.42%。在样本安全场景，用户多样性和方案丰富性得到不断提升，业务持续增长。2021年样本安全产品及解决方案实现销售收入87 418.14万元，同比增长21.78%。公司2022年第一季度实现营业收入56 345.31万元，同比增长36.22%，生命科学数字场景收入增幅46.78%，医疗创新数字场景收入增幅27.39%；国内市场收入增幅为33.33%，海外市场增幅为42.18%。其中，物联网方案业务收入增幅88.42%，占收入比重进一步提升至35.33%。公司"产品+服务"模式逐渐成型，基于高频交互的用户持续增值服务快速发展。

青岛对工业互联网、人工智能等产业的大力培育，为海尔生物的加速发展提供了更加优质的环境。进一步延链、补链、强链，形成更加丰盈的生物安全科技生态，海尔生物在青岛继续加大产业布局，在青岛高新区投入 5 亿元创建了海尔生物安全科创产业园。这一瞄准行业前沿需求的产业园，主要建设生物培养研发制造中心、IVD 研发制造中心、自动化研发制造中心、生物安全孵化器、共性研发实验中心、冷链转运研发制造中心、生物离心制备制造中心等内容。除了生产基地，实验室、数据中心等也将成为产业园的重要组成部分。

三、核心技术驱动的全场景创新生态

在物联网飞速发展的时代背景下，海尔生物全面推进物联网技术与低温存储技术的融合创新，将基于网络通信和射频识别技术的物联网软、硬件与自主研发的低温存储产品相结合，使传统存储设备升级为物联网场景方案，以满足临床用血、疫苗接种、生物样本库应用等用户迭代需求，构建物联网科技生态。

1. 生物样本库网

在生物样本库领域，海尔生物通过低温存储与物联网管理系统相结合，实现了人、机、样本的三向实时交互，不仅能够实现对生物样本存储温度及设备运行状态进行有效监控和预警，还可以满足用户对生物样本存取的精准定位、准确复核和快速整理的需求，极大提升样本存取管理的准确性和工作效率，推动了样本管理变革。

生物样本网场景方案以"云芯"物联网超低温保存箱网器为基础，链接样本采集、存储及应用等场景，实现云网协同，样本精准定位、一键存取、信息追溯，推动样本管理变革。

（1）人、机、样本三向实时交互的体验生态。通过物联网技术，海尔生物可实现对存储样本及相关信息的高效管理，并建立生物样本共享平台，通过统一的标准实现样本的标准化存储，样本信息可在各分站点间交换使用，实现生物样本的充分使用。生物样本的存取从 1 分钟到 1 秒钟，从翻箱倒柜、手工记录到一枪一码一键，双屏同步，一秒存取；安全从未知到 24 小时掌控，从孤立的设备到物联网全天候、全方位、多屏的状态监测和设备自诊断，保护样本安全；采用智能变频压缩机＋碳氢制冷系统，更加省电，更先进的碳氢变频技术带来双重节能，将能耗降低到个位数。

针对生物样本库物联网存储需求，将超低温存储设备与物联网技术融合，于 2018 年推出了新一代"云芯"超低温系列产品。"云芯"超低温系列产品搭载了

物联网监控模块和智能物联网生物样本管理系统，物联网监控模块可实现对生物样本存储温度及存储设备运行状态的监控和预警；通过增加显示模块、信息存储及处理模块，并将 BIMS 系统内置其中，终端用户为生物样本储存器皿贴上标签，对样本入库位置进行精准识别和记录，方便用户信息查询以及取样，减少人工记录位置信息以及寻找样本所消耗的时间，同时管理系统也可将生物样本的基本信息和储存信息上传到云平台，便于用户统一管理，提高了用户对样本管理的效率和精确度。

（2）各生态攸关方的增值。链接专家、医院、科研院所、生物医药企业、政府等生态资源方，通过物联共享的生物样本大数据，并联样本采集处理、网器触点、共创资源、信息化等整个圈层，向产业上下游应用延伸，为生态攸关各方创造出超越价值的用户体验增值，并迭代升级，完成整个生态圈用户体验的进化，实现生态超值。

2. 智慧血液网

血液网场景方案以"云翼"物联网血液冷藏箱网器为基础，链接采血、送血和临床用血场景，实现从"献血者"到"用血者"的血液信息全程可追溯，创造由集中式单向血液管理模式到分布式双向模式升级，做到急救零等待，血液零浪费，信息零距离，实现经济价值与生命价值的合一。

近年来，随着临床用血量的增加，血液供应呈现紧平衡状态，供应不足的情况时有发生。同时，传统手术配血浪费现象严重，且取血流程耗时长、血液无法实时供应的情况也时有发生，威胁病人的生命安全。海尔生物医疗智慧血液网场景方案，创造全球领先的人、机、血互联互通的体验迭代生态。创造性地颠覆传统单向存储的血液冰箱，研发具备物联网属性的智慧血液冷藏箱网器，并链接采血、送血、临床用血等场景，打造由集中式单向实物流转的供血模式到分布式双向数据共享的用血模式的最佳用户体验，实现从"血管"到"血管"全流程血液信息的可监控和可追溯，做到急救零等待、用血零浪费、信息零距离。

（1）人、机、血互联互通的智慧血液网体验生态。通过将物联网数字科技与低温存储技术深度融合，创新"云翼"物联网血液冷藏箱和"血液宝"物联网转运箱等，实现从献血者"血管"到用血者"血管"全流程血液信息的监控和可追溯。借助无线射频、智慧芯片等技术，每一袋血液都有自己的"标签"，包括血型、温度、位置等信息，通过扫码加入"智慧血液网"，无论血液在哪里，都可以实现由集中式到分布式管理——实现院内分布式：将血液分布至手术室、ICU 和病房等临床用血点，取血时间从 20 分钟减少到 1 分钟。实现床旁取血，即需即用，为挽救生命赢得宝贵时间；实现院外分布式：将血液分布至急救车上，可实现现场急救；同时，通过城市血液网，可实现城市血液资源大数据共享，跨院区调配用血。保障临床用血的及时、安全，并节约国家战略血液资源。

（2）各生态攸关方的增值。对患者来说，血液网不仅在最大程度上保障了患者手术用血安全，同时也减少了术中不合理用血，降低患者的经济负担与输血相关的不良反应；平均每位患者可以节约 1000 多元。对医院来说，可视化的调配使血液报废率降低到接近 0，做到血液资源零浪费。通过电子配血技术主动推荐适配血液，做到信息零距离。临床用血时间由原来的 20 分钟缩短到现在不到 1 分钟，做到急救零等待。血液可送回使不合理用血率降低到接近 0，做到血液资源零浪费。对血站来说，最大限度节约了血液资源，实现血尽其用。由人工盘点升级为智能盘点，实现人、血、信息自动匹配和共享。同时，血站可根据医院临床用血需求针对性采血，提高采供血管理水平。对政府来说，保障了国家血液安全，节约了国家血液资源，提升了城市物联网＋数字化信息管理程度。对生态攸关方来说，为各方创造出超越价值的用户体验增值，从临床用血主动管理到精准用血应用延伸，并实现从医院到健康人群的产业升级，最终链接全民大健康产业，实现生态增值。

3. 智慧疫苗网

疫苗网场景方案以"海乐苗"疫苗接种箱网器为基础，链接疫苗接种入口、出口等场景，实现疫苗接种最后一公里可追溯，人苗匹配透明可视，做到苗安全、人信任，提高疫苗接种效率和监管水平，为疫苗预防接种构筑安全屏障。

从问题疫苗、过期疫苗到错种疫苗，各类疫苗事件暴露出预防接种智能化水平不高、疫苗监管不科学不规范等问题，严重影响孩子的身体健康，也成为社会关注的焦点。海尔智慧疫苗网以创最佳用户体验为中心，实现人、机、苗互联互通的体验迭代生态，创造性地颠覆只具备单向存储功能的传统疫苗冰箱，打造海乐苗智慧接种箱等物联网属性的网器，链接疫苗入口、出口等场景，实现了问题疫苗进不去、不是我的苗出不来，人苗透明可视，打通疫苗安全接种最后一公里，保证疫苗安全全程可追溯。

（1）人、机、苗互联互通的体验迭代生态。疫苗网通过取号、登记、接种、留观四个环节的信息化、数据化、系统化，保障疫苗接种最后一环不出错。接种前，接种点的取号叫号系统会提醒及显示要接种的疫苗名称、厂家信息、接种位置。来到接种台后，护士会通过海乐苗接种箱扫描儿童"预防接种手册"，接种箱小屏幕会显示注射疫苗的名称等详细信息，随后注射针剂自动弹出。如果疫苗已过期或不匹配，注射针剂则实时冻结，不会弹出。为确保精准无差错，护士会手持针剂在冰箱上再一次扫码，二次核对信息，并确认接种方式、部位，再给予接种。接种完成后，在 30 分钟留观期间，家长可以在屏幕上查看留观"剩余时间"。留观时间结束后，家长再次拿着"预防接种手册"扫描二维码，便可以离开门诊。家长还可以通过手机端提前预约，事后跟踪。

（2）各生态攸关方的增值。通过网器和场景形成体验，通过体验链接生态，构建疫苗网生态体系，疫苗网不仅提供疫苗存储的专业设备及软件系统，更通过并联软件、家电、家装资源，以及海尔兄弟等深受儿童喜爱的文创类资源，不断迭代疫苗接种点全场景方案，为儿童疫苗接种营造安全、健康的接种环境，实现多方共赢。比如：考虑到家长抱着孩子扫码取号不方便，迅速迭代了接种点无感场景方案；考虑到乡镇接种点分散、路途远，迭代了移动接种场景方案；考虑到疾控中心疫苗海量存取繁琐、容易出错，迭代了疫苗自动化存储场景方案，等等。

海尔生物的物联网场景方案已入驻中华骨髓库、国家基因库以及中国人类遗传资源库等国家级重大战略项目，并覆盖北京 301 医院、上海瑞金医院、西安交大一附院、四川大学华西医院、长沙湘雅医院、中国医科大学附属第一医院、国家心血管病中心&阜外医院等重点三甲医院，并走出国门，进入英国生物样本库、瑞典卡罗林斯卡高科园、丹麦、意大利公立医院等发达国家市场。疫苗网已在全国 500 余个接种点落地，将在深圳建设全国首个全覆盖智慧城市疫苗网，并进入包含"一带一路"参与国的 78 个国家和地区，在全球范围累计装机运行约 12 万台物联网疫苗接种箱网器，累计守护全球 2 亿儿童健康。

创新是引领发展的第一动力。海尔生物就是公司从生物医疗低温存储设备制造商向物联网生物安全场景综合方案提供商转型的成功案例。即使在新冠肺炎疫情发生前的 2019 年，海尔生物的物联网解决方案业务也表现出了强劲的增长动能，该业务在当年实现销售收入 1.47 亿元，同比增长 364.88%，占总收入的 14.5%。2021 年，海尔生物投入研发费用 2.36 亿元，同比增长 56.79%，占营收比重 11.12%。同时在生物样本库、疫苗、血液、药剂及试剂安全等方面，海尔生物均已推出融合了物联网技术的解决方案，部分领域为首次实现物联网方案突破。通过科技创新"硬实力"和以用户为中心的管理理念"软实力"，海尔生物实现了物联网转型。截至 2021 年底，海尔生物拥有研发人员 565 名，占比达到 27.19%，牵头或参与起草国家、行业、团体标准、技术规范共 19 项，累计拥有 539 项专利、33 项软件著作权，累计 29 款产品成功入选世界卫生组织 PQS 全球采购目录。

科技硬实力为海尔生物打造生物安全物联网方案提供基础。与此同时，海尔坚持用户导向的管理服务理念，也让其有了更大的增长潜能。海尔生物坚持创新引领，将自主创新与国家号召、技术进步和用户需求相结合，不断进行生物安全领域"卡脖子"技术攻关，并加快科技成果转化，引领行业迈向高质量发展新征程，打造业内"智"造标杆，为科技强国建设贡献民族企业力量。正如科技公司倡导的"以用户为中心"理念，海尔生物亦提出，围绕用户场景，为用户提供一站式的综合服务，创最佳用户体验迭代。

第六章 在人性尊严管理中探寻意义

有意义的管理

爱默生曾说"不要让一个人去守卫他的尊严,而应让他的尊严来守卫他"。一个国家、一个社会是否文明,取决于人们是否有尊严地活着,是否有权力和人格得到他人或组织的尊重。人性尊严,就是对自我意志的彰显和对自我欲望的克制,它能够唤醒个性,使人找到自我,回归自我。在现代企业管理中,强调人性尊严能够帮助个体获得人格上的满足。

01 第一节　　　　　　　　　　　　　　　　　　　　　　　　尊重

一、维护尊严

在人性化管理中，尊严的意义在于回答我们作为人类的存在意义——本我，尊严是作为人力资源和人力资本的固有价值。人的尊严在现代企业管理中价值凸显。企业应当给予员工足够的自由、鼓励和支持，让每一个人在追求经济价值的同时，也能维护自身的尊严。

（一）尊严

尊严作为人性化管理的重要支柱，根植于全球精神和宗教传统，是建立在自我反思、自我认同、自我发展之上的。[一]

尊严是人类与生俱来的——固有的、无条件的、普世的需求，作为每个人的基本权利，与个体的发展息息相关。首先，尊严对于个体的发展起着重要的作用，维护和实现个体尊严是人类发展命题中应有之意和显著标志，个体在多大程度上实现尊严是其发展程度的重要体现；其次，从人的发展来看，尊严是对个体地位平等的肯定。尊严作为社会中每一个个体普遍具有的价值禀赋，无法用金钱来度量，但在所有人身上都具有同质性，这也表明其基础是人的平等地位，尊严根植于全球精神和宗教传统中，即人们都应当享有人格尊严并受到同等的尊重，不因人种、民族、性别、宗教等的不同或社会地位的高低而有所差异。同时，尊严也是人类通过行为获取的、建立自我价值和自我自尊的能力，通过尊严的获得，个体的自我价值和自我自尊也将得到最大化的实现。

在社会学上，尊严与自由和责任相关。康德指出，在理性基础上产生的自由意志和道德自律是享有人格尊严的关键因素，假如人被某种精神或物质所束缚，则意味着个体完全按照外在的必然性行动，其尊严也将无从谈起。此外，尊严是一点一滴的责任感的堆积，对事情富有责任感，最终才能换来尊严。自

[一] PIRSON M. Humanistic management：Protecting dignity and promoting well-being[M]. Cambridge：Cambridge University Press，2017.

由、责任和尊严作为人类追求的主要价值，是相辅相成的。缺乏尊严的指引，我们就无法摸索到明确的目标和边界，也就无法对任何事物怀有责任感；没有自由的环境，责任的累积，个体必将成为任人宰割的工具，而人类追求尊严的道路也终将受到阻碍。

而在管理学上，尊严与自尊、自治、有意义的工作、正义和幸福有关。人不仅是生活在家庭中，更多的是生活在每天的工作、学习当中。所以，要让人找到归属感、拥有身份、地位和尊严。这对每一位企业管理者来说都责无旁贷。人并非工具，也不能被企业当作工具来看待，公司追求经营业绩的同时，必须将人的能力发展、人的荣誉与权利置于更关键的地位，甚至是作为公司的终极目标，让每一个个体在有意义的工作中体会到幸福。

（二）人性化管理中尊严的角色

在人性化管理中，尊严的意义在于回答我们作为人类的存在意义。人性化管理注重公平和尊重，以及弹性和灵敏。这意味着管理团队成员通过积极主动的创新、协同合作等，能够使企业管理工作方式更加贴近人性，进而合理、高效地提升人的工作潜能和高绩效的管理工作。人性化管理是公司管理模式的最高原则，是对人的全面管理，是一种在整个公司管理工作流程中全面重视个人要素、以充分挖掘人的工作潜力为己任的管理手段，所以人性化管理模式也是对人的尊严进行保护的另一个重要方法。

从管理学视角出发，人性是指人们对美好生活的渴望、对发展目标的追求和对自尊的保护。美籍杰出管理学思想家道格拉斯·麦格雷戈在《企业的人性面》[1]中说："在每一种管理决定以及每一项管理工作举措的背后，都必有某些针对人的本性和人性行为的假设。"所以，管理工作是人的社会活动，是个体对个体的心理活动，在管理工作中实现人性化是以推动人性发展和解放为最根本目的的。重视人的尊严、使人格得以最充分的发展是现代科学管理的核心内容，所以人性化管理是使公司管理工作与人性尊严更加和谐的重要方法。

迈克尔·皮尔逊（2017）在《人性化管理》一书中提出了人性化管理的理论模型，指出人性化管理有两个阶段性目标——保护员工尊严和促进员工幸福。

---

[1] 麦格雷戈.企业的人性面[M]韩卉，译.北京：中国人民大学出版社，2008.

组织可以通过四项驱动力来实现目标：即需求驱动、关系驱动、意义驱动和合作驱动。所谓需求驱动，就是员工内心的深层次需求驱动企业要以员工的尊严和幸福为企业的终极目标；关系驱动指员工对良好的工作和同事之间关系的渴求；意义驱动即指实现员工的尊严和幸福对企业来讲是一项有意义的活动；最后的合作驱动指员工在合作中希望能够被尊重，四种驱动的结合有效推动了员工尊严和幸福的实现。

传统企业以经济价值为导向，更关注需求驱动，而忽视了意义驱动、关系驱动和合作驱动。在人性化的管理模型里，需要把四项驱动力结合在一起，实现需求驱动、关系驱动、意义驱动、合作驱动的平衡发展（见图6-1）。

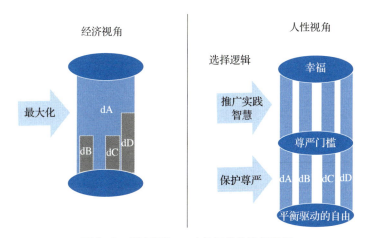

图 6-1 经济视角 vs 人性视角的选择逻辑

注：The drive to acquire（dA）需求驱动　The drive to bond（dB）关系驱动
　　The drive to comprehend（dC）意义驱动　The drive to defend（dD）合作驱动

资料来源：PIRSON M. Humanistic management: Protecting dignity and promoting well-being[M]. Cambridge: Cambridge University Press, 2017.

传统企业采用经济视角，目标是实现企业利益的最大化，比较关注个人的需求驱动，而忽视了意义驱动、关系驱动和合作驱动，其并不重视尊严的存在，个体期望获得财富、地位、权力和声誉。在人性化的管理模型里，需要把这四项驱动力结合在一起，即在需求驱动的基础上进一步关注意义驱动、关系驱动和合作驱动，实现人的四种驱动的平衡，通过不断的学习和实践的智慧，进而实现员工的尊严追求，最终获得幸福，这样的管理思想是值得推崇的（见表6-1）。

表 6-1　经济视角与人性视角的关键点比较

人性	经济视角	人性视角
基础	需求	驱动
目标	最大化	平衡
选择模式	固定效用曲线	学习、实践智慧
焦点	个人	关系
尊严的角色	缺席	至关重要的
道德的作用	与道德无关	道德/不道德
愿望	财富/地位/权力/声誉	幸福

当个体通过四种驱动力的平衡实现对尊严的保护作用并迈过尊严的门槛，终将通过实践智慧感受到幸福以及人生的意义，这种幸福感知会反作用于整个团队和组织，提升团队和组织的效率和凝聚力，最终影响社会福祉。

（三）人性化管理中尊严的维护

尊严与幸福是人性化管理的基石。人性化管理中的个人尊严主要表现在对个人尊严的维护，重视人的自身潜力，让其自信、自由地努力和发展自己，以便于在工作中更积极而全面地发展出自身能力，以达到个人与团体的双重效益，如何转变组织实践以保护和促进人的尊严，并最终实现幸福和繁荣，是第四代管理需要解决的问题。

1. 促进人的发展

人的发展对企业来说至关重要，促进人的发展就要以企业战略为依据制订一系列有计划、具有战略性意义的人力资源部署和管理行为。企业在招聘员工时不应受性别、年龄、家庭、信仰等因素限制，让每个人在适合自己的岗位上发光发热，人尽其才。同时要注重人的潜能开发，通过与员工沟通了解员工的个性和能力，在管理工作中注意思维和精神情感上的可塑性和稳定性等特点，并合理地进行有针对性的管理活动，知人善任，因才施用，其核心目的是调动员工的工作积极性，激发员工的内在潜能，让员工们切身体会自我价值、信心、尊严与自我效能感，让公司、企业成为员工的归宿。

2. 提升责任感

提升员工的责任感，首先要给予员工更多的权力，让员工主动参与到管理层的决策活动中。这是集体对职工尊严关注的重要体现,在这一过程中员工会产生更加强烈的自我价值感,感受到被集体重视和尊重。当员工主动参与到企业决策的制定中,就会主动提升自身责任感,主动为自己、团队和企业负责,集结群众的智慧并汲取其中的精髓,制订出合理和可行的经营策略。通过分权式管理,让职工体会到自身的意义与价值感,表现出对尊严的维护。

其次,员工要为自己负责,提升自身责任感,主动制订工作规划、执行计划,进而实现组织目标,也就是实施员工自己对自己的控制、管理、规划与负责。"人性化管理"的主要着眼点就是人性、权利与人格。所以,尊严的维护也应当关注个人本身的性格特点和权益。由员工自己针对自身状况,制订适合于自己的工作规划,自己对自己负责。这不仅能增强员工的工作积极性,保护员工的个性和权益,还能让员工以更积极的态度对待工作,提升自我效能和工作效率。员工在实现自我管理的过程中,会充分感受到责任感、自我发展和成长的喜悦,也能体会到有尊严的生存和工作[一]。

3. 培养能力

一个员工在企业中有不断提升自身能力的需求,在企业管理中,对员工的能力培养往往被视为企业的福利。持续不断的培养不仅会让员工得到个人知识和能力的提高,还会使员工发自内心地感激企业提供的成长、发展和自我价值实现的机会,感受到企业对人性尊严的维护。这样的结果鼓舞了员工的士气,激发了员工潜能并有效调动其积极性和主动性。当员工有了自尊和自信心,他就会在工作中将"要我做"转化为"我要做"。而员工敬业精神的产生,会自然而然地增强企业的向心力和凝聚力。

二、活力重塑:量子管理与海尔"链群合约"

量子管理理论是丹娜·左哈尔(Danah Zohar)创立的,其强调要尊重个体和群体智慧的力量,注重个体内在灵性的激发,呈现出系统论、潜在性、主客体互动等特征。

(一)量子管理与中国哲学

著名国学大家楼宇烈先生曾说:"中国文化的人文思维方式是……动态的、

[一] 田芳,姚本先.论人性化管理中的尊严[J].社会心理科学,2010(9):5.

整体的、联系的、随机的、综合的。"⊖ 相对于西方近现代科学崇尚的局部的、静态的、分析的、还原的思维方式，中国传统文化则更倾向于动态的、平衡的、综合的、整体的思维方式。概括来说，中华文化更擅长整体思维方式。这种整体思维方式具有整体性、全局性、系统性的特征，例如中医有生物全息律理论，"头痛可以医脚"，是最耳熟能详的例子。中华文化的整体思维方式还具有动态性的特征，例如《周易》认为天地一气、生生不息。中华文化的整体思维方式又是前瞻性的，因为动态是有迹可循的动态，例如中医的"治未病"理论就是前瞻性思维的结晶。中华文化的整体思维方式也是伦理性的，因为整体的各部分是一个息息相关的共同体，例如《庄子·齐物论》认为"天地与我并生，而万物与我为一"；《礼记·礼运》提倡"以天下为一家，以中国为一人"；北宋理学家张载在《西铭》中提出"民，吾同胞；物，吾与也"的民胞物与的大生命观；北宋理学家程颢也认为"仁者以天地万物为一体"。

丹娜·左哈尔在《人单合一：量子管理之道》⊜ 一书中认为，遵循量子管理原则的公司会进化成复杂适应系统。同时，复杂适应系统是整体性的，通过其构成要素之间以及要素与环境之间的共创性对话，不断进化并重新定义自己。公司应该像复杂适应系统一样运作，合作共赢、不断创新。中国思维与量子思维有很多相似之处，其本身具备丰富的创新驱动要素，左哈尔教授的量子理论与中国传统的天人合一、身心合一、人我合一高度契合。量子理论把组织理解为有意识、有生命的系统，通过系统构成要素内部及外部环境的共创性对话，不断演变进化，重新定义自身，是一种自组织、自驱动和自付薪的组织形态。海尔集团的人单合一就是量子管理的优秀实践，极大地发挥了"人的效用最大化"理念，激发了员工活力。组织中人的目的、价值、愿望、动机以及新兴的组织文化必须被视为系统动力的一部分。

传统的人力资源管理模式中，固化僵硬的计划、组织、领导、控制导致了员工在工作中的消极情感，员工被认为是不积极的，且无法达到自我激励的效果。而在量子管理中，外部环境与内部环境相融合，企业自上而下的层级被打破，企业广泛借助外部力量且强调要承认每一个人都是价值创造的源泉，个体

⊖ 楼宇烈.中国的品格[M].成都：四川人民出版社，2015：62.
⊜ 左哈尔.人单合一：量子管理之道[M].纪文凯，译.北京：中国人民大学出版社，2021.

的聚集可能会带来无限的爆发力。鼓励员工勇于打破创新壁垒，勇敢地展现自我，进而提升个人的心灵资本。在量子管理的范式下，企业将权力分散到每一个个体，并赋予员工时间和信任，员工会感觉到自己对于集体的重要性，进一步满足其情感和心理层面的需求。在开放式动态的环境中，量子管理强调每一个人都是主角，都是价值创造的源泉，而这种观点也越来越与人力资本成为知识经济时代的价值创造主体相适应，越来越符合时代的发展。

（二）链群合约

海尔的"链群合约"是在人单合一的基础上，由张瑞敏先生在2019年1月初原创的一个在VUCA时代的新管理理论。该理论的提出源自实践，迄今已有370多个实践主体，并取得了不同于一般管理理论的显著管理成效，在物联网时代为中国管理学界探寻一条理论创新、理论自信之路做出了重要贡献。今天的海尔已经从传统的家电产品品牌、平台品牌，进化为物联网时代的生态品牌。海尔能够实现这样的蜕变，得益于14年来对"人单合一"这一颠覆传统管理模式的探索实践。海尔通过组织变革，打造出了一个拥有自驱力的生态体系，让企业家群体源源不断自涌现。这一生态体系中存在着数量众多的小微成员，他们不再仅仅是任务执行者，更多的是拥有自驱力的创业者，最后成为股份持有者，甚至是成功的创业企业家。

物联网其本质是人联网，用户的个性化需求从孤立的信息变成变化的"需求图谱"。鉴于此，海尔提出将产品生命周期转变为用户体验周期，也就是说产品售卖出去并非服务终点，而是为用户终身体验服务的起点。在这种个性化、多触点、交互式、动态变化的需求下，需要小微群体加强协作、动态调整。2019年1月初，海尔提出建立适应物联网时代的生态链小微群的组织体系。

1."链群合约"的内涵

"链群合约"作为"人单合一"的迭代和升级，是一种新的组织形态，充分体现了泛在的自治，以及组织生态中各利益相关体之间的整体性和动态性。避免了传统合约中心化因素的影响，有效地激发了各个节点的员工的积极性和主动性。"链群合约"彻底解决了订立契约时的"搭便车"问题，做到事前确定，事后兑现，动态调整。"链群合约"致力于改变以往小微成员间的各自为政，通过创建与社群对应的生态圈，支持用户体验迭代升级，实现利益攸关方间的利益增值共享。"链群合约"立足于用户的个性化需求，创造用户终身价值，最大程度发挥了人的价值，提升了员工的主人翁意识和工作卷入度，使组织能实现自驱动、自增值、自进化。这样的管理模式更符合自然规律，更能适应物联网环境下需求触点的网状化。

"链群合约"作为以人为本、数字赋能、动态寻优的内部创业机制，是生态链和小微群基于员工契约精神进行的融合企业家精神和厂商理论的管理机制新探索。"链群合约"的最大魅力在于实现用户节点能力的激活、重组与整合优化，这种机制使得小微兼顾了个体创新能力优势、动态匹配和链群之间的协同配合和资源共享，实现"活而不乱，高度协同"。具备"以人为本、体验为上、开放整合、协同共创、混序交融、边缘竞争、数技赋能、动态寻优、利他共益、永续发展"的特征。

2. "链群合约"的效率与发展

开放式创新理论认为，企业的技术创新不仅需要内部的资源，还需要外部的创新资源，同时建立相应的分享机制，在信息交换和知识共享中实现优势互补和增值。"链群合约"可以使更多的生态方参与到整体的创新生态中，降低了搜索成本和沟通成本，以最低成本实现了资源互通和信息共享。在互惠互利的条件下扩大了创新网络，可以说，"链群合约"所构建的开放式创新生态是一个多中心、分布式的创新生态。

海尔的"人单合一"管理模式使企业变成了4000多个小微，变成了网络组织，海尔已有4000家独立的自组织多功能小微企业，小微均有自己的CEO，其团队通常由4~20名创客组成，通过与用户共创对话来设计和制造自己的产品，小微们合在一起组成合作性的生态链小微群，使得海尔成为一个典型的量子化的"系统中的系统"。

从"人单合一"到"链群合约"，海尔的组织架构愈发扁平化、量子化，集团职员不再来自统一的人力招聘渠道，而是各个链群在发展过程中根据自需要、自招聘的一种模式。基于这一特点，在团队建设方面，各团队的积极性和已有人员的匹配性已具备一定的基础，应加强团队成员对人单合一文化的认同感、对人单合一模式的胜任能力，在多元激励与多维能力提升方面，让每一个新加入团队的成员能够成为未来助力链群合约良好生态形成、甚至推动演化的力量。

一直以来，张瑞敏都认为自己是一个在量子管理环境中的服务型领导者，他说："一个领导人不应该专注于自己成为企业家，而应将培养企业家视为自己的主要职责。作为领导者，我会为员工创造机会，为他们的创业活动提供资源和支持，激发、驱动小微们，不断启发员工运用自己的才智实现自己的无限潜力。"

目前，无论是三翼鸟、卡奥斯，还是海尔生物，都是一个链群，但是每一个链群的发展过程和模式却各有特点，在不同应用场景呈现不同的特征。未来，海尔也许还会再诞生其他类型的链群，或是现有链群不断演化，产生链群1.0、2.0等新形态链群。

3. 链群合约：自组织中的意义重塑

企业强大并保持长盛不衰，需要全体人员处于一种被"激活"的状态：即每一个员工的每一个细胞都充满了活力。为此，海尔认真研究并建立一种新的激活员工机制，将员工的贡献和自身利益联系在一起，赋予员工"永远的活力"。在数字科技变革所实现的新范式中，最为重要的一个范式就是"链群合约"，实现了以感知作为基础、传输作为保障、云计算作为大脑、应用作为决策和服务的四端联动，构建了节约型、透明化、高效率、精确化、个性化、过程化和智慧化的管理模式。"链群合约"的最大魅力在于实现用户节点能力的激活、重组与整合优化。为了使网络中的个体实现更好的创造业态，组织还应该创造更好的创新公地，为创业者和中小微企业提供创新的平台。

张瑞敏提出，要使雇员获得权力，他必须首先放弃一切自上而下的集权，以实现"领导的最高境界是润物细无声"的量子管理理论思想。因此，他向每个小微割让出所谓的"四个自我"，即CEO和最高管理层的传统权力：自组织、自驱动、自增值和自进化。小微们不再需要公司支付薪水，而是通过为用户提供销售和服务获得收入，并从中得到大部分利润。

在海尔的"链群合约"组织形态中，每一个实体乃至每一个人都成为一个责、权、利的中心，"人人都是首席执行官"，在这种氛围下可以重塑每个员工的创新力和意义感，释放隐形知识和潜能，探索共创共赢的身态圈，创造出共赢增值表、顾客价值表等管理工具，目的就是驱动员工创造用户终身价值，使有意义的价值常态化。

在每个链群里，员工、客户、相关资源拥有者都成了链条上的一个节点，组成小微群，主动提供相关资源，海尔再整合公司、员工、客户乃至社会上的各种资源，发挥自身资源的优势，弥补自身资源的不足。这种以较低成本获取资源、较高效率激发员工与客户活力的方式，可以帮助海尔不断地以场景为中心，打造更多的链群实现创新（见图6-2）。这也就是丹娜·左哈尔提出的量子管理中的量子整体论及系统思维，实现了量子组织中"我们荣辱与共"这一核心理念。

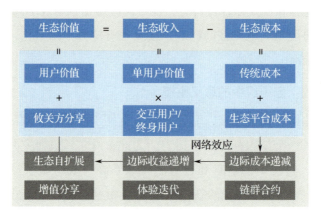

图6-2 激活网络节点的能力

资料来源：海尔集团。

4. 人的价值最大化

"人的价值最大化"的核心是以人为本。中华文化中历来有丰富的民本思想，孟子的"民为贵，社稷次之，君为轻"对中国的政治思想、经济思想产生了重大的影响。在政治领域，民本思想的核心理念是"以民为本""立君为民"；在经济领域，民本经济的核心理念是"民有、民营、民享"。在现代企业管理中，让员工成为自主人的创客，使企业转型为自组织，树立"以人为中心的新的价值观"是以人为本的精髓。物联网时代，管理的宗旨只有一个，那就是人的价值最大化。

传统企业理论认为公司的唯一目标是盈利，并实现股东利益的最大化。公司治理理论认为公司治理的最终成果是能在多大程度上保护股东的利益，这是传统企业理论对于企业价值评价的标准。康德说"人是目的，不是工具"。海尔从1984年开始创业，经历了六个发展阶段，每个阶段的发展战略都以"人的价值最大化"为核心，贯穿海尔的发展历程。物联网时代，海尔通过"民本"思想强调"人的价值最大化"。海尔最重要的经营理念是"在海尔,用户即领导",重新定义了企业成功的标准——忠诚客户的数量以及不断提升的产品回购率,代替了以短期股东价值和市场份额为指标来衡量企业成功。

在链群合约组织模式中的每一个链群里,员工、客户、相关资源拥有者都成为组织链群链条上的一个节点,进而组成了小微群,以较低成本实现了链群内可使用资源的效益最大化。这种方式既充分发挥了各小微主体在组织中的作用,也帮助海尔以场景为中心,打造更多的链群实现创新。张瑞敏强调"只有以增值分享为驱动吸引更多链群节点,链群才能生存;只有量化链群利益攸关各方增值分享的标准,链群才具有独特的竞争力。"在海尔的链群合约组织形态中,每一个人都成为一个责、权、利的中心,这种氛围可以重塑每个员工的创新力和意义感,释放隐形知识和潜能,探索共创共赢的生态圈。共赢增值表、顾客价值表等工具,目的就是驱动员工不仅关注自身的意义感,也充分关注利益共同体的意义感知,创造用户终生价值,践行"人的价值最大化",这才是物联网时代衡量企业价值的新标准。

5. 新型工作模式与新型劳动关系机制

劳动价值论是马克思主义政治经济学的基石。作为一种价值理论,劳动价值论不单纯是关于商品世界的价值或价格理论,而是关于商品、货币和资本等价值形式的历史科学,正如恩格斯所指出的,"政治经济学本质上是一门历史的科学"。劳动价值论作为商品世界的本体论,认为商品、货币和资本等价值形式是劳动的内在矛盾的外在表现,是劳动在特定历史阶段的社会形式或社会化的抽象形式,劳动价值论揭示了商品生产者之间、生产者与需求者之间相互的利益关系,也是零和博弈的劳资关系形成的理论基础。

传统劳动关系中,企业资本家压榨劳方的剩余价值,尽可能降低生产成本,努力争夺高效产出;而处于相对弱势地位的劳方尽力反抗资方的压迫,并试图为自身争夺更多利益。基于经济人假设,劳资双方都会尽可能多地为自身在劳动契约关系中争取利益。一方面,资方的强烈挤压将导致劳方反抗,劳方的流失也将导致资方生产成本提高、组织效率下降,不利于组织内部良好组织氛围的形成。另一方面,劳资关系的失衡会影响社会的安定和谐,双方在利益纠纷上的冲突将引起公众关注和信任危机,增加了政府治理成本。如何积极转变零和博弈的劳资关系,推动劳资双方互利共赢是有时代意义的思考。

链群合约很大程度上解决了这个问题。在不改变企业现有产权性质的基础上，当数字化使得万物链接，随时可以调动和获取资源；当生产资料的产权和使用权可清晰分离；当基于共享平台的员工参与管理的体制机制成为可能，小微通过竞单上岗、对赌跟投、按单聚散、用户付薪、增值分享等实现人、财、物的高效实时动态匹配，通过动态寻优有效解决了员工的激励与持续创新问题。海尔通过将企业家精神根植于每个员工的内心，为每一名员工提供自我试错和探索创造的外部条件，通过将组织绩效、员工自我实现、用户个性化需求有机结合，创造互惠互利、互利共赢的局面。以其开放性、动态性和激励相容的特性，避免传统激励机制的局限性，体现增量激励和价值激励的优越性，对现代企业激励机制进行新的探索和创新（见图6-3）。

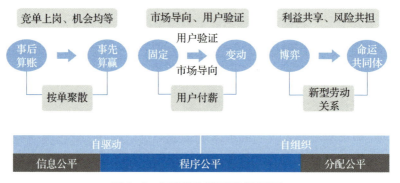

图6-3 新型劳动关系机制驱动图

首先，竞单上岗、机会均等。与传统激励模式不同，在人单合一模式下，小微和链群节点的价值分享来自为用户创造的超额价值以及对赌跟投的超利分享。这种价值分享不是按照岗位和级别获得固定薪酬，而是统一由创造的用户价值为标准划分。一方面，薪酬制度的公开透明增加了员工的信任感与依赖感，另一方面，薪酬的分配更加清晰，通过量化指标，员工可以更清晰地认识到自己该从哪些方面努力，继而争取更多薪酬福利，极大激发了员工的工作热情和价值创造潜能。每个员工参与人单合一的机会是均等的。根据公平理论，程序公平和信息公平与分配公平一样重要。人单合一组织模式在"抢单"的过程是充分透明而公正的，充分给予所有员工参与机会。

其次，市场导向、用户验证。企业赋予员工充分实现自我价值可能的平台，从被动执行命令的员工转化为主动承担责任的富有梦想的企业家角色。员工由于在组织中自主权更强，对组织活动拥有更高的参与度，成为相互支持的利益共同体，推动企业经营活动持续动态升级，实现企业、员工、顾客的互利共赢。在实践层面，人单合一双赢模式彻底抛弃传统的科层制，将组织扁平化，变成动态的网状组织，让员工从原来被动的命令执行者转变为平台上自驱动的创新者，接受市场和客户的检验，与企业共同成长。

最后，利益共享、风险共担。人单合一模式动态地进、出、升、降，避免了一旦拥有股份就失去创新动力的弊端及激励对象的短视化倾向。整个过程中以"利益共享、风险共担"为原则，小微可享受超值分享，同样也通过对赌跟投承担项目失败的风险。小微及链群主拥有的"创客份额""创客股权"，与企业发展共进退，体验"CEO"的风险与收益，将员工从执行者变成自主创新的主体，充分实现了"自组织"和"自驱动"的自创业演进模式（如图6-4所示）。

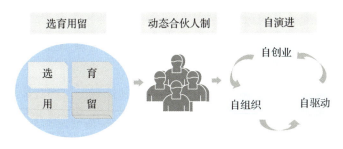

图6-4　动态人才管理机制演进

随着外部性越来越受到重视和关注，诸多企业都重视社会价值的创造，把承担社会责任视为企业发展的重要使命。链群合约的组织模式成功调动了组织中每个普通人的创造力和活力。正是这种介于政府和市场之间的每个普通劳动者的智慧和力量，将成为未来推动企业永续发展的源泉。海尔的实践也有效融合了企业家精神和传统厂商理论，探索了以员工契约代替企业家契约的新型企业理论。

习近平总书记指出"必须坚持以中国式现代化推进中华民族伟大复兴，既不走封闭僵化的老路，也不走改旗易帜的邪路"。海尔管理模式在管理理论与实践两个层面，正在探索一条与西方管理模式不同的道路。类似从家庭联产承包责任制解放农民的能量，链群合约是一种员工能量的释放和活力的激发，海尔取得的成就与自主生态观、整体关联观、动态平衡观有密切的关系，形成了物联网时代独树一帜的海尔管理模式，将为中国式管理现代化做出卓越贡献。

第二节 温情

温情管理是人性化管理的别称,在现代企业管理实践中注入了人性化的概念,即在企业制度和规则之上,以个人情感和"关系"为导向,让员工在人性关怀下能够有效地完成自己的工作。因此,"同理心"和"热忱鼓舞"成为现代企业管理中打造有竞争力的组织形态和促进创新的重要领导风格。

一、同理心

同理心(Empathy),亦译为"设身处地地理解""感情移入""神入""共感""共情"。同理心一词源自希腊文 empatheia(神入),原是美学理论家用以形容理解他人主观经验的能力。心理学家爱德华·布雷福德·铁钦纳(Edward Bradford Titchener)认为,同理心源自身体上模仿他人的痛苦,从而引发相同的痛苦感受。同理心其实就是站在当事人的角度和位置上,客观地理解当事人的内心感受,且把这种理解传达给当事人的一种沟通和交流的方式。同理心的重点在于体谅他人,替他人着想,正确了解他人的感受和情绪,进而做到相互理解、关怀和情感上的融洽。

微软总裁萨提亚在《刷新:重新发现商业与未来》[1]中讲公司文化和领导力时,特别强调同理心的重要作用。而他的同理心是从自己的家庭中获得的。萨提亚的儿子早产并患有先天疾病,终身困在轮椅上,这也让他的妻子不得不放弃工作照顾儿子。后来他的一个女儿也因疾病必须到加拿大温哥华治疗,而长期往返于西雅图和温哥华耗去了他们夫妻俩大量的精力。但他从这些事中获得了与众不同的同理心,他总会从别人的角度想问题。"我告诉他们,我们花太多的时间在工作上,所以工作应该有更深刻的意义。如果我们能够把个人相信的价值与公司的优点结合起来,那么我们几乎就可以攻无不克了。我的人生哲学和热情是长时间形成的,这个过程中还经历过各种各样的事情;我想把创意和对他人的同理心连在一起。创意令人兴奋,同理心则是我做事的核心准

---

[1] 萨提亚·纳德拉.刷新:重新发现商业与未来[M].陈召强,等译.北京:中信出版社,2018.

则。""只有经历过人生起伏,才能培养起同理心;要想不受苦受难,或者少受苦受难,就必须接纳无常。""在一个技术激流以前所未有之势颠覆现状的世界里,同理心比以往任何时候都显得珍贵。""我学会以同理心面对我遇到的每个人。我对残疾人抱以同理心,对在城市贫民区和工业锈带谋生的人们抱以同理心,对亚非拉发展中国家的人们抱以同理心,对努力获取成功的小企业主们抱以同理心,对任何因肤色、信仰或恋爱对象而遭受暴力和仇恨攻击的人抱以同理心。我希望将同理心置于我所追求的一切的中心——从我们发布的产品到新进入的市场,再到员工、客户和合作伙伴。"

二、鼓舞热忱

缺乏热忱是无法成就大事的。玫琳凯公司每开一次集中会,参会者都要演唱一首歌,名为《我有玫琳凯的热忱》。从小规模的每周会议到盛大的年度研讨会,集体演唱歌曲是一项保留节目。玫琳凯认为"唱歌可以培养高度的团体精神,唱歌可以使人们团结在一起。就如同队伍当中的欢呼声一般。如果有人感到心情沮丧,唱歌也可以让他精神振奋"。

玫琳凯认为,玫琳凯化妆公司就代表着工作的热忱。整个公司的企业文化都以此为豪,因为热忱是个人最有价值的特质,不管从事的是什么职业。很多有才干的人之所以失败,很大原因是因为缺乏工作热忱,而许多管理人员的失败是由于缺乏下属的支持。"我真的相信一个可以激发热忱的平凡构想,远胜于一个无法激发热情的伟大概念。所以,一位优秀的管理人员应该要激励员工的热忱,但先决条件是他必须是一个有满腔热忱的人。"当然,要一个人总是保持高度热忱是不可能的。玫琳凯女士在《玫琳凯谈人的管理》一书中分享了自己早期销售生涯中一段失败的经历,并阐述我们有许多时候需要为自己打气才能工作。当每件事情都很顺利时,要保持热忱是很容易的。但是对一个人真正的考验是在逆境的时候是否也能够保持热忱。她常告诉美容顾问,你必须假装到真正有这种情绪为止。心理学强调一个人始终保持微笑就会改善内心的情绪,也就是说,假装热忱,最后就会真正拥有热忱。身为管理人员,则会有更高的要求。因为你需要以高度的热忱去带动下属,并激励下属和团队高效地完成任务。

"每个人都会有这样的日子。当你觉得情绪低落时,只能更加努力地工作,因为你的态度会影响下属的工作热情。热忱不但具有传染性，也会像野火般迅速蔓延开来"，这就是领导力的作用。魅力型领导之所以受欢迎，是因为主管热忱和积极的人格会渗透到整个公司中，更甚的是管理方式的改善也经常会改变公司员工的个性。假如新上任的董事长是冷酷而傲慢的，那么公司中原有的蓬勃的朝气就会迅速消失。因此，管理者必须控制情绪，而不是让情绪控制自己。

当员工的工作内容需要一对一沟通时，在这种情况下，热忱的衡量标准便是员工说服力的大小。再没有比一对一的热情更有说服力的了，这种一对一的热忱可用数种方式来表达，包括身体语言、面部表情。例如，会心的微笑或温柔的声调等都会成为影响情绪的重要因素。擅长电话行销的人证明了热忱是可以成功通过声音来传送的，相反，缺乏热忱会产生严重的后果，犹豫和迟疑同样具有传染性。你曾见过全然不关心产品的业务员吗？如果顾客问他产品如何使用，或是零部件是否容易更换时，他会这样回答："我不知道，我想大概会吧。"这种缺乏热忱的情绪很快就会传送出去。即使原先很有购物热忱的顾客也会受此影响。同样，如果一个管理人员毫无兴趣地陈述他的新计划，那么他并不能够从下属那儿获得多大的支持。保持热忱必须由自身做起。当你沉浸在热忱中，那些围绕在你四周的人将会无可避免地反映出同样的热忱来，这就是热忱的互动和渲染作用。

 第三节　　　　　　　　　　　　　　　　　　　　　人性化管理

人性化管理是现代化管理理论和实践发展的必然趋势和要求。在现代企业中，人性化管理已经成为企业竞争的一个有力的手段。与传统的制度化的以物管理的方法相比较，人性化管理在如今这个个性张扬的时代有其不可比拟的优越性。管理人性化或者人性化管理，就是顺应人性的需求去管理。把员工的"向上心"激发出来，满足员工的自尊心，让员工在情绪稳定的环境下，心怀实现梦想的希望。

一、关爱驱动

　　员工是企业的核心组成部分。领导者要想使企业获得长远的发展，就应该对员工实施关爱驱动，通过对员工的关爱，来赢得员工的忠诚度，激发员工的工作热情。只有领导者对员工发自内心地关怀，才能使员工心系企业，将企业的事情视作自己的事情，才能使员工以主人翁的热情来对待企业，为企业发展不遗余力。领导者对员工的关爱，首先应体现在工作尊重、体面劳动、信息共享、程序公平等管理过程和福利待遇上；其次，领导者还需要关心员工的身心健康、改善工作环境，来提升员工对企业的满意度和忠诚度，提高员工的工作热忱。

　　尊重员工，是一个领导者所必须具备的素质。这种尊重体现在对不同员工的宽容度，由于每个人的文化背景、成长环境、家庭教育等因素不同，必然导致思维习惯、价值体系、工作方式等的不同。领导者应该和员工们多多沟通，鼓励他们发表自己的意见，鼓励他们创造性地完成工作，给员工一定的自由空间，让他们按照自己的想法去开展工作，在这样的环境下，员工一定会更加积极地对待工作，更加努力地取得好的工作成果。

　　尊重员工还体现在公平公正。"领导-成员"交换理论认为，领导者与下属中不同成员的亲疏程度是影响领导绩效的重要变量。领导者由于下属贡献、时间压力、个人喜好等原因将下属区别对待，并形成质量不同的"领导-下属"交换关系。在高质量的"领导-下属"交换关系中，领导者将下属看作"圈内成员"，在低质量的交换关系中，下属被看作"圈外成员"。在工作中，领导者不能因为个人偏好等原因而对某位员工产生喜欢或者厌恶的情绪。每一位员工的工作都影响着企业的生存和发展。如果在管理工作中领导者不能做到一视同仁，明显表现出自己对某些员工的偏好或者厌恶，必会影响一些员工的工作热情。只有公平公正地对待每位员工，才能有效调动所有员工的工作积极性，激发员工的内在潜能。

　　在管理过程中，领导者要发自内心地尊重下属。积极心理学认为，正向的情绪会传播和扩散，领导者的从容与自信情绪很容易传递给下属，使其在精神上受到鼓舞，工作中产生的紧张逐渐恢复平静，从而以积极的心态面对工作；领导者的微笑往往代表着一种信任，尤其是在下属不小心出现工作失误时，领导者的微笑既可以减轻下属的忧虑，也可以表达自己对下属能力的肯定，体现领导者的心胸和涵养。一个出色的领导者往往时刻带着微笑。这样的领导会给下属一种安全感，在整个团队内营造一种和谐温馨的氛围，使团队成员之间形成非常融洽的关系，下属对自己的工作以及整个企业都将充满信心。

在职场中，微笑是领导者和下属之间的润滑剂。领导者的微笑是对下属的尊重和信任，是营造温馨工作氛围、采用情感管理的有力武器。无论在什么场合，领导者的微笑都能够给下属带来减轻压力的积极效果，带给下属一种鼓励和支持的有效力量。㊀

二、人的回归

美国著名管理学家麦格雷戈说："企业这一组织系统，是因为鼓励人的行为才存在的。这一系统的输入、输出和由输入转化为输出的过程，都是靠人与人的关系和人的行为来决定的。"管理的任务在于如何最大限度地调动人们的积极性，释放其潜藏的能量，让人们以极大的热情和创造力投身于事业之中。在过去相当长的时间内，人们曾经热衷于片面追求产值和利润，却忽视了创造产值、创造财富的人在生产经营实践中的作用。而到了当代，人们越来越认识到，决定一个企业、一个社会发展能力的不在于机器设备，而在于人们拥有的知识、智能、才能和技巧。人是社会经济活动的主体，一切经济行为都是由人来进行的。人没有活力，企业就没有活力和竞争力。企业应该以"仁爱"之心，激发员工热爱企业，把自己的命运与企业的生存发展紧密结合，形成企业强大的凝聚力。

中国的管理一直很重视人的地位和作用，"以人为本"的思想产生了深远的影响。当代企业管理应当注重人的回归，以人为中心开展管理活动。人力资源所具有的创造性和可持续利用性，是世界上任何一种物质资源都无法比拟和替代的。管理者应该将人的发展放到第一位，通过开发人力资源，促进企业的整体发展。解放生产力，首先就是对人的解放。只有调动职工的积极性，开发他们的智力，发挥他们的聪明才智和创造力，才能提高生产率。我们目前所进行的改革，从根本上说，正是为亿万人民聪明才智的充分发挥创造良好的环境和机制。

㊀ 温毓良. 北大领导课[M]. 北京：新世界出版社，2013.

当代英国哲学家、意义理论集大成者迈克尔·达米特指出，应当摒弃实在论的"真"概念，进而从实践中抽象出新的意义理论核心概念。"人"的回归，是当代人文思潮在科学哲学领域回归的标志之一（McGuinness and Oliveri, 2013）。企业要努力形成广纳群贤、人尽其才、能上能下、充满活力的用人机制，让优秀的人才凸显出来，为精英人才构筑施展才华的舞台，给予他们足够的施展个人才智的空间与权力，放手用人，让精英人才的自我价值在管理中得以实现，这是有效留住精英人才的关键举措。构筑精英人才施展才华的舞台，重要的是重视人才的教育培训，积极帮助他们自我成长。在知识经济时代，无论什么样的人才都有一种充实自我、迎接挑战、跟上时代发展步伐的欲望，进行有效的教育培训，积极帮助人才进行自我完善和提高，是一项极为重要的工作。每一个企业都应把培育人、不断提高员工的整体素质作为经常性的任务。尤其是在急剧变化的现代，技术生命周期不断缩短，知识更新速度不断加快，每个人、每个组织都必须不断学习，以适应环境的变化并重新塑造自己。提高员工素质就是提高企业的生命力。美国新经济的实践证明，人才的教育培训是最有效的企业投资，不仅可以使企业以极小的投入换来无尽的收益，更为重要的是通过人才的能力提升让他们感觉到自我发展有奔头，有所贡献也有及时补充，从而更好地服务于企业。人的自由而全面的发展，是人类社会进步的标志，是社会经济发展的最高目标，也是管理所要达到的终极目标。

企业文化之所以复杂，最重要的原因是文化是人演绎出来的，是人类思想与活动的结晶。而人又是世界上最复杂的智能动物，迄今为止人类对自然界的研究达到了一定的程度，可是对人类自己的研究还非常有限。这也是以往研究企业文化最大的误区所在，绝大多数企业文化研究者基本上是在研究一些现象，或者一些表象，然后就比较轻易地"总结"出一些所谓的结论。脱离人的企业文化研究一定是表面的、肤浅的，对现实指导意义不强。因此，强调人的回归在企业的发展中也是非常重要的。组织本身是一个生命体，组织中的每一个人都是这一有机生命体中的一分子，充分挖掘每一个成员的潜能，激发他们的积极性和创造力，塑造他们成为高素质的成员。这种以人为本、以员工为中心的管理，可以形成成员整体的强大合力，形成整个组织的凝聚力与向心力，推动企业共同向前发展㊀。

㊀ 韩大勇，叶福成. 柔性管理智慧[M]. 北京：中国经济出版社，2012.

案例一

中铁装备：盾构机伴咖啡香

2017年5月，"蒙华号"里的咖啡厅开张了。5月10日，在蒙华铁路最北端的白城隧道中，申志军、申德芳、谢飞三位员工在咖啡厅里边聊天，边享用用咖啡机泡出来的咖啡，他们举起小巧的咖啡杯，在欢声笑语中一饮而尽，中铁装备让奋斗在一线的员工，品尝到了世界人性柔情中最浓郁的咖啡香。

盾构咖啡是中铁装备在蒙华号施工过程中为员工提供的一种特色咖啡，在施工隧道里，施工工人像白领一样，不仅拥有安全高效的工作环境，更可以在闲暇之余坐在有绿植相伴的咖啡厅里放松。咖啡厅的开张，让工作在冰冷隧道里的员工体会到尊严、温度，更体会到了工作的激情。

一、公司背景

中铁工程装备集团有限公司（简称：中铁装备），为世界500强企业——中国中铁股份有限公司（简称：中国中铁）旗下工业板块的重要成员企业。在中国中铁的战略部署下，中铁装备、中铁山桥、中铁宝桥、中铁科工四家企业通过重组上市，成为中国中铁高新工业股份有限公司的核心成员，开创了企业发展新纪元。多年来，中铁装备以"员工幸福、企业发展、制造强国"为初心，以"振兴民族工业，打造世界品牌"为使命，始终铭记习近平总书记的嘱托，深入践行"三个转变"重要指示，已发展成为隧道掘进机、隧道机械化专用设备、地下空间开发三大产业有机联动、以地下工程装备综合服务统领多元发展的综合性企业集团。2021年9月，中铁装备获颁中国质量领域最高奖——中国质量奖，成为我国隧道掘进机行业首家获此奖项的企业。中铁装备成立10年来，在实现从"追赶"向"引领"转变的进程中，行业影响力不断增强，品牌价值获得了社会各界广泛认同。

二、企业文化

新型的智慧企业在强调数字化、网络化和智能化的基础上，更加重视人人互通和知识共享，这样的管理变革越来越值得我们关注，它既有非常先进的物联网平台，也有非常先进的重视人的创造力和活力的管理因素，是一个非常了不起的管理系统整合。中铁装备非常重视数字化建设，发展工业互联网平台，通过打通连接层、平台层、应用层，提供端到端的一站式工业互联网产品。但是，令人吃惊的不是其数字化发展，而是其在数字化发展中寻求企业文化的优化与转型。中铁装备追求"三个转变"，即推动中国制造向中国创造转变、中国速度向中国质量转变、中国产品向中国品牌转变。

在追求"三个转变"的过程中，关注三个"同心圆"，即以中国梦想为圆心、以员工幸福为半径、以掘进机事业为周长，形成"同力创造、心系质量、圆梦品牌"的"同心圆"文化。百年来，中铁装备一直秉持以人为本，奋斗圆梦的人才发展理念，牢固确立人才是第一资源、第一资本、第一推动力的思想，努力做到寻觅人才求贤若渴、发现人才如获至宝、举荐人才不拘一格、使用人才各尽其能，实现人才与企业同心同向、砥砺奋进、筑梦圆梦。

三、盾构技术的发展

"上天有神舟、追风有高铁、入地有盾构"，盾构机如神舟飞船、高铁一样，被公认为世界级领跑产品、国之重器。盾构机是世界上最先进的全断面隧道施工特种专业机械，已广泛用于铁路、地铁、公路、市政、水电等隧道工程，被称为"世界工程机械之王"。2005年之前，中国绝大多数盾构机市场被国外品牌垄断。如今，中国90%的市场、全球2/3的市场由中国铁建重工集团股份有限公司（简称铁建重工）、中铁装备等几家中国头部企业占有，成为中国攻克"卡脖子"技术的一道最靓丽的风景线。2021年，在盾构机全球5强榜单中，中国有4家企业上榜，其中铁建重工超越世界知名厂商——德国海瑞克，位居榜首。这标志着中国盾构机行业开始领跑世界[一]。

盾构机是一个非常复杂的机电液装备，相当于把一个移动的工厂搬到地下去，在一个钢筒里同时完成掘进、排渣和衬砌，把分散的流程集成在一起。目前为止，盾构机直径最大可达到17米，这样一台装备最贵的要5亿多元，这样一个大国重器，是大家都关注的焦点。

"盾构"的字面意思就是盾里的构造，意为施工人员并非在暴露的环境中作业，而是在一个保护罩下。一系列的掘进、出渣、注浆、支护工作都是机器自动

[一] 欧阳桃花，曾德麟. 拨云见日——揭示中国盾构机技术赶超的艰辛与辉煌[J]. 管理世界，2021，37（08）：194-207.

完成，施工人员只需操作按钮、使用电动扳手拧上管片螺栓即可。盾构机使用环保电力驱动，以往隧道施工常见的噪声、粉尘、油烟、爆破后刺鼻的火药味全都没有了，施工人员的工作环境因盾构机的出现变得整洁舒适。

十几年前，我国还不能自主设计盾构机，完全依赖国外的装备，从欧洲、美国、日本引进各种品牌的盾构机。国外的盾构机在中国各个城市做地铁施工的时候，也发生过各种各样的事故，例如地面塌陷、房屋倾斜等。当年我们解决装备的故障或者事故都要依赖国外的专家。2001年在广州，一台海瑞克盾构机在运行掘进过程中遇到故障，只能停工，整个工程的参与者都在等待德国来的一个专家。等了很久，看到德国专家的时候，大家都很诧异，因为这是一个26岁来自哥伦比亚的工程师，这个工程师在中国台北工作过两年以后，被德国海瑞克公司聘任为现场工程师，到了广州就变成了专家。从他离开家门开始计算，工程方每天要付给他3000美元的服务费，而且他在整个维修过程当中，不允许当地的工程师介入。

随着我国基础设施的完善，对盾构机的需求日益增多。而我国幅员辽阔，地质条件又极其复杂，盾构机使用时遇到的问题是世界上最多最难的，诸多不同地质条件下的施工技术难题急需突破，而核心技术的缺失、居高不下的成本，让我国盾构机的使用在很长一段时间内都受制于人。在这种情况下，我国开始选择自主研发生产盾构机。

2007年，我国研制了中国首台复合式土压平衡盾构机，这是一部从头到尾都由我国自主设计制造的机器，这台盾构机跟德国盾构机一起大显身手，证明了我国盾构技术的成熟，国产化的盾构机批量生产开始起步。不到10年时间，中国成长为盾构机设计制造的世界强国。从进口盾构机到开始批量出口盾构机，我们自主设计制造的盾构机销售到了五大洲24个国家，实现了盾构装备的逆袭。

四、"蒙华号"盾构机首次亮相

蒙华铁路是指蒙西至华中地区铁路，是我国"北煤南运"新国家战略的重要煤炭运输通道。蒙华铁路全长共1814.5公里，全线隧道有228座、468公里，占正线总长的25.8%，其中大于10公里的隧道10座，最长的崤山隧道有22.7公里。隧道穿越砂层、黄土、砂泥岩、板岩、花岗岩、灰岩等多种地层以及富水断层、岩溶、高地应力水平岩层等不良地质，施工难度大、风险高。在这种情况下，保证施工安全和施工质量是隧道建设的重中之重。

白城隧道作为蒙华铁路的一部分，位于陕北毛乌素沙漠南缘，白城隧道为单洞双线，全长3345米，穿越地层为风积沙、粉砂、细砂、砂质新黄土，主要为Ⅴ、Ⅵ级围岩，最大埋深81米。原设计为矿山法施工，由于隧道下穿天然气管线、供水管线及包茂高速公路，隧道埋深浅，施工方法复杂，施工安全及工期风险较大。新黄土松软难成形，打隧道遇到这种地质，会导致进度缓慢、塌方风险极高，是蒙华铁路建设难度最大的隧道之一。

为提升蒙华铁路白城隧道建设的安全性和高效性，2016年7月17日，中铁装备集团郑州TBM车间，"全球首创""完全自主知识产权"特地为白城隧道定制的"蒙华号"盾构机与大众见面。它是一台长118米、高11.9米、重1300吨的"巨无霸"。为适应隧道的倒"U"型断面，这台盾构机长着9个"牙齿"，远看形如马蹄，因此得名马蹄形盾构机（见图6-5）。

图6-5 "蒙华号"盾构机

2016年10月29日，经过两个多月的跋山涉水及组装调试，马蹄形盾构机开启了它的使命之旅。"蒙华号"仅用一年零两个月的时间就完成了隧道全线3345米的掘进任务，不仅克服了新黄土土质疏松对隧道掘进带来的各种风险挑战，安全穿越了高速公路、输油输气管线、浅埋层等重大风险源，还创造了最高日掘进19.6米、最高月掘进308米的纪录。

2018年1月，在"蒙华号"的助力下，白城隧道顺利贯通。2018年11月，白城隧道由于"将大断面马蹄形的土压平衡盾构方法首次应用于黄土隧道"获得了国际隧道界最高奖——"国际隧道协会2018年度技术创新项目奖"，成为中国隧道工程发展的里程碑。马蹄形盾构机的成功应用，不仅是我国黄土隧道施工技术的一次重大突破，也是我国重大装备行业推动中国制造向中国创造转变的一次实力证明。传统的隧道施工都是隧道人用命换里程;而"蒙华奇迹"是安全事故为零,人员伤亡为零。

五、盾构咖啡:隧道里的咖啡香

"蒙华号"上咖啡厅的开张是中铁装备的又一大创新,隧道施工方在"蒙华号"盾构机上喝咖啡的照片爆红网络,安全舒适的工作环境打破了人们对传统隧道施工的印象(见图6-6)。

图6-6 员工品尝咖啡

蒙华公司隧道工程师申志军曾说:"盾构机以每分钟2厘米的速度快跑,我就坐在中部上层的雅座上慢慢品尝着咖啡,这在全国是绝无仅有的。"当天晚上,申志军在个人微信公众号上写了一篇散文《隧道深处咖啡香》,以此来记录这暖心的时刻。"这归功于蒙华公司的以人为本理念和盾构技术带来的良好环境。"

中国中铁科学研究院研究员、国际隧道协会副主席严金秀来白城隧道喝了盾构咖啡后说:"我去过世界上许多隧道,只在这里品尝过隧道咖啡。白城隧道施工安全、快速、环境很棒,改变了传统隧道施工的印象,隧道深处咖啡香是中国隧道工程发展的里程碑,我们已经站在了世界前列!"

申志军说,作为白城隧道盾构方案发起人和隧道咖啡主创者,自己有幸为改善隧道施工环境、让一线施工人员喝着咖啡工作做出一点贡献,感觉无比自豪。申志军还受邀走进国内多所顶尖高校和隧道技术交流会讲述隧道咖啡的故事。他大声地告诉同行和大学生:"我们身在新时代,我们要共同努力,让更多的隧道有一个良好的工作环境,让更多的隧道工人能够喝着咖啡工作。"

2018年11月28日上海宝马展上,中铁装备"盾构咖啡"文化品牌发布会正式启动。2019年在慕尼黑时间的4月8日德国宝马展上,中铁装备不仅讲述了企业的全系列产品,更向世界讲述了中国的科技故事与施工文明,中国中铁股份有限公司前董事长张宗言特别点赞了"盾构咖啡"这一文化创意。蒙华铁路施工以人为本的理念和盾构"黑科技"催生了盾构咖啡的完美创意。这代表着一个美妙的场景:在苍凉的沙漠里,在地下十几米的隧道中,有一个移动咖啡厅,施工人员一边喝咖啡,一边快乐地工作。

六、大国重器的温情管理:"三个转变"+"同心圆"质量管理模式

有意义的管理的目的就是激发人的活力,极大发挥人的价值。当企业能够对员工进行物质、荣誉和精神方面的关怀,达到员工赋能层面,温暖人心,引导人性,满足其合理的需求,就能激发人的热情。近年来,随着中国大型国有企业的快速进化和发展,不仅在数字化管理、大数据平台建设、塑造产业新模式——状态可视化、数据平台化、控制远程化、服务个性化等领域实现了技术赶超,在现代化管理理念和人力资源管理、员工关系管理方面也做出了有效尝试。

随着中国盾构技术的发展,传统印象中噪声、灰尘、泥土、热量、高强度的震动和冲击等这些在隧道工程中最常见的工作环境都在悄然发生着改变。中铁装备以创造、责任、荣誉、沟通为核心价值观实现了三个转变:推动中国制造向中国创造转变、中国速度向中国质量转变、中国产品向中国品牌转变。打造"以中国梦想为圆心,以员工幸福为半径,以掘进机事业为周长"的"同心圆"文化。"三个转变"+"同心圆"质量管理模式,以高端定制、卓越品质、智能服务循环促动为支撑,以打造地下工程掘进装备和服务领域世界品牌为最终目标。盾构机的成功应用,不仅是我国黄土隧道施工技术的一次重大突破,也是我国重大装备行业推动中国制造向中国创造转变的一次实力证明。隧道施工工人在"蒙华号"盾构机上喝咖啡的照片意外走红,安全、绿色的工作环境改变了人们对传统隧道施工的印象。新华社记者走进中部地区的制造企业,为所见制造业呈现的"网红潜质"而惊喜,也见证着人们为推动制造业发展质量变革、效率变革、动力变革付出的艰辛努力。

在盾构支撑下进行地下工程暗挖施工,施工过程不受地面交通、河道、航运、潮汐、季节、气候等条件的影响,且盾构机的推进、出土、衬砌拼装等实行自动化、智能化和施工远程控制信息化,致使掘进速度较快,劳动力被解放,实现了

更高的工作效率和更加舒适整洁的环境。中铁装备的人性化管理进一步促进了员工关系的发展，也激发着一代又一代中铁人的工作热情。

案例二

奈飞——颠覆者的胜利，和谐组织的力量

初创于 1997 年的奈飞公司，不到 5 年就在纳斯达克上市，13 年后击败了行业巨头百视达，21 年后市值突破 1000 亿美元，超越迪士尼成为全球最大的流媒体公司，创造了硅谷创新的新传奇。创新，是奈飞快速腾飞的助推器。凭借商业模式创新战胜百视达，依靠内容创新获得持续生命力——将影碟租赁由到店租赁转为邮寄获取，再由邮寄改为线上；取消滞纳金，转为会员制；突破传统周播制，一次性放出一季剧集……奈飞不断创新、挑战着美国影视行业的传统。

和谐，是奈飞企业组织文化的底色。年假不设限，不发年终奖，甚至鼓励员工离职——独树一帜的企业文化，造就了一支能够完成伟大任务的高绩效团队，帮助奈飞形成不断颠覆的动态能力，创造出由 DVD 租赁公司成长为可与脸书、亚马逊、谷歌等巨头比肩的业界传奇。

一、三场革命：颠覆者的胜利

1997 年，奈飞挺进市场。23 年来，奈飞以颠覆者的身份发起了三场革命——颠覆服务平台，颠覆服务模式，颠覆自我定位，从而颠覆用户体验（见图 6-7）。

图 6-7　奈飞的颠覆式创新

(一) 第一次革命——奈飞初创便颠覆了影碟租赁行业，在业内掀起了一场颠覆式革命

1997年，美国影碟租赁行业处于黄金时期，全美影碟租赁店达上万家，其中最大的百视达公司拥有9000余家门店和6万名员工，几乎占据垄断地位，想要在影碟租赁市场中分一杯羹并非易事。然而，奈飞敏锐地发现了传统影碟租赁服务的痛点，从不甚完美的用户体验中看到了商机。

奈飞打破用户到店租借影碟的主流方式，改为网上租借，用户只需在网上下单，第二天便能快递到家，观后放进邮箱便有人上门收取，减少了用户到店租赁的不便与繁琐。仓库集中存放海量DVD，解决了由于单个店面容量有限、热门影片碟片数量不足、小众影片覆盖不全的问题，为用户提供更全面的服务。同时，由于不依赖实体门店，运营成本大大降低，能以更低的价格为用户提供租赁服务，奈飞在业界的颠覆性革命也由此开启。

1999年，奈飞将"按次付费"转为"会员包月订阅"。会员每月只需支付15.95美元，便可免费观看所有影片，并取消租借时间限制和高额的逾期罚款，用户只需在下一次租借前将碟片寄回。其实，逾期收入是租借影碟业的主要营收，占百视达全年营收的16%，奈飞实施这一颠覆性举措的第一年，便吸引了23.9万名新会员。

(二) 第二次革命——2007年，率先推出"Watch Now"，提供即时观看选择，颠覆用户的线性观看习惯，为影片租赁业务开辟了全新的流媒体平台，也推动了美国"去有线电视化"

面对彼时不成熟的技术条件和不旺盛的需求，奈飞投入4000多万美元自主研发和优化了带宽和网络系统，提高下载速度，打造近百种移动终端，打破了用户观看电视的时间、空间限制。但是，奈飞并未急于盈利，而是将这项服务免费提供给DVD订阅会员。经过四年的打磨和用户习惯培养，2011年，奈飞逐渐退出DVD租赁服务，将流媒体作为主营业务，并开始实行会员付费，在经历了短暂的会员流失之后，奈飞最终以最少的观看障碍、低廉的价格和绝佳的用户体验得到了用户的认可。而后，奈飞挑战了长期以来美国电视剧一年一季、一周一集的周播制传统，将一季的剧集一次性放出，真正实现了用户想看就看的愿望。奈飞流媒体的转型成功对有线电视业和影碟租赁业产生了颠覆式冲击。2010年，510万用户退订有线电视；2017年，奈飞的用户总数超过美国有线电视用户总数；曾

经的影碟租赁行业巨头百视达于 2010 年宣布破产。与此同时，奈飞的用户激增，2007~2011 年，奈飞的用户数量由 750 万增加到了 4400 万，增长近 5 倍。

（三）第三次革命——2012 年，奈飞将目标指向自己，从渠道开拓转型内容创造

随着奈飞模式的成功，流媒体领域的竞争也愈发激烈，以 YouTube 为代表的流媒体公司大规模兴起，同时，以 Starz 为代表的内容提供商也想从奈飞的增长中分得一杯羹，授权费飙升。奈飞很早便意识到"内容为王"的道理，作为渠道商，奈飞致力用海量片库打造影视王国的护城墙，并且牢牢把握用户的喜好。2000 年，奈飞开始打造 Cinematch 智能推荐系统，并自 2006 年起，连续三年开出百万奖金，面向全球征求改进方案，最终达到会员观影的 70% 源自该系统推荐。通过详细记录用户观影习惯，一方面，可以针对不同用户给出个性化的影片推荐，帮助用户更方便、更快捷地找到喜爱的影片，另一方面，可以更加有针对性地购买片源、打造片库，而不盲目追随热门或全面，大量优质冷门剧集的独家收录既迎合了用户的需求和喜爱，也节省了大量成本。智能推荐系统的搭建使得奈飞可以以低成本为用户提供丰富化、个性化、差异化的内容服务。

然而，奈飞的片源长期依赖购买，处于价值链的低端，一方面受制于内容生产商，另一方面，资金投入大而利润并不理想，因此，奈飞启动原创内容战略，完成产业链闭环。

知己知彼，百战不殆。凭借长期用户观看数据的积累与分析，奈飞准确掌握了用户感兴趣的题材、钟爱的演员与导演，了解用户的观看习惯，可以说比用户都了解他们自己，这些用户数据信息帮助奈飞展开定制化、需求导向的内容创作，同时，也给了奈飞进行颠覆性创新的方向与勇气，帮助奈飞的内容创作出师告捷，颠覆了自身的业务定位，也颠覆了美国电视剧行业的制作模式。2013 年，基于对自身判断能力的信心，奈飞斥资 1 亿美元打造首部原创政治剧《纸牌屋》，并且颠覆性地突破美国电视剧制作行业先看片再预定的传统，跳过试片环节，直接签订两季。奈飞将《纸牌屋》全季一次性放出，得到市场和专业影评人的一致好评，当年新增付费用户 1000 万，获得了 15 项金球奖和艾美奖提名。自此，奈飞在内容创作行业占据了一席之地。此后，奈飞更加坚定了原创内容的发展战略，资金投入不断加大，更是佳作频出，已经成为奥斯卡等国际奖项角逐中的实力选手，

对环球、索尼等传统好莱坞六大电影制作公司的地位造成了一定冲击。如今，即使你并不熟知奈飞，但是你一定知道《爱尔兰人》《绝命毒师》《女子监狱》等热门剧集，奈飞用 6 年时间实现了从原创到领跑（见图 6-8）。

图 6-8　2014—2019 奈飞各奖项提名

在瞬息万变的时代，只有主动求变才能不被时代抛下。奈飞通过不断自我颠覆，不断实现自身产品与用户需求的和谐统一，为用户提供更快速、更丰富、更精准的观看体验，用颠覆式创新给予用户颠覆式的体验，一次次从红海中开辟出蓝海。

二、和谐的威力：自由与责任统一

在外界看来，奈飞不断地自我颠覆又屡屡成功，每一步成长都惊险而幸运，奈飞的领导者将这归功于组织文化。

即使是在多元聚集的硅谷，奈飞的组织文化也显得独树一帜，观察者们往往惊叹于奈飞企业文化"八大准则"（见图 6-9）的创新与颠覆，却忽视了其背后的和谐力量，这种和谐不是令行禁止的完美秩序，不是自上而下的步调一致，是能力与目标的和谐，是对异己意见的包容，是信息的透明与公开，是给予员工充分信任，从而实现的自由与责任的统一。

优秀的人才是奈飞和谐组织文化的基础，因此，奈飞将招聘视为最重要的工作。奈飞的目标是要将最优秀的员工纳入团队，对于最优秀的员工，奈飞有自己的定义：使命驱动的"成年人"。优秀的员工清楚自己的热情与价值所在，不再需要额外的奖励与福利待遇，挑战与成功足以让他们兴奋，而奈飞恰好能给他们最好的激励——一份有挑战的工作和伟大的团队，员工个人理想与企业目标的和谐一致，使得员工在奈飞一次又一次提出看似不可能完成的颠覆时，始终以用户体验为中心，坚定地追随并为之倾注热情与努力。

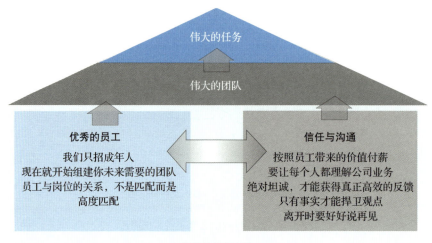

图6-9　奈飞文化的"八大准则"

人才难得，但是，一味地留住人才从不是奈飞人才战略的目标，奈飞要面向未来聘用高绩效的人才，而员工与岗位的高度和谐是高绩效的基础。当下技术迭代迅速，内容产业快速崛起，团队的领导者要时刻以6个月后的业务所需为导向搜寻和筛选人才，保持团队的最佳配置，团队规模并不重要，重要的是跟谁一起工作。引进优秀的员工和让员工离开都是实现这一目标的重要途径，而这一过程的唯一标准便是"匹配"，对于无法成为未来组织的高绩效者以及无法在公司内部满足自我价值实现的员工，奈飞都会主动提出和鼓励他们离开。这种做法看似残酷，实则给了员工自由成长的空间，当员工能力与公司需求相匹配时，员工会全身心投入，在不相匹配时，主动寻找新的机遇与挑战，最大程度地赋予了员工和公司灵活性与自由度。若不能为公司和员工提供自由的成长环境，又何谈和谐的组织文化呢？

奈飞对自己选聘员工的标准以及由此聘任的每一位员工充分自信，并深知优秀员工对于公司的价值，因此，奈飞让每一位员工拥有权力，在物质和精神上给予每一位员工最大程度的尊重、信任与认可。

（1）充分尊重员工。奈飞对员工最大的尊重便是给予他们全面了解和参与业务的机会，这也是员工最基本的权力。奈飞内部提倡极度坦诚，鼓励面对面交流与实名反馈。为此，奈飞建立多种沟通渠道，确保沟通的顺畅。在发生观点冲突时，发起公开"反向辩论"，辩论以事实为基础，以"用户为先"为原则，通过站在对方立场进行辩论，促进相互理解，提高决策的正确性；每年发起一次"停止、开始、继续"反馈，力求反馈意见具体可实施；畅通"双向沟通"，奈飞鼓励员工向上级提出疑问和质疑，在多元思想的碰撞中增加理解、改善决策。这种高度透明和强节奏的沟通机制，使得每一位员工的观点得到尊重，每一位员工充分理解企业的任务与使命，从客服到首席执行官，每一位员工都具有高层视角，深知自己的工作对用户体验、对公司利润的重要意义，从而最大程度地激发责任感与积极性。

（2）充分信任员工。为了最大程度地解放高绩效者，奈飞逐步取消了所有保守的流程与政策，用最简洁的管理打造最高效的团队。取消休假限制，员工只要告知经理便可在想休假的时间自由休假；取消了报销政策和差旅政策，相信员工递交的每一张票据都是合理开销。员工拥有最大程度的自由后，权力并没有被滥用，相反，权力的释放换来了生产力的释放，员工不再被繁琐的流程缚住手脚与思维，将更多的时间和精力投入工作当中。奈飞并非没有纪律，奈飞的纪律便是建立在对企业文化和目标充分理解与认可基础上的员工自律，使命驱动的高绩效者会对自己、对团队、对公司负责。

（3）充分认可员工的价值。奈飞基于员工所带来的价值而非固定的薪酬标准，打造动态、透明的薪酬系统，并愿意付市场上最高的薪酬留住有价值的员工，优秀的员工不追逐薪酬，但是奈飞要给予员工价值最大程度的肯定。

企业文化是最好的管理工具。奈飞用和谐的组织文化替代繁琐的行政流程，通过坦诚的沟通实现价值观的强化，让每一位员工都清楚自己的方向，并在自由的环境中为所担负的责任全力以赴。对于高绩效者而言，与伟大的团队一同迎接挑战，本身便足以令人兴奋。变化时刻都在发生，但是，和谐的组织文化所产生的使命感与目标感不会改变，正是和谐的组织文化使得奈飞能够在多变的环境中及时调整方向，迎接新的挑战，完成每一次颠覆。"奈飞文化"是独一无二的，并不能通用于每一家公司，但是奈飞的成功并非不可复制，每一家企业都应该打造属于自己的"奈飞文化"。

案例三

荷兰银行：为员工、客户提供尊严，为合作伙伴提供可以交流知识的空间

荷兰银行（ABN-AMROBank）凭借专业的金融服务经验、绵密的全球网络享誉全球，与世界众多大中小企业建立了深厚且良好的往来关系，成为世界金融服务领域的翘楚。荷兰银行取得成功的关键是公司内部一群素质佳且稳定性高的专业人才，荷兰银行中国台北分行人力资源部副总经理袁清薇就相当自豪地表示："荷兰银行的员工流动率是所有外商银行中最低的"。

一、公司背景

荷兰银行是荷兰第一大银行，总部位于荷兰首都阿姆斯特丹。1824年，威廉一世为振兴荷兰与东印度之间的贸易关系，成立了荷兰银行的前身——Nederlandsche Handel-Maatschappij，1964年与 Twentsche Bank 合并为 Algemene Bank Nederland，同时阿姆斯特丹银行和鹿特丹银行合并为 Amsterdam-Rotterdam Bank，形成双雄并立的局面。1990年，Algemene Bank Nederland（ABN）再与 Amsterdam-Rotterdam Bank（AMROBank）合并，成为荷兰银行。

荷兰银行前身的主要四家银行除了帮助荷兰几个大都市快速累积经济实力之外，对于整个国家拓展国际金融业务也有很大的贡献。1826年即于雅加达、1858年于新加坡和日本设立服务据点，此举使得荷兰银行成为亚洲地区历史最悠久的外商银行之一，在全球70多个国家拥有3500个服务据点，经过100多年的业务成长以及经由并购的版图扩充，拥有5300多亿欧元的资产，全球员工人数超过11万人。

2007年10月，由比利时的富通银行、苏格兰皇家银行和西班牙国际银行所组成的银行财团，于2007年10月全面收购荷兰银行。荷兰银行的业务由这三家银行接管。2010年，原荷兰银行（中国）的在华网点机构更名为苏格兰皇家银行（中国）。

二、荷兰银行的使命与主要业务

荷兰银行主要通过长期的往来关系，为选定的客户提供投资理财方面的金融

服务，进而使荷兰银行成为股东最乐意投资的标的及员工最佳的职业生涯发展场所。荷兰银行选定的客户包括三大类：企业金融客户、消费金融及中小企业客户和私人银行/资产管理（共同基金）客户，其目标是促使这三大类客户各自创造最高的价值，同时也经由资源的整合，创造倍乘的效果。

荷兰银行的主营项目包括商业借贷、贸易融资、投资银行和外汇服务。并通过财务管理和操作、借贷、信用状业务和发展其他资本市场的理财工具，和客户发展更长久的往来关系。为了提供更便利的客户服务，并迎接信息时代的来临，除了既有的分行之外，荷兰银行通过科技研发，持续发展电子商务相关的业务。

三、客户管理人性化和知识交互空间的最佳实践

当普通银行的产品还主要集中在存贷款、结算业务时，荷兰银行的产品已经遍布金融业务的各个领域，证券、保险、投资等产品层出不穷。之所以如此，主要有以下几个原因：

（1）满足不同客户的全方位金融需求。如今客户对金融产品的需求越来越多、越来越广，传统的存贷款、结算业务已经远远不能满足他们的需要。

（2）存贷款利差收入空间非常小。金融同业竞争的激烈，利率的市场化，使得银行经营存贷款业务所获取的利润越来越少，只有开发其他产品，获取大量中间业务收入，才能实现股东价值的最大化。

（3）科技水平的提高，科技手段的创新，为各种新型金融产品的推出提供了技术保障。

金融产品的创新是一个实践的过程，更是一个观念创新的过程。传统银行是有什么产品就卖什么产品，而现代商业银行是客户有什么需要就创造什么产品。荷兰银行主张"我们为客户提供的是解决方案（Solution），而不是产品（Product）"，也就是通过产品的不断创新和重组，为客户量身定做，解决客户在金融领域中碰到的各种问题，最大限度地满足客户的需要。在营销渠道方面，传统的有形营销渠道，如人、设施和网点依然存在，但其作用已越来越小，技术的进步使得客户足不出户就办理业务成为可能。

荷兰银行几年来一直被评为欧洲最好的网上银行，是为员工、客户提供尊严，

为合作伙伴提供可以交流知识的空间的最佳实践。荷兰银行搭建了一个全球性的多功能网上平台（Max Trad），这个平台包含信息、服务、传递、销售、购买等功能。顾客一次登陆，就可以得到自己所想要的服务和产品。此外，荷兰银行的电话银行系统也非常发达。荷兰银行的客户服务中心已经超出传统意义上的呼叫中心，不仅可以处理顾客查询和投诉，还可以进行电话销售；顾客可以直接在电话里购买产品、处理业务。这个中心储存了所有客户的详细资料（包括客户的投资倾向、喜好等），同时也储存了许多标准化产品。顾客在输入电话号码的同时，还要输入客户代码，电话一旦接通，中心就能辨别出该客户的身份，并能自动为客户匹配合适的产品。

传统的营销渠道也在不断创新和变化。在人员方面，荷兰银行不仅有高素质的关系经理，负责与客户的日常联络，了解和归纳客户的需求，还有一批专业的咨询顾问经理，可以为客户的特定需求匹配合适的产品。在物质方面，除了设施不断更新之外，该行的网点也完全打破了传统柜台式的布局，有些网点甚至充满创意。例如，荷兰银行曾把办公场所与一家时尚的咖啡馆结合在一起，顾客可以一边在网点品尝香浓的咖啡，一边与员工交流、咨询、办理业务。

四、员工人性化管理

在管理方式上，没有满足于规章制度的建立和完善，没有满足于对事的监督和管理，而是着眼于人，实施的是尊重个体的人本管理，实现了从约束式管理到鼓励式管理的转变。在荷兰银行，无论是人力资源管理部门，还是业务部门，均把员工满意度作为一项重要的工作成效来考核。新员工一入行，部门主管便会同人力资源部门一起与其进行一次详细的交谈，让员工填写一份问卷调查，了解员工的专长、特点、性格、兴趣、爱好等，在此基础上，为员工量身订做职业生涯发展规划，为其制定合适的目标，安排合适的工作，配备合适的资源，给予合适的培训。对于老员工，主管每半年要与其进行一次交谈，了解员工对半年工作的自我评价及对部门的满意度等。这种人性化的管理能极大限度地发挥员工的特长，激发员工的干劲。

1. 员工轮岗与培训

荷兰银行很重视对应届毕业生的培养，为新员工提供到总部阿姆斯特丹的培训机会,在六个星期的强化式训练中,培训者将获得影响以后业务的工作技巧和技能。整个培训课程包括实际的案例分析、角色扮演和电脑模拟,培训的结果是让每一个人对荷兰银行所提供的产品服务、公司结构和战略有全面深入的了解,以方便以后的工作。从阿姆斯特丹培训中心回来后,学员开始进行轮岗,目的是让学员对整个银行的业务有所了解,然后再去了解自己职业生涯的第一个部门。在轮岗培训中,学员将有机会应用和增强自己在培训中所学的谈判技能、商务写作能力和与客户沟通的能力。最重要的是,每个学员还会从经理和职业发展管理者那里得到建议和指导,以便整个计划顺利进行。

2. 员工的可持续发展

荷兰银行信奉终身学习的理念,也鼓励员工不断学习与工作相关的或者与其他个人和职业发展相关的知识。在荷兰银行,每个人都应管理自己的职业发展。银行为每个人的职业发展提供帮助和支持,配备导师,帮助新员工适应新工作。从人力资源体系上来说,荷兰银行在选拔人才时充分考虑匹配性,组织不同岗位、不同部门、不同职位的领导者对应聘者进行人才甄选。如果发现员工不合适当前所做的工作,只要公司依然觉得他是一个不错的员工,就会为其提供到另外一个部门工作的机会。"救他一次,也是留他一次"。同时,让员工的工作广度和深度不断得到扩展也是保留人才的一个很好的方法。另外,荷兰银行每年都有"员工敬业度"调查,"人才管理与继任计划"主要针对中高层人员,每年都会对其胜任能力进行评估,对重要岗位制订继任计划。

荷兰银行以令人羡慕的薪资福利制度留住人才,与许多美商银行的作风有极大的差异,它不但从未开除员工,就连并购时也未曾主动裁员。荷兰银行在各国的多家分行都强调"放眼国际、落实本土"的经营理念,尽量任用在本地成长、受教育的人才,保持较高的员工稳定性。荷兰银行把人性管理渗透到经营管理的实践中,真正做到尊重人、理解人、信任人、帮助人、培养人,给员工以更大的发展空间,更多的关爱,最大限度地挖掘人的潜能。

案例四

宜家家居：为大众创造更加美好的日常生活

"桃之夭夭，灼灼其华。之子于归，宜其室家。""宜"是家之本意，家是宜人、温暖和爱的归所。在《诗经·周南》里，反复使用的"宜"字充分展现了青春明媚的新娘与家人和睦相处的美好。古老的东方家庭生活形态在今天有了新的图景。

不知从何时起，逛宜家家居成了一场寻宝之旅，一个享受的过程。身临其境的亲切感，层出不穷的新搭配，都让消费者感觉到"像回到家一样"。互联网发展迅速的几年来，商界风起云涌，有无数企业通过拥抱互联网走向辉煌，也有传统企业在一夕之间跌下云端。但宜家却仿佛一个不从众的"异类"，它出生于实体，始终坚持打造线下体验的"盛宴"，逐渐在跨国企业中名列前茅，成为享誉世界的顶尖品牌。

进入中国市场20余年来，宜家作为一家价值驱动型跨国家居零售企业，其企业愿景是"为大众创造更加美好的日常生活"，经营理念是"提供种类繁多、美观实用、老百姓买得起的家居用品"[一]。宜家不但为今天的消费者"宜其室家"，还希望能把爱和关怀投向更深远的未来，实现人与环境和睦相处、和谐发展。

一、宜家的北欧设计风格

1935年以来，北欧（又称斯堪的纳维亚，包括挪威、芬兰、瑞典、冰岛、丹麦五个国家）国家工业发展迅速，设计也在国民经济中起到关键作用。当欧洲进入"新艺术"运动时，丹麦、瑞典、芬兰三个国家同时产生了自己的"新艺术"运动，并且在家具、陶瓷、金属器皿、玻璃器皿、饰品设计以及传统工艺品设计上得以发展[二]。宜家创立于瑞典，是北欧现代设计走向世界的重要代表之一。宜家独树一帜的经营理念、销售模式以及现代感与人情味并重的"平民设计风格"，创造出了一个现代"瑞典童话"。宜家在为全世界提供物廉价美的家居产品的同时，也让具有瑞典特色的休闲生活成为美好家居生活的典范，并一定程度上代表了北欧现代设计，为北欧设计赢得世界赞誉贡献了不可忽视的力量。

[一] 资料来源：宜家官网．

[二] 王受之．白夜北欧：行走斯堪迪纳维亚设计[M]．哈尔滨：黑龙江美术出版社，2006．

北欧现代设计以注重功能和风格简约著称，其代代传承的设计理念中对民主精神和环境可持续发展的关注，在信息化工业化飞速发展的今天显得尤为可贵。宜家根植于北欧国家深厚的文化传统和悠久的手工业历史，蕴含北欧现代设计"极简主义""功能主义"的特点，商业化和民主精神并存，体现出深厚的自然情结和可持续发展理念。从宜家的发展中，我们能看到其北欧设计风格的传承和发展，更能体会到蕴含着北欧人文主义精神的企业文化，推动宜家实现"有意义的管理"。

杨特定律是北欧风格形成的源头。杨特定律贯穿于北欧社会人与人、人与社会的关系中，推崇内敛、自我约束的价值观，注重朴素的内在，忌讳浮夸的外表和对物质成就的炫耀。北欧的设计风格中也反映了这种价值观，推崇简洁的几何形体所传达的美感，认为节制范围内的美感更显优雅与简洁，反对所有过度的、华而不实的、哗众取宠的装饰。⊖

在设计上，北欧设计风格也体现出北欧人对实用性的重视。杨特定律中"我并没有很好""还不够好"的价值导向使得北欧人不断追求提高产品的品质，摒除华而不实的设计。在北欧人不断地探索与创造中，设计师们在"简美"中寻觅出了大千世界，孕育出了"极简主义"风格。在追求美的同时，产品研发者与设计师一直把产品的实用性作为首要考虑对象，从而发展出了"功能主义"。

宜家在 20 世纪七八十年代推出的一系列经典产品就体现出较为明显的极简主义特征。自然界的一切具象物体在形体上进行简化后，都能得到长方体、柱体、球体等几何形体根据一定的数理关系所构成的组合。而采用这些单纯的几何形体作为家具构成造型的基本元素，便是极简主义设计的重要特征之一。宜家的经典系列在外观上通过纯粹的几何形体构成极简造型，仅在表面材质和色彩方面寻求变化，以满足不同人的审美需求，使得产品具有普适性和强大的包容力。宜家经典系列以材料原本的色彩和质感作为产品的装饰部分，多采用原木色、黑、白、高饱和度的三原色，以单色和大面积的纯色为主，色彩配置简单纯粹、鲜亮明快，营造出纯净的色度空间，使宜家简洁单一的家具外观有着丰富且耐人寻味的变化。同时，宜家经典系列易于搭配的色彩配置，家具功能上的模糊性，实用耐用的材质和造型，以及模块化家具易于拆装、组合的特点，都体现出宜家家居在功能上

⊖ 山本由香.北欧瑞典的幸福设计[M].刘慧卿，曾维贞，译.北京：中国人民大学出版社，2007.

的普适性。

宜家的家居产品设计在推崇实用性、美观性的同时，也重视产品的审美性，即精神愉悦性。在保持产品简练棱角的同时，非常注意产品本身是否"可爱"，经常在细节之处体味人情，不断追随产品形态给人带来的愉悦性，从而大大加强人们体验时的快乐感受。

二、宜家设计中的自然情结：让可持续触手可及

斯堪的纳维亚半岛位于欧洲北部，其地貌有山川、湖泊、平原，西临大西洋，内有波罗的海。被称为"北方威尼斯"的瑞典首都斯德哥尔摩，更是由众岛屿相互连结而成。北欧人口稀疏，人们对乡村生活有很深厚的感情。尽管今天北欧国家已经高度文明，北欧人民依然保持着勤劳朴实的特点，喜好亲近自然。这种情愫也很自然地融入艺术与设计之中，北欧风格的家居产品设计非常重视自然，包括对于原木色的喜爱和广泛使用，以及将家居设计置身于自然之中，这样的设计也使得北欧风格的家居产品更体现出淳朴无华的自然美感。

以关爱人类和地球为核心价值观的宜家，正在实现可持续发展战略的道路上努力，这是成为一家具有社会责任感企业的必经之路。在宜家看来，对环境友好、对人类社会友好应该成为产品基本属性，而非作为产品的附加值。这意味着，万千家庭购买的宜家产品都会体现出环境友好的特征，在装点"小家"时，可以毫不费力地成为宜家可持续发展价值链中的重要参与者。

在宜家看来，符合可持续理念的产品并非只是少数人享有的"奢侈品"，宜家正在努力使消费者更容易触达可持续的生活方式，在不知不觉中为环境做出"润物细无声"的贡献。人们在宜家商场购买一把19块钱的利勒耶夫花洒时，就可以在淋浴时节约30%的水量，因为花洒配备的小型压力补偿水流调节器（PCW）可以在不损失压力的前提下缓和水流。而霍普沃百叶帘则可以节省20%供暖成本，这款设计灵感来源于蜂巢的百叶帘，其内部类似蜂窝的结构可以有效形成隔热层，防止热量流失。

宜家不仅在产品设计上体现出节水节能的诉求，同时也在原料端寻找可循环、可再生的环保材料。宜家的产品开发员、采购人员会密切关注材料本身是否符合可持续原则，确保产品的原材料取之有道，减少对环境的影响。

从英格瓦·坎普拉德（Ingvar Kamprad）创建宜家开始，他就一直是最坚定的

"环保主义者"。他一向拒绝使用塑料袋,因此宜家使用可再生材料的蓝色购物袋由来已久。2017 年,宜家使用以甘蔗为原料的生物塑料改进艾斯塔多功能塑料袋的制造工艺,替换了不可再生的矿物制原料。这是宜家首次大规模生产生物塑料产品,虽然生物塑料的成本要高于传统塑料,但这款塑料袋的价格仍保持不变,宜家自行承担了这一成本。在减少非可再生原料上,宜家还大量尝试以回收 PET 塑料为替代原料。PET 塑料被广泛应用于饮料、食品包装物。如果不回收利用,将造成严重的塑料污染。随着 PET 切片技术的发展,宜家将大量经过加工的回收 PET 瓶原料应用在各类产品中,例如库吉斯储物盒,采用 70% 的回收 PET 塑料制成,奥德格椅子则是采用含有 30% 的可再生木材,以及至少 55% 回收塑料制成。同样的,宜家还将所有照明产品系列全部换成高效节能的 LED 灯。十多年前,宜家联合世界自然基金会(WWF)等合作伙伴共同创立了更优良棉花倡议协会(BCI),该组织旨在推动可持续的棉花种植生产,造福人类和地球。宜家的凯悦特布料就是由 100% 的可持续棉花制成㊀。

在发展循环经济理念的指导下,为减少能源浪费,充分使用一切可利用"废料"的理念也激发了宜家人更多的创新探索。2016 年,宜家打造的新库特书桌垫,由运输家具过程中用来保护宜家产品的塑料薄膜制作,一经推出就畅销亚洲地区。同样的,多玛洒水瓶的原材料中,有 10% 是来自宜家商场的包装材料废弃物。宜家还尝试利用农业废弃物,例如用果壳和桔皮制成的染料给面料染色。㊁

目前,中国所有新建的宜家商场和荟聚中心都在采用更有利于可持续性的方式设计、建造和运营,并获得了国内外不同等级的绿色建筑评估认定。比如上海宜家荟聚综合体办公大楼已经获得 WELL(国际 WELL 建筑研究院建筑标准)银级预认证。14 家宜家中国商场共安装了 41966 块太阳能电池板,所产生的可再生能源足够 1600 个家庭使用一年。随着线上线下零售市场的拓展,宜家也在思考如何实现配送环节的绿色运输,减少碳排放量。2018 年底,宜家上海成为宜家全球首个实现 100% 纯电动配送的城市。而宜家中国的目标是,到 2025 年全国实现最后一公里零排放。

早在上海、北京推行史上最严垃圾分类管理办法之前,宜家商场已经通过与废物回收和处置供应商合作,将 20 多种废弃物分类、回收和重复利用,避免丢弃

㊀ 来源:宜家官网.

㊁ 宜家之魂的缔造者:英格瓦·坎普拉德[J]. 中国商界,2019(10):112-115.

或填埋。分类后，100% 的宜家商场废物都有清晰的处理链下游目的地，可回收废物会得到循环再利用。同时，宜家中国商场的废弃纸板可以直接运送到生产宜家产品包装的纸厂，通过再利用，可以满足宜家 15% 的包装生产需求。

2019 年 7 月，宜家宣布，全球 30 个国家和地区的零售市场总裁将兼任首席可持续发展官，负责实施 "People&Planet Positive" 可持续发展战略，以确保可持续发展贯穿在宜家商业决策的方方面面。可持续发展战略已经融入宜家零售业务的核心，并将进一步引领业务转型。到 2030 年，宜家希望所有产品从设计、生产、物流、销售等环节，全部实现循环发展，使用可再生和回收材料；同时探索循环服务，让所有产品都可以被重新使用、修复、再出售、再利用或回收。这一伟大的愿景，正在深刻影响着宜家业务模式的转变——从线性模式转变成循环模式，从一味消耗变为同时再生资源○。

中国传统文化讲究 "君子慎独，诚于中，形于外"，意指在无人监督的独处环境下，更应坚守内心的原则。作为一家企业，也应该在践行价值观中做到内外如一。宜家可持续发展的理念贯穿于价值链的方方面面，引领零售业务从线性模式转变为循环模式，向消费者提供更可触达的可持续生活方式。从更长远的未来看，宜家的这种坚持已经变成一种习惯，坚持 "有意义的管理"，终将得到社会和自然的馈赠，根深叶茂，基业长青。

三、宜家设计中的人文情怀

宜家设计处处体现出北欧文化中的人文关怀。人文思想在北欧早已根深蒂固，例如专为特殊人群设计的设施，公交车上的婴儿车停靠位（也可以供轮椅停靠）、厅室地面的防滑涂层、地铁站里的大空间升降电梯、卫生间里的残疾人专用坐便器等。北欧家居设计强调 "为日常生活的美"，宜家强调 "为多数人创造更加美好的生活"。宜家不断致力于提供美观实用、种类繁多、老百姓又买得起的家居用品，也体现出北欧家居设计中标志性的人文主义功能。

1. 宜家的民主精神和平等思想

宜家成立之初就坚持低价位，将美好的设计以最亲切的价格提供给更多人，这也显示了北欧人重视平等的文化传统。坎普拉德永远坚信，"只有改变大多数普通人生活的人，才是真正有价值的人"。宜家的产品面向公众，金钱及社会地位不

○ 资料来源：宜家官网.

是其设计所考虑的重点，在这一点上，也与欧洲其他地区的"精英主义"，比如意大利的奢华品质追求等有所不同。

坎普拉德认为："在所有的国家和社会体系中，无论东方还是西方，大部分资源都被用于满足一小部分人的生活，这种不均衡的情况普遍存在。以我们的行业为例，时髦和美丽的产品被一小群生活条件优越的人所垄断着。"宜家的目标就是改变这种现状。坎普拉德说："我们决定与大多数人站在一起。我们要满足世界各地的人们，拥有不同需要、品位、梦想、愿望和财力的人们，想要改善自家家装和日常生活质量的人们，对家居产品的需求。"宜家的经营理念是提供各式各样设计精良、功能齐全、价格低廉的家居产品，从而形成了宜家的企业愿景和文化："为大众创造更加美好的日常生活"，这不仅是过去几十年宜家的经验积累，也是坎普拉德个人价值观的体现。

宜家的产品、卖场、工作环境……一切细枝末节均展现出平等民主的形象。比起产品本身，宜家更注重推介其所提倡的简单、精致、美好的日常生活模式。而产品作为载体，通过卖场实景构建的方式，让大众真切地感受到日常生活可以通过合理的价格、简单的操作而获得更多的幸福感。在宜家的商场中，不论是专门的儿童座椅和儿童活动区，还是优雅的就餐环境，价格优惠的小吃，宜家用节约、平等、民主的理念换来顾客良好的消费体验。在宜家商场中，顾客有一种居家般的自主感，宜家所塑造的现代化品质生活的形象深入人心。

2. 以顾客需求为中心

宜家坚持"以顾客需求为中心"，采取"标准化与差异化混合"的策略。宜家在售产品多达两万多种，几乎涵盖了日常所需的一切家居用品。对于如此数目庞大的产品，宜家要做到整体凸显自身的设计特点，又要满足不同人群对不同风格的偏爱。宜家在世界各国生产标准的产品配件，以控制生产成本，同时每个配件又可以找到不同样式的其余配件与之组合，保证顾客多样化的产品需求。

宜家产品开发部门将旗下每类家具按风格和情调分成四大类：乡村风格（瑞典农民的家具风格），斯堪的纳维亚风格（主要是浅色调的、大多数人熟知的北欧风格家具），现代风格（简洁实用，在欧洲大陆较为受欢迎的一系列家具），和瑞典潮流风格（色彩饱和度较高且造型略为奇特）。顾客可以挑选自己喜爱的商品，自行混合搭配，搭配出类似于宜家样板间的各种风格或者顾客自己喜爱的个性风格的家居空间。四种风格的家具由四个层次的价位组成：高价、中等价位、低价以及超低价（"breath-takingitem"，即"心跳价"）。四种风格和四种价位形成了宜家的"产品矩阵"，使顾客可以从不同的设计系列当中选择自己喜欢的产品进行组合和搭配。此外，宜家的所有产品都可以查到其设计师是谁，这就给许多喜欢宜家的顾客提供了更为便捷的购物渠道。消费者可以通过查询一个或多个熟悉的设计师，找到他们的作品，然后选择自己喜欢的进行购买。这种购物方式给人们的感觉就像是拥有了私人设计师一般，这也是宜家独有的用户体验。

3. 平等、多样而包容的员工关怀

宜家的人文关怀还表现在对员工的关怀上。关心员工、保持多样性与包容性是宜家的愿景，宜家乐于吸纳能力强、个性迥异、积极参与创新的员工，并且建立严密完善的年度发展规划及评估流程，为员工提供长期个人成长和发展机会。宜家为员工创造了一个安全、愉快、完备的工作环境，注重发挥员工多样化的才能，并对员工的贡献给予肯定，帮助员工从工作中找到满足感和成就感。

人们很好奇，宜家这样一个诺大的团队，如何使设计师设计出的作品能够保持统一，在诠释北欧风格的基础上又保持特色。宜家的每一件产品都有固定的尺寸可以遵循，这样的规则看似是对设计师设计产品的约束，实则大大统一了不同设计师的作品，并且方便各种不同产品的组合。宜家构建了团结互助的共事方式，每天坚持践行包容理念，充分发挥每个人的独特个性。宜家设计总监马科斯·英格曼（Marcos Ingemann）提到了宜家员工的工作模式。"我们花了70年的时间才达到这种工作与创作模式，而且这种模式是非常高效率的。我们会给员工一种责任感。"⊖宜家对于员工的管理是自下而上的管理而不是自上而下的管理，他们强调员工对自己的作品负责任。如果员工有一个想法，就让它涌现出来，宜家有专人去收集这种创意并进行集成，再看看这种创意是否符合顾客的需求，是否符合民主化国家的设计的基本原则。

宜家的每一个产品都需要很多创作灵感，设计师、产品设计员等团队成员需要保持一致的意见，而沟通者则会扮演整个产品制作过程中沟通的角色。宜家的理念是，不是我告诉你应该怎么做，如果你有创作理念的话，你可以反过来告诉我应该怎么做。瑞典是一个民主化国家，孕育出了平等、民主的公司文化。宜家

⊖ 斯特内博. 宜家真相[M]. 牟百冶，肖开容. 译. 桂林：漓江出版社，2014.

倡导人人平等，不论年龄、性别认同、性取向、身体条件、民族、种族、国籍、宗教、婚姻、家庭状况或任何其他身份特征，宜家致力于让所有员工都能够获得公平的待遇和平等的机会，同时也享受到人权保障。

宜家的设计风格和卖场空间给人们展示出的不只是家居产品，更重要的是一种舒适的生活方式。宜家设计中，北欧设计风格贯穿于方方面面，不论是"极简主义""功能主义"的设计理念，还是对人与自然互动关系的重视，或者是宜家设计中所蕴含的人文主义精神，都展现出北欧人平等、民主的文化传统，也蕴含着宜家"有意义的管理"的大智慧。

案例五

同心桥中的幸福管理：港珠澳大桥

2018年10月23日，习近平总书记出席港珠澳大桥开通仪式，会见了中国交建港珠澳大桥建设团队代表，充分肯定大桥建设。他强调，"港珠澳大桥的建设创下多项世界之最，非常了不起，体现了一个国家逢山开路、遇水架桥的奋斗精神，体现了我国综合国力、自主创新能力，体现了勇创世界一流的民族志气"。这是一座圆梦桥、同心桥、自信桥、复兴桥。

一、超级工程

在浩瀚的伶仃洋，一条雄伟壮阔的"跨海长虹"连接香港、珠海与澳门，这就是集桥、岛、隧为一体的超级工程——港珠澳大桥。它是世界上最长的跨海大桥，被英国《卫报》评为"新世界七大奇迹"。海上人工岛和海底沉管隧道是整个工程中实施难度最大的部分。其中，6公里的深埋沉管是我国建设的第一条外海沉管隧道，是目前世界上规模最大的公路沉管隧道和世界上唯一的深埋沉管隧道，是公认的"当今世界上最具挑战性的工程"。

港珠澳大桥是中国建设史上里程最长、投资最多、施工难度最大的跨海桥梁项目，世界最长跨海大桥，世界最长公路沉管隧道，世界唯一深埋沉管隧道。2018年10月23日，中共中央总书记、国家主席、中央军委主席习近平在人工岛上亲切接见以中国交建总工程师林鸣为代表的港珠澳大桥建设者，并在交谈时深情讲道："港珠澳大桥是国家工程、国之重器。你们参与了大桥的设计、建设、运维，发挥聪明才智，克服了许多世界级难题，集成了世界上最先进的管理技术和经验，保质保量完成了任务，我为你们的成就感到自豪，希望你们重整行装再出发，继续攀登新的高峰。"

二、技术攻坚的责任和使命

完成好这份举世瞩目的重任，需要最专业、最前沿的工程知识与技艺。当今世界只有极少数国家掌握外海沉管建设核心技术。港珠澳大桥建设前，中国在此领域的技术积累几乎是空白，而项目建设的每一步都是未知，每一步都要攻坚，每一步都需创新。中国交建总工程师、港珠澳大桥岛隧工程项目总经理兼总工程师林鸣院士面对创新所必然暗藏的失败隐患当仁不让，他说："只有让大家扫除失败的顾虑，才能更放松地开放思维。创新其实不仅仅是开创，更是勇气和担当。"在林鸣的带领下，神秘的世界级难题的解答思路逐步成熟、日益优化，一部代表世界工程顶级技术的《外海沉管隧道施工成套技术》方案记录了项目自建设至今进行的百余项试验研究和实战演练、自主研发的十几项国内首创且世界领先的专用设备和系统获得的数百项专利，以及成功攻克的十余项外海沉管安装世界级工程难题。理念创新主要是指设计理念、施工理念、管理理念、发展理念。设计理念侧重全寿命周期规划，需求引导设计。施工理念主要强调"四化"，即大型化、标准化、工厂化、装配化。在管理理念方面，整合全球的优质资源为我所用，在自主创新的基础上实现自主建设。同时，在合同管理上推行伙伴关系。坚持绿色环保的发展理念，走可持续发展之路。

这些技术的创新，使港珠澳大桥岛隧工程项目沉管隧道的基础沉降、沉管的水密性都达到世界最高水准，大规模尝试的深插钢圆筒快速成岛技术，仅用不到一年的时间，就完成了通常需要三年才能建成的两个外海人工岛，创造了外海人工岛的工程奇迹。

三、充分尊重，温情管理

港珠澳大桥岛隧工程项目的办公区整洁庄重，没有任何繁乱冗余的装饰，而办公楼会议室的墙壁上却聚集了整栋楼最绚丽的色彩。这是总工程师林鸣设计的"一线员工笑脸墙"，数百张照片记录了项目一线建筑工人工作、生活的平凡瞬间。林鸣说，这面笑脸墙是他艰难时期的精神支撑，也让他时刻牢记责任的深味："我们每天都会在这间会议室召开数次技术研讨会议。不论是领导还是技术骨干，我希望所有人员时刻记得，全体一线建设者正在我们的身后，与我们一同努力。"林鸣还把"全国劳动模范"荣誉称号的奖章挂在港珠澳大桥模型上,郑重地说:"这座大桥的建设者们都是劳模,我们是一支铁打的团队,我们的工程是一个人心工程。"

每一个万家团圆的春节、每一个短浅休息的周末,每一个可以称之为"节"和"假"的日子,总工程师林鸣必定毫无悬念地回到他的"一线大家",陪伴在这些坚守岗位的建设者亲人身边。他说,工程施工是一项艰苦的工作,遥望繁华、坚守寂寞,伟大的建设者们为国家建设做出了很多付出和牺牲。"我是一个普通的建设者,我喜欢和工友们在一起,更应该和大家在一起。""在一起"不只是陪伴,更是用心为对方营造更加幸福的生活。

四、环境改造人性化

由于项目建设任务繁重,建设者们几乎所有的工作时间都要和各种工程机械打交道,林鸣就要求对工程设备的工作环境进行人性化改造,在工作现场安装通风装置,并设置宽敞的休息厅、清洁的饮水处和统一的医药点,让建设者们的工作环境得到尽可能的改善。由于工地的生活场域相对封闭,林鸣还想尽办法为大家营造健康、活泼的文娱环境,提升一线工人们的生活质量。他要求工地宿舍统一配备空调和家具,每个工区都要有足够的跑步机等健身器械,定期的电影放映和太极拳、健身操培训,定期上门理发等,让建设者们的业余生活有声有色。开往海上项目分区的工程船舶不仅装载着工程材料,更经常有几大包新鲜的苹果,这是林鸣个人送给建设者们的小礼物。在工作领域,林鸣给予大家充分的尊重和理解,注重激励和培养出优秀的建设队伍。"项目建设终有时限,他希望建设者们用前沿的知识和技能建造起一艘大船,与伟大的工程项目一道成长,不仅驶向自己人生的下一个发展高地,更拉动行业及国家工程建设的技术进步。"在林鸣心里,"工友"们的位置永远至高无上:"所有劳动者都应得到同样的尊重,因为所有的劳动成果都是人生经典。"

第七章

社会福祉 让世界充满爱

有意义的管理

福祉学研究福祉事业的发展，解决人类社会发展过程中所存在的问题，其终极目标就是创造幸福美满的理想社会。而在人口大国，要想实现福祉，让全国人民都有获得感，就需要根据具体情况进行制度创新。只有创新创建与完善具有中国特色的社会主义福祉体系，才能够实现具有中国特色的福祉大业。而要实现福祉社会，首先需要通过企业传递大爱，来让世界变得更美好、更和谐，让人与人之间充满真诚和爱意。

第一节　正能社会

在知识经济时代,组织间的合作开发项目、产业联盟不断增加,外包成为很多企业发展的重要途径。德鲁克先生预见了"知识人"的总体趋势,但并未提出更细微的解决方案。更细微的解决方案应当关注知识人的视野,对企业管理的哲学、风格、制度等做出更大的转变。管理者应该减少"控制"思想,倡导"支持与关爱"的模式,更多地考虑关心、激励员工,创造适合的环境和条件,开发和利用员工的潜质和创造力。这种有意义的管理就像是照进黑暗中的一束光,这束光充满正能量,会产生滚雪球式的影响,最终小小的一束光也会照亮整个世界。

一、经济价值向社会责任的转变

1. 企业社会责任

1924年,英国学者奥利弗·谢尔顿(Oliver Sheldon)在《管理的哲学》一书中首次提出了"企业社会责任"的概念。其核心思想是,企业在创造利润的同时,还应强调对消费者、对环境、对社会的贡献。在知识经济时代,经济利益不再是企业追求的唯一目标,企业开始越来越多地关注如何实现绿色发展来保护自然环境,如何提升自身的道德素质,以及如何开展有效的慈善事业来反贫困。

自1924年以来,学界对企业社会责任的理论探索与实证研究已近百年,形成了对企业社会责任的理论基础、概念内涵、驱动因素、实践范式以及影响效应的研究谱系。企业社会责任是指企业在创造利润、对股东和员工承担法律责任的同时,还要承担对消费者、社区和环境的责任。企业的社会责任要求企业必须超越把利润作为唯一目标的传统理念,强调在生产过程中对人的价值的关注,强调对环境、消费者、对社会的贡献。企业社会责任是企业与社会关系的核心范式,即社会议题与企业商业战略耦合体,通过与企业核心业务活动紧密结合推动社会进步。从历史演化角度来看,企业社会责任概念经历了从狭义的企业社会责任到企业社会回应、企业社会表现，再到企业公民的演变（Bakker，2005）。目前对社会责任的相关研究以增进社会福利为目的，以社会与企业实现利益共赢为前提，实现企业社会责任形态向企业社会机会形态的转变。

传统企业社会责任的内容边界、实践范式和治理机制相对一致，具体表现为保证利益相关者的合法权益，在遵纪守法方面作表率，对产业、社会环境的伦理责任和慈善责任。慈善责任多表现为捐款捐物、扶贫济困、支援落后地区教育等，仅因行业角度、企业体量等因素在捐款数量和物资种类上有所差别。而在数字经济情景下，企业社会责任的实践范式和治理机制都产生了新变化，需要追本溯源，对其本源逻辑、实践范式及治理机制进行深入分析。人们对过去几十年间发生的企业丑闻和企业欺骗行为深恶痛绝，厌恶那些企业为了实现盈利目标而采取不择手段的行为。由此引发了人们的思考：商业企业的真正目的是什么，商业企业应该具备何种美德——这种美德对于商业目的和自由经济都是至关重要的。

古典经济学理论认为，一个社会通过市场能够最好地确定其需要，如果企业尽可能高效率地使用资源以提供社会需要的产品和服务，并以消费者愿意支付的价格销售它们，企业就尽到了自己的社会责任。后来，美国学者戴维斯就企业为什么以及如何承担这种责任提出了自己的看法，这种看法被称为"戴维斯模型"，其具体内容为企业的社会责任来源于它的社会权力。由于企业对诸如少数民族平等就业和环境保护等重大社会问题的解决有重大影响力，因此社会就必然要求企业运用这种影响力来解决这些社会问题。

2. 可持续发展

企业可持续发展及责任（CSR）还有很多类似的表述，如企业社会责任、企业公民、企业可持续发展以及商业道德，即企业通过经济发展、良好管理、股东响应以及环境改善在社会中寻求共同价值创造。换句话说，CSR是一个企业采取的整合系统性方法，其目标是建立而非损害或者摧毁经济、社会、人力、自然资本。承担社会责任的企业一定是以可持续发展为核心理念、以客户为中心，他们为顾客着想，提供优质服务、优质产品，让消费者满意，从而赢得顾客对企业的信赖，在客户中树立起良好的企业形象。在激烈的市场角逐中，企业必须树立强烈的公众意识、高度的服务意识，以公众需求和利益作为基本出发点，才能得到公众的青睐。

企业可持续发展是一个崭新且不断发展的企业管理模式，带领企业跨越只重视经济增长和利润最大化的传统营商模式。企业的社会责任和可持续发展在本质上是相辅相成的，在目标上是也是基本一致的。企业只有基于可持续发展视角，全面而深入地审视自身发展的内外部环境，才能制定目标明确、行之有效的具体战略，以不断提高竞争能力和水平，更好地达成永续发展的目标①。2020年9月，习近平总书记在联合国大会上提出："中国将提高国家自主贡献力度，实现2030年前碳达峰、2060年前碳中和。"2021年3月，我国"十四五"规划统筹谋划"双碳"目标下绿色转型发展，大力培育绿色新动能，推动绿色技术创新，推进重点行业和重要领域的绿色化转型。"双碳"目标的提出，意味着我国实现高质量绿色发展将迈上新的台阶，把我国的绿色发展之路提升到新的高度。中国企业作为新兴市场的重要参与者，推行可持续发展战略不仅是遵循绿色经济发展的内在要求，更是积极应对环境挑战的责任担当②。

但是目前CSR的推广效果并不明显，原因有三：首先，CSR是逐渐改善社会与环境的方法；其次，CSR在大多数公司中一直是边缘项目；最后，顾客和市场并没有持续奖励负责的可持续的公司，或者惩罚不负责任的不可持续的公司。因此，必须对CSR的方法进行升级，或者称之为CSR2.0。CSR 2.0的核心标准就是创新性，因为CSR1.0列出了许多单独的任务，鼓励企业一项接一项地完成，但如今社会与环境问题是非常复杂，无法单独解决，需要的是富有创新性的方法：如free play公司开发的无需电池、无需电网的风力发电技术。对于CSR规范、标准和指导的依赖将被视作必要但不充分条件，对公司的评价将基于其是否使用创新方法，以解决社会和环境的问题。

社会需要低技术成本的软创新才能，对人类产生影响，促进其改变行为、文化和习惯。社会创新发展的同时，会驱使社会参与和协作朝着共同的目标努力，因此，开放、集体的创新将成为重要的创新范式，因为后者能使企业更为持久——在所有领域中，企业都将采取更健康的方式，采取经济调适而不是

---

① 马小援.论企业环境与企业可持续发展［J］.管理世界，2010（04）：1-4.DOI：10.19744/j.cnki.11-1235/f.2010.04.001.

② 解学梅，朱琪玮.企业绿色创新实践如何破解"和谐共生"难题［J］.管理世界，2021，37（01）：128-149+9.DOI：10.19744/j.cnki.11-1235/f.2021.0009.

竞争手段。例如 freebeer 作为一种开源啤酒，其配方和商标可以被任何人所使用，苹果极大地提高了 iPhone 手机的销量，而应用软件 Appstore 中的应用程序都是由非苹果员工自愿开发的。将近 40% 的 CEO 期待未来大部分创新将由代码完成，而开发者并不属于公司组织。一个公司的想法和周围环境的想法之间的界限将更为模糊，公司越来越成为集体想法的实现者，将成果提供给个人用户，并且引导个人用户的力量，使之帮助改善产品，提高集体福祉。世界经济论坛创始人兼执行主席克劳斯·施瓦布在 2020 年 6 月的达沃斯论坛上发表了名为"世界的复兴"的演讲："我们必须重新思考全世界的社会经济体系，我们应该重新考虑以人类幸福为中心的经济"，"我们不能一味重视经济发展，而是必须充实医疗或者教育等社会服务才行，尽管仍要以自由市场为基础，但社会服务更充实的社会型市场经济也是十分必要的"。

3. 商业使命的未来

未来商业将会朝着"多样性的商业模式"发展，社会也会从一个"便利舒适的世界"变成"有生存价值的世界"。目前很多企业已经告别了传统通过经济价值去衡量企业价值的时代，企业的使命是去构想如何让社会变得更加丰富多彩并充满生机活力。

凯恩斯在《就业利息与货币通论》中曾指出，"经济并非靠数学上值得期待的合理的理由来驱动的，而是由根植在人性深处的冲动来驱动的"。把商业本身作为艺术项目来看待，这其实意味着创造商业价值的方向将由"文明"的丰富性大幅度切换到"文化"的丰富性上。密歇根大学的政治学教授罗纳德·英格尔哈特在调查中发现：少数发达国家已经从将经济增长和收入提升放在首位的近代社会，转型为更加重视生活品质和幸福感受的后现代社会了。

《世界上的精英们为什么要培养"审美意识"》一书中，山口周认为商业上的决策已然变得过于倾向于科学性，反而让企业变得更脆弱，因此恢复商业中基于人性的敏感度和直觉就显得尤为重要。克劳斯·施瓦布认为，应该把"资本主义"转为"人才主义"，只有现在活在这个世界上的人每个人都基于各自的激情充分发挥个性、才能和活力，这个世界才会变得更加丰富多彩。我们的目标不仅仅是简单粗暴的"经济发展"，而是为了实现"更好的社会"——"让人类感觉幸福的社会"。即实现"经济性"向"人性"的转变，因为人与人之间的联络带来的幸福感和丰富性远超过信息技术、数字技术等。

人类是一种重视意义的动物，马克思早在 10 多年前就论述过"劳动本身有着比为了生存而工作更加丰富的意义，是人类本质上的行为"，没有人可以一辈子从事毫无意思也毫无意义的工作。因此，当人类逐渐从物质需求为主，转向精神需求为主，资源禀赋和经济发展将不再是困扰人类发展的议题，更多的将是由于意义丧失这个问题所引发的"虚无主义"。人类做的事情不是让经济社会进一步提升，而是如何实现从工具理性到价值理性的转变，如何能够感觉到幸福和友爱。当文明化进程的生产力充分发展，其必然的结果是导致资本利润的消失，相对应的是劳动者根据自由意志进行的劳动，不再在意经济收入和劳动报酬，这样就会创造出一个理想型的社会，也就是马克思所描绘的资本主义之后的社会。

剑桥大学哲学教授凯恩斯的导师乔治·爱德华·摩尔曾在《伦理学原理》当中描述了如下的社会愿景："我们所知或所能想象的最有价值的事情，莫过于某种内心的状态，就像是从朋友那里得到喜悦，或者是看到美丽的东西时自然感到的愉悦体验"。摩尔的观点，换句话说就是要把以"文明和技术牵引的经济"转化到"以文化和人性来牵引的经济"当中。人们会追求更有价值的东西：比起"便利性"，更重视"丰富性"；比起性能更注重情绪；比起效率更关注"浪漫和美"。每一个人都可以发挥自己的个性，在各自的领域里比起"有用"追求"更有意义"。这样让社会变得越来越多样化。在那些原本因为意义而产生共鸣的顾客当中，逐渐建立一种与之前维系的经济层面的关系所不同的、更强有力的心理层面的联系。这种新的社会价值观就是把"根植于经济的社会"转变为"根治于人性的社会"，期待整个社会变得更加温和，充满友爱和关怀，清新而性感。

二、打造正能企业

如今，所有积极的、健康的、催人奋进的、给人力量的、充满希望的人或组织，都被赋予"正能量"的标签。英国心理学家理查德·怀斯曼（Richard Wiseman）在《正能量》一书中将人体比作一个能量场，通过激发内在潜能，可以呈现出一个新的自我，从而更加自信、更加充满活力。"正能量"是一种健康乐观、积极向上的动力和情感，它能够引领企业走向成功，也能向社会传播爱。因此，正能量是每个企业都必需的。正能量企业能够影响到其他企业和团体，让人被其正能量所感染、鼓舞，从而变得更加积极乐观。因此，除了每个人需要拥有正能量外，每个组织也需要并释放正能量，让外界的正能量需求得到满足。当每个组织都朝外界、朝大环境释放正能量时，整个大环境都会朝着幸福健康的方向发展。反过来，这个正能量的大环境也会为个人的成功和幸福带来好处或动力。

我们应该从如下三个方面着手，去打造正能量品牌或企业，从而获得更加旺盛的生命力。

1. 有打造正能量品牌的意识

成功品牌与众多普通品牌的差距就在于品牌的精神内涵。品牌经营可以划分为三种境界：最低层次是"信息"，作为一种区别于竞争品牌的标识；中间层次是"信任"，建立与目标顾客之间的友善关系，赢得他们的好感与信赖；最高层次是"信仰"，作为一种梦想的载体，激发人们内心深处的渴望和追求，建立与目标顾客之间难以割舍、难以忘怀的精神纽带。只有达到"信仰"的层级，才能真正实现正能量营销。而迄今为止，中国的大多数品牌塑造还没有脱离商品实体，还在强调产品的功能或者让大家相信产品的确是有用而且可靠的。因此，中国企业要想通过正能量营销让自己的品牌达到"信仰"的层级，首先要有品牌意识。我国许多著名企业如联想、海尔、长虹、春兰、格力、娃哈哈、乐百氏等都是依靠创造卓越品牌（其中很多被赋予了正能量的品牌精神）而成长起来的，这些企业从培育品牌开始，创造出有竞争力的品牌，依靠强势品牌的支撑，迈入辉煌发展的道路。

2. 塑造魅力十足的个性

与众不同的人往往会给人留下深刻印象，这种与众不同可以是长相，但更多的是个性。而企业个性的本质就是企业人格化，假如这个企业是一个人，他应该是什么样的人？他是魅力四射，还是平庸乏味？是人人爱戴还是个个厌烦？一个理想的优秀品牌，其特点不言自明，最好"长相"和"个性"都能引人注目。除了血缘关系的因素之外，热爱任何人或任何事物的理由，都适用于一个企业。

大卫·奥格威（David Ogilvy）在 1955 年的一次演讲中说："企业若能致力

运用广告为他们的品牌建立最有利的形象，塑造最清晰的个性，必能获取市场最大的占有率，进而产生最高的利润。让我们记住，正是品牌及企业的整体个性而不是琐碎的产品差别，决定了它在市场上的最终地位。"创立企业的第一个目的就是使自己的产品区别于竞争产品，这就要求企业有良好的识别性，可以借助名称、标识、包装、外形、广告以及产品特色等，树立起鲜明的差异化形象。奔驰公司的两位创始人创办奔驰的梦想就是"将火车从铁轨的束缚中解放出来！帮助人们实现'自由运动'的梦想"。从创建之日起，奔驰创始人就将品牌的核心定位于可靠、耐用以及货真价实的质量。

当然，不管用什么方式创立企业，都需要有附加功能，能够激发顾客心灵深处的渴望和需求，这样才能被认可并引发共鸣。比如，耐克鼓励大家"Just Do It"不去讲梦想，只专注于去做。而尊尼获加威士忌也只强调"Keep Walking"。这都是具体的、有魅力的正能量精神内涵。

3. 将企业正能量精神全方位展现

确立了鲜明且富有魅力的正能量精神后，要让这一精神真正发生作用，就需要对其进行全方位的展现，通过多种方式让这一正能量的精神真正固化到自己的产品中。在推行的过程中，企业需要稳扎稳打、有序推进。

首先，企业名称与符号需准确传递正能量精神。精心挑选企业名称和标识，一个好的企业名称、一个美观醒目的标识可以事半功倍。其次，广告与宣传语需准确传递企业正能量的精神内涵。选择合适的广告语、代言人和传播媒介，让品牌精神深入人心，赢得顾客忠诚。一句恰当的广告语可以清晰表达产品卖点或品牌个性，让消费者清晰理解品牌的清晰定位，从而赢得大家对品牌精神的认可与共鸣，获取大批忠实用户。最后，正能量精神要融入企业文化之中。在企业中倡导一种表里如一的、简单而真诚的文化氛围，品牌所倡导的正能量精神一定要完全融入企业文化中，让所有的企业员工都能时刻恪守并坚持。

鸿星尔克作为中国本土的运动品牌，在通过正能量营销打造品牌方面做得非常出色。2021 年 7 月 20 日，郑州降千年一遇的特大暴雨，这个人口上千万的城市瞬间被洪水侵蚀，给当地带来重大人员伤亡和财产损失。不少民众和企业纷纷出手援助，鸿星尔克在洪灾的第二天"豪性捐赠"5000 万元。而有细心的网友发现，鸿星尔克公司近几年经营状况并不好，2020 年甚至亏损了 2.2 亿，网友把这一反差发到网络上，在短时间内成为热搜，点燃了全国网民的激情，有网友给鸿星尔克官方微博充会员到 2140 年，更有大量网民冲到鸿星尔克在各网络平台的直播间，不问价格不问质量疯狂购买、野性消费。鸿星尔克的抖音直播间从平时在线只有寥寥几百人，到高峰时近 200 万人，淘宝直播间甚至达到了 1000 万人，所有库存商品销售一空。

鸿星尔克的捐款行为，让这个已经淡出公众视野的公司成为全民热议的对象。在洪灾面前，鸿星尔克作为国货品牌，出于共情与大义进行捐款，其捐款行为本身并不是营销，但企业的爱国情怀感动了网友，网友以非理性消费回馈了企业。捐款不是营销，但鸿星尔克凭借其社会责任感与正能量的企业形象赢得了公众的青睐。

"谁把家国大义放在心上，谁就会被人们记在心里。"有主流媒体曾经这样评论过鸿星尔克。对于企业而言，大格局就是做好眼前的事情，先做人，后做事，把企业的基本责任做好。鸿星尔克在自身经营困难的情况下，仍选择远超预期的捐款，彰显了国民品牌的社会责任和民族大义，如此有格局的企业品牌形象，全方位体现正能量精神，也将会获得越来越多的认可。

三、创建正能社会

当今社会需要正能量，每个人也都需要正能量。根据"戴维斯模型"，企业需要运用自己的影响力来解决"需要正能量"这一社会问题。而解决这一社会问题的一个非常不错的方式，就是进行正能量营销。因为正能量营销可以激发每一个人的正能量，也可以激发整个社会的正能量。

企业必须以有益于社会为基本宗旨，才有生存和发展的价值。企业员工必须始终坚持将社会效益放在首位的价值理念，以回报社会为价值取向，使企业文化正能量真正成为增强企业核心竞争力、员工创造力、客户向心力、社会支持力的锐利武器，促进企业健康持续发展。世界上大凡成功并得以持续发展的企业，在其企业文化中都不是将盈利而是将对社会的贡献放在第一位，只有获得社会的尊重和赞誉，才能获得更大的发展空间。因此，企业的发展须始终坚持将社会效益放在首位的价值理念。

1. 造福员工

员工是企业的活力之源，为企业振兴和长久发展提供不竭动力。企业应当坚持以人为本，不忘员工是企业最宝贵的财富，在取得经济效益与社会效益的同时，为每一名员工创造更满意的工作和生活环境，分享企业发展成果，为每一名员工提供展现自己才华的平台，给每一名员工成就事业的机会，实现员工与企业共同发展。企业应建立完备的奖惩激励机制和容错纠错机制，为有抱负、有干劲的员工打通上升通道，架起实现自我价值的阶梯；致力于员工专业培训，建立完善的培训机制，为员工提供专业化、专门化、针对化培训，鼓励员工多学多试，比学赶超，不断提升自身素养，与企业共成长。

2. 积极造福社会

企业是社会的细胞，社会是企业的依托。企业利润不断增加，持续为国家增加税收，员工收入不断增长，就是为社会创造了财富。同时，随着企业规模的发展壮大，多为社会增加就业机会，并带动周边产业的发展，就是造福社会。企业的生存离不开社会的土壤，企业的发展壮大是与社会各界的大力支持分不开的。中国企业在努力做大、做强自身的同时，回报社会也是其天职。要回报社会、多为社会做贡献，首先，必须自己强大起来。一个企业如果自身都连年亏损，回报社会只能是纸上谈兵；其次，要在企业内始终营造感恩的文化氛围，致力于培养员工的感恩之心、感激之心、慈善之心，让员工自觉地投入对社会感恩的行列中；最后，要建立长效机制，或从每一次起降费、每一张机票中提取少量金额，或通过其他集资途径，日积月累筹集"爱心基金"，平时有计划、有步骤地做一些扶贫支教的慈善事业，为社会做些力所能及的事情，打造正能社会。

02 第二节　　　　　　　　　　　　　　　　利他经济

王阳明曾说，做人的最高境界，就是"利他"两个字，能做到这一点，人生会越来越顺。王阳明认为，真正的利他反而是最大的利己。利己，自古就是人与生俱来的本性，归根结底，是源自生存的需要。然而，人总是具有社会性的，如果在社会群体中你只是单方利己的话，注定得不到别人的尊重与爱戴。

利己是经济发展的动力，只有劳动分工才能提高劳动生产率，从而促进整个经济社会的发展。而劳动分工组成了人与人相互依存的社会，只有全人类通力协作，增加资本积累，才能把经济这个"大饼"做得更大，物质水平才能显著提高。劳动分工还进一步强化了人与人的依赖和合作。我们每个人都需要他人的支持才能生存和发展。一旦失去他人的支持，必定无法生存下去。

"自利则生，利他则久"，人在利己的基础上，同时具备利他之心，才能获得真正的幸福。真正的利他反而是最大的利己，为了利己反而最不能利己，正如美国思想家爱默生所说："人生最美丽的补偿之一，就是人们真诚地帮助别人之后，同时也帮助了自己。"封闭、利己的经济正在发生极大的转变，未来的经济一定是具有"分享、透明、担当"特征的利他主义的经济，企业的生存与发展之道也是一样的。商业发展到今天，早已过了以企业自身为中心的时代，商业的逻辑首先是利他，为社会创造利益，创造价值，然后自己才会得到回报。

通常，人们将"利己"与"利他"作为两种对立的观念看待，常常对"利己"持有偏见。对利他主义的观点进行必要的逻辑推理后，我们会发现何为真正的利他。在把握利他的真实含义和利他存在价值的基础上，我们惊喜地发现了两者的相容性关系。所谓利他就是要求从我者的角度出发，做出一些有利于他者的行为。或者说，行为动机就是为了满足他人的利益并且表现出相应的行为。

"利他"有不同的层次，既可以是心理上的，也可以是行为上的。根据"利他"的不同层次和利他结果的不同判断标准，可以分离出截然不同的"利他价值观"。每一个企业作为具有独立自由选择权利的个体，既是我者，又是他者的他者，这是市场经济下企业的本质和契约关系的体现。只有把自己和他人都看作独立的个体时，谈"利己"和"利他"才有意义，真正的"利他"，就是要首先承认他者的利益。仅仅把"认为自己的行为有利于他者的利益"当作利他是不够的。通常，仅仅有"利他"的动机，不一定会有他利的结果，所以真正的"利他"与"利己"并不矛盾，只是从不同的角度看问题罢了，唯一的区别就是利他者承认他者的自利，而且不过多考虑自己的利益，或者至少是要有利于自己的同时也要有利于他人，而利己则倾向于从自身利益考虑问题，也有可能产生"以己及人"的思想。

"利他"与"利己"的关系其实关涉的就是平等个体间利益协调均衡的问题,这是每一个企业在市场自由化的条件下能够学会并自我解决的。随着社会的发展,企业的动机将这种客观渊源扩展到交互需要的利他理性时,"利他"与"利己"就着实成为企业动机的真实镜像。因此,"利他"与"利己"并非完全对立,两者是人类从自然状态到社会状态的过程中自然发展的于己于人的两种心理倾向,只是两种心理倾向对同一主体来说,在同一时间不完全对称,也就是说不同的个体在不同时间会持不同的倾向。

一、符合友善价值要求

企业利他符合"与人为善""推己及人""济人于难"的友善价值观要求,现代企业的利他理念、利他行为可分为两类,一类是对同一经营链条上各环节的关注,另一类是对社会责任的重视。"推己及人"就是"己所不欲勿施于人",以己心推他心,互相尊重,平等互助。

现代企业认为,员工不仅有物质需求更有情感需求,重视员工人格,致力于既满足员工的物质欲望,更给员工提供情感归宿。例如华为技术有限公司就在食堂大力投资,给华为人提供"家乡"的味道;阿里巴巴、万达等企业也纷纷着力抓住员工的"胃"。"推己及人"是指企业不只把员工当作赚钱的工具,更看做拥有无限潜能的资源,把员工看成企业的功能多样的细胞。

现代企业不仅重视企业自身的发展,也十分看重与合作伙伴、客户的共同进步。如阿里巴巴提出"三赢"(员工赢、客户赢、投资者赢)理念,追求包含三方的三赢;万达建立有机农场,增加农场当地农民的收入,给有机农业的发展起到示范效应。这是对"与人为善"友善价值观的践行。

二、勇于采取利他行为

友善价值观鼓励企业勇于采取利他行为。1924年美国学者谢尔顿提出企业社会责任概念时,美国的旧有企业责任观受到冲击。如今从西方到中国,人们对企业社会责任的认识越来越清晰:企业的行为动机不应该只是谋取利益,更应该是促进社会整体健康发展,企业要采取利他行为、树立利他理念。利他主义包括三类:生物利他主义、心理利他主义和伦理利他主义。这三种利他主理论都倡导友善价值观。践行"与人为善",所以要看重所有人的利益,看到全人类的福利;"推己及人",不仅关注自身利益,还会由己及人,想他人之所想,甚至为他人牺牲自我;践行"济人于难",因而能够采取行动帮助他人,追求道德上的祥和。从企业的角度讲,就是与员工、客户、合作伙伴甚至是竞争对手为善,善待员工、客户、合作伙伴以及消费者,关注国家扶贫工程,投身慈善事业,当代企业的利他是对友善价值观的践行,是对社会有担当的表现。践行友善价值观即能推动企业承担社会责任,也能帮助个体理解企业,缓解同企业的关系。践行友善价值观会增加企业对个体、对社会的善意理解。戴着友善的"眼镜",企业对社会成员和其他企业减少了"杀气腾腾"的心理,从而产生互帮互助、携手共进的思想,进而转化成促进员工健康成长、带动其他行业良性运行的利他行为。

三、企业利他、友善与对人的终极关怀

友善价值观倡导的"与人为善""推己及人""济人于难"等理念,目的就在于唤醒个人和企业的爱心,让企业更加关注人除却经济利益的各种需求,为人的发展提供好的平台。马斯洛需要层次理论提出,人最高级的需要就是对自我实现的需要。这一需要的满足固然要求政府、个人做出不懈的努力,然而企业的利他也会给自我实现提供重要保障。企业利他,就会从理念上重视员工的价值,一方面尽力满足员工的物质需要,另一方面为员工提供各种娱乐设施、开展娱乐活动丰富员工的职业生活。企业利他,就要积极承担社会责任。总之,从友善价值观出发,企业的利他理念、利他行为都符合人类伦理道德的要求,是可预测的企业发展趋势;企业自觉践行友善价值观,承担社会责任,对于企业自身而言是在未来世界存在下去的必然要求。利他和无私的行为促进了劳动分工的有序进行,也促进了社会道德、文明的进步。

现代企业只要遵循友善价值观倡导的理念,就能够推动企业自身、推动社会、推动人类整体的良好前行,只有全人类怀有同情心、同理心,合作共赢,形成利他经济,才能把社会道德发展到更高的精神文明,全人类共享这一文明的果实。

第三节　社会福祉与福祉社会

近代福祉思想与社会福祉体系诞生于西方，主要原因在于第一次工业革命的兴起，社会弱势群体的激增，劳资双方冲突的激化，以及阶级的分化与对立。英国既是工业革命的发源地，又是世界上第一个颁布《济贫法》、最早建立社会保障制度的资本主义国家，成为近代社会保障制度与社会福祉体系构建的发祥地。

一、社会福祉

"社会福祉"的英文为"social welfare"。welfare 即"旨在促进有需要的人的基本身体和物质福利的法定程序或社会努力"，社会福祉就是通过法定程序或社会努力来达到社会群体的安康幸福。中文译名为"社会福利"——是指国家依法为所有公民提供旨在保证一定生活水平和尽可能提高生活质量的资金和服务的社会保险制度。社会福利有广义和狭义之分，广义的社会福利是解决广大社会成员在各个方面的福利待遇问题。狭义的社会福利是指对生活能力较弱的儿童、老人、残疾人、慢性精神病患者等的社会照顾和社会服务。社会福利是一种服务政策和服务措施，其目的在于提高广大社会成员的物质和精神生活水平。同时社会福利也是一种职责，是在社会保障的基础上，保护和延续有机生命体的一种社会功能。

在日本，社会福祉是经历了由国家政策不予以介入而展开的互相扶助、慈善、博爱事业的阶段，到由国家政策介入而进行的救贫事业、社会事业、社会福利事业的基本阶段发展出来的。社会福祉包括价值观、哲学观、援助观、人间社会观等福祉思想，包括个人生活所遇到的福祉问题，以及为解决和缓和扶持问题所提供的援助资源。社会福祉谋求将福祉问题与援助资源顺利对接，通过援助技术来有效促进解决福祉问题。2000 年，国际社会工作者联合会（IFSW）所采纳的社会工作定义为：社会工作是专门职业，以增进人的福利为目标，推进社会变革，谋求解决人世间关系所存在的问题，促进人们的赋权与解放。社会工作利用人的行动与社会系统相关联的理论，介入人们与其环境相互影响的节点。人权与社会正义之原理是社会福利工作的基础和依据。

二、福祉社会

西方早期哲学家重视"友爱",苏格拉底、柏拉图、亚里士多德等人皆将此作为哲学命题并加以论述。而西方价值观的重要部分又源于宗教,其核心是崇尚"上帝",主张"原罪";由此而延伸出的"博爱精神"与"博爱思想",则构成了西方伦理道德的核心内容之一。东方文化中,"以人为本,以民为体"思想在我国有着悠久的历史与传统。早在公元前,中国古代哲人列子就提出了"天生万物,唯人为贵"的观点;古籍《尚书》中有记载:"民可近,不可下;民惟邦本,本固邦宁。"正因如此,为政者要做到"老有所终,壮有所用,幼有所长,鳏、寡、孤、独、废疾者皆有所养"。这些至理名言及论断,与当今世界社会福利与福祉学的宗旨与内涵可谓殊途同归。东西方的价值观与价值取向,在其形成历程与思想内涵上虽有很大的差别,但在提倡"爱"这一点上,互有相通之处。这种"爱"与"关爱民众"的基本点,构成了近代社会福祉思想的理论基础——世上所有的人皆享有尊严,皆是有价值的存在;主张社会正义与公平,提倡人人平等。

社会福祉是实现福祉社会的过程,以社会民众需求为导向,力图增进人民福祉,改善生活目标,解决人类社会所存在的各类民生问题,促进人们潜能的释放。随着时代的进步与社会的发展,现代社会福祉的基本理念与宗旨已演变为:维护每位社会成员生存、自由、自立的权利,按照每位公民的需求与选择来提供社会福祉服务,使每个人在家庭及所生活的区域内都能享有尊严和有品质的生活。

随着世界经济一体化的进程,各种文明与文化相互交融,社会福祉的思想与理念在世界范围内形成一致,即:尊重生命,尊重人权,主张社会正义与社会公平,以人为本,维护每个人的权益,提倡"Normalization",即尊重人的尊严与人格,谋求共生共存,所有的社会成员都是社会进步的重要推动力量,能享受常规化的生活。从大的方面来讲,就是要按照习近平总书记所说的"构建人类命运共同体",人类要"相互联系、相互依存、相互合作、相互促进",以达到福祉所追求的最高境界。

在 2013 年出版的《大繁荣》一书中,费尔普斯教授从历史的角度解释了

19世纪生产率在少数几个西方国家快速和持续的增长，以及随之为这些国家带来的"兴盛"是：给所在国家或者地区的人民提供有意义的工作、自我表现和个人成长。在《大繁荣》一书中，费尔普斯进一步指出，经济繁荣的源泉是现代价值观，例如，所在国家或地区人民参与创造、探索和迎接挑战的愿望。这样的价值观点燃了实现广泛的本土创新所必需的草根经济活力。与美籍奥地利经济学家熊彼特的观点不同，费尔普斯教授认为，大多数创新并非是亨利·福特类型的孤独的企业家所带来的，而是由千百万普通人共同推动，他们有自由的权利去构思、开发和推广新产品与新工艺，或对现状进行改进。正是这种大众参与的创新带来了人民的繁荣兴盛——物质条件的改善加上广义的"美好生活"，也是社会福祉的提升和福祉社会的起点。

习近平总书记提出，"改革创新社会体制、促进公平正义，增进人民福祉"。社会要为每位公民提供各种保障，使得每位公民皆能享受公平和无忧的生活，使生活充满幸福之感。高度发达的福祉社会，不仅能满足人民的需要，使每个公民都能充分享有作为人的尊严和幸福感，也是文明社会发展历程的坐标和里程碑，同时也是小康社会实现后的又一个新征程。

案例一

默克集团好奇心项目

默克集团（Merck KGaA）作为一家全球领先的医药科技公司，成立350多年来一直以利用科学技术来解决全球难题为宗旨，始终保持着开放的心态，呼吁创新。通过对好奇心的研究与学习，默克引领汇聚了更多具有创新思想的人才，得到了众多创新想法，并积极开展各项创新项目和活动。为了将创新产品更好地服务于全球民众，默克集团致力于教育、生态环境、社会公益领域，用不同的方式共享创新价值，真正履行了企业社会责任。

一、默克集团概况

默克集团创建于1668年，拥有350多年的历史，总部位于德国达姆施塔特市（Darmstadt），目前在全球66个国家拥有超过5万名员工，主要分布于北美、拉丁美洲、欧洲、中东、非洲与亚太地区。其主要致力于创新型制药、生命科学以及前沿功能材料技术，并以技术为驱动力，为患者和客户创造价值。从1827年开始工业化生产，到 100 多年前初涉液晶研究，再到 2003 年分子靶向肿瘤治疗药物爱必妥的发布，无数的里程碑都强有力地证明了默克人的领先精神。

在中国，默克主要从事制药、生命科学和化工业务，并为客户提供从创新型的处方类药品、非处方类药品到生命科学领域的解决方案。默克的业务有四大分支：默克雪兰诺业务分支、消费者保健业务分支、默克密理博业务分支、功能性材料业务分支。在中国，默克在取得商业成功的同时积极履行企业社会责任，开展了健康、教育和人道主义救援等领域的公益项目。

在过去的 350 多年里，默克集团秉承着"常保好奇心"的理念，不断开拓自身发展的视野，这一理念同样铺就了引领科学和科技突破的道路，带领默克解决了众多困难和挑战，实现了科技创新和经济成长。北京大学心理学教授魏坤琳提到，"认知灵活性是进化的礼物，为我们提供了无尽的创新想法；然而，是好奇心驱使我们充分利用它的全部力量"。默克以解决全球人民的健康问题为发展目标和创新动力，积极开展独具特色的"好奇心项目"，同时在项目创新中共享价值、致力教育，积极履行社会责任，真正将创新成果惠及民众，实现企业的社会价值。

二、创新社会责任的践行者

创新是社会经济发展的重要推动力。在互联网和大数据飞速发展的时代，企业成了创新的主体，而企业的未来发展也与其自身创新能力息息相关。自亚当·斯密提出企业社会责任的思想以来，企业社会责任逐渐进入企业发展的视野，企业除了获得利润以求未来发展以外，还要注重对社会发展所承担的责任，对消费者、生态环境、教育等领域做出自己的贡献，将创新成果和价值惠及民众。

默克在创新的道路上不断探索前进的同时，积极承担社会责任，致力于做一家有责任心的医药科技企业。默克的许多实践也证实了创新和社会责任两者密不可分的关系，创新来源于民众，通过为他们提供鼓励创新的环境、基础设施和技能知识等，默克可以同时得到新的创新点和知识，因此两者是可以相互助力的，创新最终也要应用到民众中去。默克在教育、生态环境、社会公益这三个领域实现了创新价值的共享和社会责任的承担。

默克集团作为一家医疗科技公司，一直以"好奇心"探索世界，从致力于为全球患者提供顶尖的癌症疗法的精密医疗，到提升能源效率的隔热百叶窗，创新改善了全球数百万人的生活和健康，而这份成功的独特动力来源就是好奇心，好奇心的火花可能会转变成深具革命性的想法或产品，推动其产品和服务的创新。

三、聚焦创新：好奇心项目

2016年，默克与好奇心专家合作，力求定义全球职场中的好奇心状态，进而确定测量好奇心的几个维度。早期的研究表明，好奇心是探索发现的一项重要特质，有两个不同维度：首先，好奇心在被刺激后会变得很活跃，从而进一步刺激求知的欲望；其次，好奇心唤起了对某种特定信息的渴望，从而可以激发更广泛的对刺激的渴望。随后，默克将好奇心分为了以下四个维度：好奇、创造力、开放性和痛苦耐受力（见图7-1），也成为其后期开展好奇心项目并深入研究好奇心的理论基础。

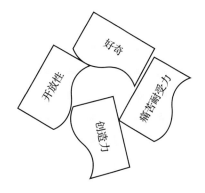

图7-1 默克模型——好奇心的四个维度

资料来源：2016年默克好奇心状态报告

好奇包括一个人在感到好奇时的反应，包括一系列探索性行为如自由发问和超越其工作范围的思考和行动。创造力可以被认为是挑战现状的渴望或意愿，以及识别出新的方法解决问题的能力。开放性可以被定义为乐于接纳各种各样的经验，对世界充满了关注，以及无论这个新点子来自自身或他人，都对其保持开放的态度。痛苦耐受力允许一个人承担风险、坚持并无所畏惧地接近新的和不熟悉的事物。不论多么好奇、有创造力和开放性，如果没有良好的痛苦耐受力，人们很难甚至不可能表达他们的好奇心。了解一个人在这四个方面的程度，可提供对其好奇心更可靠的评估。痛苦耐受力看上去决定了一个人能否通过合适的方式展现出他的好奇心，抑或带着沮丧的心情继续前行。因此，在这四个维度中痛苦耐受力的重要性是不言而喻的。

好奇心是创新的必要条件，这对于各个部门的员工来说都至关重要，只有当人们对某样事物产生好奇时，他们才能够在如何提升产品或服务或者改进现有状况上产生新想法。最优秀的员工会时刻保有好奇心，他们是学习者，不断发现全新且更好的行事方式。最成功的组织是那些在快速发展的不确定年代里存活下来并能够茁壮成长的企业。这种组织会尽力营造鼓励员工不断学习和探索的工作环境，帮助员工适应新的环境，通过以下问题来不断优化并进行自进化：

- 我们怎样才能做得更好？
- 我们可能面临哪些挑战？
- 谁可以帮助我们？
- 我们的工作如何支持他人的工作？
- 我们如何为在人工智能自动化驱动下的劳动力变革做好准备？
- 世界在未来 20 年还需要什么？为什么呢？为什么不呢？

而这些问题和思考正是默克面对不断变迁的世界持续获得自身竞争优势并不断创新的关键所在。好奇心的巨大作用是显而易见的，但如何获得好奇心，或者说推动好奇心的外界力量是什么，如何去学习好奇心，这是默克不断探索的问题，通过对创新高绩效人员的调查，默克构建了多维度"工作相关好奇心量表"的基础：能否从探索中获得乐趣，通过认识和寻找工作中的新知识以及学习成长的快乐来获得极大的乐趣；能否认识到差距并努力弥补；能否敞开心胸，拥抱他人的想法，重视他人的不同观点，并在工作中找寻不同方法。

四、默克的中国"好奇心"

好奇心是默克成立以来一直保持创新活力的秘诀，自进驻中国以来，默克在中国的创新探索也不断进入新的阶段。2018 年 2 月，默克在中国成立了一支创新团队，与北京大学和行业伙伴联合起来，不断探索默克的创新领域，如人工智能赋能的健康解决方案等。2019 年 10 月，上海的默克中国创新中心成功揭幕，并宣布投资 1 亿元种子基金，为中国的初创企业助力，帮助他们进行创新想法的落地和发展。默克的中国创新中心是其全球创新网络的一个重要组成部分，致力于搜寻、孵化和投资医药健康、生命科学、高性能材料以及现有业务领域之间和之外的创新机会。默克中国创新中心植根于中国的创新生态，积极与初创企业、学术机构、业内伙伴和当地政府建立合作伙伴关系，整合默克集团与合作伙伴在各自相关领域的独特技术和专业技能，开发创新技术，为中国市场和全球业务带来新的解决方案，同时为本地创新人才、合作伙伴和默克员工提供创意激发培养和创新孵化的支持，从而实现合作共赢。

1. 教育：绿晶项目

2017 年 3 月，默克中国启动了"绿晶项目"，将员工捐献的 20 台平板电脑捐赠给四川省遂宁市的两所小学，该活动旨在为学校老师提供电子化的备课工具和互联网资源，并通过智能设备中的应用软件帮助学生学习外语、绘画等课程和知识，同时也避免了"白色污染"的产生。同年 9 月，默克志愿者来到遂宁的两所小学，为小朋友们精心准备了 6 个主题的"好奇心课堂"，通过课堂上的动手实践和互动交流，激发小朋友们对科学、自然、环境以及人文方面的好奇心。通过"水与海洋"课堂，学生们了解了地球上水资源的分布并观看了电影，学到了很多海洋知识；在生物砂过滤器小实验课堂上，学生们自己动手制作出过滤器，将泥浆水过滤成清澈的水，丰富了生物知识；在摄影课上，学生们在志愿者的指导下，学会了如何拍照并通过无人机看到了天空下的家乡；在英语课堂上，默克志愿者带来了自己精心准备的课程，通过认真讲解和沟通，让学生们真实地感受语言氛围，增加英语知识；在"趣味电路"课堂上，志愿者们首先向学生们介绍了有关电路的知识，并组织他们搭建电路拼装玩具，在实践中激发学生们的好奇心；通过"电影鉴赏"课堂，学生们在志愿者的讲解下更深入地了解了电影的内涵和意义。

绿晶项目是默克高性能材料业务中国区的企业责任项目，通过此项目的实施，来充分激发学生们的科学热情和求知的好奇心，并为他们讲解科学知识。孩提时代的好奇心是很重要的，教育是培养好奇心的一个重要渠道，默克从此环节入手，提高教育质量，培养学生的学习热情，进而培养未来的科研人才，在履行社会责任的同时实现了"好奇心"的发展与延续。

2. 环境保护：可持续发展方案

2020 年，默克与近 160 个国家的约 6 万家供应商进行合作。作为由化工行业发起的"共同为可持续发展（TfS）"计划的成员，默克呼吁其供应商使用自我报告的信息或审核来进行评估。评价标准包括环境方面、劳工和人权、道德和可持续采购。

默克的生物科学业务部门推出了一种在线工具（DOZN™），来评估各种化学品的替代品，该工具也可供客户使用，并为可持续产品设计创造了新的可能性。另外，用户可以评估自己的产品和工艺，并在其开发过程中做出更具可持续性的决策。在产品包装方面，默克认为包装必须能够在产品的整个生命周期保持完整，在可能的情况下尽量使用环保型的绿色包装材料，还为客户制订了产品回收计划，帮助他们正确地处理和回收产品。在废物处理方面，默克目前正朝着降低"核心废物"管理指标即"默克废物记分"的方向稳步迈进，预计到 2025 年有望降低 5%。总之，默克的产品研发目标是力求减少其对生态和健康的负面影响，其可持续发展理念适用于开发设计、生产制造和使用及处置的整个产品的生命周期。

3. 社会公益

默克在全球范围内积极开展患者援助项目，以提高这些国家低收入患者的药品可得到性。例如，其在中国开展的爱必妥患者援助项目（爱必妥主要用于治疗转移性结直肠癌），主要针对低收入人群中的患者，这些患者可以通过共助的模式得到援助药品。2018 年，随着爱必妥被列入国家基本医疗保险目录并得到报销，该项目停止了新患者的申请。自 2012 年 10 月项目启动至 2019 年 3 月底，中国已有累计超过 12840 位患者从中受益。除了开展肿瘤援助项目，默克还发起了果纳芬"宝贝基金援助项目"，该项目在中国向经济困难但需要尝试 IVF 治疗的女性无偿提供相应的援助药品及资助金。2018 年，德国默克爱乐交响乐团举办了 30 场慈善音乐会，筹集善款 5 万欧元。

在默克成立 350 周年全球庆典之际，默克中国宣布携手壹基金，全方位支持农村学校净水计划。这是一项非常重要的举措，在中国约 114000 所农村学校的 4000 万学生缺乏安全饮用水。默克代表公司员工每天捐出一元钱投入到偏远农村地区的"净水计划"。2018 年，默克捐助的资金帮助 33 所农村学校的 15000 名学生安装了饮用水净化设施。同时，默克生命科学还捐赠了 20 套便携式水质检测设备。默克的员工也积极参与其中，在学校实地探访活动中，18 名员工每人奉献 16 个小时，为低年级小朋友讲解水电的安全标志，带领高年级同学们动手完成小型科学实验等有趣的主题活动。

默克将其回馈社区的行动称为"我们的善行"。2020 年，默克在全球 96 个国家共开展了 274 个项目。默克在其所在地附近为有需要的人提供支持，并提供救灾援助。在抗击新冠肺炎疫情的项目中，默克向医疗卫生服务机构捐赠了 200 万个防护口罩。此外，默克团队在 30 多个国家发起了众多捐赠活动，募集了数百万欧元的现金和物资。

默克的"好奇心"为其带来了很多的创新想法，使其能够在解决全球疑难问题的道路上不断加速，对好奇心深入的研究同时也坚定了默克集团永葆"好奇心"

的愿景和选择，只有拥有好奇心，才能够及时发现问题并积极地去解决问题。同时，默克也秉持以人为本的宗旨，积极承担企业社会责任，为不同的发展领域助力、赋能，从培养孩童的"好奇心"到开展各项公益活动，都体现着默克的发展宗旨和责任担当，积极共享创新价值，以求实现新的创新和发展。

案例二

远程照护：有温度的数字养老商业模式创新

信息技术的快速发展为智能化、远程化照护提供了可能。2017年，国务院发布的《"十三五"国家老龄事业发展和养老体系建设规划》中正式提出实施"互联网+"养老工程，支持社区、养老机构、社会组织和企业利用信息技术，重点拓展远程提醒和控制、自动报警和处置、动态监测和记录等功能，建设虚拟养老院。远程照护（Telecare）的服务模式必将以技术引导养老服务创新，促进医疗资源的合理分配，降低养老与医疗费用支出，提升老年人群的照护质量。

一、人口老龄化挑战下养老的困局

人口老龄化是当前国际社会共同面临的挑战。随着医疗水平的提升和生育率的降低，我国人口结构出现系统性变化。第七次全国人口普查数据显示，我国60岁及以上人口的比重达到18.7%，其中65岁及以上人口比重达到13.5%，人口老龄化程度不断加深。受到我国经济发展水平与传统观念的影响，不论从社会资源配置还是从老人意愿来看，居家养老始终是养老选择的主流形式。但是，计划生育政策影响下的第一代独生子女却无力包揽赡养老年父母的全部责任。再加上子女跨地区求学、求职而引起的人口迁移与流动，导致"空巢老人"的比例增多，整个社会面临"无人养老"的困局。

二、远程照护：数字养老新模式

1. 什么是远程照护？

远程照护是一种新型的照护服务，它在无线传感器设备及物联网、大数据、云计算等技术的支持下，使人们特别是老年人或脆弱的个体，能够在家中安全、独立地生活。远程照护提供24小时监控，确保有紧急事件发生时，信息能够及时传到服务机构并且给用户以最及时有效的回应。

远程照护不同于远程医疗，它利用以人为中心的科学技术，使人们在自己家中就能得到照护。大多远程照护能够减轻不良事件的危害并且帮助提高反应速度，有一些远程照护如安全确认（safety confirmation）和生活方式监控（life style monitoring）具有预防功能，可以在早期阶段发现用户病情恶化的征兆。

2. 远程照护的商业模式

研究显示，大多数身体条件不太好的人仍愿意保持生活独立，而远程照护能使他们的愿望实现。当这些特殊人群的亲人朋友不能近身照料他们时，远程照护能代替亲友的作用。远程照护聚焦于科技和服务，旨在拯救人们的生命并提高人们的生活质量。远程照护服务通常包括一个连接监控中心的个人24小时监控警报，当个体发现自身的紧急情况时，可按下SOS按钮联系监控中心，之后就会有专人帮助他们。随着技术的进步，一些远程照护服务提供商将个人警报系统与移动电话和GPS相结合，这就意味着个人与监控中心建立了一种双向对话机制，操作员可以从地图上看到用户的位置并及时提供紧急医疗救助服务。

其最简单的形式是将固定或移动电话连接到监控中心，用户可以通过电话发出警报。技术更先进的系统所使用的传感器能够对一系列潜在风险进行监测，包括跌倒、家中环境变化引起的水灾、火灾和气体泄漏等。阿尔茨海默病患者的传感器可能会在其离开家或者离开指定区域时被激活，然后向家中的设备发送无线电信号，之后该设备会自动拨打监控中心的24小时电话，最后由训练有素的操作人员采取适当行动，帮助患者联系家人、医生或进行急诊救治服务。

远程照护还包括独立的服务，它不发送信号到监控中心，而是通过在用户家里提供本地警报以提醒用户什么时候需要引起注意。值得注意的是，远程照护并不仅仅是一个预警系统，同时也是一个预防手段。如今多语种远程照护服务已经获得了更广泛的受众。这些系统在保持人的独立性、使用户待在家就能得到照护等方面发挥着重要作用。

3. 远程照护在英国的实践

老龄化社会造就了庞大的"商机"，世界各国纷纷将远程照护列为重点发展项目。2005年，英国卫生部发布Building Telecare in England以帮助远程照护在英国发展。2008年5月，英国卫生部推出Whole System Demonstrator（WSD），这是世界上最大的关于远程医疗和远程照护的随机对照试验，它包括6191位患者和238个来自纽汉、肯特和康沃尔的全科医生实践项目。这些试验由伦敦城市大学、牛津大学、曼彻斯特大学、帝国理工学院和伦敦经济学院进行评估。WSD 在对 3154 名患者进行远程医疗试验后发现，患者死亡率降低 45%，急诊人数减少 20%，卧床时间减少 14%，关税成本降低 8% 等，证明了远程医疗和远程照护服务的有效性。

三、远程照护系统的运作模式

据英国相关研究显示，未来 5 年电子健康照护市场将会成长 56%，而传统临床医疗照护市场只能成长 9.9%。由此可见，远程照护作为数字时代下一种养老服务的创新模式，具有极大的发展潜力。

远程照护系统本质上是一个通过信息增值和技术赋能来实现高质量养老服务的平台，它能够有效连接用户、服务机构和医疗机构。其技术支撑主要包括终端层、网络层、平台层与服务层。终端层设备主要包括传感器、监测仪器、移动电话和平板电脑等通信设备。例如，安装血压传感器来监测血压；安装脚底压力传感器监测摔倒，安装环境监测传感器监控火灾、天然气泄漏等意外的发生。在移动电话中安装 GPS 系统来构建对用户行动轨迹的监控。除拥有基本通话功能外，使用者还可享受一键求救及快速定位等服务。而平板电脑终端便于使用者与照护者通过高清视频无障碍沟通，下载与医学或健康有关的应用软件，学习医疗健康等保健知识。网络层主要利用 4G/5G 移动网络和 WIFI 网络连通终端层与平台层，实现数据信息在各层面之间的输送转存。同时搭配现有常用的网络安全技术（账号/密码机制、硬件防火墙机制、TLS1.3 传输协议等），以确保数据传输的安全性。平台层的主要任务是建立核心数据库，整合与储存用户的个人健康数据，使服务人员、使用者及子女可随时随地掌握使用者的健康状况与生活状态。服务层提供具体的照护服务，包括实时监测、医疗提醒以及紧急呼救、心理慰藉等，方便使用者的日常生活和疾病管理。

老人购入远程照护服务后，远程照护平台服务人员会立即为其注册专属账户，建立个人基础信息和健康情况档案，并向使用者发放 RFID 卡、带有 GPS 的移动通信设备，为其安装无线传感器等监测设备，RFID 卡具有会员身份识别功能，移动通信设备便于老人随时与服务机构、医疗机构取得联系，无线传感器设备则可以提供 24 小时不间断的生理、居住环境状况监测。

通过便携式可穿戴设备，老人可以随时随地测量自己的生理参数，包括体温、血压、心率等指标，测量完成后数据会自动上传云端保存，同时进行判读。一旦数据出现异常，远程照护平台的警示信息会以短信、电话或者 E-mail 的形式通知到用户本人或指定联系人。通过安装在用户家中的无线传感器网络，可以全天候监控摔倒、火灾、天然气泄漏等意外情况的发生。通过设备中的 GPS 定位系统，可以对被标记为阿尔茨海默病的老人超出一定生活范围的活动进行预警。当有以上这些意外发生时，平台会自动触发警报并联系老人的子女及其所在社区，必要时还能联系医院进行救助，大大节约救治时间，为发生意外的独居老人增添生存的希望。远程照护系统还能提供一键连接照护中心服务，老年用户遇到任何需要帮助的情况，都可以主动与照护中心取得联系，说出自己的诉求并享受到照护中心的服务。平台承诺事事有回响，并做到及时响应、快速解决。

案例三

医患共益创新：以 Inno4Rare 和 PI 平台为例

当提到医药领域的创新时，人们的第一反应通常是药物创新，特别是医药企业投入巨额资金进行新药研发，为治疗疾病找寻新方案。在日常与医疗相关的场景中，我们更多联想到的是医生作为"权威"为患者进行诊断和治疗。在这样的假设中，部分利益相关者，特别是患者，是作为被动角色出现的。然而，新的研究表明，在实践过程中，患者创新同样扮演着重要角色，并且我们相信，多利益相关者共创将成为医疗领域发展的新风向、新趋势。在后熊彼特创新范式中，患者创新成为集用户创新、免费创新、开放式创新为一体的，以提升患者生活质量为创新动力的重要创新模式，将有效互补熊彼特创新范式以科学家和企业家为主体的创新模式，成为新的创新增长点。

罕见病作为一个综合性、复杂性的难题，单靠患者组织的资源与力量是无法完全回应的。患者创新（patient innovation）是患者或其护理者通过开发新设备、新疗法、新方法或习惯，来治疗或更好地应对他们的健康状况，缓解疾病带来的不适感，以提升生活质量为目的的创新范式。由于患者创新不以物质回报为目标，其成果最常见的分享方式以免费分享为主，因此患者创新成果缺乏相应的保护机制。建设以患者为主体的创新生态系统，实现由患者提出需求，专业力量梳理剖析患者需求设计解决方案，再由患者参与共创和迭代反馈的创新流程。支持和传播这些创新，有助于提升病患的生活质量，提升个人福祉和社会福祉。

一、Inno4Rare（为罕而创）平台

1. 平台简介

2021年6月23日，在2021南京创新周·即联即用中国创新生态大会罕见病创新论坛上，由即联即用中国与子昂健康、ICF联合发起了全球第一个罕见病科技创新平台项目Inno4Rare。Inno4Rare平台计划从四大领域寻找并孵化可能应用于罕见病患者诊断、治疗、管理、康复的项目，旨在建立全球顶级的医疗创新合作生态平台。罕见病是"因病致残"的重要原因，"无障碍""适残化改造"等领先概念的推广和实践，有助于患者获得更好的生活质量。

在全球已知的7000余种罕见病中，仅有不到10%的疾病有已批准的治疗药物或方案。截至2020年10月1日，以《第一批罕见病目录》收录的121种罕见病为统计依据，有74种罕见病在全球有药可治，而在我国，已上市66种治疗药物，涉及35种罕见病适应症。目录中的其他47种罕见病面临"全球无药"的境地。这些"有药的""无药的"罕见病患者都面临着诸多困难和挑战，包括提高生存质量、改变公众认知、推动保障政策、提升诊疗水平、就业/教育公平等，但对于资源和人力都相对有限的患者来说，如何找到一个关键点并撬动资源，通过小设计、小产品，来解决对于患者群体而言比较宏大、难解决的问题，都是我们所期待的"创新"。

即联即用中国执行董事、首席执行官徐洁平表示：创新必须以用户为导向，让科技改变世界。Inno4Rare项目希望落地的创新案例真正给罕见病患者、罕见病家庭带来帮助。为社会弱势群体发声，为他们的需求寻找解决方案。他们的解决方案从非常简单的，如使用氦气球来刺激儿童的物理治疗和步行锻炼，到复杂的、需要监管机构的批准才能使用的类型，如将复杂的外骨骼或昆虫眼睛般的相机应用于脑外科手术。在设计解决方案时，创新者不太可能考虑满足一般的市场需求，以实现盈利最大化。基于实践和总结，他们对路径创新有了新的认识，如果用公式来呈现，即：罕见病解决方案 = 患者提出需求 + 专业力量梳理剖析患者需求 + 由患者验证并确认真正需求 + 专业力量设计解决方案 + 患者参与共创和迭代反馈。

少了其中任何一个环节，都无法落地真正的解决方案，这就需要以患者为中心的创新生态系统。可以尝试通过连接大学、医院、初创企业和患者组织，创建

一个罕见疾病的创新生态系统，让医疗能通过科技的助力切实为罕见病患者的生活带来更好的体验。

2. 创始公司

（1）北京病痛挑战公益基金会。北京病痛挑战公益基金会（The Illness Challenge Foundation，简称病痛挑战基金会，英文缩写为 ICF）于 2016 年 2 月 29 日国际罕见病日正式宣告成立，是北京市第一家关注罕见病领域的公益基金会。ICF 以发展赋能社群为核心，通过搭建平台、联动多方，以解决罕见病群体面临的迫切问题为使命，致力于支持罕见病病友的医疗康复，培育积极行动的罕见病自组织，搭建多方参与的平台，打造公众链接感强的品牌项目，推进罕见病问题的制度保障，解决罕见病群体在医疗康复、教育就业、社会融入等方面的迫切问题，使每一个生命个体无论身患何种疾病、面临何种不便，都能受到尊重与支持，共同实现公平正义、多元共融的美好社会。

（2）子昂健康。子昂健康是一家医疗服务公司，其正在打造中国首个为 2000 万罕见病患者和家庭提供全病程、一站式服务的开放式卓越生态体系，以为中国罕见病患者描绘新人生为公司的发展目标。子昂健康以患者为中心，利用互联网数字化工具、大数据和人工智能技术，来提高罕见病认知、筛查和诊断能力，进行全周期的疾病管理、康复及养护服务，并探索各种支付创新，为罕见病患者及家庭提供全方位的服务解决方案。

（3）Plug and Play。2006 年成立于硅谷的 Plug and Play 曾先后成功投资孵化了谷歌、贝宝、多宝箱等多家互联网行业科技巨头公司，业务涵盖早期投资、企业创新服务、创新生态空间运营等。经过 10 余年的发展和超过 20 年的长期积累，目前在全球 18 个国家和地区设立了 30 多个创新生态空间和区域办公室，累计投资超过 1200 家初创企业，为超过 17000 家初创企业进行孵化加速，为超过 500 家全球领先大企业提供联合创新服务，年平均举办初创企业和大企业间的对接交流活动 1000 余场。

3. Inno4Rare 创新模式：罕见病领域的多利益相关方实践

Inno4Rare 在对罕见病创新过程的研究中认识到，罕见病中的患者创新需要患者深度参与和多方力量的共同创新。以罕见病脊髓性肌萎缩症（spinal muscular atrophy，SMA）为例，Inno4Rare 通过将患者社区与研发和制药公司建立链接，让患者更好地了解脊髓性肌萎缩症的自然史和照护要点，增加公众对罕见疾病和自然疾病的正确认识，联合多方共创，为药物创新和药外创新开辟了新思路。

Inno4Rare 通过对接患者组织、医疗机构、医生、研发人员、医疗爱好者等资源，一方面通过平台提供知识交互空间，另一方面通过平台进行免费信息分享。对于有商业价值的解决方案，Inno4Rare 通过已建立的生产者创新价值网络中的公司，对接风险资本和社会资本推动其商业化，进而构建一个以患者为中心的创新生态系统，实现系统内知识的整合、集成和价值的流动。创新生态中的其他利益相关者，如医疗机构、研发机构、医疗组织、社会捐助者、医疗器械和制药、社会公共服务机构等的紧密伙伴关系，能有效提升患者创新者的知识和研究技能，增强患者的信心。

在整个患者创新系统中，Inno4Rare 主要承担创新管理者、知识交互平台和商业化推动者三种角色（如图 7-2 所示）：

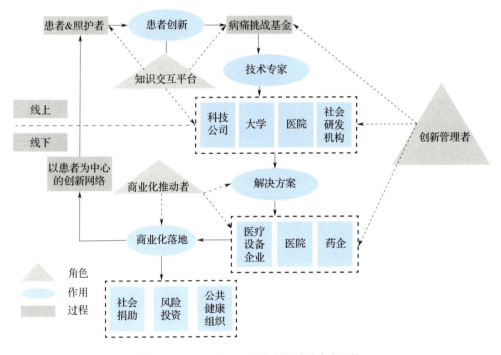

图 7-2　Inno4Rare 平台创新价值生态系统

一是创新管理者。Inno4Rare 为罕见病患者提供了组织资源。罕见病患者及其家属不再是一个只能依靠自己的力量和资源解决自身问题的个体，而是有能力团结起来，共享信息，通过行动来改善自己的处境。自 2000 年中国第一个罕见病患者组织——中国血友病联谊会成立以来,全国现有名称固定、活动频繁的罕见病患者组织 120 多个。患者组织可以为患者及其家属提供心理咨询和信息服务,组织医患交流会,促进医患沟通。将参与创新过程的所有参与者聚集在一起,将创新外部性(从监管批准到市场商业化)内部化,并协调创新活动。以往的患者组织多为单病种的患者或患者照护者,其组织活动多为医患沟通以及患者沟通,缺失专业医疗产业的帮助。Inno4Rare 帮助患者组织找到需求,把需求对接给真正属于医疗产业的创业公司,通过专业力量梳理需求,对接资源,找到不同病种患者的共同需求,通过"去罕见"的过程实现合作的互补性是创新管理者的重要职责。

二是知识交互平台。Inno4Rare 在医疗行业和患者组织间承担交互桥梁的作用。Inno4Rare 致力于使罕见病患者组织成为问题识别和解决的主力军。疾病挑战基金会于 2020 年发起了首届罕见病慈善创新大赛,旨在赋能患者精准识别问题并提供解决方案。Inno4Rare 组织对接联系医院,开通医疗、罕见病专科、多学科治疗绿色通道,与医疗机构或研究机构合作开展罕见病相关研究,并积极对接联系商业组织进行赞助筹款。近 70% 的患者组织通过向公众宣讲罕见病知识和政策提高公众认知;少数组织通过人大和政协提案参与制定罕见病政策。Inno4Rare 为所有组织提供信息交流平台,在交流讨论的过程中寻找不同病种的相同问题,进行需求的"去罕见化",使成果具有多病种的普适性。Inno4Rare 平台的交互作用显著提高了信息共享和知识整合效率。

三是商业化推动者。Inno4Rare 平台通过创新生态系统,对接资本与成熟医疗企业,实现创新成果的落地和孵化。这种协同不仅解决了创新者面临的前期资金短缺问题,也通过平台上固有的资源和网络,快速实现一些创新解决方案的市场化和商业化。最初由两名患者家属自行设计的呼吸辅助训练器经过 Inno4Rare 的对接,通过怦怦科技成功进行产品的升级迭代并进行商业化,该项目已在 2021 年中国残联课题中成功中标。Inno4Rare 将创新者与拥有资源和制造能力的产品生产商联系起来,通过提高解决方案的可用性、安全性,为创新者塑造价值,使最终用户受益于更好、更安全、更实惠的解决方案。

Inno4Rare 的实践体现了以患者为中心、联合多方专业力量共创成果的创新价值生态系统正在建立,这种新型的多利益相关方实践,改变了以往患者组织自行设计的创新方式,通过医疗行业专业企业的帮助,让深入了解一线需求的患者创新成果得到更专业、适用性更强的应用。医疗创新在平台的交互连接下,真正实现以患者为中心、多方辅助共益共创的新创新范式。

二、Patient Innovation（PI）平台

患者创新是用户创新的一种。然而，大多数创新者并不会考虑市场需求并与外界分享他们的创新。对于简单的内容，分享者并没有一个合适和值得信赖的平台来分享这些内容。而对于复杂的解决方案，又缺少将用户想法或创新转化为商业产品所需的生产流程的交叉点，导致许多好的想法和创新因缺乏共享和商业化而消失，而 PI 平台针对这一创新瓶颈提供了完美的解决方案。

1. 平台简介

PI 平台于 2014 年在葡萄牙里斯本成立，是一个国际化、多语言、非营利性社交网络平台，可以连接不同地域、不同病症的患者、护理人员和商业合作者，并能够将他们开发的解决方案与外界共享，以应对目前医疗水平的限制，帮助患者和医疗人员应对紧迫的健康需求。PI 平台的主要职能有：免费分享患者开发的解决方案；通过新公司或知识产权入股的方式将创新的解决方案商业化。

为解决创新瓶颈，PI 平台实施多价值网络模型，将传统的医疗创新价值网络与患者创新价值网络连接起来。传统的创新价值网络有明确界定的阶段，参与者严格控制资产的收入与支出，各阶段在明确界定的价值分配机制下有序运作，并拥有将创新推向市场方面的专业知识。因此，传统的医疗创新价值网络通过其强大的经济激励措施来维持和发展这些线性动态。相比之下，患者创新价值网络通过整个平台的反馈循环工作与激励制度，使内在动机主导商业投资，如通过解决紧迫问题推动创意的商业化共享。

对于有创新想法的患者来说，他们需要掌握大量资源，并具备与监管机构沟通的专业知识，以打破传统的、以生产为中心的价值网络。这时就需要一个中心组织单位，将两个创新价值网络进行链接，以刺激合作并塑造创新生态系统，从而使有价值的创新能够进入市场。在这种创新生态中，一方面，需要促进患者参与的兴趣。另一方面，组织者也需要获得患者的信任。PI 平台很好地解释了如何组织多方平台，突破创新瓶颈，支持患者价值网络内的创新，并将患者创新价值网络和传统医疗创新价值网络整合到一个功能生态系统中，从而推进创新商业化，如图 7-3 所示。

图 7-3　患者创新价值图

2. 平台功能定位

PI 平台主要有三个功能角色，分别是信息平台、交易平台和创新管理者。

（1）信息平台。作为信息平台，PI 的主要功能是收集、存储并免费分享患者和非正式护理人员开发的解决方案和相关信息。将有关解决方案的信息以文本的形式提供，并通过多媒体文件和链接的方式加以丰富，以提高解决方案的采用率；同时启用高级标签功能，允许登录者根据医疗状况和症状、身体部位等模块连接解决方案。登录者可以发表评论或购买帖子所描述的解决方案。最后，该平台还引入了一些功能，例如"展示室"，来展示不同方案的使用过程及效果。

此外，PI 平台还有一套维护平台信息可信度的组织程序。出于安全考虑和建立信任的需要，每个帖子都要经过一个标准化的审核流程。该平台的管理人员首先要检查帖子是否基本符合服务条款和知识产权保护类型。然后，由首席医疗官领导的平台医疗团队对通过的项目进行审查，以进行最终验证和医学筛查，然后将其公布在平台上。

PI 平台不仅仅是健康信息的存储库，更履行了一个组织者的角色，为分享患者和非正式护理人员创造了一个安全的创新交互场所，通过共享基础设施解决知识碎片化问题，协调同行之间的知识交流并支持创新的转化和传播，提升患者的创新潜力。

（2）交易平台。PI 通过组织患者和协调平台内的用户交互来促进创新，将创新者及其创新与平台内外的其他潜在用户联系起来。例如：当患者发现自己患有某种疾病时，第一步是寻找解决方案，即看医生，或向熟人、其他医疗专业人士寻求建议。如果搜索不成功，一些患者会开始自己思考潜在的解决方案。其中，一小部分人将成为创新者，指定一个想法，开发一个原型并进行测试，直到它适合传播。创新者可以遵循以下几种路径对创新想法进行传播：①通过现有公司实现商业化；②通过创新者创建的初创企业实现商业化；③点对点（P2P）免费共享。

交易平台的角色，旨在促进卖家和最终用户之间的交易，平台充当中介，将创新者与拥有资源和制造能力的生产商联系起来，并将创新推向市场。通过提高解决方案的可用性、安全性，为创新者塑造价值，使最终用户受益于更好、更安全、更实惠的解决方案。

PI 平台平均每两年颁发一次 PI 奖。由两位诺贝尔奖获得者和几位著名科学家组成的患者创新咨询委员会选出获奖者，选择过程遵循几个步骤：在第一步中，PI 团队通过在低风险方案、中风险方案以及高风险方案的每一个类别中选择最多十个最有希望的解决方案，来创建潜在候选人名单。每个入围解决方案的详细信息都会提交给顾问委员会，以决定谁是最终获胜者。陪审团成员包括各领域的专家，从材料科学和生物医学工程到医学、管理和法律，还包括在创新和商业化过程中的专家。陪审团的跨学科性质及其多元化的观点和结构化的选择过程，主要是为了避免由于单一成员或同质陪审团群体的观点、信仰、背景而产生的潜在选择偏见。其目的是确定最具创新性和影响力的解决方案，并通过推广这些解决方案，帮助扩大平台创新的影响力。

（3）创新管理者。当开发医疗设备或服务涉及大量研发，并需要获得监管部门的批准时，仅仅促进社区内患者（以及与外部参与者）之间的信息交流是不够的。价值网络中不同部门的专业参与者必须聚在一起。PI 必须扮演"创新管理者"的角色，在这种情况下，该平台的作用是将参与创新过程的所有参与者聚集在一起，将创新外部性（从监管批准到市场商业化）内部化，并协调创新活动，从而实现合作的互补性。

创新管理者的第一项工作是"知识整合"——通过选择、聚合和引导多方的知识，并指导创新开发工作。为促进业务活动，PI 与欧洲领先的大学、Me Technology 公司、美国麻省理工学院和哈佛医学院合作创建了自助营地，为创新者提供指导，向他们传授有关市场验证的知识，建立高效的团队，生产优秀的商业产品，寻找客户，优化物流。PI 还组织了其他专门的知识整合活动。通过与世界领先的独立律师事务所网络合作，支持具有责任和知识产权保护法律知识的创新者。律师们可帮助降低监管信息的复杂性，就具体问题提供切实可行的建议，并指导行动。

创新管理者的另一项工作是创建"创新系统集成商"，它在创新生产过程的各个环节中参与并组织专业参与者之间的角色和活动。这项活动的目地不仅仅是整合知识,更要组织和协调不同的创新任务,正确整合知识、调整激励,并塑造项目的创新轨迹。

上述三个角色并不相互排斥。它们由 PI 平台并行执行,这些角色会同时发挥作用,将创意产生过程(在与平台相关的患者社区之外)与创新生产和商业化过程(在平台之外)连接起来,包括已建立的生产者创新价值网络中的多个参与者(见图 7-4)。

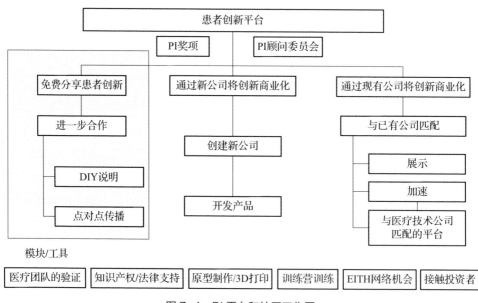

图 7-4 PI 平台和社区工作图

3. 成功案例

PI 作为一个全球在线平台,接收来自世界各地的患者和护理人员提交的解决方案,并发布经过医学验证的解决方案,以便来自世界各地的具有类似需求的其他患者和护理人员可以检查并实施该解决方案,这种做法已经在实践中得到应用。

凯瑟琳·巴顿在 2001 年怀孕期间被诊断出患有 1 型糖尿病,她需要每天注射多次胰岛素。凯瑟琳说,当她每天开始注射多次胰岛素时,感觉自己像个针垫。"我知道一定有更好的方法来治我的病,而不需要反复的针刺,我知道我不是唯一一个有这种感觉的糖尿病患者。所以,我想出了更好的办法。"出于寻找更好的治疗解决方案的动力,她开发了一种设备,即注射端口(i-Port),i-Port 是为需要每天注射的糖尿病患者准备的医疗设备,无需重复注射皮肤。2004 年,她创立了巴顿医疗器械公司来制造和分销她的发明。2015年，i-Port获得美国食品药品监督管理局的批准上市。

2013年，20多岁的健康传播专业人士达纳·刘易斯（Dana Lewis）与一名软件工程师和其他几名1型糖尿病患者联手开发了医疗设备行业几十年来一直承诺的东西：人工胰腺。作为患者，他们试图解决夜间血糖水平低的问题，这是糖尿病患者常见的一种病症，可能会导致死亡。他们想设计一种系统，可以每隔几分钟自动监测血糖水平，并提供正确的胰岛素剂量，使血糖水平保持在健康范围内。几个月后，刘易斯和她的合作者设计了一款人工胰腺，使用他们自己编写的计算机代码和现成的硬件，将商业上可用的连续葡萄糖监测仪与医学上可用的胰岛素泵连接起来。该设备显著提高了刘易斯控制自己血糖水平的能力。她和她的同事们决定将这个设计公之于众，并将他们的软件开放源代码。这就是开放人工胰腺系统（OpenAPS）的开始。今天，多个非商业性的DIY人工胰腺设计正在被分享，成千上万的糖尿病患者每天使用这些DIY系统来监测、管理和改善他们的健康。

加州大学伯克利分校计算机科学与商学专业的毕业生肖恩·艾伦斯（Sean Ahrens）在20岁出头时，因为医学信息的限制，想要知道该如何将克罗恩病（Crohn's disease）的发作降至最低是很困难的。尽管存在几种治疗克罗恩病的药物，但所有药物都有明显的毒性，而且没有一种药物对每个病人都有效。因此，许多人试图通过饮食选择来控制和减轻他们的症状。为了填补患者的资源缺口，在12岁时被诊断出克罗恩病的艾伦斯在2011年创建了一个名为Crohnology的网站，邀请其他患者通过在线问卷分享他们关于干预和结果的经验。该网站整理了这些数据，以便每个人都能看到哪些因素对其他人来说是无用的、哪些是有用的。如今，这个网站已经有超过1万名注册用户。世界各地的克罗恩病患者都在该网站寻找有关治疗的宝贵信息。

4. 重要成就

自2014年推出以来，PI平台取得了一些重要的成就。2021年1月，PI发布了解决方案#1500（均由PI医疗团队验证），并在全球范围内拥有了10万名用户，已经发布了200多种COVID-19解决方案，而且数量还在不断增加。除了以英语和葡萄牙语提供主页外，PI最近还推出了德语版，以便吸引更广泛的患者和护理人员。该项目得到了支持机构以捐赠、提供活动场地、办公空间和人力资源等形式的帮助，收到的赠款、奖品和实物捐助已支持并开发了4个版本的患者创新奖。

第一届患者创新训练营于 2020 年开发，由患者和护理人员组成的 11 个团队学习了产品开发和验证、商业模式和实施。2020 年患者创新奖在全球共收到了 100 份申请。所有这些成就都有助于传播和扩大有影响力的医疗保健新解决方案，以满足患者的需求和建设有弹性的基础设施，促进包容和可持续创新。

患者创新作为有效实现医疗领域创新变革的重要创新范式，强调充分发挥患者的自主权，形成以患者为中心的疾病防治创新生态系统。如今医疗产品和医疗服务的研发还未能充分满足患者的绝对需求和权力，尤其在罕见病和慢性病领域，罕见疾病通常被主流药品研发忽视，医疗保健公共政策中以生产者为中心的创新范式亟待改变。随着经济高质量发展和社会进步，创新正在走向大众化，在此背景下患者创新的能力也在增长。具体表现为创新要素的可得性和低价化：创新者所需要的 DIY 设计工具正变得越来越便宜，功能也越来越强大。拥有基本工程技能的人可以获得功能强大的设计软件，这些软件可以在普通的个人电脑上免费或花很少的钱运行。例如，最初的 DIY 人工胰腺系统设计使用的微型计算机如今售价约为 30 美元。较新的 DIY 解决方案根本不需要特殊用途的电脑，而是使用智能手机和专门设计的应用程序。加之互联网的搜索和连接功能，使患者尤其罕见疾病的患者能够在世界各地找到其他有类似问题的人，实现共创。患者创新作为免费创新理论的重要组成部分，将使患者、商业医疗护理人员、生产者和整个社会受益，并最终带来整个社会福利的改善。

习近平总书记提出了以人民为中心的发展思想和人人参与、人人尽力、人人享有的共享发展理念，强调发展为了人民、发展依靠人民、发展成果由人民共享，强调"改革创新社会体制、促进公平正义，增进人民福祉"。高度发达的福祉社会，不仅满足人民的需要，使每个公民都能充分享有作为人的尊严和幸福感，也是文明社会发展历程的坐标和里程碑，更是小康社会实现后的又一新的征程。科技进步会挤压传统的熊彼特范式下创新的长期超额收益，使其创新收益呈现边际效用递减趋势，难以支撑企业持续竞争优势的获取、维持与发展。这种趋势在医疗健康领域凸显，迫切呼唤以患者为中心的创新生态营造和以提升患者福祉和社会福祉为导向的新的创新范式的出现。未来，患者创新将成为医疗健康领域以意义为统筹，以多主体、多元素的重新组合、互动的创新过程，有效激发普通人创新活力的，互补现有创新模式的新范式，释放巨大的经济价值、社会价值、战略价值与未来价值。

结　语

作为奥地利著名的精神病理学家和心理学家，以及纳粹集中营的一名幸存者，弗兰克尔坚定地认为人有意志意义，人的本性在于探明生存的意义。他反对把人看成由生理本能、童年冲突或任何别的外部力量决定的，认为人的本性在于探寻生命的意义，这种意义存在于外部世界和人的互动关系之中。基于此观点，弗兰克尔提出了意义意志这一核心概念，它是指人探索理解生命的目的意义。人的终极追求是心灵和精神的满足，而不是生物本能欲望的满足。

早在20世纪60年代初，彼得·德鲁克就提出了知识工作者和知识管理的概念，指出我们正在进入知识社会。知识社会最本质的特征是强调知识的重要性。在"知识人"理论假设中，每位知识工作者在管理中发挥着越来越重要的作用。德鲁克认为"未来的典型企业以知识为基础，由各种各样的专家组成，这些专家根据来自同事、客户和上级的大量信息自主决策和自我管理"。知识管理为共享和利用知识提供了新的途径，利用集体的智慧提高了组织的应变和创新能力。在工业经济时代，经济利润是企业的唯一追求，以至于企业忽视外部性和企业社会责任。在知识经济时代，企业不再仅仅追求经济利益，越来越多地关注如何实现绿色发展来保护自然环境，如何提升自身的道德素质，以及如何开展有效的慈善事业来反贫困。

日本教授野中郁次郎进一步发展了面向知识人的管理体系，野中郁次郎通过对索尼、松下、本田、佳能、日本电气和富士复印机等日本公司的创新案例研究，将其归结为组织的知识创造能力——能"有组织地"充分调动蕴藏在员工内心深处的个人知识。他以波兰尼的知识两分法为基础，从"显性知识"和"隐性知识"的关系入手，认为知识管理很重要的一个目标就是挖掘隐性知识，也就是让知识管理不只是对客观信息进行简单的"加工处理"，而是要发掘员工头脑中潜在的想法、直觉和灵感。

随着中华民族的和平崛起,华人文化认同和文化自信的逐渐增强,中西文化之别逐渐被视为类型之别。中西所属的文化类型虽然有别,但都对未来的社会和时代有创造性转化和创新性建设的价值。换句话说,现代化的模式并不是单一的,而可以是多元的。"现代化进程本身是由根源于各种特定传统的文化形式定型的""儒家东亚充分实现了现代化而没有完全西化,这清楚表明现代化可以采用不同的文化形式。"无论是德鲁克的管理哲学还是野中先生的知识管理体系,都没有融入中国传统文化和以人民为中心的价值理念。缺乏东方哲学(以中国传统文化为核心)源远流长的整体思想观,如总体思维、对立统一、有机整合和动态发展;道家哲学所提倡的阴阳一体、动态演变、天人合一;儒家哲学提倡的允执厥中"中道"思想("执其两端,而用其中于民,其斯以为舜乎!(礼记·中庸)");以及法家在《孙子兵法》中提出的全局战略观,佛教中的"性相一如"和"中观"哲学。

习近平总书记在十九大报告中强调,"必须坚持以人民为中心的发展思想""把人民对美好生活的向往作为奋斗目标,依靠人民创造历史伟业"。以人民为中心是有意义的管理所遵循的重要理论基础。加强幸福感和意义感的引领,在企业中要移去组织内部的隔阂,以关爱为驱动,给予员工足够的尊重和自由,赋予鼓励、能力、承诺和支持。帮助员工找到人生的意义感,找到生活中的责任认知和坚定的信心。员工在组织中不只获得经济价值,还会获得生存能力提升的韧性,以及改变世界的机会,在追求经济价值的同时,也能追求公平和正义。有意义的管理充分体现中国哲学的整体观、系统观,强调和弘扬中国哲学与人文精神,以整体性、动态性和系统科学思维,推动哲学、科技与人文的有机融合,推动传统文化、社会主义管理文化与西方管理文化的融合。

这种意义不仅仅关注员工的幸福感、成就感、获得感,使其感受有意义的工作和生活;同时也注重重塑企业的意义感,关注企业的社会责任和商业伦理;更要形成社会福祉。"社会福祉"出自英语"social welfare",指"通过法定程序或社会努力来达到社会群体的安康幸福",也就是为每位公民提供各种保障,使得每位公民皆能享受公平和无忧的生活,使生活充满幸福之感。习近平总书记强调"改革创新社会体制,促进公平正义,增进人民福祉"。高度发达的福祉社会，不仅能满足人民的需要，使每个公民充分享有作为人的尊严和幸福感，也是文明社会发展历程的坐标和里程碑，更是小康社会实现后的又一个新征程。

"努力构建人类命运共同体，共创和平、安宁、繁荣、开放、美丽的亚洲和世界"的倡议，也呼唤着以中国哲学智慧为核心的中国特色管理理论。中国的经济管理学者肩负着解读"中国模式"、总结升华"中国经验"的转型使命，助力和引领中国建设面向未来的科技创新强国，全面决胜小康社会，加快人类命运共同体建设与全球可持续发展的重任。有意义的管理，从东方视角融入整体观和系统观，聚焦个人福祉和社会福祉，成为新时代以人民为中心、以"意义"为核心、以"情感"为动力、对员工的幸福体验和社会福祉提升进行不断追求和探索的、具有中国特色的全新管理范式，进而为全球管理范式的转型和发展提供更有价值的指引。

参考文献

[1] 陈劲.协同创新[M].杭州：浙江大学出版社,2012.
[2] 陈劲.整合式创新：新时代创新范式探索[M].北京：科学出版社,2021.
[3] 陈劲.管理学[M].北京：中国人民大学出版社,2010.
[4] 程俊英.诗经译注[M].上海：上海古籍出版社,2016.
[5] 冯友兰.中国哲学史[M].北京：生活·读书·新知三联书店,2009.
[6] 郭齐勇.中国哲学史[M].北京：高等教育出版社,2006.
[7] 韩大勇,叶福成.柔性管理智慧[M].北京：中国经济出版社,2012.
[8] 韩婴.韩诗外传集释[M].许维遹,注释.北京：中华书局,1980.
[9] 洪银兴,安同良.产学研协同创新研究[M].北京：人民出版社,2015.
[10] 黄寿祺,张善文.周易译注.新1版[M].上海：上海古籍出版社,2001.
[11] 廖恒.正能量营销：让伟大品牌的成功秘诀为你所用[M].北京：机械工业出版社,2014.
[12] 刘振亚.中国电力与能源[M].北京：中国电力出版社,2012.
[13] 楼宇烈.中国的品格[M].成都：四川人民出版社,2015.
[14] 陆雄文.管理学大辞典[M].上海：上海辞书出版社,2013.
[15] 彭凯平.吾心可鉴：澎湃的福流[M].北京：清华大学出版社,2016.
[16] 彭凯平,闫伟.活出心花怒放的人生——写给中国青年的幸福枕边书[M].北京：中信出版社,2020.
[17] 饶尚宽,注译.老子[M].北京：中华书局,2018.
[18] 孙久富.福祉与福祉学：如何构建有中国特色的福祉社会[M].北京：中国社会科学出版社,2019.
[19] 孙星衍.周易集解上[M].上海：上海书店,1988.
[20] 王受之.白夜北欧：行走斯堪迪纳维亚设计[M].哈尔滨：黑龙江美术出版社,2006.
[21] 王阳明.传习录[M].北京：中国画报出版社,2013.
[22] 温毓良.北大领导课[M].北京：新世界出版社,2013.
[23] 文若愚.道德经全书[M].北京：中国华侨出版社,2013.
[24] 奚洁人.科学发展观百科辞典[M].上海：上海辞书出版社,2007.
[25] 习近平.决胜全面建成小康社会夺取新时代中国特色社会主义伟大胜利——在中国共产党第十九次全国代表大会上的报告[M].北京：人民出版社,2017.
[26] 许庆瑞.全面创新管理[M].北京：科学出版社,2007.
[27] 曾广荣.系统控制信息论概要[M].湘潭：中南工业大学出版社,1986.
[28] 张燕京.达米特意义理论研究[M].北京：中国社会科学出版社,2006.
[29] 中共中央文献研究室.习近平关于科技创新论述摘编（二）[M].北京：中央文献出版

社,2016.

[30] 朱熹.诗集传[M].上海：上海古籍出版社,2013.

[31] 弗兰克尔.活出生命的意义[M].吕娜,译.北京：华夏出版社,2018.

[32] 叔本华.人生的智慧：如何幸福度过一生[M].木云,林求是,译.北京：中信出版社,2019.

[33] 韦伯.经济与社会[M].阎克文,译.北京：商务印书馆,2006.

[34] 查普夫.现代化与社会转型（第2版）[M].陈黎,陆宏成,译.北京：社会科学文献出版社,2020.

[35] 沙因A,沙因P.谦逊领导力：关系、开放与信任的力量[M].徐中,胡金枫,译.北京：机械工业出版社,2020.

[36] 圣吉.第五项修炼：学习型组织的艺术与实践[M].张成林,译.北京：中信出版社,2009.

[37] 达文波特.营运知识：工商企业的知识管理[M].王者,译.南昌：江西教育出版社,1999.

[38] 洛耶.达尔文：爱的理论——着眼于对新世纪的治疗[M].单继刚,译.北京：社会科学文献出版社,2004（21）.

[39] 比特纳.蓝色地带：向最长寿的老人学长寿[M].辛亮,译.北京：中国旅游出版社,2009.

[40] 麦格雷戈.企业的人性面[M].韩卉,译.北京：中国人民大学出版社,2008.

[41] 德鲁克.管理的实践[M].齐若兰,译.北京：机械工业出版社,2006.

[42] 赫茨伯格,纳德·莫斯纳,巴巴拉·斯奈德曼.赫茨伯格的双因素理论[M].张湛,译.北京：中国人民大学出版社,2016：137-142.

[43] 孔茨,海因茨·韦里克.管理学——国际化与领导力的视角（精要版 第9版）[M].马春光,译.北京：中国人民大学出版社,2014.

[44] 柯林斯,杰里·波勒斯.基业长青[M].真如,译.北京：中信出版社,2006.

[45] 胡佛.愿景[M].北京：中信出版社,2008.

[46] 克利斯特勒.意大利文艺复兴时期的八个哲学家[M].姚鹏,陶建平,译.上海：上海出版社,1987.

[47] 克罗克.管理的终结[M].王宏伟,译.北京：中信出版社,2004.

[48] 卡逊.寂静的春天[M].吕瑞兰,李长生,译.北京：北京理工大学出版社,2014.

[49] 阿克塞尔罗德.合作的进化[M].吴坚忠,译.上海：上海人民出版社,2007.

[50] 英格尔哈特.现代化与后现代化[M].严挺,译.北京：社会科学文献出版社,2013.

[51] 塞利格曼.持续的幸福[M].赵昱鲲,译.杭州：浙江人民出版社,2012.

[52] 塞利格曼.真实的幸福[M].洪兰,译.沈阳：万卷出版公司,2010.

[53] 布隆伯格,卡尔·波普.城市的品格——纽约前市长布隆伯格的环境治理商业新方略[M].周鼎烨,卢芳,译.北京：中信出版社,2017.

[54] 艾施.玫琳凯谈人的管理[M].陈淑琴,范丽娟,译.北京：中信出版社,2009.

[55] 罗宾斯,库尔特.管理学(第11版)[M].北京:中国人民大学出版社,2015.
[56] 契克森米哈赖.生命的心流[M].陈秀娟,译.北京:中信出版社,2009.
[57] 纳德拉.刷新:重新发现商业与未来[M].陈召强,杨洋,译.北京:中信出版社,2018.
[58] 帕赛尔.人道经济[M].蔡宜真,译.台北:商周文化出版社,2017.
[59] 黄,霍洛维茨.硅谷生态圈——创新的雨林法则[M].诸葛越,译.北京:机械工业出版社,2015,54-67.
[60] 榎本英刚.创造有意义的工作,如何让工作为生命赋能[M].戴邀,王晨燕,赵大亮,译.北京:中华工商联合出版社,2021.
[61] 三桥由香里.日本人的生活哲学:Ikigai让你每天充满意义和喜悦[M].汪幼枫,陈舒,译.北京:机械工业出版社,2019.
[62] 山本由香.北欧瑞典的幸福设计[M].刘慧卿,曾维贞,译.北京:中国人民大学出版社,2007.
[63] 野中郁次郎,竹内弘高.拥有智慧的企业:企业持续创新之道[M].陈劲,降智勇,译.北京:人民邮电出版社,2021.
[64] 一条和生,德冈晃一郎,野中郁次郎.信念:冲突低迷状态,实现业绩跃迁[M].郭明月,译.北京:人民邮电出版社,2019.
[65] 斯特内博.宜家真相[M].牟百冶,肖开容,译.桂林:漓江出版社,2014.
[66] 诺沃特尼,斯科特,吉本斯.反思科学:不确定性时代的知识与公众[M].冷民,徐秋慧,何希志,张洁,译.上海:上海交通大学出版社,2011.
[67] 维甘提.第三种创新:设计驱动式创新如何缔造新的竞争法则[M].戴莎,译.北京:中国人民大学出版社,2014.
[68] 谢尔登.管理哲学[M].刘敬鲁,译.北京:商务印书馆,2013,77-83.
[69] 达尔文.人类的由来[M].潘光旦,胡寿文,译.北京:商务印书馆,1983.
[70] 左哈尔.人单合一——量子管理之道[M].纪文凯,译.北京:中国人民大学出版社,2021.
[71] 怀斯曼.正能量[M].李磊,译.长沙:湖南文艺出版社,2012.
[72] 苏兹曼.工作的意义:从史前到未来的人类变革[M].蒋宗强,译.北京:中信出版社,2021.
[73] 福地保马.劳働者の疲労·過労と健康[M].京都:かもがわ出版社,2008.
[74] 厚生省社会·援護局.社会福祉用語辞典[M].东京:密涅瓦书房,2017.
[75] 杉浦真一郎.社会福祉小六法[M].东京:密涅瓦书房,2017,160.
[76] ADNER R. The wide lens: a new strategy for innovation[M]. London: Penguin UK, 2012.
[77] BELTON P. Competitive strategy: creating and sustaining superior performance[M]. New York: Simon & Schuster Inc, 2017.
[78] CAMILLUS J C, BIDANDA B, MOHAN N C. The business of humanity: strategic management in the era of globalization, innovation, and shared value[M]. London: P

roductivity Press, 2017.

[79] CHESBROUGH H, VANHAVERBEKE W, WEST J. New frontiers in open innovation[M]. New York: Oxford University Press, 2014.

[80] CHESBROUGH H W. Open innovation: the new imperative for creating and profiting from technology[M]. Boston: Harvard Business School Press, 2003, 43-62.

[81] CHESBROUGH H W. Open business models: how to thrive in the new innovation landscape[M]. Boston: Harvard Business School Press, 2006.

[82] CHRISTENSEN C M. The innovator's dilemma: when new technologies cause great firms to fail[M]. Boston: Harvard Business School Press, 1997.

[83] COLINS J. Good to great[M]. New York: HarperColins, 2001.

[84] COMTE-SPONVILLE A. A small treatise on the great virtues: the uses of philosophy in everyday life[M]. New York: Metropolitan Books, 2002.

[85] COOPER R. Supply chain development for the lean enterprise : interorganizational cost management[M]. New York: Routledge, 2017.

[86] CUSUMANO M A, NOBEOKA K, KENTARO N. Thinking beyond lean: how multi-project management is transforming product development at Toyota and other companies[M]. New York: Simon and Schuster, 1998.

[87] DRUCKER P. Management:tasks, responsibilities, practices[M].New York: Harper Business, 1993.

[88] DWECK C S. Mindset: the new psychology of success[M]. New York: Random House Digital, Inc., 2008.

[89] E F SCHUMACHER. Good work[M]. New York: HarperCollins, 1979.

[90] EDMONDSON A C. The fearless organization: creating psychological safety in the workplace for learning, innovation, and growth[M]. New York: John Wiley & Sons, 2018.

[91] ETZKOWITZ H. The triple helix: university-industry-government innovation in action[M]. New York: Routledge, 2008.

[92] FAYOL H. Administration industrielle et générale [general and industrial administration] [M]. Paris: Dunod Freres, 1925.

[93] FISCHER M M , FRÖHLICH J. Knowledge, complexity and innovation systems[M]. Berlin: Springer Science & Business Media, 2013.

[94] FRANKL V E. Man's search for meaning[M]. New York: Simon and Schuster, 1985.

[95] GALPIN T. The human side of change: a practical guide to organization redesign[M]. San Francisco: Jossey- Bass, 1996.

[96] HAKEN H, MIKHAILOV A. Interdisciplinary approaches to nonlinear complex systems[M]. Berlin: Springer Science & Business Media, 2012.

[97] JUDSON A. Changing behavior in organizations: minimizing resistance to change [M].

Cambridge, MA: Basil Blackwell, 1991.

［98］ KABAT-Z J. Wherever you go, there you are: mindfulness meditation in everyday life[M]. New York, NY: Hyperion, 2005.

［99］ KIRTON M J. Adaption-innovation: in the context of diversity and change[M]. New York: Routledge, 2004.

［100］ KOONTZ H, O'DONNELL C. principles of management: an analysis of managerial functions[M]. New York: McGraw-Hill, 1972.

［101］ KUHN T S. The structure of scientific revolutions[M]. Chicago: University of Chicago Press, 2012.

［102］ LEE K. Schumpeterian analysis of economic catch-up: knowledge, path-creation, and the middle-income trap[M]. Cambridge: Cambridge University Press, 2013.

［103］ LUNDVALL B Å. National systems of innovation: toward a theory of innovation and interactive learning[M]. London: Anthem press, 2010.

［104］ MCGUINNESS B, OLIVERI G. The philosophy of michael dummett[M]. Berlin: Springer Science & Business Media, 2013.

［105］ MOORE J F. The death of competition: leadership & strategy in the age of business ecosystems[M]. New York: Harper Business, 1996.

［106］ MOULAERT F, MACCALLUM D, HILLIER J. The international handbook on social innovation: collective action, social learning and transdisciplinary research[M]. London: Edward Elgar Publishing, 2013.

［107］ PETERSON C, SELIGMAN M E P. Character strengths and virtues: a handbook and classification[M]. New York: Oxford University Press, 2004.

［108］ PIRSON M. Humanistic management: protecting dignity and promoting well-being[M]. Cambridge: Cambridge University Press, 2017.

［109］ RICHARDS N. Humility[M]. Philadelphia, PA: Temple University Press, 1992.

［110］ STONEMAN P. Soft innovation: economics, product aesthetics, and the creative industries[M]. New York: Oxford University Press, 2010.

［111］ SWANN G P. Common innovation: how we create the wealth of nations[M]. London: Edward Elgar Publishing, 2014.

［112］ TR SCHATZKI. The practice turn in contemporary theory[M]. New York: Routledge, 2001.

［113］ WALLAS G. Art of thought[M]. New York: Harcourt, Brace and Company, 1926.

［114］ WILHELM R. A humane economy[M]. Wilmington, Del: ISI Books, 1999.

［115］ 陈劲.黄江.知识型零工经济下的开放式创新模式[J].技术经济.2019, 38（04）: 1-9+65.

［116］ 陈劲.曲冠楠.王璐瑶.有意义的创新：源起、内涵辨析与启示[J].科学学研究,2019, 37（11）: 2055-2063.

[117] 陈劲.曲冠楠.有意义的创新:引领新时代哲学与人文精神复兴的创新范式[J].技术经济,2018,37(07):1-9.

[118] 陈劲.吴航.金珺.企业如何实施开放式创新:组织变革的视角[J].中国地质大学学报(社会科学版),2012,12(01):74-80+139.

[119] 陈劲.吴欣桐.面向2035年全球科技创新范式变革[J].中国科技论坛,2020,10:1-3.

[120] 陈劲.尹西明.梅亮.整合式创新:基于东方智慧的新兴创新范式[J].技术经济,2017(12):1-10.

[121] 陈劲.陈钰芬.开放创新体系与企业技术创新资源配置[J].科研管理.2006(3):1-8.

[122] 陈劲.开展迎接创新强国的技术创新研究[J].技术经济,2015,34(1):1-4.

[123] 陈劲.如何进一步提升中国企业创新能力[J].科学学研究,2012,30(12):1762-1763.

[124] 程建功.《周易·谦》卦辞、爻辞别解[J].周易研究,1999(1):5.

[125] 冯华.陈亚琦.平台商业模式创新研究——基于互联网环境下的时空契合分析[J].中国工业经济,2016,(3).

[126] 冯镜铭.刘善仕.吴坤津,等.谦卑型领导研究探析[J].外国经济与管理,2014,36(03):38-47.

[127] 顾远东,彭纪生.创新自我效能感对员工创新行为的影响机制研究[J].科研管理,2011,32(09):63-73.

[128] 何郁冰,陈劲.开放式全面创新:理论框架与案例分析[J].西安电子科技大学学报(社会科学版),2009,19(03):59-64.

[129] 何桢,韩亚娟,张敏,张凯.企业管理创新、整合与精益六西格玛实施研究[J].科学学与科学技术管理,2008(02):82-85+107.

[130] 胡卫平,王博韬,段海军,程丽芳,周寰,李晶晶.情绪影响创造性认知过程的神经机制[J].心理科学进展,2015,23(11):1869-1878.

[131] 纪光欣,岳琳琳.德鲁克社会创新思想及其价值探析[J].外国经济与管理,2012,34(09):1-6.

[132] 贾绪计.林崇德.创造力研究:心理学领域的四种取向[J].北京师范大学学报(社会科学版),2014(01):61-67.

[133] 解学梅,朱琪玮.企业绿色创新实践如何破解"和谐共生"难题[J].管理世界,2021,37(01):128-149+9.

[134] 雷星晖.单志汶.苏涛永,等.谦卑型领导行为对员工创造力的影响研究[J].管理科学,2015,28(2):11.

[135] 李钧,柳志娣,王振源,王路.高管团队创新意愿、决策能力与创业企业创新绩效——研发组织水平的调节效应[J].南京财经大学学报,2020(01):74-84.

[136] 李维安,张耀伟,郑敏娜,李晓琳,崔光耀,李惠.中国上市公司绿色治理及其评价研究[J].管理世界,2019,35(05):126-133+160.

[137] 廖政贸.日本武雄市图书馆与茑屋书店的合作探索[J].图书馆论坛,2019,39(02):135-140.

[138] 马小援. 论企业环境与企业可持续发展[J]. 管理世界, 2010 (04): 1-4.
[139] 毛江华, 廖建桥, 韩翼, 刘文兴. 谦逊领导的影响机制和效应: 一个人际关系视角[J]. 心理学报, 2017, 49 (09): 1219-1233.
[140] 梅亮. 陈劲. 责任式创新: 源起、归因解析与理论框架[J]. 管理世界, 2015, (8): 39-57.
[141] 欧阳桃花. 曾德麟. 拨云见日——揭示中国盾构机技术赶超的艰辛与辉煌[J]. 管理世界, 2021, 37 (08): 194-207.
[142] 钱菱潇, 谢雨轩, 陈劲. 自动化技术驱动的管理模式创新——以中控技术为例[J]. 清华管理评论, 2022 (06): 50-56.
[143] 秦永超. 福祉、福利与社会福利的概念内涵及关系辨析[J]. 河南社会科学, 2015 (9) 112-116.
[144] 曲冠楠. 陈劲. 梅亮. 有意义的创新: 基于复杂系统视角的交互耦合框架[J]. 科学学研究, 2020, 38 (11): 187-196.
[145] 曲冠楠. 陈劲. 王璐瑶等. 创新意义资产: 理论基础、战略价值与企业实践[J]. 科学学研究, 2020.
[146] 曲庆. 何志婵. 梅哲群. 谦卑领导行为对领导有效性和员工组织认同影响的实证研究[J]. 中国软科学, 2013 (7): 9.
[147] 任俊. 施静. 马甜语. Flow 研究概述[J]. 心理科学进展, 2009, 17 (01): 210-217.
[148] 萨提亚·纳德拉. 陈召强. 等. 刷新. 重新发现商业与未来[J]. 中国经济报告, 2018 (3): 126-126.
[149] 宋刚, 唐蔷, 陈锐, 纪阳. 复杂性科学视野下的科技创新[J]. 科学与社会, 2008 (02): 28-33.
[150] 孙久富. 中日古代社会福祉思想沿袭变革之比较[J]. 福祉研究, 2018 (1): 11.
[151] 谭力文. 丁靖坤. 二十一世纪以来战略管理理论的前沿与演进——基于 SMJ (2001-2012) 文献的科学计量分析[J]. 南开管理评论, 2014, 17 (2): 84-94.
[152] 唐汉瑛. 龙立荣. 周如意. 谦卑领导行为与下属工作投入: 有中介的调节模型[J]. 管理科学, 2015, 28 (3): 13.
[153] 唐松, 伍旭川, 祝佳. 数字金融与企业技术创新——结构特征、机制识别与金融监管下的效应差异[J]. 管理世界, 2020, 36 (05): 52-66+9.
[154] 陶秋燕, 高腾飞. 社会创新: 源起、研究脉络与理论框架[J]. 外国经济与管理, 2019, 41 (06): 85-104.
[155] 田芳. 姚本先. 论人性化管理中的尊严[J]. 社会心理科学, 2010 (9): 5.
[156] 魏巍. 刘贝妮. 凌亚如. 平台工作游戏化对网约配送员工作卷入的"双刃剑"影响——心流体验与过度劳动的作用[J/OL]. 南开管理评论: 1-18[2022-01-28].
[157] 闻新国. 利他的本义与市场经济[J]. 武汉理工大学学报 (社会科学版), 2014, 27 (04): 565-568.
[158] 吴晓波. 付亚男. 吴东. 等. 后发企业如何从追赶到超越?——基于机会窗口视角的双案

例纵向对比分析[J].管理世界,2014,(10).

[159] 吴欣桐.梅亮.陈劲.建构"整合式创新":来自中国高铁的启示[J].科学学与科学技术管理,2020(1):66-82.

[160] 武晓菲,肖风,罗劲.创造性认知重评在情绪调节中的迁移效应及其神经基础[J].心理科学进展,2022,30(03):477-485.

[161] 肖红军.共享价值式企业社会责任范式的反思与超越[J].管理世界,2020,36(05):87-115+133+13.

[162] 徐岚,汪涛,姚新国.中国企业产品创新战略执行的路径:基于转轨经济条件的研究[J].管理世界,2007(09):85-98.

[163] 许庆瑞.谢章澍.杨志蓉.全面创新管理(TIM):以战略为主导的创新管理新范式[J].研究与发展管理,2004,16(6):1-8.

[164] 许庆瑞.郑刚.陈劲.全面创新管理:创新管理新范式初探——理论溯源与框架[J].管理学报,2006,3(2):135-142.

[165] 许为卫.杨光.朱梦茹,等.心理韧性与大学生创造性的关系-认知灵活性的中介作用[J].中国健康心理学杂志,2019,27(12):1885-1890.

[166] 阳镇.陈劲.数智化时代下企业社会责任的创新与治理[J].上海财经大学学报,2020,22(06):33-51.

[167] 阳镇.尹西明.陈劲.新冠肺炎疫情背景下平台企业社会责任治理创新[J].管理学报,2020,17(10):1423-1432.

[168] 阳镇.平台型企业社会责任:边界、治理与评价[J].经济学家,2018(5):79-88.

[169] 杨河清.我国过劳问题严重.亟须加强研究[J].人口与经济,2014(3):85-88.

[170] 叶伟巍.梅亮.李文.等.协同创新的动态机制与激励政策——基于复杂系统理论视角[J].管理世界,2014(6):79-91.

[171] 尹奎.张凯丽.李秀凤.工作重塑对工作意义的影响:团队任务绩效、领导—成员交换关系差异化的作用[J].管理评论,2019,31(3):11.

[172] 余传鹏,林春培,张振刚,叶宝升.专业化知识搜寻、管理创新与企业绩效:认知评价的调节作用[J].管理世界,2020,36(01):146-166+240.DOI:10.19744/j.cnki.11-1235/f.2020.0012.

[173] 张洪家.汪玲.张敏.创造性认知风格、创造性人格与创造性思维的关系[J].心理与行为研究,2018,16(01):51-57.

[174] 张金萍.周游.基于商业生态系统的企业竞争战略[J].管理世界,2005(6):3.

[175] 张京男.蔡婷.岑格.等.2019年波音公司航天发展分析[J].中国航天,2019(12):20-27.

[176] 张新国,吕晶晶.社会责任对企业科技创新能力的影响——基于企业知识型员工视角[J].科技进步与对策,2014,31(17):86-90.

[177] 张燕红.李华平.基于企业社会责任的企业品牌塑造途径[J].企业家天地(下半月刊)(理论版),2008(12):58-59.

[178] 章凯，李滨予. 组织环境因素影响员工创新能力的动力机制探索[J]. 安徽大学学报（哲学社会科学版），2012，36（04）：149-156.

[179] 周文泳，秦爽丽. 管理者认知对企业员工创新能力的影响机理实证研究[C]//. 第九届中国软科学学术年会论文集（上册），2013：274-282.

[180] AMABILE T M. Motivating creativity in organizations: on doing what you love and loving what you do[J]. California Management Review, 1998, 40（1）:p.39-58.

[181] ARMENAKIS A A, A G BEDEIAN. Organizational change:a review of theory and research in the 1990s[J]. Journal of Management, 1999,（3）.

[182] BAKKER A B, DEMEROUTI E, EUWEMA M C. Job resources buffer the impact of job demands on burnout[J]. Journal of Occupational Health Psychology, 2005, 10（2）:170.

[183] BARNEY J. Firm resources and sustained competitive advantage［J］. Journal of Management, 1991（1）: 3-10.

[184] BARRON F, HARRIGTON D C. Creativity intelligence and personality[J].Annual Review of Psychology, 1981, 32, 439-476.

[185] BHARADWAJ S, MENON A. Making innovation happen in organizations: individual creativity mechanisms, organizational Creativity mechanisms or both[J]. Journal of Product Innovation Management.2000, 17（6）:424-434.

[186] BIANCHI M A, CAVALIERE D, CHIARONI, et al. Organisational modes for open innovation in the bio-pharmaceutical industry: an exploratory analysis[J]. Technovation, 2011,（1）.

[187] BINK M L, MARSH R L. Cognitive regularities in creative activity[J]. Review of General Psychology, 2000, 4, 59-78.

[188] BOSCHERINI L, D CHIARONI V CHIESA, et al. How to use pilot projects to implement open innovation［J］. International Journal of Innovation Management, 2010,（6）.

[189] BROSCH E K, BINNEWIES C. A diary study on predictors of the work-life interface: the role of time pressure, psychological climate and positive affective states[J]. Management Revue, 2018, 29（1）, 55-78.

[190] CAMILLUS J C. The business case for humanity in strategic decision making[J]. Vilakshan: The XIMB Journal of Management, 2014, 11（2）.

[191] CAMILLUS J S. Perception and conceptualisation of urban environmental change: dar es salaam city[J]. The Geographical Journal, 2008, 174（2）.

[192] CAMPBELL A, YEUNG S. Brief case: mission, vision and strategic intent[J]. Long Range Planning, 1991, 24（4）:145-147.

[193] CAMPBELL D T. Blind variation and selective retentions in creative thought as in other knowledge processes[J]. Psychological Review, 1960, 67, 380-400.

[194] CARSON C M. A historical view of Douglas McGregor's Theory Y[J]. Management Decision, 2005, 43 (3):450-460.

[195] CASSIMAN B, GOLOVKO E, MARTÍNEZ-ROS E. Innovation, exports and productivity[J]. International Journal of Industrial Organization, 2010, 28 (4):372-376.

[196] CHAGANTI R, SAMBHARYA R. Strategic orientation and characteristics of upper management[J]. Strategic Management Journal, 1987, 8 (4):393-401.

[197] CHAN X W, KALLIATH P, CHAN C, et al. How does family support facilitate job satisfaction? investigating the chain mediating effects of work-family enrichment and job related well-being[J]. Stress and Health, 2020, 36(1), 97-104.

[198] CHEN J, YIN X, MEI L. Holistic innovation:an emerging paradigm of sustained competitive advantage[J]. International Journal of Innovation Studies, 2018, 2 (1): 1-13.

[199] CHEN J, Y F CHEN W Vanhaverbeke. The influence of scope, depth, and orientation of external technology sources on the innovative performance of chinese firms[J]. Technovation, 2011, (8).

[200] CHIARONI D, V CHIESA, F FRARRINI. The open innovation journey:how firms dynamically implement the emerging innovation management paradigm[J]. Technovation, 2011, (1).

[201] CHIARONI D, V CHIESA, F FRATTINI. Unravelling the process from closed to open innovation: evidence from mature, asset-intensive industries [J]. R&D Management, 2010, (3).

[202] CHRISTENSEN J F. Wither core competency for the large corporation in an open innovation world?[J]. Open Innovation: Researching A New Paradigm, 2005 (4):385.

[203] CHUMA H. Increasing complexity and limits of organization in the microlithography industry:implications for science-based industries[J]. Research Policy, 2006, 35 (3): 394-411.

[204] CSIKSZENTMIHALYI M. Flow:the psychology of optimal experience[J]. Harper Perennial Modern Classics, 2008:336.

[205] CYERT R M. "Book-review" simulation of market processes[J]. The American Economic Review, 1963, 53 (4).

[206] D KAHNEMAN, DE ATON A. High income improves evaluation of life but not emotional well-being[J]. Proceedings of the National Academy of Sciences of the United States of America, 2010, 107 (38):16489-16493.

[207] DESHPANDE R, FARLEY J U, WEBSTER F E. Corporate culture, customer orientation, and innovativeness in Japanese firms: a quadrad analysis[J]. Journal of Marketing, 1993, 57(1):23-27.

[208] DIETRICH A, KANSOR. Are view of EEG, ERP, and neuro imaging studies of

[208] creativity and insight[J]. Psychol Bull. 2010, 136（5）: 822-848.
[209] DITTRICH K, G DUYSTER. Network ingasa means to strategy change: the case of open innovation in mobile telephony[J].Journal of Product innovation Management. 2007,（6）.
[210] DUTTON W J E . Crafting a job: revisioning employees as active crafters of their work[J]. Academy of Management Review, 2001, 26（2）: 179-201.
[211] EGAN T M. Factors influencing individual creativity in the workplace: an examination of quantitative empirical research[J]. Advances in Developing Human Resources. 2005, 7（2）: 160-181.
[212] ETZKOWITZ H, LEYDESDORFF L. The dynamics of innovation: from national systems and "mode 2" to a triple helix of university–industry–government relations[J]. Research Policy, 2000, 29（2）: 109-123.
[213] FICHTER K. Innovation communities: the role of networks of promotors in open innovation [J]. R&d Management, 2009, 39（4）: 357-371.
[214] FINDLAY C S, LUMSDEN C J. The creative mind: toward an evolutionary theory of discovery and innovation[J]. Journal of Social & Biological Structures, 1988, 11（1）: 3-55.
[215] FLAVELL J H. Metacognition and cognitive monitoring: a new area of cognitive–developmental inquiry[J]. American Psychologist, 1979, 34（10）: 906.
[216] FONTANA R, GEUNA A, MATT M. Factors affecting university–industry R&D projects: the importance of searching, screening and signalling[J]. Research Policy, 2006, 35（2）: 309-323.
[217] GARDNER W L, AVOLIO B J, LUTHANS F, et al. "Can you see the real me?" a self-based model of authentic leader and follower development[J]. JAI, 2005（3）.
[218] GARNSEY E, LEONG Y. Combining resource-based and evolutionary theory to explain the genesis of bio-networks[J]. Industry and Innovation, 2008, 15（6）: 669-686.
[219] GASSMANN O. Opening up the innovation process: towards an agenda[J]. R&d Management, 2006, 36（3）: 223-228.
[220] GIOIA D A, K CHITTIPEDDI. Sense making and sense giving instrategic change in initiation [J]. Strategic Management Journal, 1991,（6）.
[221] GOLD A H, MALHOTRA A, SEGARS A H. Knowledge management: an organizational capabilities perspective[J]. Journal of Management Information Systems, 2001, 18（1）: 185-214.
[222] GRIMPE C, SOFKA W. Search patterns and absorptive capacity: low-and high-technology sectors in European countries[J]. Research Policy, 2009, 38（3）: 495-506.
[223] HACKMAN R J . Work redesign and motivation[J]. Professional Psychology, 1980, 11（3）: 445-455.
[224] HAMBRICK D C, MASON P A. Upper echelons: the organization as a reflection of its

top managers[J]. Academy of Management Review, 1984, 9（2）:193-206.

[225] HAMBRICK D C. High profit strategies in mature capital goods industries:a contingency approach[J]. Academy of Management Journal, 1983, 26（4）:687-707.

[226] HAMEL G, PRAHALAD C K. The core competence of the corporation[J]. Harvard Business Review, 1990, 68（3）:79-91.

[227] HARLAND C, BRENCHLEY R, WALKER H. Risk in supply networks[J]. Journal of Purchasing and Supply management, 2003, 9（2）:51-62.

[228] Health and Safety Executive. Work-related stress, anxiety or depression statistics in Great Britain, 2021[EB/OL]. http://www.hse.gov.uk/statics/causedis/stress.pdf, 2021-12-16.

[229] HOBFOLL S E. Conservation of resources: a new attempt at conceptualizing stress[J]. American Psychologist. 1989, 44, 513-524.

[230] IANSITI M, LEVIEN R. Strategy as ecology[J].Harvard Business Review, 2004, 82: 68-78.

[231] JAMES S D, Leiblein, M J, Lu S. How firms capture value from their innovations[J]. Journal of Management, 2013. 39（5）:1123-1155.

[232] JENSEN R A, THURSBY J G, THURSBY M C. Disclosure and licensing of university inventions [J]. International Journal of Industrial Organization, 2003, 21（9）: 1271-1300.

[233] JUNG R E, MEAD B S, CARRASCO J , et al. The structure of creative cognition in the human brain[J]. Front Hum Neurosci, 2013, 7（2）:330-330.

[234] KIM H, LEE J N, HAN J. The role of IT in business ecosystems[J]. Communications of the ACM, 2010, 53（5）: 151-156.

[235] KISSINGER H A. How the enlightenment ends[J]. The Atlantic, 2016, 8（6）.

[236] KOSCHATZKY K. Networking and knowledge transfer between research and industry in transition countries: empirical evidence from the slovenian innovation system[J]. Journal of Technology Transfer, 2002, 27（1）:27-38.

[237] KOTTER J P. Leading change: why transformation efforts fail[J]. Harvard Business Review, 1995,（2）.

[238] KULIK C T , OLDHAM G R, HACKMAN J R. Work design as an approach to person-environment fit[J]. Journal of Vocational Behavior, 1987, 31（3）:278-296.

[239] LAURSEN K, SALTER A. Open for innovation:the role of openness in explaining innovation performance among UK manufacturing firms[J]. Strategic Management Journal, 2006, 27（2）:131-150.

[240] LAZZAROTTI V, MANZINI R, Nosella A, et al. Collaborations with scientific partners: the mediating role of the social context in fostering innovation performance[J]. Creativity and Innovation Management, 2016. 25（1）:142-156.

[241] LEWIN K. Frontiers in group dynamics[J]. Human Relations, 1947,（1）.

[242] LI Y, VANHAVERBEKE W. The effects of inter-industry and country difference in supplier relationships on pioneering innovations[J]. Technovation, 2009, 29 (12):843-858.

[243] LIM W S, TAN S J. Outsourcing suppliers as downstream competitors: biting the hand that feeds[J]. European Journal of Operational Research, 2010, 203 (2): 360-369.

[244] MILES R E, SNOW C C, MEYER A D, et al. Organizational strategy, structure, and process[J]. Academy of Management Review, 1978, 3 (3):546-562.

[245] MORRIS J A, BROTHERIDGE C M, URBANSKI J C. Bringing humility to leadership: antecedents and consequences of leader humility[J]. Human Relations, 2005, 58 (10): 1323-1350.

[246] MULGAN G. The process of social innovation[J]. Innovations: Technology, Governance, Globalization, 2006, 1 (2):145-162.

[247] MUMFORD M D. Social innovation: ten cases from Benjamin Franklin[J]. Creativity Research Journal, 2002, 14 (2):253-266.

[248] MUZZI C, ALBERTINI S. Communities and managerial competencies supporting SMEs innovation networking: a longitudinal case study[J]. R&D Management, 2015, 45 (2): 196-211.

[249] NARVER J C, SLATER S F. The effect of a market orientation on business profitability[J]. Journal of Marketing, 1990, 54 (4):20-35.

[250] NIETO M J, SANTAMARÍA L. The importance of diverse collaborative networks for the novelty of product innovation[J]. Technovation, 2007, 27 (6):367-377.

[251] NONAKA I. A dynamic theory of organizational knowledge[J]. Organization Science, 1994, 5 (1):15-37.

[252] NORMANN R, RAMIREZ R. From value chain to value constellation: designing interactive strategy[J]. Harvard Business Review, 1993, 71 (4):65-77.

[253] OWEN R, MACNAGHTEN P, STILGOE J. Responsible research and innovation: from science in society to science for society, with society[J]. Science & Public Policy, 2012, 39 (6):751-760.

[254] OWENS B P, HEKMAN D R. Modeling how to grow: an inductive examination of humble leader behaviors, contingencies, and outcomes[J]. Academy of Management Journal, 2012, 55 (4):787-818.

[255] OWENS B P, JOHNSON M D, MITCHELL T R. Expressed humility in organizations: implications for performance, teams, and leadership[J]. Organization Science, 2013, 24 (5): 1517-1538.

[256] OWENS B P, WALLACE A S, WALDMAN D A. Leader narcissism and follower outcomes: the counterbalancing effect of leader humility[J]. Journal of Applied Psychology, 2015, 100 (4):1203-1213.

[257] PARKER S K, WILLIAMS H M, TURNER N. Modeling the antecedents of proactive behavior[J]. Journal of Applied Psychology, 2006, 91 (3):636-652.

[258] Pedro Oliveira, Carmelo Cennamo, Leid Zejnilovic. Unlocking innovation in healthcare: the case of the patient innovation platform[J]. Working Paper.

[259] PETERS T J, WATERMAN R H. In search of excellence[J]. Nursing Administration Quarterly, 1984, 8 (3): 85-86.

[260] PHELPS C, HEIDL R, WADHWA A. Knowledge, networks, and knowledge networks: a review and research agenda[J]. Journal of Management, 2012, 38 (4): 1115-1166.

[261] PORTER M E. Industry structure and competitive strategy:keys to profitability[J]. Financial Analysts Journal, 1980, 36 (4):30-41.

[262] REB J, J Narayanan, W H ZHI. Mindfulness at work: antecedents and consequences of employee awareness and absent-mindedness[J]. Mindfulness, 2015, 6 , (1): 111-122.

[263] ROFCANIN Y, DE JONG J P, et al. The moderating role of prosocial motivation on the association between family-supportive supervisor behaviours and employee outcomes[J]. Journal of Vocational Behavior, 2018, 107, 153-167.

[264] ROTHWELL R. Successful industrial innovation: critical factors for the 1990s[J]. R&D Management, 1992, 22 (3):221-240.

[265] RUNCO M. A, CHAND I. Cognition and creativity[J]. Educational Psychology Review, 1995, 7 (3), 243-267.

[266] RUNCO M A, JAEGER G J. The standard definition of creativity[J]. Creativity Research Journal, 2012, 24 (1), 92-96.

[267] SCHIELE H. Early supplier integration:the dual role of purchasing in new product development[J]. R&d Management, 2010, 40 (2):138-153.

[268] SCHMID K. Making AI systems more creative: the IPC-model[J]. Knowledge-Based Systems, 1996, 9 (6), 385-397.

[269] SLATER S F, OLSON E M, HULT G T M. The moderating influence of strategic orientation on the strategy formation capability–performance relationship[J]. Strategic Management Journal, 2006, 27 (12):1221-1231.

[270] SPAETH S, STUERMER M, VON KROGH G. Enabling knowledge creation through outsiders: towards a push model of open innovation[J]. International Journal of Technology Management, 2010, 52 (3/4):411-431.

[271] SPARKS K, COOPER C, FRIED Y, et al. The effects of hours of work on health: a meta-analytic review[J]. Blackwell Publishing Ltd, 1997, 70 (4):391-408.

[272] TABESH P., VERA D., KELLER R.T. Unabsorbed slack resource deployment and exploratory and exploitative innovation: how much does CEO expertise matter?[J]. Journal of Business Research, 2019. 94:65-80.

[273] TANGNEY J P. Humility[J]. Handbook of Positive Psychology, 2002: 411-419.

[274] TANGNEY J P. Humility: theoretical perspectives, empirical findings and directions for future research[J]. Journal of Social & Clinical Psychology, 2000, 19 (1): 70-82.

[275] TAYLOR F W. The principles of scientific management[J]. History of Economic Thought Books, 1911.

[276] TEECE D J. Reflections on "profiting from innovation" [J]. Research Policy, 2006, 35 (8): 1131-1146.

[277] TEN BRUMMELHUIS L L, Bakker A B. A resource perspective on the work–home interface: the work–home resources model[J]. American Psychologist, 2012, 67 (7): 545.

[278] TORTORIELLO M, MCEVILY B, KRACKHARDT D. Being a catalyst of innovation: the role of knowledge diversity and network closure[J]. Organization Science, 2014. 26 (2): 423-438.

[279] TRESI D G, MIHELIČ K K. The roles of selfefficacy and leader-member exchange in the relationship between job crafting and work-self facilitation: a moderated mediation model[J]. Personnel Review, 2018, 47(7), 1362-1384.

[280] VAN GILS M J G M, VISSERS G, DANKBAAR B. Industry–science collaboration for radical innovation: the discovery of phase-dependent collaborative configurations[J]. Innovation, 2015, 17 (3): 308-322.

[281] VANHAVERBEKE W, CLOODT M. Open innovation in value networks[J]. Open Innovation: Researching a New Paradigm, 2006: 258-281.

[282] VERA D, CROSSAN M. Strategic leadership and organizational learning[J].The Academy of Management Review, 2004, 29 (2): 222-240.

[283] VIJAY GOVINDARAJAN, CHRIS TRIMBLE. Reverse innovation: a global growth strategy that could pre-empt disruption at home[J]. Strategy & Leadership, 2012, 40 (5).

[284] VON SCHOMBERG R. A vision of responsible research and innovation[J]. Responsible Innovation, 2013: 24.

[285] WADHWA A, BODAS FREITAS I M, Sarkar M. The paradox of openness and value protection strategies: effect of extramural R&D on innovative performance[J]. Organization Science, 2017. 28 (5): 873-893.

[286] WERNERFELT B. A resource-based view of the firm[J]. Strategic Management Journal, 1984, 5 (2): 171-180.

[287] WHITTINGTON R. Completing the practice turn in strategy research[J]. Organization Studies, 2006, 27 (5): 613-634.

[288] ZHANG F, WANG B, QIAN J, et al. Job crafting towards strengths and job crafting towards interests in overqualified employees: different outcomes and boundary effects[J]. Journal of Organizational Behavior. 2021, 42 (5): 587-603.